중세 국어 서답형 문제집

중세 국어 서답형 문제집

중세 국어 서답형 문제집

©나찬연, 2022

1판 1쇄 인쇄__2022년 02월 20일
1판 1쇄 발행__2022년 02월 28일

지은이__나찬연
펴낸이__양정섭

펴낸곳__경진출판
      등록__제2010-000004호
      이메일__mykyungjin@daum.net
      사업장주소__서울특별시 금천구 시흥대로 57길(시흥동) 영광빌딩 203호
      전화__070-7550-7776 **팩스**__02-806-7282

값 19,000원
ISBN 978-89-5996-849-7 93710

※ 이 책은 본사와 저자의 허락 없이는 내용의 일부 또는 전체의 무단 전재나 복제, 광전자 매체 수록 등을 금합니다.
※ 잘못된 책은 구입처에서 바꾸어 드립니다.

중세 국어
서답형 문제집

나 찬 연

경진출판

머리말

『중세 국어 서답형 문제집』은 중세 국어를 학습하는 이들이 중세 국어의 문법 이론을 확인하고 내면화할 수 있도록 개발한 문제집이다. 이 책에서는 『고등학교 문법』(2010)의 '국어의 옛 모습' 단원에 기술된 내용을 중심으로, '국어과 중등학교 교사 임용 시험'의 제1차 시험의 수준과 형식에 맞추어서 서답형(단답형과 짧은 서술형)의 문항을 개발하여 수록하였다. 특히 이 책은 지은이가 별도로 개발한 『중세 국어의 이해』(경진출판)와 『중세 국어 강독』(경진출판)의 내용에 바탕을 두고 서답형 문제를 개발하였는데, 지은이는 이들 모둠책(시리즈)을 통해서 학습자들이 중세 국어의 이론을 심도 있게 익힐 수 있을 것이다.

이 책은 크게 제1부인 '영역별 기본 문제'와 제2부인 '문헌별 응용 문제'로 구성되어 있다. 제1부 '문법 영역별 기본 문제'에서는 제1장 문자와 음운(문자론과 음운론), 제2장 단어(형태론), 제3장 문장(통사론), 제4장 어휘와 의미(어휘론과 의미론) 영역의 기본 문제를 출제하였다. 제2부인 '문헌별 응용 문제'에서는 15세기에 간행된 주요 문헌인 『용비어천가』, 『훈민정음 언해본』, 『석보상절』, 『월인천강지곡』, 『월인석보』, 『두시언해』 등에 실린 텍스트를 활용하여 종합 문제를 출제하였다. 끝으로 제1부와 제2부의 문제에 대한 '모범 정답'을 [부록]의 형식으로 첨부하였다.

그리고 이 책의 본문에 포함된 '모범 정답'과는 별로도 '모범 정답과 해설' 및 '서답형 문제 주해편'을 이 책의 뒷면에 인쇄된 'QR코드'와 '학교문법교실(http://scammar.com)'의 자료실을 통하여 PDF 문서로 제공한다. 학습자들은 이들 보조 자료를 활용해서 『중세 국어 서답형 문제집』의 내용을 더욱 효과적으로 학습할 수 있을 것이다.

지은이는 이 책을 다음과 같은 의도와 방법으로 개발하였다.

첫째, 이 책은 중세 국어의 '문자론', '음운론', '형태론', '통사론', '어휘론'과 '의미론' 등 국어학의 전분야의 내용를 다루었다. 따라서 중세 국어를 익히는 이들은 이 책을 통하여 중세 국어에 관련된 국어학의 내흉을 종합적으로 이해할 수 있을 것이다.

둘째, 지은이는 이 책으로 중세 국어의 이론을 학습하는 이들이 '국어과 중등 교사 임용 시험'의 출제 문항을 해결할 수 있는 기본적인 능력을 배양할 수 있도록 문항을 개발하였다. 곧, 제1부인 '영역별 기본 문제'를 해결하는 과정에서 학습자들이 중세 국어의 평가 문제를 스스로 해결할 수 있는 기초 능력(스키마, schema)을 형성할 수 있게 하였다. 중세 국어의 언어 이론에 관련된 문제를 해결하기 위해서는, 어떠한 언어 형식을 형태소의 단위로 분석할 줄 알아야

하고 나아가 특정한 형태소의 기능과 형태소의 변이 양상을 이해하여야 한다. 이러한 관점에서 지은이는 학습자들이 중세 국어 텍스트(text)의 각종 문법적인 단위를 형태소 단위로 분석하고 문법 형태소의 기능을 익힐 수 있는 문항을 많이 개발하였다.

셋째, 중세 국어의 문법 이론을 직접적으로 묻는 문항를 피하고, 중세 국어에 실제로 쓰인 언어 자료를 제시하고 학습자들이 이를 분석하고 해석함으로써 문법 이론을 탐구할 수 있는 문항을 개발하였다. 제7차 교육과정 이후로 학교 문법 교육에서는 학습자의 문제 해결 능력을 중시하고 있다. 따라서 중등 학교의 학생들을 지도하는 교사들도 언어 자료를 수집하고 수집된 언어 자료를 분석하여 결과를 도출하는 문제 해결 능력을 갖추어야 한다. 이 책에서는 이와 같은 최근의 국어 교육의 경향을 고려하여 중세 국어의 자료를 분석하여 정확하게 해석하는 능력을 측정할 수 있도록 서답식의 문항을 개발하였다.

넷째, 현행의 출제 경향에 맞추어서 서답형의 문항의 형태를 '기입형'과 '서술형'으로 제작하였다. 특히 제2부의 '문헌별 응용 문제'에서는 가급적 현행의 '국어과 중등학교 교사 임용 시험'의 형식에 가깝게 문항을 개발하였다. 이는 학습자들이 중등 교사 임용 시험과 유사한 문항을 많이 접하도록 하여서 실제 시험에 잘 적응할 수 있도록 배려한 것이다.

다섯째, 지은이는 이 책에서 수록된 서답형 문항을 지은이가 지은『중세 국어의 이해』와『중세 국어 강독』과 연계하여 제작하였다. 따라서『중세 국어의 이해』로써 문법 이론을 익히고, 『중세 국어 강독』으로써 중세 국어의 실제 텍스트를 확인하고, 최종적으로『중세 국어 서답형 문제집』에 수록된 문제를 풀어 봄으로써 중세 국어의 이해를 심화할 수 있을 것이다.

이 책에 수록된 문항은 허웅 선생님의『우리 옛말본』(1975)과『고등학교 문법』(2010), 그리고 지은이가 발간한『중세 국어 문법의 이해』(2020)와『중세 국어 강독』(2020)에 기술된 내용을 바탕으로 개발하였다. 그리고 이 책에 실린 예문들은 대부분『우리 옛말본』과, 한글학회에서 편찬한『우리말 큰사전』의 권4인〈옛말과 이두편〉에 실려 있는 예문을 옮겨 실었다. 그리고 현대어 어휘에 대한 풀이는 '국립국어원'에서 구축한『표준 국어 대사전』의 인터넷 판을 참조하였다.

이 책은 여러 사람들의 도움으로 출간되었다. '학교 문법 연구회'의 권영환, 김문기, 박성호 등의 회원은 이 책에 기술된 문법 이론을 검토하고 오류를 수정해 주었다. 부산대학교 대학원의 국어국문학과에서 중세 국어를 연구하여 박사과정을 수료한 나벼리 군은 이 책에 실린 문항을 선정하고 각 문항의 이론적인 타당성을 확인하는 후반 작업을 맡아 주었다. 그리고 2007년부터 수많은 독자들이 '학교 문법 교실(http://scammar.com)' 홈페이지의 문답방에 문법에 관련한 질문을 올렸는데, 이들 질문이 책의 내용을 다듬는 데에 큰 도움이 되었다. 끝으로 이 책을 출간해 주신 '경진출판'의 양정섭 대표님께 감사의 뜻을 전한다.

2022년 2월 1일
지은이 씀

차 례

제1부 영역별 기본 문제——11

제2부 문헌별 종합 문제——195

[이 책에 인용된 문헌]

(가나다 순)

문헌 이름		발간 연대	
한자 이름	한글 이름		
救急簡易方諺解	구급간이방언해	1489년	성종
救急方諺解	구급방언해	1466년	세조
金剛經三家解	금강경삼가해	1482년	성종
金剛經諺解	금강경언해	1464년	세조
內訓(일본 蓬左文庫판)	내훈(일본 봉좌문고판)	1475년	성종
愣嚴經諺解	능엄경언해	1462년	세조
東國新屬三綱行實圖	동국신속삼강행실도	1617년	광해군
分類杜工部詩諺解 初刊本	분류두공부시 언해 초간본	1481년	성종
蒙山和尙法語略錄諺解	몽산화상법어약록언해	세조 때	세조
飜譯 老乞大	번역노걸대	16세기 초	중종
飜譯 朴通事	번역박통사	16세기 초	중종
妙法蓮華經諺解(法華經諺解)	묘법연화경언해(법화경언해)	1463년	세조
三綱行實圖	삼강행실도	1481년	성종
上院寺重創勸善文	상원사중창권선문	1464년	세조
釋譜詳節	석보상절	1447년	세종
禪宗永嘉集諺解	선종영가집 언해	1464년	세조
小學諺解	소학언해	1587년	선조
續三綱行實圖	속삼강행실도	1514년	중종
新增類合	신증류합	1576년	선조
樂章歌詞	악장가사	16~17세기	?
樂學軌範	악학궤범	1493년	성종
御製內訓諺解	어제내훈언해	1736년	영조
永嘉大師證道歌 南明泉禪師繼訟	영가대사증도가 남명천선사계송	1482년	성종
龍飛御天歌	용비어천가	1445년	세조
圓覺經諺解	원각경 언해	1465년	세조
月印釋譜	월인석보	1459년	세조
月印千江之曲	월인천강지곡	1448년	세종
類合	유합	16세기 초	?
六祖法寶壇經諺解	육조법보단경언해	1492년	연산
二倫行實圖	이륜행실도	1518년	중종
訓民正音諺解	훈민정음 언해본	1450년경	세종
訓蒙字會	훈몽자회	1527년	중종
訓民正音解例	훈민정음 해례본	1446년	세종

영 역 별
기 본 문 제

1부

『중세 국어 서답형 문제집』의 '모범 정답 및 해설'과 '주해 자료'를 PDF 문서로 제작하여, '학교 문법 교실(http://scammar.com)'과 이 책의 뒤 표지에 넣은 'QR코드'를 통해서 온라인으로 배포합니다. '모범 정답 및 풀이'에는 각 문항에 대한 모범 정답과 정답의 근거를 【해설】의 형식으로 덧붙였으며, '주해 자료'에는 문제집에서 인용한 중세 국어의 예문을 현대 국어로 옮기고 예문을 형태소 단위로 분석하였습니다.

제1장 문자와 음운

1.1. 문자

1.1.1. 『훈민정음 해례본』의 체제

1. 『훈민정음 해례본』의 체제는 크게 '본문(어제 훈민정음)', '해례', '정인지 서'의 세 부분으로 나누어진다. 이들 중 첫 번째 부분인 '본문(어제 훈민정음)'의 내용과 관련하여, ㉠과 ㉡의 빈칸에 들어갈 말을 각각 쓰시오.

> '본문(어제 훈민정음, 御製 訓民正音)'은 세종대왕이 쓴 '어제 서'와 '예의'로 구성되어 있다. 이 중에서 '어제 서(御製 序)'에서는 세종대왕이 훈민정음을 창제한 동기와 목적을 밝혔고, 다음으로 '예의(例義)'에서는 훈민정음의 글자 형태와 음가에 대한 예시를 제시하고, '㉠( ), 연서법, 병서법, ㉡( ), 성음법, 사성법' 등 글자의 운용법을 소개했다.

㉠( )　㉡( )

2. 다음은 『훈민정음 해례본』의 체제에 대한 설명이다. 이와 관련하여, ㉠~㉢의 빈칸에 들어갈 말을 쓰시오.

> 『훈민정음 해례본』의 '해례(解例)'는 세 부분으로 구분된다. 첫째는 글자를 만든 기본 원리를 음운학과 역학에 바탕을 두고 설명한 ㉠( )이/가 있다. 둘째는 초성·중성·종성과 관련한 풀이를 보충하여 제시한 '초성해(初聲解)·중성해(中聲解)·종성해(終聲解)'와 ㉡( )이/가 있다. 셋째는 훈민정음의 각 글자를 사용하여 순우리말의 단어(총 94개)를 예로 들고 그 뜻을 한자로 풀이한 ㉢( ) 이/가 있다.

㉠( )　㉡( )
㉢( )

3. 『훈민정음 언해본』의 판본과 관련하여, ㉠의 빈칸에 들어갈 책 이름을 쓰시오.

> 『훈민정음 언해본』은 '서강대 소장본', '희방사 소장본', '박승빈 소장본', '궁내성 소장본', '가나자와 소장본' 등이 있다. 이 중에서, 서강대에 소장된 『훈민정음 언해본』은 1459년(세조 4)에 간행된 ㉠'( )'의 첫째 권의 책 머리에 수록되어 있다.

㉠( )

4. 『훈민정음』의 <해례본>과 <언해본>에서 한자음을 표기한 방법과 관련하여, (가)~(다)에 제시된 과제를 해결하시오. (단, (ㄱ)의 한자음을 (ㄴ)에 제시된 훈민정음의 표기로 쓸 것.)

> (A)ㄱ. 快, 虯, 彆
>
> 　　ㄴ. [쾌, 뀨 ; 뀨, 끟 ; 별, 볋]

(가) <해례본>의 음자음 표기를 쓰시오.

　　㉠快( ) ㉡虯( ) ㉢彆( )

(나) <언해본>의 한자음 표기를 쓰시오.

　　㉮快( ) ㉯虯( ) ㉰彆( )

(다) 다음은 <해례본>과 <언해본>의 한자음 표기가 다른 이유를 설명한 글이다. 빈칸에 들어갈 말을 쓰시오.

<언해본>에서는 한자음을 표기할 때에
ⓐ( )의 표기법을 따랐으나, <해례본>
에서는 ⓐ의 표기법을 따르지 않았다.

ⓐ ( )

5. <언해본>과 <해례본>을 비교해 보면, <해례본>에는 없는 (A)의 규정이 <언해본>에 추가되어 있다. (A)의 규정과 관련하여, ㉠과 ㉡의 빈칸에 들어갈 말을 각각 쓰시오.(단, 순서는 바뀌어도 됨.)

(A) 중국어에서 '치음(齒音)'은 ㉠( )와/과 ㉡( )의 구분이 있으나, 15세기의 국어에서는 이러한 구분이 없었다. 그러나 굳이 훈민정음으로써 구분해서 적으려면, 'ㅈㅊㅉㅅㅆ'이나 'ㅈㅊㅉㅅㅆ'의 글자로 구분해서 표기한다고 규정했다.

㉠( ) ㉡( )

1.1.2. 『훈민정음 해례본』의 내용

① 『훈민정음 해례본』의 '예의편'

1. 아래 ㉠~ⓗ의 빈칸에 들어갈 말을 각각 쓰시오.(단, (A)의 빈칸에 초성 글자를 쓰되 아음, 설음, 순음, 치음, 후음의 순으로 쓰시오. 그리고 (B)의 ㉠에는 청탁(淸濁)에 관련된 명칭을, ㉡에는 글자의 운용법에 관한 명칭을 쓸 것.)

(A) 『훈민정음 해례본』의 '예의'에서 소개한 초성 23글자 중에서, 기본 글자 17자에 속하지 않은 것은 ㉠'( ), ㉡( ), ㉢( ), ㉣( ), ㉤( ), ⓗ( )'의 여섯 글자이다.

(B) 이들 초성 글자는 청탁(淸濁)의 소리 특성으로 볼 때는 ㉮'( )'의 글자이며, 글자의 운용 방법으로 볼 때는 ㉯'( )'의 글

자이다.

(A) ㉠( ) ㉡( ) ㉢( )
㉣( ) ㉤( ) ⓗ( )

(B) ㉮( )
㉯( )

2. 『훈민정음 해례본』의 '예의'에서 초성 글자를 배열한 원리를 아래와 같이 정리할 수 있다. ㉠~㉢의 빈칸에 들어갈 훈민정음의 초성 글자를 각각 쓰시오.(단, 글자의 배열 순서를 지켜서 쓸 것.)

초성이 발음이 되는 위치에 따라서 'ㄱ, ㄲ, ㅋ, ㆁ)-(ㄷ, ㄸ, ㅌ, ㄴ)-(ㅂ, ㅃ, ㅍ, ㅁ)-(ㅈ, ㅉ, ㅊ, ㅅ, ㅆ)-㉠(, , ,)-㉡( )-㉢( )'의 순서로 배열하였다.

㉠( ), ( ), ( ), ( )
㉡( )
㉢( )

3. 『훈민정음 해례본』의 '예의'에서 중성 글자를 배열한 원리를 아래와 같이 정리하였다. ㉠과 ㉡의 빈칸에 들어갈 훈민정음의 중성 글자를 각각 쓰시오.(단, 『훈민정음 해례본』에서 제시한 중성 글자의 배열 순서를 지켜서 쓸 것.)

중성 글자는 다음과 같이 배열하였다.

(A) 삼재(三才)를 상형하여서 만든 ㉠( ), ㉡( ), ㉢( )의 글자를 배열하였다.

(B) 상형자에 한 점을 더하여 만든 ㉠( ), ㉡( ), ㉢( ), ㉣( )의 네 글자를 배열하였다.

(C) 상형자에 두 점을 더하여 만든 ㉠( ), ㉡( ), ㉢( ), ㉣( )'의 네 글자도 배열였다.

(A) ㉠(   ) ㉡(   ) ㉢(   )

(B) ㉠(   ) ㉡(   ) ㉢(   ) ㉣(   )

(C) ㉠(   ) ㉡(   ) ㉢(   ) ㉣(   )

4. 『훈민정음 해례본』의 '예의'에서 초출자와 재출자의 중성 글자를 배열한 원리를 아래와 같이 정리하였다. 아래의 밑줄 친 말에 해당하는 용어를 쓰시오.(단, <훈민정음>의 해례본에서 사용된 용어를 쓸 것.)

> 초출자와 재출자인 'ㅗ, ㅏ, ㅜ, ㅓ, ㅛ, ㅑ, ㅠ, ㅕ'의 글자 중에서 'ㅗ'와 'ㅏ', 그리고 'ㅜ'와 'ㅓ', 그리고 'ㅛ'와 'ㅑ', 그리고 'ㅠ'와 'ㅕ'를 각각 배열한 순서는 다음과 같다. 곧, 'ㅗ, ㅜ, ㅛ, ㅠ'처럼 ㉠입이 오므라지는 소리의 글자를 먼저 배치하고, 'ㅏ, ㅓ, ㅑ, ㅕ'처럼 ㉡입이 펴지는 소리의 글자를 나중에 배치한 것이다.

㉠(   ) ㉡(   )

5. 『훈민정음 해례본』의 '예의(例義)'에서는 초성과 중성 글자를 일정한 기준에 따라서 배열하였다. 글자의 배열 기준과 관련하여 다음의 과제를 해결하시오.

> (A) 초성 글자
>
> ㄱ, ㄲ, ㅋ, ㆁ, ㄷ, ㄸ, ㅌ, ㄴ, ㅂ, ㅃ, ㅍ, ㅁ, ㅈ, ㅉ, ㅊ, ㅅ, ㅆ, ㆆ, ㆅ, ㅎ, ㅇ, ㄹ, ㅿ
>
> (B) 중성 글자
>
> ㆍ, ㅡ, ㅣ, ㅗ, ㅏ, ㅜ, ㅓ, ㅛ, ㅑ, ㅠ, ㅕ

(가) 예시 (A)의 초성 글자를 아래의 기준에 따라서 (재)배열하시오.

[1] 조음 위치(七音)에 따라서 '아음-설음-순음-치음-후음-반설음-반치음'으로 배열하시오.

① 아음 : (   )

② 설음 : (   )

③ 순음 : (   )

④ 치음 : (   )

⑤ 후음 : (   )

⑥ 반설 : (   )

⑦ 반치 : (   )

[2] 조음 방법(청탁, 淸濁)에 따라서 '전청-차청-전탁-불청불탁'의 글자로 재배열하시오.

① 전청 :   (   )

② 차청 :   (   )

③ 전탁 :   (   )

④ 불청불탁 : (   )

(나) 예시 (B)의 중성 글자를 아래의 기준에 따라서 (재)배열하시오.

[1] 상형(象形), 초출(初出), 재출(再出)에 따른 기준

① 상형 : (   )

② 초출 : (   )

③ 재출 : (   )

[2] 양성(陽性), 음성(陰性)에 따른 기준

① 양성 : (   )

② 음성 : (   )

[3] 구축(口縮)과 구장(口縮)에 따른 기준

① 구축 : (   )

② 구장 : (   )

6. 다음은 『훈민정음 해례본』의 '예의'에 나오는 글자의 운용 방법에 관한 설명이다. ㉠~㉤에 들어갈 글자의 운용 방법을 쓰시오.

> (A) 두 글자를 위아래로 이어서 새로운 글자를 만드는 방법을 ㉠(   )이라고 한다.

(B) 초성과 종성의 글자를 합해서 사용할 때에는 두 글자를 왼쪽에서 오른쪽으로 나란히 잇대어서 쓰는데 이를 ㉡(   )이라고 한다.

(C) 훈민정음을 창제한 학자들은 원칙적으로 초성, 중성, 종성이 합해져야 소리가 이루어지는 것으로 생각했다. 따라서 글자도 초성과 중성, 종성의 글자를 합쳐서 적어야 한다는 규정을 두었는데, 이러한 규정을 ㉢(   )이라고 한다.

(D) 초성은 단독으로 발음되지 않으므로 특정한 초성을 중성의 아래나 혹은 오른쪽에 붙여 쓴다는 ㉣(   )의 규정을 두었다.

(E) 훈민정음은 '방점'을 찍어서 소리의 높낮이를 표시하였는데, 이렇게 글자의 왼편에 점을 찍어서 소리의 높낮이를 표시한 것을 ㉤(   )이라고 한다.

㉠(   )　　㉡(   )
㉢(   )　　㉣(   )
㉤(   )

7. 다음은 『훈민정음 해례본』의 '예의'에서 '훈민정음 글자의 운용법'을 기술한 내용이다. 그 내용을 현대 국어로 직역하여 옮겨 쓰시오.

　① 終聲復用初聲.

────────────────────

────────────────────

　② ㅇ連書脣音之下 則爲脣輕音

────────────────────

────────────────────

　③ 初聲合用則竝書 終聲同

────────────────────

────────────────────

　④ · ㅡ ㅗ ㅜ ㅛ ㅠ 附書初聲之下 ㅣ ㅏ ㅓ ㅑ

ㅕ附書於右

────────────────────

────────────────────

　⑤ 凡字必合而成音

────────────────────

────────────────────

　⑥ 左加一點則去聲 二則上聲 無則平聲 入聲加點同而促急

────────────────────

────────────────────

② 『훈민정음 해례본』의 '해례편'

〈 제자해 〉

1. 훈민정음 글자를 만드는 데에 배경이 된 이론 및 사상과 관련하여, 아래의 빈칸에 들어갈 말을 각각 쓰시오.

『훈민정음 해례본』의 '제자해'에서는 사람의 말소리(聲音)는 ㉠(   )과/와 ㉡(   )의 원리에서 비롯되었다고 보았다. 따라서 새로 만드는 훈민정음의 글자도 말소리(聲音)에 내재해 있는 ㉠과 ㉡의 이치에 바탕을 두고 만든 것임을 밝혔다.

㉠(   )　　㉡(   )

2. 『훈민정음 해례본』의 '제자해(制字解)'에서는 훈민정음 글자를 만든 '일반 원리'를 (B)의 한문 문장으로 기술하였다. 이와 관련하여 (A)의 번역문을 참조하여, (B)의 ㉠과 ㉡에 들어갈 1음절의 한자음을 각각 쓰시오.

(A) 훈민정음(訓民正音)의 스물여덟 글자는 각기 그 모양을 본떠서 만들었다.

(B) 正音二十八字 ㉠各(   ) 其㉡(   )

而制之

㉠(   )   ㉡(   )

3. 훈민정음의 기본 글자 28자를 제자하는 데에 적용된 원리와 관련하여, ㉠과 ㉡에 들어갈 말을 각각 쓰시오.

> 훈민정음의 글자는 상형의 원리를 적용하여서 초성 5자와 중성 3자를 만들었다. 나머지 글자들은 초성에서는 ㉠(   )와/과 중성에서는 ㉡(   )의 원리를 적용하여 만들었다.

㉠(   )   ㉡(   )
㉢(   )

4. 훈민정음의 글자를 만든 일반 원리로서, 초성 글자와 중성 글자에 적용된 상형(象形) 원리를 구분하여 설명하시오.

....
....
....
....

5. 한자의 만든 원리인 '상형(象形)'과 훈민정음에서 자음을 만든 원리인 '상형(象形)'을 비교하여, 그 차이점을 다음과 같이 기술하였다. ㉠과 ㉡의 빈칸에 들어갈 말을 쓰시오.)

> 표의 문자인 한자는 실제 사물의 모양을 상형하였다. 이에 반해서 훈민정음의 초성 글자는 ㉠(   )의 모양을 본떠서 만들었다. 그리고 훈민정음의 중성 글자는 ㉡'(   )'을/를 본떠서 만들었다.

㉠(   )
㉡(   )

〈 초성해 〉

6. 훈민정음의 초성 글자 중에서 제자의 기준이 되는 글자(상형자)와 관련하여, (가)~(마)에 제시된 과제를 해결하시오.

(가) 제자의 기준이 되는 5가지 글자(상형자)를 '오음(五音)'의 순서로 쓰시오.

㉠(   )   ㉡(   )
㉢(   )   ㉣(   )
㉤(   )

(나) 초성 글자의 제자 원리와 관련해서, ㉠~㉢의 빈칸에 들어갈 말을 쓰시오.

> 초성 글자는 각각의 조음 자리에서 나는 소리 중에서 가장 약한 소리의 글자를 택하여 상형 글자로 삼는 것이 원칙이었다. 이 원칙에 따라서 초성 중에서 ㉠(   ), ㉡(   ), ㉢(   )의 세 글자를 상형 글자로 삼았다.

㉠(   )   ㉡(   )
㉢(   )

(다) 『훈민정음 해례본』에서 정한 상형 글자의 소리와 관련하여, 아래의 빈칸에 들어갈 말을 쓰시오.(단, 『훈민정음 해례본』에서 제시한 한자 어휘로 쓸 것.)

> 위의 (나)의 글상자에서 ㉠, ㉡, ㉢의 빈칸에 들어갈 상형자는, 소리의 청탁(淸濁)을 기준으로 보면, 모두 ㉮(   )의 소리에 해당한다.

㉮(   )

(라) 다음은 '아음'과 '치음'의 상형자에 대한 제자 원리와 관련하여, 아래의 빈칸에 들어갈 말을 쓰시오.(단, ㉠~㉡에는 훈민정음의 글자를 쓰고, ㉮에는 초성 글자를 제자하는 방법상의 특성을 기술

한 한 단어(명칭)로 쓸 것.)

'아음(牙音)'에서는 ㉠'(   )'의 글자 대신에 ㉡'ㄱ'을 상형 글자로 삼았다. 마찬가지로 '치음(齒音)'에서는 ㉡'(   )'의 글자 대신에 'ㅅ'을/를 상형 글자로 삼았다. 이러한 점에서 『훈민정음 해례본』에서 ㉠과 ㉡의 글자를 ㉮(   )의 글자로 처리하였다.

㉠(   ) ㉡(   )

㉮(   )

(마) 앞의 (라)에서 글상자의 내용과 관련하여, 아음과 치음의 글자 중에서 '불청불탁'의 글자가 제자의 기준이 되는 상형 글자로 쓰이지 않은 이유를 설명하시오.

_____

_____

_____

_____

_____

7. 『훈민정음 해례본』에서는 조음되는 위치에 따라서, 초성 글자를 '오음(五音)'으로 분류했다. 아래 [표]의 ㉠~㉤에 들어갈 오음의 명칭을 쓰시오. (단, 아래 표에서 '상형의 대상'에 대응되는 오음의 명칭을 쓰시오.)

상형의 대상	오음(五音)
口形	㉠( )
舌根閉喉之形	㉡( )
舌附上腭之形	㉢( )
齒形	㉣( )
喉形	㉤( )

[표] 상형의 대상과 오음

㉠(   ) ㉡(   )

㉢(   ) ㉣(   )

㉤(   )

8. 『훈민정음 해례본』에서 제시한 제자 원리에 맞게, 아래의 [표]의 ⓐ~ⓖ에 초성 글자를 넣으시오.

조음점	상형자	1차 가획자	2차 가획자	이체자
牙音				ⓐ
舌音			ⓑ	ⓒ
脣音			ⓓ	
齒音		ⓔ		ⓕ
喉音	ⓖ	ⓗ		

[표] 초성 글자의 가획 원리

ⓐ(   ) ⓑ(   )

ⓒ(   ) ⓓ(   )

ⓔ(   ) ⓕ(   )

ⓖ(   ) ⓗ(   )

9. 아래는 『훈민정음 해례본』에서 초성의 상형자(象形字)를 정한 방법과 관련한 내용이다. ㉠~㉤의 빈칸에 초성 글자를 쓰시오. (단, ㉠~㉤에 들어갈 글자의 배열 순서는 오음(五音)의 배열 순서를 지킬 것.)

초성의 상형자 중에서 ㉠(   ), ㉡(   ), ㉢(   )의 세 글자는 그 소리가 가장 약한 불청불탁(不淸不濁)의 글자로 정했다. 그리고 상형 글자 중에서 ㉣(   )와/과 ㉤(   )의 두 글자는 소리가 두 번째로 약한 전청(全淸)의 글자로 정했다.

㉠(   ) ㉡(   )

㉢(   ) ㉣(   )

㉤(   )

10. 『훈민정음 해례본』의 제자해에서는 초성 글자의 소리를 '성음(聲音)'과 '청탁(淸濁)'의 특성에 따라서 아래의 [표]와 같이 분류하였다. (가)~(다)에 제시된 과제를 해결하시오.

清濁 / 聲音	全淸	次淸	全濁	不淸不濁
牙 音		ⓐ		ⓑ
舌 音			ⓒ	
脣 音	ⓓ			
齒 音		ⓔ		
喉 音	ⓕ		ⓖ	
半舌音				ⓗ
半齒音				ⓘ

[표] 초성 글자의 소리 체계

(가) 위의 [표]에서 ⓐ~ⓘ의 빈칸에 들어갈 초성 글자를 넣으시오.

ⓐ (   )   ⓑ (   )

ⓒ (   )   ⓓ (   )

ⓔ (   )   ⓕ (   )

ⓖ (   )   ⓗ (   )

ⓘ (   )

(나) 소리의 '청탁(清濁)'과 관련하여, '전청(全淸), 차청(次淸), 전탁(全濁), 불청불탁(不淸不濁)'의 음성적 성질을 현대 국어의 음운론에서 쓰는 용어로 설명하시오.(단, 『고등학교 문법』(2010)에 쓰인 용어로 쓸 것.)

㉠ 전　　청―(   )

㉡ 차　　청―(   )

㉢ 전　　탁―(   )

㉣ 불청불탁―(   )

(다) '문제 5'의 [표]에 제시된 초성의 소리 체계와, '문제 3'의 [표]에 제시된 초성의 기본 글자 체계를 비교하여, 그 차이점을 설명하시오.

11. 아래는 『훈민정음 해례본』의 '제자해'에서 분류한 초성 23글자가 실제로 사용된 양상에 대한 설명이다. 이와 관련하여, ㉠~㉢과 ㉮의 빈칸에 들어갈 말을 쓰시오. (단, ㉠~㉢에는 훈민정음의 초성 글자를 쓰고, ㉮에는 해당 내용에 대한 용어를 쓸 것.)

> 『훈민정음 해례본』의 '제자해'에서는 초성 글자의 소리 체계를 '성음(聲音)'과 '청탁(清濁)'에 따라서 분류하였다.
>
> 이렇게 분류한 초성 23글자 중에서 전탁(全濁) 글자인 ㉠'(   )', ㉡'(   )', ㉢'(   )'와과 후음의 전청 글자인 ㉣'(   )'은/는 순우리말의 초성의 자리에 거의 쓰이지 않았다. 대신에 이들 네 개의 소리는 주로 ㉮(   )을/를 표기하는 데에 쓰였다.

㉠ (   )   ㉡ (   )

㉢ (   )   ㉣ (   )

㉮ (   )

12. 『훈민정음 해례본』에서는 'ㅇ' 글자를 '후음(喉音)'의 초성 글자로 처리하였다. 이와 관련하여 ㉠과 ㉡의 빈칸에 들어갈 말을 쓰시오. (단, ㉠에는 소리의 단위를 쓰고, ㉡에는 소리의 명칭을 쓰고, ㉢에는 초성을 청탁(清濁)으로 구분한 명칭을 쓰시오.)

> 훈민정음의 'ㅇ' 글자는 '오ᅀᆞ'의 '오'처럼 음가가 없는 초성의 자리나 '쎵(世)'처럼 음가가 없는 종성의 자리에 쓰였다. 곧, 'ㅇ' 글자는 비록 음가는 없지만, 성음법(成音法)의 규정에 따라서 낱낱의 글자를 ㉠(   )의 단위로 쓸 때에, 표기상으로 초성이나 종성의 역할을 하였다. 그리고 '놀애, 달아, 앙이, 뷔오' 등의 일부 단어를 표기할 때에는, 'ㅇ'이 음가가 없는 것이 아니라 ㉡(   )의 음가를 나타

내기도 하였다. 이러한 이유로 『훈민정음 해례본』의 '제자해'에서는 'ㆆ' 글자를 후음(喉音)의 자리에서 나는 ㉢( )의 초성 글자로 처리한 것으로 추측할 수 있다.

㉠( ) ㉡( )
㉢( )

13. 『훈민정음 해례본』에서 제시한 초성 글자의 제자 방법과 관련해서, ㉠~㉢과 ㉮의 빈칸에 들어갈 말을 각각 쓰시오. (단, ㉠~㉢에는 훈민정음의 초성 글자를 쓰되, 오음(五音)의 배열 순서를 지켜서 적을 것.)

> 훈민정음에서 초성 글자의 제자 방법과 관련하여 아음 글자인 ㉠'( )'과 설음 글자인 ㉡'( )', 그리고 치음 글자인 ㉢'( )'을 ㉮( )(이)라고 한다. 이는 이들 세 글자를 만드는 방법이 훈민정음의 초성 글자를 만든 일반적인 원리에 어긋났기 때문이었다.

㉠( ) ㉡( )
㉢( ) ㉮( )

14. 『훈민정음 해례본』에서 'ㆁ' 글자를 만든 제자 방법과 관련하여, ㉠과 ㉡의 빈칸에 들어갈 말을 각각 쓰시오.

> 불청불탁의 아음(牙音)인 /ŋ/에 대응되는 글자는 원칙적으로는 아음의 상형인 'ㄱ'과 비슷하게 글자를 만들어야 했다.
>
> 그러나 훈민정음의 창제자들은 /ŋ/에 대응되는 글자를 후음(喉音) 글자인 'ㅇ'에 가획하여 'ㆁ'으로 글자를 만들었다. 따라서 'ㆁ'은 훈민정음의 초성 제자 원리 중의 하나인 ㉠( )의 원리에 맞지 않는 예외적인 글자가 되었다.
>
> 또한 /ŋ/은 아음 가운데서 가장 약한 소리인 불청불탁의 소리이므로, 훈민정음의 제자의 원리에 따르면 'ㆁ'이 아음의 상형자가 되어야 한다. 그럼에도 불구하고, 『훈민정음 해례본』

에서는 'ㆁ'보다 더 센 소리인 /k/를 나타내는 'ㄱ' 글자를 상형자로 삼았다. 이처럼 'ㆁ'이 아음의 상형자가 되지 못하는 바람에, 훈민정음의 초성 제자 원리 중의 하나인 ㉡( )의 원리에 어긋나게 되었다. 이러한 점도 'ㆁ'을 이체(異體)로 처리한 이유가 된다.

㉠( ) ㉡( )

15. 『훈민정음 해례본』에서는 초성의 '병서(竝書) 글자'가 '전탁(全濁)의 소리'가 되는 것을 아래와 같이 설명하고 있다. 예문 (A)의 내용을 참조하여, (가)와 (나)의 빈칸에 들어갈 훈민정음의 글자를 쓰시오.

> (A) 全淸竝書則爲全濁　以其全淸之聲凝則爲全濁也。
>
> (B) 전청을 나란히 쓰면 전탁이 되는 것은 전청의 소리가 엉기면 전탁이 되기 때문이다.

(가) 글 (A)에 제시된 원칙을 그대로 따른다면, 아래의 ㉠~㉫의 빈칸에 들어갈 병서 글자를 넣으시오

· 아음(牙音) ― ㉠( )
· 설음(舌音) ― ㉡( )
· 순음(脣音) ― ㉢( )
· 치음(齒音) ― ㉣( )
　　　　　 ― ㉤( )
· 후음(喉音) ― ㉫( )

(나) 예문 (A)의 규정에도 불구하고, 『훈민정음 해례본』의 '제자해'에서는 후음(喉音)의 병서(竝書) 글자를 ㉮( )의 글자로 대체하였다.

㉮( )

16. 훈민정음에 쓰인 병서(竝書) 글자의 쓰임과 관련하여, ㉠과 ㉡의 빈칸에 들어갈 글자를 각각 쓰시오.

15세기 국어에서 전탁음(全濁音)을 표기하는 데에 쓰인 병서 글자는 주로 한자음을 표기할 때에 쓰였고, 순우리말에는 아주 제한된 음운론적 환경에서만 쓰였다. 순우리말에 쓰인 전탁음의 병서 글자 중에서, 음운론적인 제약을 적게 받아서 비교적 많이 쓰인 글자는 ㉠'(   )'와/과 ㉡'(   )'의 두 글자이다.

㉠ (   )   ㉡ (   )

17. 『훈민정음 해례본』에서는 순경음(脣輕音)의 글자를 만드는 방법과 그 음가를 아래와 같이 설명하였다. 아래의 내용을 참조하여 (가)~(다)에 제시된 과제를 해결하시오.

(A) ○連書脣音之下　則爲脣輕音者　以輕音脣乍合而喉聲多也。

(B) 'ㅇ'을 입술소리의 아래에 이어서 쓰면 '입술 가벼운 소리'가 되는 것은, 소리를 가볍게 냄으로써 입술이 가볍게 합쳐지고 목소리가 많기 때문이다.

(가) 위의 규정을 그대로 인정할 때에, 이론상 만들 수 있는 순경음의 글자를 모두 쓰시오.

㉠ (   )

(나) 순경음 글자 중에서, 15세기 국어에서 실제로 순우리말을 적는 데에 쓰였던 ⓐ글자를 제시하고, ⓑ그 글자의 소리를 '국제 음성 부호(I.P.A)로 전사하시오.

ⓐ (   )   ⓑ (/   /)

(다) 위의 '과제 (나)'의 ㉠에 들어갈 순경음 글자가 쓰일 수 있는 음운론적 환경을 쓰시오.

_____

_____

(라) 순경음 글자 중에서 순우리말을 적는 데에는 사용되지 않고, 당시의 조선 한자음을 적는 데에만 쓰인 글자를 쓰시오.

㉣ (   )

18. 『훈민정음 해례본』의 '초성해'에서는 초성 글자의 개념을 아래와 같이 설명했다. 이와 관련하여 아래의 빈칸에 들어갈 말을 각각 쓰시오. (단, ㉠과 ㉡의 빈칸에는 중국의 운서(韻書)에서 한자음을 분석할 때에 썼던 용어를 쓸 것. 그리고 ㉮~㉰의 빈칸에는 <훈민정음>에서 '業'의 음을 분석할 때에 사용한 글자를 쓸 것.)

『훈민정음 해례본』의 '초성해'에서는 중국의 운서(韻書)에서 한자의 음을 분석하는 방법인 '자모(字母)'와 '운모(韻母)'의 개념을 도입하여 음소 글자인 훈민정음의 '초성'의 개념을 설명하였다.

예를 들어서 '業'의 음절의 소리를 아음의 불청불탁 소리인 ㉠(   )와/과 ㉡(   )(으)로 분석하여 제시하였다. 이처럼 훈민정음의 초성해에서는 기존의 운서에서 한자음을 분석하는 방법을 활용하여, 훈민정음의 초성 글자의 개념을 설명한 것이다.

㉠ (   )   ㉡ (   )

19. 『훈민정음 해례본』의 '초성해'에서는, 아래와 같이 한자의 음을 이용하여 초성 글자의 음가를 설명했다. 이와 관련하여 ㉠~㉣의 빈칸에 들어갈 오음(五音)의 명칭을 각각 쓰시오.

정음(正音)의 초성은 운서의 '자모(字母)'이다. 성음(聲音)이 이로부터 생기므로 '모(母)'라고 한다. <…중략…> ㉠(   )의 '斗, 呑, 覃, 那'와, <…중략…> ㉡(   )의 '卽, 侵, 慈, 戌, 邪'와, ㉢(   )의 '挹'와, ㉣(   )의

'穰'은 모두 이와 같다.

㉠(　　　　)　　㉡(　　　　)
㉢(　　　　)　　㉣(　　　　)

20. 『훈민정음 해례본』의 '초성해'에 기술된 내용과 관련하여, 아래의 빈칸에 들어갈 말을 쓰시오. (단, ㉠과 ㉡에는 숫자를 쓰고, ㉮에는 책의 이름을 쓸 것.)

> 『훈민정음 해례본』의 '제자해'에서는 초성의 글자를 모두 ㉠(　　) 개로 제시했다. 반면에 같은 '제자해'에서 초성의 소리를 오음(五音)과 청탁(淸濁)에 따라서 분류하면서, 전탁(全濁)의 소리를 추가하여 초성의 소리를 모두 ㉡(　　) 개로 분류했다.
> 이러한 초성의 소리 체계는 그때 우리나라의 한자음을 정리하고 통일하기 위하여 편찬한 ㉮(　　)에서 제시한 한자음 체계와 일치한다.

㉠(　　　　)　　㉡(　　　　)
㉮(　　　　)

21. 훈민정음의 초성 글자가 현대 국어에 이르기까지 변천된 양상과 관련하여, 아래의 빈칸에 들어갈 글자를 각각 쓰시오. (단, 각 글자는 먼저 오음(五音)의 순서로 쓰고, 동일한 오음에 속하는 글자는 청탁(淸濁)의 순서로 쓸 것.)

> 훈민정음의 글자 중에서 '단일 초성 글자'는 하나의 글자로 이루어진 글자이다.
> '단일 초성 글자' 중에서 현대 국어에서 쓰이지 않는 글자로는 ㉠(　　), ㉡(　　), ㉢(　　)의 세 글자가 있었다. 반면에 글자 자체는 현대 국어에도 쓰이고 있으나, 현대 국어에서 발음이 달라진 글자로는 ㉮(　　), ㉯(　　), ㉰(　　)의 세 글자가 있었다.

㉠(　　　　)　　㉡(　　　　)
㉢(　　　　)

22. 15세기 국어에 쓰인 초성 글자와 관련하여, ㉠~㉢의 빈칸에 들어갈 말을 각각 쓰시오. (단, ㉠에는 글자의 형태를, ㉡과 ㉢에는 아라비아 숫자를 쓸 것.)

> 15세기 국어에 쓰인 글자 중에서 ㉠(　　)의 글자는 아음(牙音)의 불청불탁(不淸不濁) 글자로서, 여린입천장(연구개)에서 나는 비음(콧소리)인 음가를 나타내는 글자이다. 이 글자는 15세기의 국어에서는 초성과 종성의 자리에 두루 나타나는 것이 특징이다. 그런데 이 글자는 ㉡(　　)세기 초기부터는 점차로 종성에서만 쓰이다가, ㉢(　　)세기 말에 이르면 문헌에서 거의 사라졌다.

㉠(　　　　)　　㉡(　　　　)
㉢(　　　　)

23. 15세기 국어에 쓰인 'ᅙ'의 글자와 관련하여, ㉠~㉡의 빈칸에 들어갈 말을 각각 쓰시오. (단, ㉠에는 사성(四聲)의 명칭을, ㉡에는 표기 방법에 관한 명칭을 쓸 것.)

> 'ᅙ'은 우리말을 적는 데에는 많이 쓰이지 않았지만 '동국정운식 한자음'을 표기하는 데에는 많이 쓰였다. 예를 들어서 '於ᅙᅵᆼ, 一ᅙᅵᆯ, 㐫ᅙᅵᆫ, 依ᅙᅵᆼ, 音ᅙᅳᆷ' 등은 동국정운식 한자음을 표기할 때에 'ᅙ'이 초성에 쓰인 예이다.
> 그리고 '日ᅀᅵᇙ, 發ᄫᅡᇙ, 戌ᄾᅲᇙ, 八바ᇙ, 不ᄫᅮᇙ, 節저ᇙ' 등은 /ㄹ/ 종성으로 끝난 국어 한자음을 당시 북경 지방에서 발음되는 중국어의 ㉠(　　)에 가깝게 표기하기 위하여 'ᅙ'으로써 'ㄹ'을 보완하여 표기한 것이다. 15세기 국어에서 한자음을 표기할 때에 쓰인 이러한 표기 방법을 ㉡(　　)(이)라고 한다.

㉠(　　　　)　　㉡(　　　　)

24. 15세기 국어에 쓰인 '△'의 글자와 관련하여, ㉠과 ㉡의 빈칸에 들어갈 말을 각각 쓰시오. (단, ㉠에는 음소를 쓰고, ㉡과 ㉢에는 해당 글자가 나타내는 기능상의 명칭을 쓸 것.)

> (A) ㄱ. 겨슬, ㄱ슬, ㅁ슬, 스싀, 아슨, 한숨 ; 거싀, 몸소
>
> ㄴ. 그서, 니서, 우스샤, 지서, ㄷ스샤
>
> ㄷ. 눖믈, 나랏 일훔, 世子△ 位, 英主△ 알픽, 바룴 우희
>
> (B) '△'은 모음과 모음 사이나, 유성 자음인 /ㄴ, ㄹ, ㅁ, ㆁ, ㅸ/과 모음 사이에서만 나타나는 특징이 있다. (A)에서 (ㄱ)의 예는 체언이나 부사에서 실현되는 '△'의 예이다. (ㄴ)의 예는 용언이 불규칙하게 활용한 결과로서 어간의 끝에서 실현되었던 ㉠(/ /)의 소리가 /△/으로 변동한 예이다. 그리고 (ㄷ)의 예는 『용비어천가』나 『훈민정음 언해본』에서 유성음과 유성음 사이에서 실현된 ㉡(   )을/를 표기하거나 ㉢(   )으로/로 사용된 예이다.

㉠ (   )   ㉡ (   )

25. 15세기 국어에 쓰인 'ㅇ' 글자의 음가와 관련하여, ㉠~㉡과 ㉮~㉯의 빈칸에 들어갈 말을 각각 쓰시오. (단, ㉠에는 『훈민정음 해례본』의 제자해(制字解)에서 제시된 ㉠에는 청탁(淸濁)의 명칭을 쓰고, ㉡에는 글자의 음가를 국제 음성 부호로 쓸 것.)

> 'ㅇ'은 일반적으로 무음가의 글자로 쓰인다. 그런데 '일우다, ㅭ애, 아니어늘'의 표기를 보면, 이들 단어에 쓰인 'ㅇ'이 무음가의 글자가 아니고 음가가 있는 자음 글자였을 가능성이 있다.
>
> 이에 더하여 『훈민정음 해례본』의 '제자해'에서 'ㅇ'을 후음의 ㉡(   )인 글자로 분류한 것을 보면, 'ㅇ'이 후두 유성 마찰음의 음

가를 나타내는 글자임을 짐작할 수 있다.(허웅 1975:55) 이러한 사실을 바탕으로 'ㅇ'의 음가를 국제 음성 부호로 표기하면 ㉡(/ /)로 표기할 수 있다.

㉠ (   )   ㉡ (   )

26. 15세기 국어에 쓰인 'ㅈ'과 'ㅊ' 글자의 음가와 관련하여, ㉠~㉢의 빈칸에 들어갈 말을 각각 쓰시오. (단, ㉠에는 훈민정음의 초성 소리 체계에서 제시된 오음(五音)의 명칭을 쓰고, ㉡에는 조음(調音)의 위치를 이르는 명칭을 쓰고, ㉢에는 국제 음성 부호(I.P.A)를 쓸 것.)

> 현대 음성학의 관점에서 볼 때에, 현대어에서 'ㅈ'의 글자는 경구개음인(센입천장소리)인 /tɕ/의 음가를 나타낸다. 그런데 『훈민정음 해례본』에서는 'ㅈ'의 글자를 '오음(五音)'을 기준으로 ㉠(   )의 글자로 처리했다. 이러한 분류 방법을 감안하면, 중세 국어의 'ㅈ'은 ㉡(   )에서 발음되는 파찰음인 ㉢(/ /)으로 소리났다는 사실을 알 수 있다.

㉠ (   )   ㉡ (   )
㉢ (   )

27. 『훈민정음 해례본』의 '용자례(用字例)'에 제시된 용례와 관련하여, ㉠과 ㉡의 빈칸에 들어갈 훈민정음의 글자를 쓰시오.

> 『훈민정음 해례본』의 '제자해(制字解)'에서는 초성의 단일 글자로서 모두 17자를 제시하였다. 그런데 『훈민정음 해례본』의 용자례에서는 초성의 단일 글자 중에서 ㉠( )'이/가 쓰인 단어의 용례가 없는 반면에, 단일 초성 글자가 아닌 ㉡( )'이/가 쓰인 단어를 용례에 포함시킨 것이 특징이다.

㉠ (   )   ㉡ (   )

〈 중성해 〉

28. 훈민정음의 중성 글자를 제자하는 방법과 관련하여, ㉠~㉡의 빈칸에 들어갈 말을 각각 쓰시오. (단, 『훈민정음 해례본』에 쓰인 두 음절의 한자어로 쓸 것.)

> 15세기 국어의 중성은 우리가 오늘날 모음이라고 부르는 글자이다.
>
> 상형 글자인 'ㆍ, ㅡ, ㅣ'를 ㉠(   )하여 'ㅗ, ㅜ, ㅏ, ㅓ'와 'ㅛ, ㅑ, ㅠ, ㅕ'를 만들어 모두 11자의 단일 글자를 완성하였다.
>
> 더 나아가서 'ㅗ'와 'ㅏ'를 ㉡(   )하는 방법으로, 'ㅘ'를 비롯하여 'ㅝ', ㅚ, ㅐ, ㅟ, ㅔ' 등의 많은 글자를 사용하였다.

㉠ (   )   ㉡ (   )

29. 훈민정음 글자 중에서 중성 글자 11자의 명칭과 관련하여, ㉠과 ㉡의 빈칸에 들어갈 말을 각각 쓰시오. (단, 『훈민정음 해례본』의 '제자해'에 쓰인 세 음절의 한자어로 쓸 것.)

> 'ㆍ, ㅡ, ㅣ'의 세 글자는 삼재(三才)의 모양을 본뜬 상형(象形) 글자이다. 그리고 'ㅗ, ㅜ, ㅏ, ㅓ'는 'ㅡ'나 'ㅣ'에 'ㆍ'를 한 개 더하여 만든 ㉠(   )(이)며, 'ㅛ, ㅑ, ㅠ, ㅕ'는 'ㅗ, ㅜ, ㅏ, ㅓ'에 'ㆍ'를 두 개 더하여 만든 ㉡(   )이다.

㉠ (   )   ㉡ (   )

30. 『훈민정음 해례본』에서 제시한 중성 글자의 음운론적인 성격과 관련하여, ㉠과 ㉡의 빈칸에 들어갈 말을 각각 쓰시오. (단, 현대 음운론에서 모음을 분류할 때에 쓰는 용어로 적을 것.)

> 훈민정음의 중성 글자는 'ㆍ, ㅡ, ㅣ, ㅗ, ㅏ, ㅜ, ㅓ, ㅛ, ㅑ, ㅠ, ㅕ'의 11자이다. 이들 중성 글자 중에서 'ㆍ, ㅡ, ㅣ, ㅗ, ㅏ, ㅜ, ㅓ'는 ㉠(   )의 음가를 나타내는 글자이며, 'ㅛ,

ㅑ, ㅠ, ㅕ'는 ㉡(   )의 음가를 나타내는 글자이다.

㉠ (   )   ㉡ (   )

31. 『훈민정음 해례본』에서는 /ㆍ/, /ㅡ/, /ㅣ/를 중성 글자를 만들 때에 기준이 되는 소리로 정했다. 이와 관련하여서 ㉠~㉣의 빈칸에 들어갈 모음을 쓰시오. (단, ㉠과 ㉡의 순서와, ㉢과 ㉣의 순서는 각각 바뀌어도 됨.)

> 『훈민정음 해례본』에서는 중성 중에서 /ㆍ/, /ㅡ/, /ㅣ/의 세 소리를 으뜸 소리로 정하였다.
>
> 먼저 양성 모음인 /ㆍ/는 ㉠(/ /)와과 ㉡(/ /)의 중간 소리이므로, 양성 모음의 으뜸 소리로 삼았다. 그리고 음성 모음인 /ㅡ/는 ㉢(/ /)와과 ㉣(/ /)의 중간 소리이므로, 음성 모음의 으뜸 소리로 삼았다. 끝으로 /ㅣ/는 7개의 단모음 중에서 하나뿐인 중성 모음이므로, 중성 모음의 으뜸 소리로 삼았다.

㉠ (   )   ㉡ (   )
㉢ (   )   ㉣ (   )

32. 'ㆍ' 글자의 음가와 관련하여, ㉠과 ㉡의 빈칸에 들어갈 말을 각각 쓰시오. (단, ㉠에는 현대 음운론에서 단모음을 기술하는 방법(혀의 전후 위치와 개구도)으로 기술된 모음의 명칭을 쓰고, ㉡에는 국제 음성 기호(I.P.A)를 쓸 것.)

> 'ㆍ'는 현대어에는 쓰이지 않는 글자이다. 『훈민정음 해례본』의 제자해에서 "ㆍ **舌縮而聲深。**(ㆍ는 혀가 오그라들고 소리의 음상이 깊은 느낌을 준다.)"고 하는 설명을 현대 음성학적인 관점에서 추정해 보면, /ㆍ/가 ㉠(   )임을 짐작할 수 있다.
>
> 그리고 'ㅗ'와 'ㅏ' 글자의 음가를 "ㅗ**與ㆍ同而口蹙。 ··· ㅏ與ㆍ同而口張。**('ㅗ'는 'ㆍ'와 같으나 입이 오므라진다. 'ㅏ'는 'ㆍ'와 같으나 입이 펴진다.)"라고 하는 설명을 참조하면, 'ㆍ'

글자의 음가는 'ㅗ'보다 입을 펴고 'ㅏ'보다 입을 더 오므려서 내는 소리인 ㉡(/ /)(으)로 추정할 수 있다.

㉠( )　　　㉡( )

33. 『훈민정음 해례본』에서는 모음 글자를 만드는 기준이 되는 상형 글자를 '·, ㅡ, ㅣ'로 정하고, 이들 글자의 조음 방식과 함께 청각적인 인상을 기술하였다. 이와 관련해서 아래의 글상자에서 적절한 말을 골라서 아래 [표]의 빈칸에 넣으시오.

불심불천(不深不淺), 설불축(舌不縮), 전설 모음(前舌母音), 성심(聲深), 설소축(舌小縮), 중설 모음(中舌母音), 설축(舌縮), 성천(聲淺), 후설 모음(後舌母音)

글자	음성학적 특징		
	발음 방법	청각적 인상	현대 음성학의 해석
·	[㉠]	[㉡]	[㉢]
ㅡ	[㉮]	[㉯]	[㉰]
ㅣ	[ⓐ]	[ⓑ]	[ⓒ]

[표] 조음 방법과 청각적인 인상

① [·] ㉠( )　㉡( )
　　　㉢( )

② [ㅡ] ㉮( )　㉯( )
　　　㉰( )

③ [ㅣ] ⓐ( )　ⓑ( )
　　　ⓒ( )

34. /·/의 변화 과정과 관련하여, ㉠과 ㉡의 빈칸에 들어갈 말을 각각 쓰시오.

15세기에 쓰였던 /·/는 그 이후에 두 단계의 변화 과정을 거친다. 먼저 제1단계의 변화 과정은 16세기 초부터 시작하여 16세기 말에 이르는 시기에 일어났는데, 단어의 첫 음절이 아

닌 위치에서 ㉠(/ /)(으)로 바뀐 경우가 많다. 그 다음의 단계로 18세기 말에는 /·/가 단어의 첫 음절의 위치에서 대부분 ㉡(/ /)(으)로 바뀌었다.

㉠( )　　　㉡( )

35. 『훈민정음 해례본』에서는 'ㅏ, ㅓ, ㅗ, ㅜ' 글자의 음가(音價)를 상형자(象形字)인 '·'와 'ㅡ'의 음가를 이용해서 설명하였다. 아래 [표]의 ⓐ~ⓓ에 들어갈 소리를 넣으시오.

	〈口蹙〉		상형자		〈口張〉
양성	/ ⓐ /	←	/ · /	→	/ ⓑ /
음성	/ ⓒ /	←	/ ㅡ /	→	/ ⓓ /
	〈闔〉				〈闢〉

[표] 초출자의 음가]

ⓐ( )　　　ⓑ( )
ⓒ( )　　　ⓓ( )

36. 『훈민정음 해례본』의 제자해에서 설명한 초출자와 재출자의 제자 원리를 아래의 [표]와 같이 정리하였다. 아래 표의 ⓐ~ⓗ에 들어갈 훈민정음 글자를 각각 쓰시오

재출 口蹙		초출 口蹙		삼재(三才) 象形		초출 口張		재출 口張
ⓐ	←	ⓑ	←	·	→	ⓒ	→	ⓓ
ⓔ	←	ⓕ	←	ㅡ	→	ⓖ	→	ⓗ

[표] 초출자와 재출자의 제자 원리

ⓐ( )　　　ⓑ( )

ⓒ( )　　　ⓓ( )

ⓔ( )　　　ⓕ( )

ⓖ( )　　　ⓗ( )

37. 『훈민정음 해례본』에서는 중성 글자 중에서 '삼재(三才)'의 상형자, 초출자(初出字), 재출자(再出字)'의 특징을 기술하였다. 이와 관련하여 (가)~(다)에 제시된 과제를 해결하시오.

(가) '심(深)'과 '천(淺)'에 따른 모음의 대립 관계를 고려하여, ⓐ~ⓒ의 빈칸에 들어갈 '삼재(三才)'의 상형자를 넣으시오.

	심(深)	천(淺)	불심불천(不深不淺)
상형자	ⓐ	ⓑ	ⓒ

[표] '심(深)'과 '천(淺)'에 따른 모음의 대립 관계

ⓐ (   )   ⓑ (   )
ⓒ (   )

(나) '벽(闢)'과 '합(闔)'의 대립 관계를 고려하여, ⓐ~ⓓ의 빈칸에 들어갈 '초출자'의 중성 글자를 넣으시오.

		벽(闢)		합(闔)
초출자	양(陽)	ⓐ	↔	ⓑ
	음(陰)	ⓒ	↔	ⓓ

[표] '벽(闢)'과 '합(闔)'에 따른 대립 관계

ⓐ (   )   ⓑ (   )
ⓒ (   )   ⓓ (   )

(다) '벽(闢)'과 '합(闔)'의 대립 관계를 고려하여, ⓐ~ⓓ의 빈칸에 들어갈 '재출자'의 중성 글자를 넣으시오.

		벽(闢)		합(闔)
재출자	양(陽)	ⓐ	↔	ⓑ
	음(陰)	ⓒ	↔	ⓓ

[표] '벽'과 '합'에 따른 대립 관계

ⓐ (   )   ⓑ (   )
ⓒ (   )   ⓓ (   )

38. 『훈민정음 해례본』의 중성해와 종성해에서는 글자의 소리를 설명하는 방식을 중국의 운서(韻書)에서 설명하는 방식과 달리했다. 이와 관련하여 아래의 빈칸에 들어갈 말을 쓰시오. (단, ㉮의 빈칸에는 문자의 유형에 대한 명칭을 쓸 것.)

중국의 운서에서는 전통적으로 한자의 한 음절(자운, 字韻)을 성모(聲母)와 운모(韻母)로 분석하였다. 이에 반하여 『훈민정음 해례본』에서는 국어의 음절을 이루는 소리의 단위를 ㉠(   ), ㉡(   ), ㉢(   )(으)로 분석하였다. 이와 같은 음절의 분석 방법을 통해서 훈민정음의 글자를 ㉮(   )(으)로 개발한 근거를 마련하였다.

㉠ (   )   ㉡ (   )
㉢ (   )   ㉮ (   )

39. 『훈민정음 해례본』에서는 중성 글자의 유형과 관련하여, '합성(合成)'과 '합용(合用)'을 구분한다. 이와 관련하여 글 (B)의 빈칸에 들어갈 중성 글자를 예시 (A)에서 찾아서 쓰시오. (단, 『훈민정음 해례본』의 '중성해'에서 제시한 배열 순서를 지킬 것.)

(A) ㅏ, ㅑ, ㅓ, ㅕ, ㅗ, ㅘ, ㅛ, ㅙ, ㅜ, ㅝ, ㅠ, ㆊ

(B) '합성(合成)'은 삼재(三才)를 상형한 글자인 'ㆍ, ㅡ, ㅣ'의 글자를 합하여서 초출자나 재출자를 만드는 제자 원리이다. 위의 예시 (A)에 제시된 글자 가운데에서 ㉠'(   )'은/는 초출자이며 ㉡'(   )'은/는 재출자인데, 이들 글자는 모두 합성된 글자이다. 반면에 '합용(合用)'은 '상형자, 초출자, 재출자'를 합해서 사용하는 글자의 운용 방법인데, ㉢'(   )'의 글자는 합용된 글자이다.

㉠ (   ), (   ), (   ), (   )
㉡ (   ), (   ), (   ), (   )

ⓒ (　　　), (　　　), (　　　), (　　　)

⑥ 초출자 +초출자+ㅣ:

⑦ 재출자 +재출자+ㅣ:

40. 『훈민정음 해례본』의 '중성해'에 따르면 초출자와 재출자를 합용할 때에는 '동출 합용(同出合用)'의 원리에 따라서 합용하였다. 이와 관련하여 ㉠~㉣의 빈칸에 들어갈 훈민정음의 글자를 각각 쓰시오.

> 　두 글자(字)를 합하여 사용하는 것(合用)에는, 'ㅗ'와 'ㅏ'가 ㉠(　　　)'에서 함께 나왔으므로 합쳐져서 'ㅘ'가 되며, 'ㅛ'와 'ㅑ'가 ㉡(　　　)'에서 함께 나왔으므로 합쳐져서 'ㆇ'가 된다.
> 　'ㅜ'와 'ㅓ'가 ㉢(　　　)'에서 함께 나왔으므로 합쳐져서 'ㅝ'가 되며, 'ㅠ'와 'ㅕ'가 또한 ㉣(　　　)'에서 함께 나왔으므로 합쳐져서 'ㆊ'가 된다.
> 　(두 글자가) 함께 나와서 짝(類)이 됨으로써 서로 합쳐지고 어긋나지 않았다.

㉠ (　　　)　　㉡ (　　　)
㉢ (　　　)　　㉣ (　　　)

41. 『훈민정음 해례본』의 '중성해'에서는 글자를 합용(合用)하여 사용한 예를 (A)와 같이 제시하였다. 다음의 ①~⑦의 합용 방법에 해당하는 훈민정음 글자를 아래의 예시 (A)에서 찾아서 넣으시오. (단, 각 항목에 해당하는 글자를 있는 대로 모두 찾을 것.)

> (A) ㅘ, ㆇ, ㅝ, ㆊ, ㆎ, ㅢ, ㅚ, ㅐ, ㅟ, ㅖ, ㅢ, ㅒ, ㆉ, ㅞ, ㅙ, ㅔ, ㆈ, ㆋ

① 상형자 +ㅣ:

② 초출자 +ㅣ:

③ 초출자 +초출자:

④ 재출자 +ㅣ:

⑤ 재출자 +재출자:

42. 'ㅣ'를 합용한 병서 글자의 유형과 관련하여, 글 (B)의 ㉠과 ㉡에 들어갈 글자를 예시 (A)에서 골라서 쓰시오.

> (A) ㅘ, ㆇ, ㆇ, ㅝ, ㆊ, ㅙ, ㆎ, ㅢ, ㅚ, ㅐ, ㅟ, ㅖ, ㅔ, ㅚ, ㅒ, ㆉ, ㅞ
>
> (B) 『훈민정음 해례본』의 '중성해'에서는 'ㅣ'를 합용한 글자의 유형을 다음과 같이 설명하고 있다. 곧, 한 글자로 된 중성(一字中聲)이 'ㅣ'와 서로 합친 것은 모두 열(十)이니, ㉠(　　　)가 그것이다. 그리고 두 글자로 된 중성(二字中聲)이 'ㅣ'와 서로 합친 것은 넷(四)이니, ㉡(　　　)가 그것이다.

㉠ (　　　　　　　)
㉡ (　　　　　　　)

43. 『훈민정음 해례본』에 제시된 '합용(合用)한 중성 글자'의 유형과 관련하여, 예시 (A)에 제시된 글자를 골라서 글 (B)의 빈칸에 쓰시오.

> (A) ㅘ, ㆇ, ㆇ, ㅝ, ㆊ, ㅙ, ㆎ, ㅢ, ㅚ, ㅐ, ㅟ, ㅖ, ㅔ, ㅚ, ㅒ, ㆉ, ㅞ
>
> (B) 『훈민정음 해례본』의 '중성해'에서는, 합용된 중성 글자를 낱글자의 수(數)에 따라서 두 종류로 구분하였다. 곧, 두 글자가 합용된 '이자 중성(二字中聲)'의 합용 글자와 세 글자가 합용된 '삼자 중성(三字中聲)'의 합용 글자가 그것이다. 예시 (A)에 제시된 글자 중에서 '이자 중성 글자'의 예로는 ㉠(　　　)가 있고, '삼자 중성 글자'의 예로는 ㉡(　　　)가 있다.

㉠ (　　　　　　　)
㉡ (　　　　　　　)

44. 다음의 [표]에 설정한 빈칸에, 'ㅣ'계 이중 모음과 'ㅣ'계 삼중 모음의 글자에 대한 음가를 '국제 음성 기호(I.P.A)'로 쓰시오.

이중 모음	글자	·ㅣ	ㅓ	ㅚ	ㅐ	ㅟ	ㅔ
	음가	ⓐ	ⓑ	ⓒ	ⓓ	ⓔ	ⓕ
삼중 모음	글자	ㆉ	ㅒ	ㆌ	ㅖ	ㅙ	ㅞ
	음가	ⓖ	ⓗ	ⓘ	ⓙ	ⓚ	ⓛ

[표] 'ㅣ'계 이중 모음과 삼중 모음의 음가

ⓐ [·ㅣ] (   )   ⓑ [ㅓ] (   )

ⓒ [ㅚ] (   )   ⓓ [ㅐ] (   )

ⓔ [ㅟ] (   )   ⓕ [ㅔ] (   )

ⓖ [ㆉ] (   )   ⓗ [ㅒ] (   )

ⓘ [ㆌ] (   )   ⓙ [ㅖ] (   )

ⓚ [ㅙ] (   )   ⓛ [ㅞ] (   )

〈 종성해 〉

45. 다음은 <훈민정음 해례본>의 '종성해(終聲解)'에서 종성 글자의 사용 방법을 설명한 글이다. 이와 관련하여, ㉠의 빈칸에 들어갈 말을 6음절로 된 한문 문장으로 쓰시오.

> '각'이라는 음절에서 초성의 'ㄱ'과 종성의 'ㄱ' 소리는 객관적이고 물리적인 소리로는 다르지만, 한국 사람은 초성의 'ㄱ' 소리와 종성의 'ㄱ' 소리를 동일하게 인식한다. 이러한 점을 감안하면 종성의 글자를 초성의 글자와 굳이 구분하여 별도로 만들 필요가 없다.
>
> 이에 따라서 <훈민정음의 해례본>의 '예의'에서는 ㉠(   )의 규정을 두어서, <u>종성 글자를 따로 만들지 않고 초성 글자를 그대로 종성 글자로 쓰게 하였다.</u> 이처럼 종성 글자를 따로 만들지 않음으로써, 자음(초성과 종성)의 글자 수를 대폭 줄일 수 있었다.

㉠ (   )

46. <훈민정음>의 '종성해'에서는 종성 글자에서 나타나는 '완급(緩急)'의 특징을 글 (B)와 같이 설명하였다. 글 (C)의 빈칸에 들어갈 음절 글자를 예시 (A)에서 찾아 쓰시오.

> (A) 갂, 강, 갛, 각, 간, 갇, 갈, 감, 갑, 갓, 갖, 갗, 걱, 같, 값, 갛
>
> (B) 聲有緩急之殊 故平上去其終聲不類入聲之促急。不淸不濁之字 其聲不厲 故用於終則宜於平上去 全淸次淸全濁之字 其聲爲厲 故用於終則宜於入。(소리에는 느리고 빠른 차이가 있으므로, 평성, 상성, 거성은 그 종성이 입성의 빠름과 같지 않다. 불청불탁의 글자는 그 소리가 세지 않으므로, 종성의 자리에 쓰이면 '평성, 상성, 거성'에 알맞다. 전청, 차청, 전탁의 글자는 그 소리가 세므로, 종성에 쓰이면 '입성'에 알맞다.)
>
> (C) 예시 (A)에 제시된 음절 단위의 글자를 종성을 기준으로 '입성(入聲)'과 '비입성(非入聲)'으로 구분할 수 있다. 곧, (A)에 제시된 음절 단위의 글자 중에서 ㉠'(   )'의 음절 단위 글자는 '입성'이다. 그리고 ㉠을 제외한 나머지의 음절 단위 글자는 모두 '비입성'이다.

㉠ (   )

47. 15세기 국어에서 쓰인 종성의 표기 방법과 관련하여, 아래의 빈칸에 들어갈 말을 쓰시오.(단, ㉠과 ㉡에는 문헌의 이름을 쓰고, ㉮에는 훈민정음 글자를 쓰시오.)

> 『훈민정음 해례본』의 '종성해'에서 "八終聲可足用也"라고 규정했다. 이에 따라서 ㉠(   )이나 ㉡(   )와과 같은 문헌을 제외한 문헌에서는 종성을 표기하는 데에 ㉮(   )'의 여덟 글자만을 사용했다.

㉠ ( )   ㉡ ( )
㉮ ( )

48. 위의 '문제 3'의 글상자에 기술된 내용을 참조하여, 아래에 제시된 ㉠~㉢의 표기를 '팔종성법(八終聲法)'을 적용하여 각각 고쳐 쓰시오. (단, ㉠~㉢의 단어 전체를 고쳐 쓸 것.)

(A)ㄱ. 곶비	[월천81장]
ㄴ. 빛나시니이다	[용가80장]
ㄷ. 깊고	[월천99장]
ㄹ. 낱	[월천40장]
ㅁ. 나랗 일훔	[용가85장]

㉠ ( )   ㉡ ( )
㉢ ( )   ㉣ ( )
㉤ ( )

49. 『훈민정음 해례본』의 '종성해'에서는 종성의 표기 방법을 아래와 같이 규정하였다. 아래의 규정에 따르면 '빗곶'과 '엿의갗'을 어떠한 방식으로 표기할 수 있는지 각각 쓰시오.

(A) 然ㄱㆁㄷㄴㅂㅅㄹ八字可足用也。㉠如빗곶爲梨花 ㉡엿의갗爲狐皮 而ㅅ字可以通用 故只用ㅅ字。

(B) 그러나 'ㄱ, ㆁ, ㄷ, ㄴ, ㅂ, ㅁ, ㅅ, ㄹ'의 여덟 글자로 (종성에) 쓰는 데에 충분하다. '빗곶(배꽃)'이 '梨花(이화)'이고 '엿의갗'이 '狐皮(호피)'이지만, 'ㅅ자(字)'로 통용할 수 있으므로 오직 'ㅅ자(字)'를 사용하는 것과 같다.)

㉠빗곶 ( )   ㉡엿의갗 ( )

50. 아래에 제시된 단어의 종성 형태를 '형태 음소적 표기법'에 따라서 고쳐서, ⓐ~ⓟ의 빈칸에 각각 쓰시오.

음소적 표기법	형태 음소적 표기법	음소적 표기법	형태 음소적 표기법
낫과(日)	ⓐ	앉거늘(坐)	ⓑ
곳(花)	ⓒ	노씁고(置)	ⓓ
곳비(花雨)	ⓔ	놉고(高)	ⓕ
밭(田)	ⓖ	좃거늘(從)	ⓗ
딥동(積束)	ⓘ	깁고(深)	ⓙ
낫(個)	ⓚ	아싀(弟)	ⓛ
소노로(手)	ⓜ	아나(抱)	ⓝ
숙물(夢)	ⓞ	다마(含)	ⓟ

[표] 팔종성법의 표기법과 형태 음소적 표기법

ⓐ ( )   ⓑ ( )
ⓒ ( )   ⓓ ( )
ⓔ ( )   ⓕ ( )
ⓖ ( )   ⓗ ( )
ⓘ ( )   ⓙ ( )
ⓚ ( )   ⓛ ( )
ⓜ ( )   ⓝ ( )
ⓞ ( )   ⓟ ( )

51. 『훈민정음 해례본』의 '종성해'에서는, "종성은 그 소리의 '완급(緩急)'에 따라 짝을 이룬다."라고 설명하고 있다. 종성에서 나타나는 '완급'의 대립 관계를 아래의 표처럼 정리할 때에, ⓐ~ⓔ의 빈칸에 들어갈 종성 글자를 쓰시오.

오음 성질	아음 (牙音)	설음 (舌音)	순음 (脣音)	치음 (齒音)	후음 (喉音)
완 (緩) ⇅ 급 (急)	ㆁ ⇅ ⓐ	ⓑ ⇅ ㄷ	ㅁ ⇅ ⓒ	ⓓ ⇅ ㅅ	ㅇ ⇅ ⓔ

[표] 오음의 완급에 따른 종성의 대립

ⓐ ( )   ⓑ ( )
ⓒ ( )   ⓓ ( )
ⓔ ( )

52. 『훈민정음 해례본』의 '종성해'에서는 조선의 한자음에 대한 표기에 대하여 글 (A)와 같이

규정하였다. 반면에 『동국정운』(東國正韻)에서는 <훈민정음>에 제시된 글 (A)의 규정을 수정하여, 글 (B)와 같이 제시하였다. 글 (B)에 제시된 ㉠~㉢의 빈칸에 들어갈 말을 각각 쓰시오. (단, ㉠에는 종성의 소리를 쓰고, ㉡과 ㉢에는 글자를 쓸 것.)

(A) 且半舌之ㄹ 當用於諺 而不可用於文。如入聲之彆字 終聲當用ㄷ而俗習讀爲ㄹ 盖ㄷ變而爲輕也。若用ㄹ爲彆之終 則其聲舒緩不爲入也。(또 반설음의 'ㄹ'은 우리말에만 써야 하고 한문에는 쓰지 못한다. 입성인 '彆자'와 같은 것도 종성에 마땅히 'ㄷ'을 써야 하나 속간의 습관으로는 'ㄹ'로 읽는데, 대개 'ㄷ'이 변하여 가볍게 된 것이다. 만약 ㄹ을 '彆자'의 종성으로 쓴다면 그 소리가 느려서 입성이 되지 못한다.)

(B) 원래 15세기의 조선에서 쓰인 한자음 중에서 종성에서 /ㄹ/로 발음되는 말들은 당시의 중국의 북경 지방에서는 ㉠(/)(으)로 발음되는 소리였다. 이에 따라서 <동국정운>에서는 /ㄹ/ 받침으로 끝난 조선의 한자음을 중국의 발음에 가깝게 표기하기 위하여, ㉡'( )'의 글자로써 'ㄹ'을 보충하여 ㉢'( )'(으)로 표기하도록 하였다. <동국정운>에서 제시한 이러한 종성 표기 방법을 '이영보래(以影補來)'라고 한다.

㉠ (   )   ㉡ (   )
㉢ (   )

53. 『동국정운』에 제시된 '이영보래(以影補來)'의 규정과 관련하여, ㉠~㉢의 빈칸에 들어갈 말을 쓰시오. (단, ㉠과 ㉡에는 훈민정음의 글자를 쓰고, ㉢에는 성조(聲調)의 명칭을 쓸 것.)

『동국정운』(東國正韻)에서는, '이영보래'라는 규정을 두었다. '이영보래(以影補來)'에서 '影'은 '영모(影母)'인 ㉠(/)의 소리를 가리키

고 '來'는 '래모(來母)'인 ㉡(/)의 소리를 가리킨다. 곧, 『동국정운』에 제시된 '이영보래'는 ㉠의 소리로써 ㉡의 소리를 보완하여 ㉢( )의 성조로 발음하게 한다는 것이다.

㉠ (   )   ㉡ (   )
㉢ (   )

54. 15세기 국어에서 종성에 쓰인 /ㅅ/의 음가와 관련하여 ㉠~㉡의 빈칸에 들어갈 아라비아 숫자를 쓰시오.

15세기 국어에서는 '귓(必), 못(池), 못(最)'과 '귿(末), 몯(莫), 믇(昆)'을 반드시 구분하여 표기하였다. 곧, 종성의 자리에서도 초성의 자리에서와 마찬가지로 'ㅅ'과 'ㄷ'의 글자가 구별되어서 쓰였음을 알 수 있다.

그런데 종성의 'ㅅ'은 ㉡( )세기 초부터 'ㄷ'으로 적히기 시작하다가, ㉢( )세기 후반에는 종성에서 'ㄷ'과 'ㅅ'이 혼용되어 종성에서 이 두 글자의 구분이 사실상 없어졌다.

㉠ (   )   ㉡ (   )
㉢ (   )

〈 합자해 〉

55. 『훈민정음 해례본』의 '합자해(合字解)'에서는, 초성에 중성을 붙여서 적는 방법을 아래와 같이 규정했다.

(A) ·, ㅡ, ㅣ, ㅗ, ㅏ, ㅓ, ㅜ, ㅛ, ㅑ, ㅠ, ㅕ

(B) 中聲則圓者橫者在初聲之下 ㉠( )是也。縱者在初聲之右 ㉡( )是也。
중성은, 둥근 것과 가로 그은 것은 초성의 아래에 있는데, ㉠'( )'가 그것이다. 세로 그은 것은 초성의 오른쪽에 있는데, ㉡'( )'가 그것이다.

(C) 凡字必合而ⓒ(　　　　)[훈민정음 해례본]

(가) 위의 글에서 빈칸에 들어갈 수 있는 중성 글자를 (A)에서 골라서 쓰시오.

ⓐ(　　　　　　　　　　)

ⓑ(　　　　　　　　　　)

(나) 위의 글에서 (B)의 규정이 성립하기 위해서는 초성, 중성, 종성의 글자를 모아서 적는다는 규정이 전제되어야 한다. 이와 관련하여 ⓒ의 빈칸에 두 음절의 한자(漢字)를 써서 『훈민정음 해례본』의 '예의'에서 제시한 규정을 완성하시오.

ⓒ(　　　　　　　　　　)

56. 초성 글자의 체계를 '단일 초성 글자'와 '복합 초성 글자'로 나누었을 때에, ⓐ과 ⓑ의 빈칸에 들어갈 글자의 명칭을 각각 쓰시오. (단, ⓐ와 ⓑ의 순서는 서로 바꿀 수 있음.)

> 초성 글자는 '단일 초성 글자'와 '복합 초성 글자'로 구분할 수 있다. '단일 초성 글자'는 한 글자로 이루어진 기본 글자이며, '복합 초성 글자'는 단일 초성 글자를 합용해서 쓰는 글자이다. 그리고 '복합 초성 글자'는 두 개의 초성 글자를 옆으로 나란히 적은 ⓐ(　　　) 글자와 초성 글자 아래에 ○를 이어서 적은 ⓑ(　　　) 글자의 두 유형으로 나눌 수 있다.

ⓐ(　　　　　) ⓑ(　　　　　)

57. 15세기 국어에 쓰인 '각자 병서(各自竝書)' 글자의 종류와 관련하여, ⓐ~ⓒ의 빈칸에 들어갈 훈민정음의 글자를 각각 쓰시오. (단, ⓑ과 ⓒ은 순서를 바꿀 수 있음.)

> 15세기 국어의 문헌에 쓰인 '각자 병서' 글자는 모두 ⓐ(　　　)의 여덟 개가 있었다. 이들 중에서 ⓑ(　　　)와/과 ⓒ(　　　)의 두 글자를 제외한 나머지 여섯 글자는 된소리의 자음으로 발음되었을 것으로 추측된다.

ⓐ(　　　), (　　　), (　　　), (　　　)

　(　　　), (　　　), (　　　), (　　　)

ⓑ(　　　　　)

ⓒ(　　　　　)

58. 『훈민정음 해례본』의 초성해에서는 (A)와 같이 '각자 병서'의 글자를 만드는 방법과 함께 그 음가를 설명했다. 글 (A)의 내용과 관련해서, (B)의 빈칸에 들어갈 훈민정음의 글자를 쓰시오.

> (A) 全淸竝書則爲全濁 以其全淸之聲凝則爲全濁也。 (ⓐ전청을 나란히 쓰면 전탁이 되는 것은 전청의 소리가 엉기면 전탁이 되기 때문이다.)
>
> (B) 글 (A)에 제시된 ⓐ의 방법으로 만들어진 글자로는, 아음의 ⓐ(　　　), 설음의 ⓑ(　　　), 순음의 ⓒ(　　　), 치음의 ⓓ(　　　)과 ⓔ(　　　)이/가 있다.

ⓐ(　　　　　) ⓑ(　　　　　)

ⓒ(　　　　　) ⓓ(　　　　　)

ⓔ(　　　　　)

59. 15세기 국어에서 초성의 합용 병서로 쓰인 글자로는, 'ㅂ'계 합용 병서와, 'ㅅ'계 합용 병서, 'ㅄ'계 합용 병서가 있었다. 각 계열의 합용 병서의 글자를 쓰시오.

(가) 'ㅂ'계 합용 병서 글자

①(　　　) ②(　　　)

③(　　　) ④(　　　)

(나) 'ㅅ'계 합용 병서 글자

①(　　　) ②(　　　)

③(　　　) ④(　　　)

(다) 'ㅄ'계 합용 병서 글자

　　①(　　　　)　　　②(　　　　)

60. 다음은 15세기 국어에서 초성을 표기할 때에 쓰인 '합용 병서(合用竝書)'의 음가에 대한 글이다. 이와 관련하여 (가)~(라)에 제시된 과제를 해결하시오.

> 『훈민정음 해례본』에서는 합용 병서 글자의 음가에 대하여 아무런 설명이 없다. 이 때문에 'ㅅ'계 합용 병서의 음가에 대하여 '이중 자음 설'과 '된소리 설'이 나오게 되었다.

(가) 'ㅅ'계 합용 병서의 '이중 자음설'을 따를 때에, 다음에 제시한 합용 병서 글자의 음가를 각각 '국제 음성 부호'로 쓰시오.

　　① ㅄ(　　　)　　② ㅺ(　　　)
　　③ ㅼ(　　　)

(나) 'ㅅ'계 합용 병서의 '된소리 설'을 따를 때에, 다음에 제시한 합용 병서 글자의 음가를 '국제 음성 부호'로 쓰시오.

　　① ㅄ(　　　)　　② ㅼ(　　　)
　　③ ㅺ(　　　)

(다) 'ㅅ'계의 '된소리 설'을 따른다면, 합용 병서 글자 중에서 세 가지 글자는 각자 병서와 동일하게 발음된다. 이에 해당하는 합용 병서 글자와 그에 대응되는 각자 병서 글자를 쓰시오. (단, '합용 병서-각자 병서'의 순서로 쓸 것.)

　　①(　　　) - (　　　)
　　②(　　　) - (　　　)
　　③(　　　) - (　　　)

(라) 'ㅅ'계 합용 병서 글자의 음가와 관련하여, 다음 글에 설정된 ㉠과 ㉡의 빈

칸에 들어갈 말을 쓰시오.(단, ㉠에는 합용 병서 글자를 쓰고, ㉡에는 '국제 음성 부호'를 쓸 것.)

> 'ㅅ'계 합용 병서가 된소리로 발음되었다는 학설에도 불구하고, 'ㅅ'계 합용 병서 글자 중에서 ㉠'(　　　)'의 글자는 겹자음인 ㉡(/　　/)(으)로 발음된 것으로 추정된다.

　　㉠(　　　)　　㉡(　　　)

61. 다음은 15세기 국어에 쓰인 'ㅂ'계 합용 병서 글자의 음가에 대한 글이다. 이와 관련하여, ㉠~㉢의 빈칸에 들어갈 말을 각각 쓰시오. (단, ㉠과 ㉡의 빈칸에는 형태소 분석의 결과를 (a+b)의 형식으로 쓰고, ㉢의 빈칸에는 'ㅃ' 글자의 음가를 '국제 음성 부호(I.P.A)'로 쓸 것.)

> (A) ㄱ. 느믹 시눌 ⓐ<u>불뼈</u> 말며 [내훈1:6]
> 　　ㄴ. 이리 ⓑ<u>쉬뼈</u> 아니호니 [내훈3:6]
>
> (B) 예문 (A)에서 ⓐ의 '불뼈'를 형태소 단위로 분석하면 ㉠'(　　　)'(으)로 분석되고, ⓑ의 '쉬뼈'는 ㉡'(　　　)'(으)로 분석된다. 그런데 현대 국어에서는 이들 단어가 각각 '밟지'와 '쉽지'로 실현된다. 이처럼 현대 국어에서 '밟지'와 '쉽지'에 /ㅂ/ 받침 소리가 있는 것을 보면, 15세기 국어에서는 'ㅃ'의 'ㅄ'이 ㉢(/　　/)(으)로 발음되었다고 추정할 수 있다.

　　㉠(　　　)　　㉡(　　　)
　　㉢(　　　)

62. 다음은 15세기 국어에 쓰인 'ㅂ'계 합용 병서의 음가에 대한 글이다. 이와 관련하여, ㉠과 ㉎~㉑의 빈칸에 들어갈 말을 쓰시오. (단, ㉠에는 단어의 형태를 쓸 것. 그리고 ㉎~㉑에는 'ㅂ'계 합용 병서의 글자를 쓰되, 글자의 순서는 고려하지 말 것.)

'ㅂ'계 합용 병서를 이중 자음으로 소리나는 것으로 보는 근거는 다음과 같다. 예를 들어서 현대 국어에서 쓰이는 합성 명사인 '좁쌀, 찹쌀' 따위의 단어에서는 두 어근 사이에 이유 없이 /ㅂ/이 실현된다. 이러한 'ㅂ' 첨가 현상은 15세기 국어에 쓰였던 명사인 ㉠(   )에 실현된 초성 /ㅂ/이 현대어의 합성 명사에 그대로 남았기 때문에 일어난 것이다.

위와 같은 사실을 감안하면 15세기 국어에 쓰였던 'ㅂ'계 합용 병서 글자 'ㅳ', ㉮(   ), ㉯(   ), 'ㅄ'는 이중 자음으로 발음되었음을 짐작할 수 있다.

㉠(   )

㉮(   )   ㉯(   )

63. 훈민정음의 글자를 합자(合字)하는 방법과 관련하여, ㉠의 빈칸에 들어갈 2음절의 말을 쓰시오.

(A) 文與諺雜用則有因字音而補以中終聲者 如孔子ㅣ 魯ㅅ사룸之類 (한자(文)와 우리말(諺)이 섞여 쓰이면, 글자의 소리(字音)에 따라서 중성이나 종성을 보태는(補) 경우가 있는데, '孔子ㅣ 魯ㅅ사룸' 따위와 같다.)

(B) 『훈민정음 해례본』의 '합자해'에서는 (A)와 같이 규정하여서 한자와 우리말을 섞어서 적는 경우에는 낱글자를 단독으로 쓸 수 있게 하였다. 그런데 (A)에서 제시한 표기법은 『훈민정음 해례본』의 '예의(例義)'에 소개된 ㉠'(   )법'의 글자 운용법에서 벗어난 예외적 표기 방법이다.

㉠(   )

64. 『훈민정음 해례본』의 '합자해'에서는 '사성(四聲)'의 음성적 특징을 한자로 풀이하였고, 『훈민정음 언해본』에서는 고유어로 풀이하였다. 15세기 국어에 쓰였던 사성의 특징에 맞추어서, 예시 (A)와 (B)에 제시된 내용을 아래 표의 빈칸에 넣으시오. (단, ㉠~㉣의 빈칸에는 ⓐ, ⓑ, ⓒ, ⓓ의 부호를 쓰고, ㉮~㉣의 빈칸에는 ⓔ, ⓕ, ⓖ, ⓗ의 부호를 쓸 것.)

(A) 해례본의 풀이
　　ⓐ 거이장(擧而壯)　　ⓑ 안이화(安而和)
　　ⓒ 화이거(和而擧)　　ⓓ 촉이색(促而塞)

(B) 언해본의 풀이
　　ⓔ 뭇 놋가톤 소리
　　ⓕ 뭇 노푼 소리
　　ⓖ 샐리 긋돗눈 소리
　　ⓗ 처서미 놋갑고 내중이 노푼 소리

표기 예	〈해례본〉의 풀이	〈언해본〉의 풀이
녑(脅)	㉠( )	㉮( )
:돌(石)	㉡( )	㉯( )
벼(稻)	㉢( )	㉰( )
·키(箕)	㉣( )	㉱( )

[표] 사성의 특징

65. '사성(四聲)'의 유형과 '방점(傍點)'의 운용법에 맞추어서 아래의 보기에 제시된 단어를 [표]의 빈칸에 넣으시오. (단, 각 단어에 해당하는 ⓐ~ⓕ의 부호를 쓸 것.)

　ⓐ 닥(楮)　　ⓑ :남(穀)　　ⓒ :범(虎)
　ⓓ ·굽(蹄)　　ⓔ ·둘(月)　　ⓕ 콩(大豆)

사성(四聲)		용례
비입성 (非入聲)	거성(去聲)	㉠( )
	상성(上聲)	㉡( )
	평성(平聲)	㉢( )
입성 (入聲)	거성(去聲)	㉮( )
	상성(上聲)	㉯( )
	평성(平聲)	㉰( )

[표] 방점의 운용법

66. 글 (B)는 15세기 국어에서 '입성(入聲)'을 '성조 체계'에서 제외하여야 한다는 주장에 대한 근거를 제시한 내용이다. 글 (B)의 내용이 성립하도록, ㉠~㉢의 빈칸에 예시 (A)의 ⓐ~ⓕ를 쓰시오.

> (A) ⓐ :깁(繒)　　ⓑ ·갇(笠)　　ⓒ 독(甕)
> 　　ⓓ ·신(履)　　ⓔ 벼(稻)　　ⓕ :돌(石)
>
> (B) 15세기 국어에서 '입성'은 빨리 끝나는 음절의 성조인데, 그 소리의 높낮이(高低)는 고정되어 있지 않았다. 곧, (A)에 제시된 단어 중에서 ㉠(　　　)은/는 평성적인 입성으로, ㉡(　　　)은/는 상성적인 입성으로, ㉢(　　　)은/는 거성적인 입성'으로 쓰였다.
>
> 　이처럼 15세기 국어에서 입성은 소리의 높낮이와는 관계없이 '빨리 끝나는 소리'의 음성적 특징만 나타낸다. 그러므로 15세기 국어의 성조 체계에서는 원칙적으로 입성을 설정할 필요가 없었다.

㉠(　　　　)　　　　㉡(　　　　)
㉢(　　　　)

67. 『훈민정음 해례본』의 '합자해'에서는 사성(四聲)에서 나타나는 소리의 특성을 아래와 같이 기술하였다. 이러한 설명을 통해서 '평성, 상성, 거성'의 소리 특성과 '입성'의 소리 특성 사이에서 나타나는 차이를 알 수 있다. 이와 관련하여, ㉠~㉣의 빈칸에 들어갈 3음절의 한자어를 쓰시오.(단, 각각 'A而B'의 형식으로 쓸 것.)

> 　『훈민정음 해례본』의 '합자해'에서는 사성(四聲)에 따른 음성적 특징을 '和, 促, 擧, 安, 壯, 塞' 등의 한자로써 풀이하였다.
>
> 　곧, 합자해에서는 사성의 특징을 '평성'은 ㉠(　　　)(으)로, '상성'은 ㉡(　　　)(으)로, '거성'은 ㉢(　　　)(으)로 서로 관련을 지어서 기

술하였다. 그러나 이와는 달리 '입성'만은 소리의 특징을 ㉣(　　　)(으)로 기술하였다. 이러한 차이는 '평성, 상성, 거성'이 높낮이에 바탕을 둔 성조인 데에 반해서, 입성은 빨리 끊어지는 소리로서 길이에 바탕을 두었기 때문에 생긴 것이다.

㉠(　　　　)　　　　㉡(　　　　)
㉢(　　　　)　　　　㉣(　　　　)

68. 아래는 고등학교의 국어 시간에 교사와 학생이 15세기 국어의 성조에 대해서 '교수-학습'하는 장면을 가정한 것이다. 교사와 학생의 대화에서 빈칸에 들어갈 말을 쓰시오. (단, ㉠에는 두 음절의 한자어를 쓰고, ㉡~㉣에는 종성의 음소에 대응되는 한글 자모를 쓸 것.)

> 교사 : 15세기 국어에는 현대 국어의 표준어에는 없는 성조를 표시하는 사성법이 있었습니다. 사성법은 『훈민정음 해례본』의 '예의'에 나와 있는데, 그 내용을 살펴보면 다음과 같습니다. "글자의 왼편에 한 점을 찍으면 거성이 되고, 두 개를 찍으면 상성이 되며, 점이 없으면 평성이다. 그리고 입성은 점을 찍는 방법은 거성, 상성, 평성과 같으나 ㉠(　　　)하다."라고 했습니다. 즉, 입성에도 '거성, 상성, 평성'이 별도로 있었던 것입니다.
>
> 학생 : 선생님, 그러면 입성 글자의 거성, 상성, 평성과 입성이 아닌 글자의 거성, 상성, 평성은 어떻게 구분합니까?
>
> 교사 : 입성은 어떤 음절의 종성이 ㉡(　/　), ㉢(　/　), ㉣(　/　)의 소리인 음절로서, 짧고 빨리 끝나는 소리입니다.

㉠(　　　　)　　　　㉡(　　　　)
㉢(　　　　)　　　　㉣(　　　　)

69. 『훈민정음 해례본』의 '합자해'에서는 글 (A)처럼 우리말의 설음(舌音)을 [l]과 [ɾ]의 두

가지 변이음으로 구분하였다. 이와 관련하여 글 (B)의 빈칸에 들어갈 말을 쓰시오.(단, ㉠과 ㉡에는 소리의 명칭을 쓰고, ㉢에는 훈민정음의 글자를 쓸 것.)

> (A) 半舌有輕重二音。…… 且國語雖不分輕重 皆得成音。(반설음은 가볍고 무거운 두 가지의 소리가 있다. …… 또 우리말에서도 비록 가벼움과 무거움을 구분하지 않더라도 모두 소리를 이룰 수가 있다.) [훈해 합자해]
>
> (B) 우리말의 /ㄹ/ 음소는 그 변이음으로서 [l]과 [ɾ]이 있다. <훈민정음>의 '합자해'에서는 [l]을 ㉠(   )(으)로 규정했고, /ㄹ/의 또 다른 변이음인 [ɾ]을 ㉡(   )(으)로 규정했다. 다만, 이 두 변이음은 우리말에서는 구분해서 적을 필요가 없으나, 만일 이 두 소리를 굳이 구분해서 적으려면 [ɾ]을 ㉢(   )(으)로 적을 수 있다는 것이다.

㉠(   )   ㉡(   )
㉢(   )

70. 『훈민정음 해례본』의 '합자해'에서는 반모음인 /j/에서 /·/나 /—/로 이행하는 이중 모음을 표기하는 방법을 글 (A)와 같이 설명하였다. 이러한 소리는 정상적인 국어의 말소리가 아님에도 불구하고, 『훈민정음 해례본』에서 이러한 소리를 적는 글자를 소개한 이유를 설명하시오.

> (A) ·一起ㅣ聲 於國語無用。兒童之言 邊野之語 或有之 當合二字而用 如기 긔之類。
>
> (B) 'ㅣ'에서 일어나는 '·'와 '—'의 소리는 우리말에는 쓰이지 않는다. 그러나 아이의 말이나 변두리(邊野)의 말에 간혹 (이들 소리가) 있으며, 이 경우에는 두 글자를 합하여 쓰는데, '기'와 '긔'의 따위와 같다.) [훈해 합자해]

(설명) : _____
_____
_____
_____

71. 글 (A)는 15세기 국어에서 나타나는 성조(聲調)의 실현 양상을 설명한 글이다. 이와 관련하여 글 (B)의 ㉠과 ㉡에 들어갈 말을 쓰시오.(단, 명사와 조사가 결합한 형태를 쓰되, 각 음절에 실현되는 성조를 반영하여 방점(傍點)을 찍은 형태로 쓸 것.)

> (A) 왼녀긔 훈 點을 더으면 뭇 노푼 소리오 點이 둘히면 上聲이오【上聲은 처서미 눗갑고 내죵이 노푼 소리라】點이 업스면 平聲이오 入聲은 點 더우믄 훈가지로듸 샌루니라 [훈언]
>
> (B) 각 단어에 실현되는 성조는 해당 음절에 방점을 찍어서 표기하였다. 예를 들어서 체언인 '부텨(佛)'과 '다리(橋)'는 각 음절의 성조가 평성이었다. 그런데 '부텨'와 '다리'에 주격 조사가 결합하면, '부텨'는 ㉠'(   )'의 형태로 표기하였고, '다리'는 ㉡'(   )'의 형태로 표기하였다.

㉠(   )
㉡(   )

1.1.3. 훈민정음의 표기법

1. 다음은 15세기 국어에서 실현된 사잇소리(관형격 조사)를 표기하는 글자를 설명한 글이다. 이와 관련하여 ㉠과 ㉡의 빈칸에 들어갈 글자를 쓰시오.(단, ㉠과 ㉡의 빈칸에 들어갈 사잇소리 표기 글자는 배열 순서를 고려하지 않아도 됨.)

15세기 국어에서는 명사가 결합하여 합성 명사나 명사구를 이룰 때에, 사잇소리(관형격 조사)를 표기하는 글자가 다양하게 쓰였다. 특히 훈민정음이 창제된 직후에 발간된 『용비어천가』와 『훈민정음 언해본』에는 ㉠'(   )'의 글자 뿐만 아니라, ㉡'(   )'의 6개의 글자도 음운론적인 환경에 따라서 구별되어서 쓰였다. 그러나 『용비어천가』와 『훈민정음 언해본』를 제외한 다른 문헌에서는 사잇소리를 표기하는 글자로서 점차로 ㉠의 글자만 쓰이게 되었다.

㉠(   )   ㉡(   )

2. 『용비어천가』와 『훈민정음 언해본』에서 사잇소리를 표기하는 글자가 실현되는 환경과 관련해서, ㄱ~ㅇ의 빈칸에 들어갈 글자를 쓰시오. (단, 'ㅅ' 글자는 제외함.)

(A) ㄱ. 乃냉終즁 ㉠(   ) 소리
ㄴ. 사름 ㉡(   ) 뜨디잇가
ㄷ. 那낭 ㉢(   ) 字쭝
ㄹ. 눈 ㉣(   ) 므를
ㅁ. 斗둫 ㉤(   ) 字쭝
ㅂ. 君군 ㉥(   ) 字쭝
ㅅ. 하늘 ㉦(   ) 뜨들
ㅇ. 世子 ㉧(   ) 位

㉠(   )   ㉡(   )   ㉢(   )
㉣(   )   ㉤(   )   ㉥(   )
㉦(   )   ㉧(   )

3. 『석보상절』에 반영된 중세 국어의 표기법과 관련하여, ㉠과 ㉡의 빈칸에 들어갈 말을 각각 쓰시오. (단, ㉠과 ㉡의 빈칸에는 훈민정음의 자음 글자를 쓸 것.)

『석보상절』은 『훈민정음 해례본』에서 규정한

대로 'ㄱ, ㆁ, ㄷ, ㄴ, ㅂ, ㅁ, ㅅ, ㄹ'의 8개 받침(八終聲)을 사용하여 소리대로 적기를 적용한 대표적인 문헌이다. 그러나 『석보상절』에서는 이들 여덟 받침 이외에도 ㉠(   )의 글자가 포함된 겹받침이 종성의 자리에서 사용되었으며, ㉡(   )의 글자도 종성의 자리에서 단독으로 쓰인 예가 보인다.

㉠(   )   ㉡(   )

4. 15세기 국어에 사용된 표기 방법과 관련하여, ㉠과 ㉡의 빈칸에 들어갈 말을 쓰시오. (단, 표기 방법의 유형을 적을 것.)

15세기에 간행된 문헌은 일반적으로 형태소가 변동할 때에 변동된 대로 적은 ㉠'(   ) 표기법'을 적용했다. 그러나 『용비어천가』와 『월인천강지곡』에는 음절의 종성을 표기할 때나, 체언과 조사가 결합하거나 어간과 어미가 결합할 때에, ㉡'(   ) 표기법'을 부분적으로 적용한 예가 있다.

㉠(   )   ㉡(   )

5. 『월인천강지곡』에 반영된 표기법과 관련하여, ㉠~㉣과 ㉮~㉯의 빈칸에 들어갈 말을 각각 쓰시오. (단, ㉠~㉣과 ㉮~㉯의 빈칸에 자음 음소를 쓸 것.)

『월인천강지곡』에 사용된 표기 방법은 15세기에 간행된 다른 문헌의 표기 방법과는 다른 점이 있었다. 곧, 체언 중에서 끝 음절의 종성이 ㉠(/   /), ㉡(/   /), ㉢(/   /), ㉣(/   /), ㉤(/   /)인 것은, 이 소리들이 다음 음절의 초성으로 이어서 발음될 때에도 체언과 조사의 경계를 구별하여 적었기도 하였다.

그리고 용언에서 어간의 끝 음절이 ㉮(/   /), ㉯(/   /)의 종성으로 끝나는 것은, 그 종성이 다음 음절의 첫소리로 이어서 발음되더라도, 어간의 종성 자리에 표기하여 어간과 어미의 경계를 밝혀서 적기도 하였다.

ㅣ ( )　　　　ㄴ ( )
ㄷ ( )　　　　ㄹ ( )
ㅁ ( )
㉮ ( )　　　　㉯ ( )

6. 15세기 국어에 쓰인 일반적인 표기 방법과 관련하여, ㉠-㉡과 ㉮-㉯의 빈칸에 들어갈 말을 쓰시오.

> 　15세기에 간행된 문헌 중에서 『용비어천가』와 『월인천강지곡』을 제외한 대부분의 문헌에서는 형태소가 변동할 때에 변동된 대로 적는 것이 일반적이었다.
> 　첫째로 체언과 조사가 결합한 예로서, '낮(晝)'과 '낱(個)'에 조사 '-과'가 결합하면 각각 ㉠'( )'와/과 ㉡'( )'(으)로 적었다. 둘째로 용언의 어간과 어미가 결합한 예로서, 어간인 '좇(從)-'과 '높(高)-'에 어미인 '-거늘'이 결합하면, 각각 ㉢'( )'와/과 ㉣'( )'(으)로 적었다.

ㄱ ( )　　　　ㄴ ( )
ㄷ ( )　　　　ㄹ ( )

7. 다음은 15세기 문헌에 적용된 한자음의 표기에 관한 글이다. 아래의 ㉠-㉢에 들어갈 말을 쓰시오.(단, ㉠과 ㉡에는 한글 자모를 쓰고, ㉢에는 한자 성어를 한글로 쓰시오.

> 　15세기 국어에서 쓰인 조선의 한자음 중에서 /ㄹ/로 발음되는 말들은 15세기 당시 중국의 북경 지역에서는 모두 /ㄷ/으로 발음되는 소리(= 입성)였다. 이에 따라서 /ㄹ/ 받침으로 끝난 국어 한자음을 중국의 발음인 입성에 가깝게 표기하기 위하여, ㉠( )의 글자로써 'ㄹ'을 보충하여 ㉡( )(으)로 표기하였다. 이렇게 조선의 한자음 /ㄹ/ 종성을 입성에 가깝게 표기하는 방법을 ㉢( )(이)라고 한다.
> 　예를 들어서 『동국정운』이 간행되기 전에 간행된 『훈민정음 해례본』과 『동국정운』이 간행된 이후에 발간된 『훈민정음 언해본』의 사이에는 한자음을 표기하는 방법에는 약간의 차이가 있었다. 예를 들어서 『훈민정음 해례본』에는 'ㅂ'은 '심'으로 표기되었을 것인데, 『훈민정음 언해본』에는 'ㅂ'이 ㉣( )로 표기되었다.

ㄱ ( )　　　　ㄴ ( )
ㄷ ( )　　　　ㄹ ( )

1.1.4. 『훈몽자회』의 '범례'

1. 『훈몽자회』(訓蒙字會)의 '범례(凡例)'에 제시된 한글 자모와 관련하여, ㉠과 ㉡의 빈칸에 들어갈 말을 쓰시오.(단, ㉠에는 문자 체계에 대한 명칭을 쓰고, ㉡에는 글자의 형태를 쓸 것.)

> 　1527년에 간행된 『훈몽자회』의 '범례'에서는 '諺文字母俗所謂(㉠) 二十七字'라고 규정하여 총 27자의 자모를 제시하였다. 이렇게 27자의 자모를 제시한 것은 1446년에 간행된 『훈민정음 해례본』에서 제시된 훈민정음의 기본 글자(단일 글자) 중에서 ㉡( )의 글자가 빠졌기 때문이다.

㉠ ( )　　　　㉡ ( )

2. 『훈몽자회』의 '범례'에서 구분한 언문 자모의 분류 방법과 관련하여, (가)와 (나)에 제시된 과제를 해결하시오.

> 　최세진이 지은 『훈몽자회』의 상권 첫머리에 '범례(凡例)'가 실려 있는데, '범례' 부분의 내용은 다음과 같이 세 가지로 정리할 수가 있다. 첫째, 그 당시에 실제로 쓰였던 27자의 문자 체계를 제시했다. 둘째, 언문 자모 27자를 ㉠( ), ㉡( ), ㉢( )의 세 가지 유형으로 나누었다. 여기서 ㉠은 초성과 종성에 두루 쓰이는 글자에 해당하며, ㉡은 초성으로

만 쓰이는 글자 해당하며, ㉢은 중성 글자에 해당한다. 셋째 언문 자모의 27자에 대하여 '기역(其役), 니은(尼隱)……'과 같이 이름을 붙였다.

(가) 위의 글에서 ㉠~㉢의 빈칸에 들어갈 언문 자모의 명칭을 쓰시오.

㉠ (   )
㉡ (   )
㉢ (   )

(나) ㉠~㉢의 유형에 해당하는 언문 자모를 모두 쓰시오.(단, '범례'에서 배열한 자모의 순서는 고려하지 않아도 됨.)

㉠의 자모 : (   )
㉡의 자모 : (   )
㉢의 자모 : (   )

3. 『훈몽자회』의 '범례'에서는 언문 자모의 명칭을 '초성종성통용팔자(初聲終聲通用八字)'는 두 음절로 정하였고, '초성독용팔자(初聲獨用八字)'는 한 음절로 정했다. 이처럼 자모의 명칭을 달리 정한 이유를 '非읍'과 '皮'를 예로써 설명하시오.

(설명) :
....
....
....
....
....
....
....

4. 아래는 『훈몽자회』의 '범례'에서 초성 글자의 이름을 한자로 표기한 방법을 설명한 글

이다. ㉠~㉢에 들어갈 말을 쓰시오.

'범례'에서는 한자의 '음(音)'을 이용하여 대부분의 초성 글자의 이름을 표기했다. 그러나 한자의 음으로 이름을 붙일 수 없는 글자에는 한자의 '훈(訓)'을 이용하여 이름을 표기했나. 예를 들어서 '池末'에서 '末'는 ㉠(   )(으)로, '時衣'에서 '衣'는 ㉡(   )(으)로, '箕'는 ㉢(   )(으)로 읽었는데, 이는 한자의 훈을 이용하여 글자의 이름을 표기한 것이다.

㉠ (   )   ㉡ (   )
㉢ (   )

5. 『훈몽자회』의 '범례'에서 언문 자모를 배열한 순서와 관련하여, 글 (B)의 빈칸에 들어갈 말을 쓰시오.(단, ㉠과 ㉡에는 『훈몽자회』에서 정한 글자의 유형적 명칭을 쓸 것.)

(A) ㄱ, ㄴ, ㄷ, ㄹ, ㅁ, ㅂ, ㅅ, ㅇ ; ㅋ, ㅌ, ㅍ, ㅈ, ㅊ, ㅿ, ㅇ, ㅎ

(B) 『훈몽자회』의 '범례'에서는 초성 글자를 (A)와 같이 배열했다.

첫째로 초성 글자 중에서 ㉠(   )의 글자를 먼저 배열하고, 이어서 ㉡(   )의 글자를 배열했다.

둘째로, ㉠과 ㉡의 글자들을 각각 훈민정음에서 초성을 배열하는 기준인 ㉮(   ), ㉯(   ), ㉰(   ), ㉱(   ), ㉲(   )의 순서에 따라서 배열하였다.

(A) ㉠ (   )   ㉡ (   )

(B) ㉮ (   )   ㉯ (   )

㉰ (   )   ㉱ (   )

㉲ (   )

6. 아래의 글 (A)는 『훈민정음 언해본』의 내용이고, 글 (B)는 『훈몽자회』의 '범례'의 내용이다. '사성의 구분'과 '방점의 실현 방식'과 관련하여, 글 (A)와 글 (B)의 내용을 비교하여, 두 문헌에 나타난 방점 표기 방법의 차이를 설명하시오.

(A) 왼녀긔 호 點을 더으면 뭇 노픈 소리오 點이 둘히면 上聲이오【上聲은 처서미 눗갑고 내죵이 노픈 소리라】點이 업스면 平聲이오 入聲은 點 더우믄 호가지로 디 쓰느니라 [훈민정음 언해본]

(B) 믈읫 글 字音의 노프며 눗가오미 다 字ㅅ 겨틔 點이 이시며 업스며 하며 져금으로 보라믈 사믈* 거시니 눗가온 소리옛 字는 平聲이니 點이 업고 기리혀 나죵 들티는 소리옛 字는 上聲이니 點이 둘히오 곧고 바른 노픈 소리옛 字는 去聲이니 點이 호나히오 곧고 쌜른 소리옛 字는 入聲이니 點이 호나히라 [훈몽자회의 '범례']

*'사믈'은 '사믈'의 오기이다.

(설명) :
....
....
....
....
....
....
....
....
....
....

1.2. 음운

1.2.1. 음운과 음절의 체계

1. 『훈민정음 해례본』의 '제자해'에서는 초성의 소리를 '오음'과 '청탁'을 기준으로 분류했다.

(가) '오음(五音)'으로 분류한 초성의 유형과 관련하여, 아래의 빈칸에 들어갈 말을 쓰시오.(단, 오음의 명칭을 쓸 것.)

> 훈민정음의 <제자해>에서는 '오음(五音)', 곧 조음 위치에 따라서, 초성의 소리를 ㉠( ), ㉡( ), ㉢( ), ㉣( ), ㉤( )으로 나누었다. 그리고 예외적인 소리로서 ㉥( ), ㉦( )의 두 소리를 추가하였다.

㉠( )　　㉡( )
㉢( )　　㉣( )
㉤( )　　㉥( )
㉦( )

(나) '청탁(淸濁)'으로 분류한 초성의 유형과 관련하여, 아래의 빈칸에 들어갈 말을 쓰시오.(청탁의 명칭을 쓸 것.)

> 훈민정음의 <제자해>에서는 '청탁(淸濁)', 곧 소리를 내는 방법과 힘의 강도에 따라서, 초성의 소리를 ㉮( ), ㉯( ), ㉰( ), ㉱( )로/으로 나누었다.

㉮( )　　㉯( )
㉰( )　　㉱( )

2. 『훈민정음 해례본』의 '제자해'에서는 초성의 소리를 오음(五音)에 따라서 분류하였다.

(가) 아래 글상자의 빈칸에 들어갈 말을 쓰시오.(초성의 음소를 글자로 쓸 것.)

> 첫째, 'ㄱ, ㅋ, ⓐ( ), ㄲ'의 소리는 '아음(牙音)'이라고 한다. 둘째, 'ㄷ, ㅌ, ㄴ, ⓑ( )'의 소리는 '설음(舌音)'이라고 한다. 셋째, 'ㅂ, ⓒ( ), ㅁ, ㅃ'의 소리는 '순음(脣音)'이라고 한다. 넷째, 'ㅈ, ㅊ, ㅉ, ⓓ( ), ㅆ'의 소리는 치음(齒音)이라고 한다. 다섯째, 'ⓔ( ), ㅎ, ㅇ, ⓕ( )'의 '후음(喉音)'이라고 한다.

ⓐ( )　　ⓑ( )
ⓒ( )　　ⓓ( )
ⓔ( )　　ⓕ( )

(나) 아래 글상자의 빈칸에 들어갈 말을 쓰시오.(㉠과 ㉡의 빈칸에는 조음 기관의 명칭을 쓰고, ⓐ의 빈칸에는 자음 소리의 성질을 나타내는 명칭을 쓰시오.)

> ㉠'( )'의 소리는 고유어의 경우에 단어의 첫 음절의 초성의 자리에 실현되지 않는다. 그리고 ㉡'( )'의 소리는 단어의 첫 음절의 초성의 자리에 실현되지 않을 뿐만 아니라, 유성음의 사이에서만 실현된다는 제약이 있다. 이러한 분포상의 제약 때문에 이 두 글자는 훈민정음의 문자 체계에서 예외적인 글자로 처리했다.

㉠( )　　㉡( )

3. 『훈민정음 해례본』의 '제자해'에서는 초성의 소리를 청탁(淸濁)에 따라서 아래와 같이 분류하였다. 예시된 (A)의 글자 중에서, (가)~(라)의 괄호 안에 들어갈 글자를 골라서 각각 써 넣으시오.

> (A) ㄱ, ㅋ, ㄲ, ㆁ, ㄴ, ㄷ, ㅌ, ㄸ, ㄹ, ㅁ, ㅍ, ㅂ, ㅃ, ㅈ, ㅊ, ㅉ, ㅅ, ㅆ, ㅇ, ㆆ, ㅎ, ㆅ
>
> (B) '청탁(淸濁)', 곧 소리를 내는 방법과 힘의 강도에 따라서 초성의 소리를 아래와 같

이 '전청, 차청, 불청불탁, 전탁'으로 나누었다.

(가) '전청(全淸)'은 현대 국어의 ㉮( )에 해당하는데, 글 (B)에서 ㉠( )의 6개 소리가 이에 해당한다.

(나) '차청(次淸)'은 현대 국어의 ㉯( )에 해당하는데, 글 (B)에서 ㉡( )의 6개 소리가 이에 해당한다.

(다) '불청불탁(不淸不濁)'은 현대 국어에서의 ㉰( )에 해당하는데, 글 (B)에 있는 ㉢( )과 같은 6개 소리가 이에 해당한다.

(라) '전탁(全濁)'은 현대 국어의 ㉱( )에 해당하는데, 글 (B)에서 ㉣( )의 6개의 소리가 이에 해당한다.

(가) ㉮( )
㉠( ), ( ), ( ), ( ), ( ), ( )

(나) ㉯( )
㉡( ), ( ), ( ), ( )

(다) ㉰( )
㉢( ), ( ), ( ), ( ), ( )

(라) ㉱( )
㉣( ), ( ), ( ), ( ), ( )

4. 다음은 훈민정음의 단일 글자 가운데 현대 국어에는 쓰이지 않는 글자들이다. 이들 글자의 음가와 글자의 소실 시기를 적으시오. (단, ⓐ-ⓒ에는 글자의 음가를, ㉮-㉣에는 글자가 사라진 시기를 아라비아 숫자로 적으시오. 그리고 글자의 음가는 '양순(兩脣) 비음(鼻音)'처럼 조음 위치와 조음 방법으로 기술할 것.)

글자	음가의 설명	글자의 소실이나 변화 시기
ㅇ	㉠( )	㉮( )세기 말
ㆆ	㉡( )	㉯( )세기 중엽
ㅿ	㉢( )	㉰( )세기 말

㉠( ) ㉡( )
㉢( )
㉮( ) ㉯( )
㉰( )

5. 15세기 국어에서 'ㅇ' 글자는 음가가 없는 글자로 쓰인 것이 일반적이다. 그런데 'ㅇ'이 무음가의 글자가 아니라 '후두 유성 마찰음'의 글자로 볼 수 있는 근거를 다음과 같이 설명했다. 아래 글상자의 빈칸에 들어갈 말을 쓰시오.(단, ㉠~㉣에는 표기 형태를 적고, ⓐ에는 '국제 음성 부호'를 적으시오.)

'ㅇ'이 /ㄹ, ㅿ, ㅣ, j/와 그에 뒤따르는 모음 사이에서 실현되는 경우에는 'ㅇ'이 음가를 가진다고 볼 수 있다.

예를 들어서 '놀애(歌), 아니어늘(非), 뮈우다(動)' 등에서 만약 'ㅇ'이 음가가 없는 글자이면, 이들 단어들은 각각 ㉠( ), ㉡( ), ㉢( )(으)로 표기해야 한다. 그러나 '놀애, ㅈ애, 아니어늘'로 표기되었는데, 이러한 사실은 'ㅇ'이 음가가 있는 글자임을 보여 준다.

그리고 'ㅇ'이 후음의 불청불탁 계열의 글자로 분류되어 있다는 점을 보면, 'ㅇ'이 '후두 유성 마찰음'인 ⓐ( )의 음가를 가지는 글자임을 짐작할 수 있다.

㉠( ) ㉡( )
㉢( ) ⓐ( )

6. 다음은 15세기 국어의 합용 병서 글자의 음가와 관련해서 '이중 자음 설'과 '된소리 설'에 대한 글이다.

(가) '이중 자음 설'의 내용과 근거를 아래의 글상자의 내용처럼 설명할 수 있다. 빈칸에 적절한 말을 써 넣으시오. (단, ㉠과 ㉡에는 자음 글자를 쓰고 ㉮에는 단어의 형태를 쓸 것.)

> 합용 병서의 각각 글자는 그 소리를 모두 발음했다는 설이다. 그 근거로는 현대어에서 '조(粟)'와 '쌀(米)'이 결합하여서 합성어가 될 때에 ㉠ (/   /) 소리가 첨가된다는 것이다.
>
> 현대 국어의 '쌀'이 중세 국어에서는 ㉮ '(   )'의 형태였기 때문에 자음 첨가 현상이 현대 국어에서 나타나는 것이다. 이러한 증거에 따르면 중세 국어의 /ㅄ/은 /ㅂ/과 /ㅅ/의 이중 자음으로 발음되었을 것으로 추정할 수 있다.
>
> 이러한 '이중 자음 설'은 합용 병서 글자 중에서 특히 ㉡ '(   )'계의 합용 병서 글자의 음가를 설명할 때에 많이 쓰인다.

㉠ (   )   ㉡ (   )
㉮ (   )

(나) '된소리설'의 내용과 근거를 아래의 글상자의 내용처럼 설명할 수 있다. 빈칸에 적절한 초성 글자를 써 넣으시오.

> '된소리 설'은 ㉠ '(   )'계의 합용 병서 글자는 된소리를 표기한 글자라는 설이다. 이러한 '된소리 설'의 주요한 근거로는 15세기 국어에서 ㉠ '(   )'계의 합용 병서로 쓰인 말이 현대어에서 대부분 된소리로 발음된다는 것이다. 그리고 예전에 된소리 표기에 쓰였던 사잇시옷 글자를 '된시옷'으로 부른 것도 '된소리 설'을 주장하는 근거가 된다.
>
> 단, 합용 병서 글자 중에서 ㉡ (   )의 글자는 예외적으로 이중 자음으로 발음된 것으로 추정한다.

㉠ (   )   ㉡ (   )

7. 15세기 국어에 쓰인 다음의 자음 글자들의 음가를 국제 음성 부호(I.P.A)로 표기하시오.

(가) 단일 글자
㉠ ㅈ (   )   ㉡ ㅿ (   )
㉢ ㆁ (   )   ㉣ ㆆ (   )

(나) 각자 병서 글자
㉠ ㅉ (   )   ㉡ ㆅ (   )

(다) 연서 글자
㉠ ㅸ (   )

8. 다음은 중세 국어의 종성에 대한 설명이다. 빈칸에 들어갈 말을 쓰시오.(단, ㉠에는 음운 변동 현상의 명칭을 쓰고, ㉮와 ㉯에는 자음 글자를 쓸 것.)

> 15세기 국어의 종성에서는 /ㄱ, ㆁ, ㄷ, ㄴ, ㅂ, ㅁ, ㅅ, ㄹ/의 소리만 발음되었다. 따라서 종성을 적을 때도 'ㄱ, ㆁ, ㄷ, ㄴ, ㅂ, ㅁ, ㅅ, ㄹ'의 여덟 글자만 쓸 수 있게 하였다.
>
> 이러한 8종성 체계는 16세기부터 점차로 7종성의 체계로 바뀌었다. 곧, ㉠ (   )의 음운 변동 규칙에 따라서, 종성의 ㉮ (   )은 16세기 초부터 ㉯ (   )으로 적히기 시작하다가 16세기 후반에는 종성에서 이 두 글자 혼용되었다.

㉠ (   )
㉮ (   )   ㉯ (   )

9. 15세기 국어의 단모음 체계에 관련하여 다음 물음에 답하시오.

(가) 7개의 단모음 글자를 모두 쓰시오.
(   )

(나) 7의 단모음에 대응되는 중성 글자를 아래 표의 빈칸에 넣으시오.(단, 단모음이 없는 곳은 가위표(×)를 할 것.)

	전설 모음		후설 모음	
	평순	원순	평순	원순
고모음	ⓐ	ⓑ	ⓒ	ⓓ
중모음	ⓔ	ⓕ	ⓖ	ⓗ
저모음	ⓘ	ⓙ	ⓚ	ⓛ

ⓐ (   )   ⓑ (   )

ⓒ (   )   ⓓ (   )

ⓔ (   )   ⓕ (   )

ⓖ (   )   ⓗ (   )

ⓘ (   )   ⓙ (   )

ⓚ (   )   ⓛ (   )

10. 15세기 국어의 중모음(重母音)에는 현대 국어와는 달리 '이중 모음'과 '삼중 모음'의 두 가지 종류가 있었다. 다음은 15세기에 쓰였던 중모음의 일부이다.

> (A) /ㅐ/, /ㅒ/, /ㅕ/, /ㅙ/, /ㅘ/, /ㅖ/, /ㅠ/, /ㅟ/

(가) 다음은 15세기 국어에 실현되었던 '이중 모음'에 대한 설명이다. ㉠~㉣에 들어갈 소리를 예시 (A)에서 골라서 넣으시오.

> 15세기 국어의 '이중 모음(二重母音)'으로는 '상향적 이중 모음'과 '하향적 이중 모음'이 있었다. 첫째로 '상향적 이중 모음'은 '반모음＋단모음'의 방식으로 발음되는 이중 모음인데, 예시 (A)에서 ㉠(   )과 ㉡(   )는 상향적 이중 모음의 음가를 나타낸다. 둘째로 '하향적 이중 모음'은 '단모음＋반모음'의 방식으로 발음되는 이중 모음인데, ㉢(   )과 ㉣(   )는 하향적 이중 모음의 음가를 나타낸다.

㉠ (   )   ㉡ (   )

㉢ (   )   ㉣ (   )

(나) 다음은 15세기 국어에 실현되었던 삼중 모음에 대한 설명이다. ㉤~㉥에 들어갈 소리를 예시 (A)에서 골라서 넣으시오.

> 현대 국어와는 달리 15세기 국어에서는 '삼중 모음(三重母音)'도 있었다. 삼중 모음에는 반모음인 /j/로 시작하는 삼중 모음이 있었는데, ㉠(   )과 ㉡(   )의 예가 그것이다. 그리고 삼중 모음에는 /w/로 시작하는 삼중 모음도 있었는데, ㉢(   )과 ㉣(   )이 그것이다.

㉠ (   )   ㉡ (   )

㉢ (   )   ㉣ (   )

11. 다음은 15세기 국어에서 음절을 구성하는 방법에 관한 내용이다. ㉠과 ㉡의 빈칸에 들어갈 글자를 쓰시오.(단, ㉠에는 종성의 체계를 이르는 용어를 쓰고, ㉡에는 자음 음소를 한글로 쓰시오.

> 종성의 자리에는 단일 자음으로서 원칙적으로 /ㄱ, ㆁ, ㄷ, ㄴ, ㅂ, ㅁ, ㅅ, ㄹ/의 8개가 쓰였다. 이러한 종성 체계를 흔히 '팔종성 체계'라고 한다. 그런데 이들 8개의 자음 이외에도 예외적으로 ㉠(/   /)의 단일 자음도 종성으로 쓰일 수 있었다. 그리고 겹받침 중에서 ㉡(/   /)로 시작하는 겹받침도 일반적으로 종성의 자리에 쓰일 수 있었던 것도 15세기 국어의 특징이다.

㉠ (   )   ㉡ (   )

1.2.2. 음운의 변동

1. 다음은 15세기 국어의 '모음 조화'에 대한 글이다. ㉠~㉢에 들어갈 글자를 쓰시오.

> 모음 소리는 음상에 따라서 양성 모음, 음성 모음, 중성 모음으로 나뉜다. 훈민정음 글자

중에서 기본 글자 11자를 기준으로 할 때에, ㉠(   )의 다섯 글자는 밝은 느낌을 주는 양성 모음을 나타내는 글자이며, ㉡(   )의 다섯 글자는 어두운 느낌을 주는 음성 모음을 나타내는 글자이다. 그리고 ㉢(   )은 양성 모음과 음성 모음의 중간인 중성을 나타내는 글자이다. 15세기 국어에서 양성 모음은 양성 모음끼리, 음성 모음은 음성 모음끼리 어울리는 경향이 있었는데, 이를 '모음 조화(母音調和)'라고 한다.

㉠(   ), (   ), (   ), (   ), (   )

㉡(   ), (   ), (   ), (   ), (   )

㉢(   )

2. 다음은 15세기의 국어에서 나타나는 음운 변동에 대한 설명이다. 빈칸에 들어갈 말을 쓰시오.(단, ⓐ~ⓒ에는 어간의 형태를 쓰고, ㉠과 ㉡에는 음운 변동의 명칭을 쓸 것.)

(A) 이 소리는 … 혓 그티 웃닛머리예 <u>다ᄂᆞ니라</u>[훈언 15]

(B) 예문 (A)의 '다ᄂᆞ니라'에서 어간의 형태가 변동하는 과정을 다음과 같이 나타내었다.

ⓐ(   ) → ⓑ(   ) → ⓒ(   )

어간의 기본 형태인 ⓐ에서 ⓑ로 변동할 때에는 ㉠(   )의 변동 규칙이 적용되었다. 그리고 ⓑ에서 ⓒ로 변동할 때에는 ㉡(   )의 변동 규칙이 적용되었다.

ⓐ(   )   ⓑ(   )

ⓒ(   )

㉠(   )   ㉡(   )

3. 다음은 15세기의 국어에서 나타나는 음운 변동에 대한 설명이다. 빈칸에 음소의 형태를 쓰시오.

(A)ㄱ. 올흔 ⓐ<u>무룹</u> ᄭᅮ러 몸 구펴 合掌ᄒᆞ야

[석상9:29]

ㄴ. 뎌 주거미 ⓑ<u>무루피며</u> 바리며 다 놀여

[월석9:36]

(B)ㄱ. 벼슬 노푼 臣下ㅣ 님그믈 ⓒ<u>돕ᄉᆞᄫᅡ</u> 百官ᄋᆞᆯ 다ᄉᆞ릴ᄊᆡ [월석 서:4]

ㄴ. 城 높고 ᄃᆞ리 업거마른 하ᄂᆞᆯ히 ⓓ<u>도ᄫᆞ실ᄊᆡ</u> [용가34장]

(C) 예문 (A)의 ⓐ와 ⓑ, 그리고 예문 (B)의 ⓒ와 ⓓ의 밑줄 그은 단어 형태를 보면, 다음과 같은 음운 변동 현상의 규칙을 확인할 수가 있다. 곧, 체언이나 어간의 끝 음절에서 실현되는 종성 ㉠(/   /)나 ㉡(/   /)의 음소는 자음으로 시작하는 말이나 휴지 앞에서 ㉢(/   /)으로 교체된다.

㉠(   )   ㉡(   )

㉢(   )

4. 특정한 형태·음운론적인 환경에서 예사소리가 된소리로 바뀔 수 있다. 아래 글상자의 예문 (A)에서 된소리되기가 실현된 조건을 설명하시오.

(A)ㄱ. 큰 光明을 펴 一切의 공경홀 <u>빼라</u>

[법언4:30]

ㄴ. 그 ᄢᅴ 阿那律이 如來ᄅᆞᆯ 棺애 <u>녀ᅀᆞᆸ고</u>

[석상23:27]

ㄷ. 그 사ᄅᆞ미 緣故 업시 <u>눈쪼ᅀᆞ</u>ᄅᆞᆯ 뮈우디 아니ᄒᆞ야 [능언2:109]

(가) 예문 (ㄱ)의 조건 :

(나) 예문 (ㄴ)의 조건 :

(다) 예문 (ㄷ)의 조건 :

어났음을 확인할 수 있다.

ⓐ (   )   ⓑ (   )

5. 다음은 15세기의 국어에서 나타나는 음운 변동에 대한 설명이다. 빈칸에 들어갈 말을 쓰시오. (단, ⓐ와 ⓒ에는 조사나 어미가 변동되기 전의 원래의 형태를 쓰고, ⓑ와 ⓓ에는 변동된 후의 형태를 쓸 것.)

(A)ㄱ. 사호매 서르 맛나믄 쪼 어느 날오
　　　[두언21:16]

　　ㄴ. 슬후미 이어긔 잇디 아니ᄒᆞ니아
　　　[두언6:16]

(B) 특정한 형태·음운론적 환경에서는 /ㄱ/으로 시작하는 조사나 어미의 /ㄱ/이 후두 유성 마찰음인 /ɦ/로 교체될 수 있다. 예를 들어서 예문 (A)의 (ㄱ)에서는 조사인 ⓐ(   )가 ⓑ(   )로 변동되었으며, (ㄴ)에서는 어미인 ⓒ(   )가 ⓓ(   )로 변동했다.

ⓐ (   )   ⓑ (   )
ⓒ (   )   ⓓ (   )

6. 다음은 15세기의 국어에서 나타나는 종성의 음운 체계와 변동 현상에 대한 설명이다. 빈칸에 들어갈 겹자음을 쓰시오.

　15세기 국어에서는 현대 국어와는 달리 음절의 종성의 자리에 일부 자음군(겹자음)이 실현될 수 있었다.
　첫째, ⓐ(/　/)(으)로 시작하는 자음군이 음절의 종성에 실현되었다. 둘째, ⓑ(/　/)(으)로 끝나는 자음군이 음절의 종성에 쓰이기도 했다.
　이렇게 15세기 국어에서 종성에서 자음군이 실현되는 현상은 현대 국어에서는 볼 수 없는 특수한 현상이다. 이러한 예를 제외하면 15세기 국어에서도 자음군 단순화 현상이 일

7. 다음은 15세기의 국어에서 나타나는 음운 변동에 대한 설명이다. 아래의 설명을 참조하여 ⓐ~ⓒ 단어의 기본 형태를 밝혀서 쓰시오.

(A)ㄱ. 쇽졀업시 새 ⓐ바룻믈 메우믈 ᄒᆞᆺ놋다
　　　[두언20:15]

　　ㄴ. 十身이 두려워 佛子ㅣ ᄃᆞ외야 부텻 이를 ⓑ맛ᄂᆞ니 [능언8:28]

　　ㄷ. 머리 ⓒ갓ᄂᆞᆫ 사ᄅᆞ믈 [월석7:8]

(B) 음절의 종성 자리에 실현되는 겹받침은 자음 앞이나 휴지 앞에서 한쪽의 자음이 탈락하는데, 이를 '자음군 단순화(겹받침 줄이기)'라고 한다. 예문 (A)에서 밑줄 친 단어는 체언이나 용언의 기본 형태에 자음군 단순화가 적용되어서 변동된 형태이다.

ⓐ (   )   ⓑ (   )
ⓒ (   )

8. 다음은 15세기의 국어에서 '자음 탈락'의 현상이 나타나는 예문이다.

(A)ㄱ. 져믄 나해 글 스기와 갈 ᄡᅳ기와 비호니 [두언7:15]

　　ㄴ. 못도 ᄆᆞᆯᄀᆞ며 냇믈도 아ᄅᆞᆷ답더니
　　　[월천 기362]

　　ㄷ. 머리 셰ᄃᆞ록 서르 ᄇᆞ리디 마져
　　　[두언16:18]

　　ㄹ. 金色 모야히 ᄃᆞ닔 光이러시다 [월석2:51]

(가) 예문 (ㄱ)~(ㄹ)에서 자음 탈락이 일어난 단어를 각각 찾아서 하나씩 쓰시오.

ㄱ (   )   ㄴ (   )

ⓒ (   )   ⓓ (   )

(나) 위의 문제에서 자음 탈락이 일어난 단
어의 기본 형태를 쓰시오. (단, 용언의
활용 형태는 어간의 기본 형태만 쓸 것.)

ⓐ (   )   ⓑ (   )
ⓒ (   )   ⓓ (   )

9. 다음은 15세기 국어의 'ㄹ' 탈락 현상에 대한
내용이다. 예문 (A)에서 밑줄 친 단어의 형태
·음소적인 환경을 고려하여, /ㄹ/이 필수적
으로 탈락하는 것과 임의적으로 탈락하는 것
을 구분하시오.(단, ⓐ~ⓕ의 기호로 쓸 것.)

(A)ㄱ. 南塘ㅅ 길흘 ⓐ아디 몯ᄒ다니 이제 第
五橋를 알와라 [두언15:7]

ㄴ. 아바님 일후믄 淨飯이시고 ⓑ아ᄃ님
일후믄 羅怙ㅣ시고 [월석2:9]

ㄷ. 내 그듸를 ⓒ아노니 빌먹는 것바시라
[월석22:58]

ㄹ. 空生이 果然 能히 부텻 ᄠᅳᆯ ⓓ아ᅀᆞᆸ고
[금삼2:66]

ㅁ. 士卒이 ⓔ화살 업슨 사ᄅᆞᆷ 브레 ᄃᆞ라
드더니 [삼행 충:28]

ㅂ. 머리 셰ᄃ록 서르 ᄇᆞ리디 ⓕ마져
[두언16:18]

(B) 어간이나 체언의 끝 음절에 실현된 종성이
/ㄹ/일 때에, 그 뒤에 오는 말의 형태적, 음
운론적 환경에 따라서 종성 /ㄹ/이 탈락하
는 수가 있다. 이 경우에 종성의 /ㄹ/이 필
수적으로 탈락하는 것과 임의적으로 탈락
하는 것이 있다.

(가) /ㄹ/이 필수적으로 탈락한 것

(   )

(나) /ㄹ/이 임의적으로 탈락한 것

(   )

(다) /ㄹ/이 필수적으로 탈락하는 것과 임
의적으로 탈락하는 것의 형태론적 조건
을 설명하시오.

ㄱ 필수적 탈락의 형태론적 조건

(   )

ㄴ 임의적 탈락의 형태론적 조건

(   )

10. 다음은 15세기 중세 국어에서 나타나는 음
운 변동에 대한 글이다. (가)~(다)에 제시된
과제를 해결하시오.

(A)ㄱ. 福이 ⓐ다아 衰ᄒ면 受苦ᄅᆞᄫᅵ요미 地
獄두고 더으니 [월석1:21]

ㄴ. 잢간도 ᄇᆞ릴 ⓑᄢᅵ 업스니라 [금언83]

(가) ⓐ를 형태소 단위로 분석하되, 어간
부분은 원형을 밝혀 쓰시오.

ㄱ 어간 (   )
ㄴ 어미 (   )

(나) ⓑ를 체언과 조사로 분석하되, 체언
부분은 원형을 밝혀 쓰시오.

ㄱ 체언 (   )
ㄴ 조사 (   )

(다) ⓐ와 ⓑ에 적용된 음운 변동의 이름
을 쓰시오.

(   )

11. 다음은 15세기 중세 국어에서 나타나는 음
운 변동에 대한 글이다. (가)~(다)에 제시된
과제를 해결하시오.

(A) 王이 놀라샤 讚嘆ᄒ야 ⓐ니ᄅᆞ샤ᄃᆡ [석상 3:4]

(가) ⓐ를 형태소 단위로 분석할 때에, 다

음의 괄호 안에 형태소의 기본 형태
를 쓰시오.

ㄱ(   ) + ㄴ(   ) + ㄷ(   )

(나) ⓐ를 (가)처럼 기본 형태를 분석할 때
에, '니른샤되'에서 일어난 음운 변동
을 설명하시오.

_____

_____

_____

12. 다음은 15세기 중세 국어에서 나타나는 음
운 변동에 대한 글이다. (가)~(나)에 제시된
과제를 해결하시오.

(A)ㄱ. 비욘 아기 비디 쏘 二千 斤ㅅ 金이니
이다 [월석8:81]

ㄴ. 아가 아가 긴 劫에 몯 볼까 ᄒ다니
[월석23:87]

(가) 예문 (A)의 '아기'와 '아가'를 체언과
조사로 구분하되, 체언과 조사의 기
본 형태로 쓰시오.

① 아기 : ㄱ(   )+ㄴ(   )
② 아가 : ㄷ(   )+ㄹ(   )

(나) 위와 같은 변동이 일어나는 형태론적
조건과 음운론적 조건을 설명하시오.

_____

_____

_____

13. 다음은 15세기 중세 국어에서 나타나는 음운
변동에 대한 글이다. 아래의 ㄱ~ㄷ에 음운론
적인 단위에 대한 명칭을 쓰시오.

(A)ㄱ. 有情들히 病ᄒ야 이셔 救ᄒ리 업고
[월석9:18]

ㄴ. ᄒᆞᆫ 仙人은 南녁 堀애 잇고 ᄒᆞᆫ 仙人은
北녁 堀애 잇거든 [석상11:25]

ㄷ. 가리라 ᄒ리 이시나 長者ᄅᆞᆯ 브리시니
[용가45장]

(B) (ㄱ)과 (ㄴ)의 '이시다(有, 在)'에서 어간
의 끝 모음인 /ㅣ/는 ㄱ(   )(으)로 시작
하는 어미 앞에서는 /ㅣ/가 유지되지만,
ㄴ(   )(으)로 시작하는 어미 앞에서
탈락한다. 그런데 (ㄷ)의 '이시나'는 표면
적으로 보면 '이시-'의 /ㅣ/가 모음으로
시작하는 어미 앞에서 탈락하는 변동 규
칙에 위배되는 것처럼 보인다. 그러나
'이시-'의 /ㅣ/가 ㄷ(   )(으)로 시작하는
어미 앞에서 탈락한 것으로 설명할 수
있다.

ㄱ(   )   ㄴ(   )
ㄷ(   )

14. 다음은 15세기 중세 국어에서 나타나는 음
운 변동에 대한 글이다. ⓐ~ⓒ에 체언과 조
사가 결합한 형태를 쓰시오.

(A)ㄱ. ⓐ(   )브터 아래는 다 우흘 견주어
사기라 [능언4:110]

ㄴ. 너희 이 거슬 ⓑ(   ) 달이 너기디
말라 [석상4:60]

ㄷ. 반ᄃᆞ기 ⓒ(   ) 무르며 뉘 能히 對答
ᄒ려뇨 [법언1:66]

(B) 일부의 체언은 조사와 결합하는 과정에
서 특정한 음소가 첨가되는 경우가 있다.
예를 들어서 (ㄱ)에서는 대명사 '이'에 '-
로'가 결합해서 ⓐ(   )로 실현되었으
며, (ㄴ)에서는 대명사인 '나'에 '-과'가 결
합하여 ⓑ(   )로 실현되었으며, (ㄷ)에
서는 대명사인 '누'에 '-ᄃᆞ려'가 결합하여
ⓒ(   )로 실현되었다.

ⓐ(   )   ⓑ(   )

ⓒ (   )

15. 다음은 15세기 중세 국어에서 나타나는 음운 변동에 대한 글이다. ⓐ~ⓑ에 체언과 조사나 어간과 어미가 결합한 형태를 쓰시오.

> (A)ㄱ. 소고물 아기 낟논 어믜 ⓐ(   ) 브릭면 즉재 나ᄒᆞ리라 [구간7:47]
>
> ㄴ. 풍류 잘 훓 伎女 五百올 ⓑ(   ) 서르 ᄀᆞ라 뫼ᅀᆞᆸ게 ᄒᆞ시니 [석상3:5]

(가) ⓐ에는 체언인 '빅(腹)'와 위치를 타나 내는 부사격 조사가 결합된 형태를 쓰시오. 그리고 ⓑ에는 용언의 어간인 '굴히-'에 연결 어미인 '-아'가 결합된 형태를 쓰시오.

ⓐ (   )   ⓑ (   )

(나) ⓐ와 ⓑ에 공통적으로 일어난 음운 변동의 명칭을 다음의 형식으로 쓰시오.(단, ㉠에는 국어 음운의 종류를 '국제 음성 기호(I.P.A)'로 쓰고, ㉡에는 변동 현상의 명칭을 쓸 것.)

㉠(   )의 ㉡(   )

16. 다음은 15세기 중세 국어에서 나타나는 음운 변동에 대한 글이다. ⓐ~ⓒ에 체언과 조사나 어간과 어미가 결합한 형태를 쓰시오.

> (A) (내) … 부텨와 즁과를 請ᄒᆞᅀᆞᄫᅩ려 ᄒᆞ뇡다
> [석상6:16]

(가) 위의 예문에서 'ᄒᆞ뇡다'를 형태소 단위로 다음과 같이 분석하시오.(단, 형태소는 기본 형태로 쓸 것.)

> ※ ᄒᆞ뇡다 : ᄒᆞ-+ⓐ(   )+ⓑ(   )+ⓒ
> (   )+-다

ⓐ (   ) ⓑ (   ) ⓒ (   )

(나) 위의 기본 형태에서 'ᄒᆞ뇡다'로 변동 할 때에 일어난 두 가지의 음운 변동 의 명칭을 쓰시오.

㉠(   ) ㉡(   )

㉢(   )

17. 다음은 15세기 중세 국어에서 체언과 조사가 결합할 때에 나타나는 음운 변동에 대한 글이다. (가)~(다)에 제시된 과제를 해결하시오. (단, ㉠의 빈칸에는 체언의 기본 형태를 쓰고, ㉡과 ㉢에는 국어의 자음과 모음 글자를 쓸 것.)

> (A)ㄱ. 爐ᄂᆞᆫ ⓐ븘기라 [금삼2:28]
>
> ㄴ. 萬里ㅅ 치운 虛空애 오직 ⓑ홀롤 가리 로소니 [두언17:12]
>
> ㄷ. ᄯᅩ 무근 ᄇᆞᄅᆞ맷 ᄒᆞ 곬ⓒ굴으로 둡ᄂᆞ니라
> [구언 상:73]

> (B) 15세기 국어에서는 체언에 조사가 결합할 때에, 체언의 모음이 탈락하는 동시에 특정한 자음이 첨가되는 예가 있다.

(가) 다음의 빈칸에 들어갈 말을 쓰시오.

> 예문 (A)의 ⓐ에서 체언인 ㉠'(   )'은/는 모음으로 시작하는 조사와 결합할 때에, 체언의 ㉡(/   /)이/가 탈락하면서 동시에 ㉢(/   /)이/가 첨가되었다.

㉠(   ) ㉡(   ) ㉢(   )

(나) 다음의 빈칸에 들어갈 말을 쓰시오.

> 예문 (A)의 ⓑ에서 체언인 ㉠'(   )'은/는 모음으로 시작하는 조사와 결합할 때에, 체언의 ㉡(/   /)이/가 탈락하면서 동시에 ㉢(/   /)이/가 첨가되었다.

㉠(   ) ㉡(   ) ㉢(   )

(다) 다음의 빈칸에 들어갈 말을 쓰시오.

예문 (A)의 ⓒ에서 체언인 ㉠(　　　)은/는 모음으로 시작하는 조사와 결합할 때에, 체언의 ㉡(/　　/)이/가 탈락하면서 동시에 ㉢(/　　/)이/가 첨가되었다.

㉠(　　　) ㉡(　　　) ㉢(　　　)

(A)의 ⓒ(　　　)은/는 모음으로 시작하는 어미 앞에서, 어간의 끝 소리인 ⓑ(/　　/)이/가 탈락하고, 어미에 ⓒ(/　　/)이/가 첨가되었다.

㉠(　　　) ㉡(　　　) ㉢(　　　)

18. 다음은 15세기 중세 국어에서 어간과 어미가 결합할 때에 나타나는 음운 변동에 대한 글이다. (가)~(다)에 제시된 과제를 해결하시오. (단, ㉠의 빈칸에는 용언의 기본형을 쓰고, ㉡과 ㉢에는 국어의 자음과 모음 글자를 쓸 것.)

> (A)ㄱ. 아마도 福이 조ᅀᆞ르ᄫᅵ니 아니 ⓐ심거 몯홀 꺼시라 [석상6:37]
>
> ㄴ. 聲聞 緣覺이 ⓑ몰롤 고디라 [월석1:37]
>
> ㄷ. 夫人이 … ᄀᆞ장 ⓒ빅어 됴흔 양 ᄒᆞ고 [월석2:5]
>
> (B) 15세기 국어에서는 어간에 조사가 결합할 때에, 어간의 모음이 탈락하는 동시에 특정한 자음이 첨가되는 예가 있다.

(가) 다음의 빈칸에 들어갈 말을 쓰시오.

> (A)의 ⓐ(　　　)은/는 모음으로 시작하는 어미 앞에서, 어간의 끝소리인 ㉠(/　　/)이/가 탈락하고, 어미에 ㉡(/　　/)이/가 첨가되었다.

㉠(　　　) ㉡(　　　) ㉢(　　　)

(나) 다음의 빈칸에 들어갈 말을 쓰시오.

> (A)의 ⓑ(　　　)은/는 모음으로 시작하는 어미 앞에서, 어간의 끝 소리인 ㉠(/　　/)이/가 탈락하고, 어미에 ㉡(/　　/)이/가 첨가되었다.

㉠(　　　) ㉡(　　　) ㉢(　　　)

(다) 다음의 빈칸에 들어갈 말을 쓰시오.

19. 15세기의 중세 국어에서 'ᄒᆞ다' 형 용언이 활용할 때에 일어나는 활용 양상을 설명한 글이다. 다음의 ⓐ와 ⓑ의 빈칸에 'ᄉᆞ랑ᄒᆞ다'의 활용 형태를 넣으시오.(단, ⓐ와 ⓑ의 형태는 수의적으로 교체된다.)

> (A)ㄱ. 子息이 ᄒᆞ다가 어밀 ⓐ(　　　) [능언5:85]
>
> ㄴ. 내 처섬 道場애 안자 세 닐웻 ᄉᆞ이를 ⓑ(　　　) [석상13:57]
>
> (B) 15세기의 중세 국어에서 'ᄒᆞ다' 형 용언이 활용할 때에, 어간인 'ᄒᆞ-'에 모음으로 /ㅗ/로 시작하는 어미가 결합하면 두 가지의 활용 형태로 수의적으로 변동한다. 이를 고려하여 'ᄉᆞ랑ᄒᆞ-'에 연결 어미인 '-오ᄃᆡ'가 결합할 때에 생기는 활용 형태를 ⓐ와 ⓑ의 빈칸에 넣으시오.

ⓐ(　　　　) ⓑ(　　　　)

20. 15세기의 중세 국어에서 용언이 활용할 때에 일어나는 활용 양상과 관련하여, (가)와 (나)에 제시된 과제를 해결하시오.

> (A)ㄱ. 滿朝히 두쇼셔 ⓐ커늘 正統을 올타 ᄒᆞ시니 [용가107장]
>
> ㄴ. 無量化佛이 世界예 ⓑᄀᆞ독거시ᄂᆞᆯ [월석 7:52]

(가) ⓐ의 활용 형태에서 변동이 일어나기 전의 본디 형태를 쓰고, ⓐ의 형태에 적용된 변동 현상의 이름을 쓰시오. (단, 어미의 활용 형태도 반영할 것.)

⊙ 원래의 형태 : (　　　　　)

ⓒ 변동의 이름 : (　　　　　)

(나) ⓑ의 활용 형태에서 변동이 일어나기 전의 본디 형태를 쓰고, ⓐ의 형태에 적용된 변동 현상의 이름을 쓰시오. (단, 어미의 활용 형태도 반영할 것.)

⊙ 원래의 형태 : (　　　　)

ⓒ 변동의 이름 : (　　　　)

21. 15세기의 중세 국어에서 용언이 활용할 때에 일어나는 특별한 활용 양상과 관련하여, ㉠~㉢의 빈칸에 들어갈 말을 쓰시오. (단, ㉠에는 어간의 기본 형태를 쓰고, ㉡과 ㉢에는 음운 변동의 명칭을 쓸 것.)

> (A)ㄱ. 모딘 이리 ⓐ만코 [월석21:121]
>
> ㄴ. 두리븐 이리 ⓑ만커든 [월석21:170]
>
> (B) ⓐ '만코'와 ⓑ '만커든'에 나타나는 어간의 기본 형태는 ㉠ '(　　　)'이다. 따라서 '만코'와 '만커든'은 활용이 일어나는 과정에서, ㉡(　　　)와/과 ㉢(　　　)의 음운 변동이 적용된 형태이다.

㉠ (　　　　　)　　　　㉡ (　　　　　)

㉢ (　　　　　)

22. 15세기의 중세 국어에서 용언이 활용할 때에 일어나는 특별한 활용 양상을 설명한 글이다. 글 (C)의 설명을 참조하여, 예문 (B)에서 ⓐ~ⓒ의 빈칸에 들어갈 활용 형태를 쓰시오.

> (A)ㄱ. 불휘 기픈 남 ᄀᆞᆫ ᄇᆞᄅᆞ매 아니 뮐씨
> [용가2장]
>
> ㄴ. 太子ᄅᆞᆯ 하ᄂᆞᆯ히 굴히샤 [용가8장]
>
> ㄷ. 뷘 집 물린 그류 戈戟이 모댓고
> [두언6:17]
>
> (B)ㄱ. 兵戈ᄂᆞᆫ ⓐ(　　　) 니엇도다 [두언20:20]

> ㄴ. 이러트시 種種 音聲을 ⓑ(　　　) 耳根은 허디 아니ᄒᆞ리라 [석상19:16]
>
> ㄷ. 國土애 일며 이시며 헐며 ⓒ(　　　) 잇고 [두언25:51]
>
> (C) 어간의 끝 소리가 /j/일 때는 어미 '-아/-어'는 '-야/-여'로, '-오-/-우-'는 '-요-/-유-'로 바뀌는 것이 일반적이다. 그런데 '뮈다, 굴히다, 뷔다'는 이러한 변동이 일어난 후에 다시 어간의 끝 소리가 탈락하는 것이 특징이다.

ⓐ 뮈- + -어　　　→(　　　　)

ⓑ 굴히- + -오ᄃᆡ　→(　　　　)

ⓒ 뷔- + -움 + -이　→(　　　　)

23. 15세기의 중세 국어에서 '말다(勿)'가 활용할 때에 일어나는 특별한 활용 현상을 설명한 글이다. 글 (B)의 내용에 해당하는 활용 방식을 '말다'에 적용하여, ⓐ와 ⓑ의 빈칸에 '말다'의 활용 형태를 쓰시오.

> (A)ㄱ. 목숨 주쇼셔 願호ᄆᆞᆫ 橫邪애 즐어디디 ⓐ(　　　) ᄇᆞ라미오 [법언5:155]
>
> ㄴ. (사ᄅᆞ미) 魔說을 아라 제 ᄠᅥ디디 ⓑ (　　　) ᄇᆞ라노라 [능언9:112]
>
> (B) 부정의 뜻을 나타내는 '말다(勿)'는 활용하는 모습이 매우 불규칙하다. 곧, 어미의 첫 음소인 /ㄱ/이 /ɦ/으로 교체될 뿐만 아니라, 어간 끝소리인 ㄹ게 수의적으로 탈락할 수 있다.

ⓐ 말- + -고져　→(　　　　)

ⓑ 말- + -과뎌　→(　　　　)

24. 다음은 15세기 국어에서 인칭 대명사가 주격 격조사와 관형격 조사와 결합할 때에 일어나는 성조(聲調)의 변화를 설명한 글이다. 글상자의 예문을 참조하여, 글 (B)의 괄호

속에 적절한 성조의 명칭을 쓰시오.

(A)ㄱ. :네 가아 王끠 술보라[석상3:31]

ㄴ. :뉘 ᄊᆞᆯ을 굴히야ᅀᅡ 며ᄂᆞᆯ이 ᄃᆞ외야 오리야[월천 기14]

ㄷ. 나ᄂᆞᆫ 내 精神을 ᄀᆞᆺ고디 아니케 호리라 ᄒᆞ시고[석상3:19]

ㄹ. 아래 제 버디 주거 하ᄂᆞᆯ해 갯다가 ᄂᆞ려와[석상6:19]

ㅁ. 오늘 모댓ᄂᆞᆫ 한 사ᄅᆞ미 … :제 노ᄑᆞ라 ᄒᆞ야[석상6:28]

ㅂ. 王이 … 닐오ᄃᆡ 네 스ᄉᆞᆼ의 弟子ㅣ 엇뎨 아니 오ᄂᆞ뇨[석상6:29]

ㅅ. 太子ㅣ 져머 겨시니·뉘 기ᄅᆞᅀᆞᄫᆞ려뇨[석상3:3]

ㅇ. 太子ᄂᆞᆫ 하ᄂᆞᆳ 스ᄉᆞ이어시니·내 어드리 ᄀᆞᄅᆞ치ᅀᆞᄫᆞ리잇고[석상3:10]

(B) '나'는 주격 조사와 결합하면 ㉠( )으로 실현되며, 관형격 조사와 결합하면 ㉡( )으로 실현된다. '너'는 주격 조사와 결합하면 ㉢( )으로 실현되며, 관형격 조사와 결합하면 ㉣( )으로 실현된다. '저'는 주격 조사와 결합하면 ㉤( )으로 실현되며, 관형격 조사와 결합하면 ㉥( )으로 실현된다. '누'는 주격 조사와 결합하면 ㉦( )으로 실현되며, 관형격 조사와 결합하면 ㉧( )으로 실현된다.

㉠( )   ㉡( )

㉢( )   ㉣( )

㉤( )   ㉥( )

㉦( )   ㉧( )

25. 다음의 (가)~(라)에서 밑줄 친 단어에 적용된 음운 변동의 명칭을 쓰시오.(단, 소괄호 속에 밝힌 형태소의 기본 형태를 고려할 것. 그리고 복수의 음운 변동이 적용될 수 있음.)

(가) 아래의 예문에서 밑줄 친 단어에 적용된

음운 변동의 명칭을 쓰시오.

① 善慧 … 곳 잇ᄂᆞᆫ 싸ᄒᆞᆯ 굳가 가시다가(←곳)[월석1:9]

② 天人 濟渡호ᄆᆞᆯ 썰비 아니호미(←濟渡+-ᄒᆞ-+-옴+-ᄋᆞᆯ)[월석1:17]

③ 阿彌陁佛ㅅ 變化로 法音을 너피실씨(←넙-+-히-+-시-+-ㄹ씨)[월석7:59]

④ 無量化佛이 世界예 ᄀᆞᄃᆞᆨ거시ᄂᆞᆯ(←ᄀᆞᄃᆞᆨ+-ᄒᆞ-+-시-+-거…ᄂᆞᆯ)[월석7:52]

⑤ 阿脩羅ㅣ … 바ᄅᆞᆳ믈 셔ᄂᆞᆫ 굼긔 드러 이셔(←구무+-의)[석상13:10]

⑥ 太子ㅣ 아ᄎᆞᆷ 쓰ᅀᆡ예 八百里를 녀샤(←스ᅀᅵ)[석상3:30]

⑦ 天道ᄂᆞᆫ 하ᄂᆞᆯ해 가 나ᄂᆞᆫ 길히오(←가-+-아)[석상3:19]

⑧ 四海를 년글 주리여(←녀느+-을)[용가20장]

⑨ 四海를 平定ᄒᆞ샤 길 우희 糧食 니저니(←길ㅎ)[용가53장]

⑩ 橫邪애 즐어디디 마오져 ᄇᆞ라미오(←말-+-고져)[법언5:155]

① ( )

② ( )

③ ( )

④ ( )

⑤ ( )

⑥ ( )

⑦ ( )

⑧ ( )

⑨ ( )

⑩ ( )

(나) 아래의 예문에서 밑줄 친 단어에 적용된 음운 변동의 명칭을 쓰시오.

① 舅氏의 封侯호문 皇子王 ᄃᆞ외욤과 ᄀᆞᆮᄒᆞ니 (←ᄃᆞ외-+-옴 +-과) [내언2:48]

② 空生이 果然 能히 부텻 ᄠᅳ들 아ᅀᆞᆸ고 (←알-+-ᅀᆞ오-+-고) [금삼2:66]

③ 迦葉이…香 퓌우며 곳 비ᅀᆞᆸ고 ᄀᆞ장 슬허 우러 (←빌-+-ᅀᆞᆸ-+-고) [석상23:43]

④ 須達이 禮를 몰라 ᄒᆞᆫ 번도 아니 도라ᄂᆞᆯ (←모ᄅᆞ-+-아) [월천 기151]

⑤ 十身이 두려워 佛子ㅣ ᄃᆞ외야 부텻 이를 맛ᄂᆞ니 (←맞-+-ᄂᆞ-+-니) [능언8:28]

⑥ 百姓이 하ᄂᆞᆯ히어늘 時政이 不恤홀ᄊᆡ (←하ᄂᆞᆯㅎ+-이-+-거늘) [용가120]

⑦ 翻生은 고텨 ᄃᆞ외야 날 씨라 (←곧-+-히-+-어) [석상3:23]

⑧ 本末은 믿과 글귀니 (←긑) [석상13:41]

⑨ 罪人을 글ᄂᆞᆫ 가마애 드리티ᄂᆞ니라 (←긇-+-ᄂᆞ-+-ㄴ) [월석1:29]

⑩ 世ㅣ 어즈럽거든 글 홀 사ᄅᆞ미 굼ᄂᆞ니라 (←굶-+-ᄂᆞ-+-니-+-다) [두언3:13]

① ( )

② ( )

③ ( )

④ ( )

⑤ ( )

⑥ ( )

⑦ ( )

⑧ ( )

⑨ ( )

⑩ ( )

(다) 아래의 예문에서 밑줄 친 단어에 적용된 음운 변동의 명칭을 쓰시오.

① 狐ᄂᆞᆫ 엿이니 疑心 한 거시라 (←여ᅀᆞ +-이-+-니) [금삼3:61]

② 堀애 드러 呪術을 외와 그 ᄯᅡᆯ를 비로ᄃᆡ (←외오-+-아) [석상11:30]

③ 病이 곧 됻놋다 (←둏-+-ᄂᆞ-+-옷-+-다) [두언20:9]

④ 王이 놀라샤 讚嘆ᄒᆞ야 니ᄅᆞ샤ᄃᆡ (←니ᄅᆞ-+-시-+-오ᄃᆡ) [석상3:4]

⑤ 福이 다아 衰ᄒᆞ면 受苦ᄅᆞᄫᅵ요미 地獄두고 더으니 (←다ᄋᆞ-+-아) [월석1:21]

⑥ 隍은 城 밧 모시라 (←밖) [능언1:34]

⑦ 곳고리 놀애 더운 제 正히 하도다 (←곳고리+-이) [두언8:46]

⑧ 그 대숩 스ᅀᅵ예 林淨寺ㅣ 잇더니 (←이시-+-더-+-니) [월석8:99]

⑨ ᄀᆞᄅᆞ미 흘루미 氣運이 ᄑᆞ티 아니ᄒᆞ도다 (←흐르-+-움+-이) [두언7:12]

⑩ 나랏 말ᄊᆞ미 中國에 달아 (←다ᄅᆞ-+-아) [훈언1]

① ( )

② ( )

③ ( )

④ ( )

⑤ ( )

⑥ ( )

⑦ ( )

⑧ ( )

⑨ ( )

⑩ ( )

(라) 아래의 예문에서 밑줄 친 단어에 적용된 음운 변동의 명칭을 쓰시오.

① 내 눌로 다뭇ㅎ야 노니려뇨 (←누+-로)
　　[두언24:35]

② 내 말옷 아니 드르면 (←말+-곳) [월석2:5]

③ 다 올티 몯도다 (←몯+-ㅎ-+-도-+-다)
　　[능언3:41]

④ 닐웨어나 스믈 흐리어나 … 디내오 (←흐
　　르+-이-+-거나) [석상9:31]

⑤ 더운 짜히 므싀여워 블 븐눈 듯도다 (←블
　　-+-ㄴ-+-ㄴ) [두언16:65]

⑥ 모딘 이리 만코 (←만ㅎ-+-고) [월석21:121]

⑦ 몸이 어울오도 머리 제여고밀씨 (←어울-+-
　　고도) [월천 기49]

⑧ 무슨미 물가 안팟기 훤ㅎ야 虛空 곧더니
　　(←안ㅎ+밖+-이) [월석2:64]

⑨ 버혀 フ즉게 코져 ㅎ나 能히 フ죽게 몯ㅎ
　　며 (← ㅎ-+-고져) [금삼5:1]

⑩ 阿難이 (大愛道의) 무쯔볼대 (←묻-+-즐-+
　　-은대) [월석10:18]

① (　　　　　　　　　)

② (　　　　　　　　　)

③ (　　　　　　　　　)

④ (　　　　　　　　　)

⑤ (　　　　　　　　　)

⑥ (　　　　　　　　　)

⑦ (　　　　　　　　　)

⑧ (　　　　　　　　　)

⑨ (　　　　　　　　　)

⑩ (　　　　　　　　　)

(마) 아래의 예문에서 밑줄 친 단어에 적용된 음운 변동의 명칭을 쓰시오.

① 쇽졀업시 새 바룻믈 메우믈 호놋다 (←바
　　를+-ㅅ+믈) [두언20:15]

② 또 무근 브릭맷 훍 굴으로 둡누니라 (←フ
　　ᄅ+-ᄋ로) [구언해 상:73]

③ 아마도 福이 조슨릭빙니 아니 심거 몯홀
　　꺼시라 (←시므-+-어) [석상6:37]

④ 여듧 道士ㅣ 막다히 딥고 뫼토 나므며 내토
　　걷나 (←뫼ㅎ+-도), (←내ㅎ+-도) [월석20:64]

⑤ 오스로 빗오믈 이룰사 붓그리다니 (←비
　　스-+-옴+-올) [월천 기121]

⑥ 올흔 무룹 꾸러 몸 구펴 合掌ㅎ야 (←무
　　룷) [월석9:49]

⑦ 이 셤 우희 이 남기 잇고 (←나모+-이)
　　[월석1:24]

⑧ 阿難 大衆이 다 술오딕 소리 잇닉이다 (←
　　이시-+-ᄂ-+-이-+-다) [능언4:126]

⑨ 흔 딴님 나코 그 아비 죽거늘 (←낳-+-고)
　　[석상11:40]

⑩ 헛 그티 웃닛 머리예 다ᄂ니라 (←닿-+-
　　ᄂ-+-니-+-다) [훈언15]

① (　　　　　　　　　)

② (　　　　　　　　　)

③ (　　　　　　　　　)

④ (　　　　　　　　　)

⑤ (　　　　　　　　　)

⑥ (　　　　　　　　　)

⑦ (　　　　　　　　　)

⑧ (　　　　　　　　　)

⑨ (　　　　　　　　　)

⑩ (　　　　　　　　　)

제2장 단어

2.1. 형태소와 단어

1. 아래의 예문에 제시된 문장을 (가)~(나)에 제시된 과제를 해결하시오.

> (A) 셤 ①안해 ②자싫 제 ③한비 ④사ᄋ리로딕 [용가67장]

> (가) 위의 문장을 형태소 단위로 분석하시오.(단, 변동된 형태는 변동된 대로 쓸 것.)
>
> > ① 안해 : (　　　) + (　　　)
> > ② 자싫 : (　　) + (　　) + (　　)
> > ③ 한비 : (　　) + (　　) + (　　)
> > ④ 사ᄋ리로딕 :
> > 　　　　(　　) + (　　) + (　　)

> (나) 위의 (가)에서 분석한 형태소를 다음과 같이 분류하시오.
>
> > ① 자립−실질 형태소 :
> > 　　(　　　　　　　　)
> > ② 의존−실질 형태소 :
> > 　　(　　　　　　　　)
> > ③ 의존−형식 형태소 :
> > 　　(　　　　　　　　)

2. 아래 예문의 문장을 (가)~(라)에 제시된 과제를 해결하시오.(단, 무형의 형태소는 분석하지 않음.)

> (A) 식미 기픈 므른 ᄀ무래 아니 그츨씨 내히 이러 바르래 가ᄂ니 [용가2장]

> (가) 위의 예문에 실현된 언어 형식을 직접 성분 분석의 방법으로 어절의 단위까지 분석하시오. (단, 아래의 ①과 ②를 단위를 다음의 <보기>처럼 가지 그림(수형도)을 그려서 분석하시오.)
>
> > <보기> : 철수가　헌　가방을　샀다
>
> > ① 식미 기픈 므른 ᄀ무래 아니 그츨씨
>
> > ② 내히 이러 바르래 가ᄂ니

> (나) 위의 예문에 제시된 문장을 다음의 [1]~[4]와 같은 문법적인 단위로 분석하고, 각각의 문법적 단위(언어 형식)에 대한 구체적인 명칭을 쓰시오.
>
> > [1] 절(節) : 절의 기능적 명칭을 쓸 것.
> >
> > > ㉠ (　　　　　) ― (　　　)
> > > ㉡ (　　　　　) ― (　　　)
> > > ㉢ (　　　　　) ― (　　　)
> > > ㉣ (　　　　　) ― (　　　)
> > > ㉤ (　　　　　) ― (　　　)
> >
> > [2] 구(句) : 구의 기능적인 명칭을 쓸 것.
> >
> > > ㉠ (　　　　　) ― (　　　)
> > > ㉡ (　　　　　) ― (　　　)
> > > ㉢ (　　　　　) ― (　　　)
> > > ㉣ (　　　　　) ― (　　　)

[3] 어절(語節) :

....

....

....

....

[4] 단어와 품사 : (단어의 단위를 분석
하고, 각 단어의 품사를 '책(명사)',
'달리다(동사)'와 같이 밝힐 것.)

....

....

....

....

(다) 아래에 제시된 문장을 형태소의 단위
로 분석하시오.

> 내히 이러 바ᄅᆞ래 가ᄂᆞ니 [용가2장]

① 내히 :

② 이러 :

③ 바ᄅᆞ래 :

④ 가ᄂᆞ니 :

(라) 위의 과제 (다)에서 분석한 형태소의
유형을 다음과 같이 분류하시오.

① 자립 형태소 : (   )
② 의존 형태소 : (   )
③ 실질 형태소 : (   )
④ 형식 형태소 : (   )

3. 15세기 국어의 형태소의 형태 및 기능과 관
련하여, (가)와 (나)에 제시된 과제를 해결하
시오.

> (A) 믈 깊고 빈 업건마ᄅᆞᆫ 하ᄂᆞᆯ히 命ᄒᆞ실ᄊᆡ 믈
> 톤 자히 ⓐ건너시니이다 [용가34장]
>
> [물이 깊고 배가 없건마는 하늘이 命

(명)하시므로, (금나라 태조가) 말을 탄
채로 (강을) ㉠(   )]

(B) 형태소는 일반적으로 '형태'와 '의미소'의
양면으로 이루어져 있다. 그런데 어떠한
형태소 중에는 형태(음운)가 없이 실현되
는 경우도 있다. 이처럼 형태가 없는 것
이 형태소의 역할을 할 때에, 이러한 형
태소를 ㉡(   )(이)라고 한다.

(가) 예문 (A)에서 ⓐ의 '건너시니이다'를
현대어로 옮겨서, ㉠의 빈칸에 넣으
시오. (단, 직역하여 옮길 것.)

㉠(   )

(나) 글 (B)에 제시된 ㉡의 빈칸에 들어갈
문법 용어를 쓰시오.

㉡(   )

4. 형태소의 유형 중에서 굴절 접사와 파생 접
사와 관련하여, 글 (B)에 실현된 ㉠~㉢에 들
어갈 형태소의 형태를 각각 쓰시오.

> (A) 곶 됴코 여름 하ᄂᆞ니 [용가2장]
>
> (B) 위의 예문 (A)에 실현된 형태소 중에서 ㉠
> (   ), ㉡(   ), ㉢(   )은/는 용언
> 의 어간에 붙어서 여러 가지 문법적인 기
> 능을 발휘하는 '굴절 접사'이다. 반면에
> ㉣(   )은/는 용언을 명사로 바꾸면서
> 새 말을 만드는 파생 접사이다.

㉠(   )   ㉡(   )
㉢(   )   ㉣(   )

5. 15세기 국어에 쓰였던 파생 접사의 유형과
관련하여, (가)와 (나)에 제시된 과제를 해결
하시오.

(가) 아래의 예문 (A)를 참조하여 글 (B)의
빈칸에 들어갈 말을 쓰시오.(단, ㉠~㉣

에는 용언의 어간의 형태를 쓰시오.

> (A) ㄱ. 쁘들 ⓐ<u>올히</u> 너기샤 [월천 기90]
>
> ㄴ. 닐굽 히 ⓑ<u>너무</u> 오라다 [월석7:2]
>
> (B) 파생어는 어근에 파생 접사가 붙어서 형성된 단어이다. 예를 들어서 예문 (A)에 실현된 ⓐ의 '올히'는 어근인 ㉠ '(   )'에 파생 접미사인 ㉡'(   )'이/가 붙어서 형성되었다. 그리고 ⓑ의 '너무'는 어근인 ㉢'(   )'에 파생 접미사인 ㉣'(   )'이/가 붙어서 형성되었다.

㉠ (   )   ㉡ (   )

㉢ (   )   ㉣ (   )

(나) 아래의 예문 (C)를 참조하여 글 (D)의 빈칸에 들어갈 말을 쓰시오.(단, ㉠와 ㉢에는 단어의 품사를 쓰고, ㉡에는 형태적 특징에 대한 명칭을 쓸 것.)

> (C) ㄱ. 애완븐 므슴믈 ⓒ<u>비릇</u> 펴도다
> [두언20:44]
>
> ㄴ. 내 말옷 아니 드르시면 ⓓ<u>느외</u> 즐겨 볼 므슴미 업스례이다 [월석2:5]
>
> ㄷ. 흔 발로 ⓔ<u>고초</u> 드듸여 셔샤
> [월석1:52]
>
> (D) 일반적인 파생 원리와는 달리, 예문 (C)에 실현된 ⓒ의 '비릇', ⓓ의 '느외', ⓔ의 '고초'는 각각 ㉠(   )인 어근에 ㉡(   )의 파생 접미사가 붙어서 형성된 ㉢(   )(으)로 처리할 수가 있다.

㉠ (   )   ㉡ (   )

㉢ (   )

6. 아래의 예문에 제시된 문장의 문법적인 단위를 분석할 때에, (가)-(라)에 제시된 과제를 해결하시오. (단, 『고등학교 문법』(2010)에서 처리하는 방식을 적용할 것.)

> (A) 내 이룰 ⓐ<u>爲ᄒᆞ야</u> ⓑ<u>어엿비</u> 너겨 ⓒ<u>새</u>로 스믈 여듧 字를 밍ᄀᆞ노니 [훈언]

(가) 예문 (A)에서 굴절 접사를 찾고, 각각의 굴절 접사를 조사와 어미의 단위로 구분하시오. (단, 어미는 어말 어미와 선어말 어미의 단위까지 구분하고, 변동된 형태소는 변동된 대로 적을 것.)

① 조사 : (   )

② 어미 : (   )

(나) 예문 (A)에서 ⓐ, ⓑ, ⓒ의 파생어에 들어 있는 파생 접사의 형태와 기능을 각각 밝히시오. (단, ㉠, ㉢, ㉤에는 파생 접사의 형태를, ㉡, ㉣, ㉥에는 품사의 명칭을 쓸 것.)

> ⓐ의 '爲ᄒᆞ야'에서 파생 접사인 ㉠'(   )'은/는 어근을 ㉡(   )로 파생하였다.
>
> ⓑ의 '어엿비'에서 파생 접사인 ㉢'(   )'은/는 어근을 ㉣(   )로 파생하였다.
>
> ⓒ의 '새로'에서 파생 접사인 ㉤'(   )'은/는 어근을 ㉥(   )로 파생하였다.

ⓐ 爲ᄒᆞ야 :   ㉠ (   )
㉡ (   )

ⓑ 어엿비 :   ㉢ (   )
㉣ (   )

ⓒ 새로 :   ㉤ (   )
㉥ (   )

7. 아래 글의 빈칸에 들어갈 말을 각각 쓰시오. (단, ㉠-㉣에는 조사나 어간의 형태를 쓰고, ㉮와 ㉯에는 변이 형태의 유형에 대한 명칭을 쓸 것.)

형태소의 형태는 그것이 실현되는 환경에 따라서 바뀔 수 있다. 이처럼 한 형태소가 바뀌어서 실현되는 형태의 집합을 '변이 형태'라고 한다.

예를 들어서 15세기 국어의 주격 조사는 ㉠ '(　　　)', ㉡ '(　　　)', ㉢ '(　　　)'의 세 가지 형태로 실현된다. 이들 세 가지 형태는 ㉮ '(　　)으로 조건된 변이 형태'로 묶인다.

반면에 '녀다(行)'의 어간인 '녀-'는 특정한 환경에서 ㉣ '(　　　)'의 형태로 실현되는 일이 있다. 곧, ㉣의 형태는 그 뒤에 선어말 어미인 '-거-'가 실현되거나 일부의 합성 용언에서 어근으로 쓰일 때에 실현된다. 따라서 '녀-'와 ㉣은 ㉯ '(　　)으로 조건된 변이 형태'로 묶인다.

㉠ (　　　　　)　　　㉡ (　　　　　)

㉢ (　　　　　)　　　㉣ (　　　　　)

㉮ (　　　　　)　　　㉯ (　　　　　)

2.2. 품사

2.2.1. 품사의 분류

1. 단어의 품사를 분류하는 기준과 관련하여, 글 (B)의 빈칸에 들어갈 말을 각각 쓰시오.

> (A)ㄱ. 王子 기르ᄉᆞ온 어미 ⓐ호나 아닐씨
>   [법언3:97]
>
> ㄴ. 나도 ⓑ의 곤ᄒᆞ야 [석상6:1]
>
> ㄷ. 世尊이 ⓒ象頭山애 가샤 [석상6:1]
>
> (B) 예문 (A)에서 ⓐ~ⓒ의 단어들은 품사를 분류하는 세 가지 기준 중에서 ㉠(   )의 기준과 ㉡(   )의 기준의 특징이 공통된다. 그러므로 이들 단어들은 나머지 품사 분류의 기준인 ㉢(   )의 기준에 따라서 세분된다.

㉠(   )   ㉡(   )
㉢(   )

2. 아래 글의 빈칸에 들어갈 말을 쓰시오. (단, ㉠에는 문장 성분의 명칭을 쓰고, ㉡과 ㉢에는 품사 분류의 기준을 쓸 것.)

> 용언의 하위 갈래로서 동사와 형용사는 모두 문장에서 ㉠(   )로만 기능한다. 따라서 동사와 형용사는 ㉡(   )와/과 ㉢(   )의 두 가지 기준으로 구분한다. 그런데 ㉡과 ㉢의 기준 중에서 ㉡의 기준은 객관성이 떨어지므로, 동사와 형용사를 구분하는 기준으로 ㉢의 기준을 주로 활용한다.

㉠(   )   ㉡(   )
㉢(   )

3. 아래의 예문 (A)를 읽고, (가)와 (나)에 제시된 과제를 해결하시오.

> (A)ㄱ. 서르 ⓐᄀᆞᆺ갑ᄂᆞ닌 믌 가온딧 굴며기로다 [두언7:3]
>
> ㄴ. 蜀애서 피ᅙ이 ⓑ갓가ᄫᅵ니라 [월석2:50]

(가) 아래의 글의 빈칸에 들어갈 말을 각각 쓰시오 (단, ㉠에는 선어말 어미의 형태를 쓰고, ㉮와 ㉯에는 품사의 명칭을 쓸 것.)

> 예문 (A)에서 ⓐ의 'ᄀᆞᆺ갑ᄂᆞ닌'과 ⓑ의 '갓가ᄫᅵ니라'는 'ᄀᆞᆺ갑다'가 활용한 형태를 포함하고 있다. 그런데 ⓐ의 'ᄀᆞᆺ갑다'에는 선어말 어미인 ㉠'(   )'이/가 실현되어 있고, ⓑ의 'ᄀᆞᆺ갑다'에서는 ㉠'(   )'이/가 실현되어 있지 않다.
> 이러한 활용 양상의 차이를 감안하면, ⓐ'ᄀᆞᆺ갑다'의 품사는 ㉮(   )로 처리되고, ⓑ'ᄀᆞᆺ갑다'의 품사는 ㉯(   )로 처리된다.

㉠(   )
㉮(   )   ㉯(   )

(나) 과제 (가)의 글상자에서 기술한 내용을 참조하여, 예문 (A)에서 밑줄 그은 ⓐ와 ⓑ를 현대어로 옮기시오.

ⓐ ᄀᆞᆺ갑ᄂᆞ닌　: (   )
ⓑ 갓가ᄫᅵ니라 : (   )

4. 글 (B)의 빈칸에 들어갈 말을 각각 쓰시오. (단, ㉠과 ㉡에는 단어(어절)를 찾아서 쓰고, ㉮와 ㉯에는 품사의 명칭을 쓸 것.)

> (A)ㄱ. 乃終내 ⓐ진딧 업수미 아니니 [월석1:36]
>
> ㄴ. 無數佛을 供養ᄒᆞᅀᆞᄫᅡ ⓑ믈윗 ᄠᅳ들 수 묫 알며 [석상13:42]
>
> (B) ⓐ의 '진딧'과 ⓑ의 '믈윗'은 둘 다 형태의 변화가 없으며, 다른 말을 수식하는 기능이 있다. 그런데 '진딧'은 ㉠(   )을/를 수식하며, '믈윗'은 ㉡(   )을/를 수식하는

차이가 있다. 이러한 감안하여 ⓐ'진닷'의 품사는 ㉮(　　　)로 처리하고, ⓑ'믈읫'의 품사는 ㉯(　　　)로 처리한다.

㉠(　　　　)　　　㉡(　　　　)
㉮(　　　　)　　　㉯(　　　　)

5. 아래 (가)~(마)의 글은 『훈민정음 언해본』에 기술된 <어제 서문>의 일부이다. (가)~(마)의 글에 쓰인 글을 단어 단위로 구분하고, 각 단어의 품사를 기술하시오. (단, <보기>에서 #은 단어의 경계를 나타낸다.)

<보기> 사람(명사) # -의(조사)

(가) 아래의 예문에서 ①~⑧의 어절을 단어의 단위로 구분하고, 각 단어의 품사를 설명하시오.

나랏 말ᄊᆞᆷ미 中國에 달아 文字와로 서르 ᄉᆞ맛디 아니ᄒᆞᆯ씨

①나랏　　（　　　　　　）
②말ᄊᆞᆷ미　（　　　　　　）
③中國에　（　　　　　　）
④달아　　（　　　　　　）
⑤文字와로　（　　　　　　）
⑥서르　　（　　　　　　）
⑦ᄉᆞ맛디　（　　　　　　）
⑧아니ᄒᆞᆯ씨（　　　　　　）

(나) 아래의 예문에서 ①~⑧의 어절을 단어의 단위로 구분하고, 각 단어의 품사를 설명하시오.

이런 젼ᄎᆞ로 어린 百姓이 니르고져 홇 배 이셔도

①이런　　（　　　　　　）
②젼ᄎᆞ로　（　　　　　　）
③어린　　（　　　　　　）
④百姓이　（　　　　　　）
⑤니르고져　（　　　　　　）
⑥홇　　　（　　　　　　）
⑦배　　　（　　　　　　）
⑧이셔도　（　　　　　　）

(다) 아래의 예문에서 ①~⑧의 어절을 단어의 단위로 구분하고, 각 단어의 품사를 설명하시오.

ᄆᆞᄎᆞᆷ내 제 ᄠᅳ들 시러 펴디 몯ᄒᆞᇙ 노미 하니라

①ᄆᆞᄎᆞᆷ내　（　　　　　　）
②제　　　（　　　　　　）
③ᄠᅳ들　（　　　　　　）
④시러　　（　　　　　　）
⑤펴디　　（　　　　　　）
⑥몯ᄒᆞᇙ　（　　　　　　）
⑦노미　　（　　　　　　）
⑧하니라　（　　　　　　）

(라) 아래 예문에서 ①~⑩의 어절을 단어의 단위로 구분하고, 각 단어의 품사를 설명하시오.

내 이를 爲ᄒᆞ야 어엿비 너겨 새로 스믈 여듧 字를 밍ᄀᆞ노니

①내　　　（　　　　　　）
②이를　　（　　　　　　）
③爲ᄒᆞ야　（　　　　　　）
④어엿비　（　　　　　　）
⑤너겨　　（　　　　　　）
⑥새로　　（　　　　　　）
⑦스믈　　（　　　　　　）
⑧여듧　　（　　　　　　）
⑨字를　　（　　　　　　）
⑩밍ᄀᆞ노니（　　　　　　）

(마) 아래 예문에서 ①~⑩의 어절을 단어
의 단위로 구분하고, 각 단어의 품사
를 설명하시오.

> 사름마다 히여 수비 니겨 날로 뿌메 便安
> 킈 ᄒᆞ고져 홇 ᄯᆞᄅᆞ미니라

① 사름마다 (　　　　　　　)
② 히여 (　　　　　　　)
③ 수비 (　　　　　　　)
④ 니겨 (　　　　　　　)
⑤ 날로 (　　　　　　　)
⑥ 뿌메 (　　　　　　　)
⑦ 便安킈 (　　　　　　　)
⑧ ᄒᆞ고져 (　　　　　　　)
⑨ 홇 (　　　　　　　)
⑩ ᄯᆞᄅᆞ미니라(　　　　　　　)

6. 15세기 국어에서 특정한 단어에 나타나는
품사의 특성과 관련하여, 글 (B)의 빈칸에
들어갈 품사의 명칭을 쓰시오.

> (A)ㄱ. 모딘 일 짓던 즁싱이 ⓐ새 주근 사름
> 들히니 [월석21:25]
>
> ㄴ. 生이며 生 ⓑ아니를 골히ᄂᆞ니
> [법언 5:30]
>
> (B) 동일한 단어가 15세기 국어와 현대 국어에서
> 서로 다른 품사로 쓰일 수 있다. 예를 들어
> 서, '새(新)'는 현대 국어에서는 ㉠(　　)의
> 품사로 쓰이는데, ⓐ에서는 ㉡(　　)의 품사
> 로 쓰였다. 그리고 '아니'는 현대 국어에서는
> 부사나 ㉢(　　)의 품사로 쓰이는데, ⓑ에서
> 는 ㉣(　　)의 품사로 쓰였다.

㉠(　　　　) ㉡(　　　　)
㉢(　　　　) ㉣(　　　　)

7. 아래의 글은 15세기 문헌에 쓰인 협주문(夾
註文)의 표현 방식에 관한 것이다. 빈칸에

들어갈 품사의 명칭을 쓰시오.

> 15세기에 훈민정음으로 쓰인 문헌의 협주
> 문에서는, 단어의 품사에 따라서 단어의 뜻을
> 풀이하는 방식에 차이가 있었다.
>
> 첫째, ㉠(　　)의 품사는 풀이하는 말의 끝
> 부분을 서술격 조사인 '-이라'를 붙여서 풀이
> 하였다. 둘째. ㉡(　　)의 품사는 주로 '-ㄹ 씨
> 라'의 형식으로 풀이하였다. 셋째, ㉢(　　)의
> 품사는 '-ㄴ 마리라'나 '-ᄠᅳ디라'의 형식으로
> 뜻을 풀이하였다.

㉠(　　　　) ㉡(　　　　)
㉢(　　　　)

2.2.2. 체언

① 체언의 특징과 체언 형태의 변동

1. 체언은 문장 속에서 모든 문장 성분으로 두
루 쓰일 수 있다. 예문 (A)에서 ⓐ~ⓕ에 실현
된 '사름'이 어떠한 문장 성분으로 쓰였는지
밝히시오.

> (A)ㄱ. 變之國이 ⓐ사ᄅᆞᆯ 브리디잇가 [용가15장]
>
> ㄴ. 그 王이 ⓑ사름 브려 쏘아주기ᄉᆞᄫᆞ니라
> [월석1:7]
>
> ㄷ. ⓒ사름 사는 짜흘 다 뫼호아 [월석1:8]
>
> ㄹ. 緊那羅ᄂᆞᆫ … ⓓ사르민가 ⓔ사름 아닌
> 가 ᄒᆞ야 [월석1:15]
>
> ㅁ. 緊那羅ᄂᆞᆫ … ⓕ사름 ᄀᆞ토ᄃᆡ ᄲᅳ리 이실
> ᄊᆡ [월석1:15]

ⓐ(　　　　) ⓑ(　　　　)
ⓒ(　　　　) ⓓ(　　　　)
ⓔ(　　　　) ⓕ(　　　　)

2. 예문 (A)를 읽고, 예문에서 명사와 대명사를 모두 찾아서 쓰시오.

> (A) 나는 어버ᅀᅵ 여희오 ᄂᆞ믹 그에 브터 사로ᄃᆡ 우리 어ᅀᅵ아ᄃᆞ리 외롭고 입게 ᄃᆞ외야 人生 즐거톤 ᄠᅳ디 업고 주구믈 기드리노니 [석상6:5]

① 명　사 : (　　　　　　　　　)
② 대명사 : (　　　　　　　　　)

3. 15세기 국어에서 일부 체언은 조사와 결합할 때에, 체언의 형태와 조사의 형태가 축약되거나 탈락되는 경우가 있다. 이러한 음운 변동의 현상과 관련하여서, 아래 글의 빈칸에 들어갈 말을 쓰시오. (단, ㉠과 ㉡의 빈칸에는 자음의 음소를 쓸 것.)

> '갏, 곻, 긿, 냏' 등에서 종성인 /ㅎ/은 그 뒤에 ㉠'(　　　)'(이)나 ㉡'(　　　)'의 초성으로 시작되는 조사가 실현되면, 체언의 종성인 /ㅎ/과 조사의 초성은 축약된다. 그리고 이들 체언 뒤에 ㉠이나 ㉡을 제외한 나머지의 자음으로 시작하는 조사가 오거나, 휴지(休止) 앞에 실현될 때에는 탈락한다. 반면에 종성 /ㅎ/은 그 뒤에 모음으로 시작하는 조사가 오면 원래의 형태가 그대로 유지된다.

㉠(　　　　　)　　　㉡(　　　　　)

4. 15세기 국어에서 명사가 조사와 결합할 때에, 명사의 형태가 불규칙하게 바뀌는 경우가 있다. 이와 관련하여서 글 (A)와 (B)의 빈칸에 들어갈 말을 쓰시오. (단, (A)의 ㉠에는 체언의 형태를 쓰고, ㉡과 ㉢에는 명사와 조사가 결합한 형태를 쓸 것. 그리고 (B)의 ㉮~㉰에는 명사의 변이 형태를 쓸 것.)

> (A) 15세기 국어에서 '木'의 뜻을 나타내는 단어는 휴지(休止)나 자음(반모음 포함)의 조사 앞에서는 '나모'로 실현되었다.

반면에 이 단어가 모음으로 시작하는 조사와 결합하면 ㉠'(　　　)'의 형태로 실현되었다. 예를 들어서 이 단어가 주격 조사 '-이'와 결합하면 ㉡'(　　　)'의 형태로, 부사격 조사인 '-ᄋᆞ로'와 결합하면 ㉢'(　　　)'의 형태로 실현되었다.

> (B) 위와 같이 형태가 불규칙하게 교체되는 명사의 예로는 '冶(불무)'의 뜻을 나타내는 ㉮'(　　　)'이/가, '他人(다른 사람)'의 뜻을 나타내는 ㉯'(　　　)'이/가, '孔(구멍)'의 뜻을 나타내는 ㉰'(　　　)'이/가 있었다.

(A) ㉠(　　　　　)　　㉡(　　　　　)
　　㉢(　　　　　)

(B) ㉮(　　　　　)　　㉯(　　　　　)
　　㉰(　　　　　)

5. 15세기 국어에서 나타나는 체언과 조사의 결합 형태와 관련하여, 아래 글의 빈칸에 들어갈 말을 쓰시오. (단, ㉠에는 체언의 형태를 쓰고, ㉡과 ㉢에는 체언과 조사가 결합된 형태를 쓸 것.)

> '노루(獐)'의 뜻을 나타내는 중세 국어의 단어는 휴지나 자음으로 시작하는 조사와 결합하면, '노ᄅᆞ'의 형태로 실현되었다. 반면에 '노ᄅᆞ'는 모음으로 시작하는 조사와 결합할 때에는, ㉠'(　　　)'의 형태로 실현되었다. 예를 들어서 이 단어가 목적격 조사인 '-을'과 결합하면 ㉡'(　　　)'로 실현되었으며, 관형격 조사인 '-ᄋᆡ'와 결합하면 ㉢'(　　　)'로 실현되었다.

㉠(　　　　　)　　　㉡(　　　　　)
㉢(　　　　　)

6. 15세기 국어에 쓰인 체언과 조사의 결합 형태와 관련하여, 아래 글의 빈칸에 들어갈 말을 쓰시오. (단, ㉠에는 체언의 형태를 쓰고, ㉡과 ㉢에는 체언과 조사가 결합된 형태를 쓸 것.)

'하루(日)'의 뜻을 나타내는 단어는 휴지나 자음으로 시작하는 조사와 결합하면 '흐ㄹ'의 형태로 실현되었다. 그런데 '흐ㄹ'는 모음으로 시작하는 조사와 결합하면 그 형태가 불규칙하게 바뀌어서 ㉠'( )'(으)로 실현되었다. 예를 들어서 '흐ㄹ'가 서술격 조사인 '-이다'와 결합하면 ㉡'( )'(으)로 실현되었다. 그리고 보조사인 '-은'과 결합하면 ㉢'( )'으로 실현되었다.

㉠( )   ㉡( )
㉢( )

형격 조사인 '-의/-의'가 결합하면, 각각 ㉠'( )', ㉡'( )', ㉢'( )'의 형태로 실현되었다. 그리고 '아기(兒)'에 호격 조사인 '-아'가 결합하면, ㉣'( )'의 형태로 실현되었다.

(B) 글 (A)처럼 명사와 조사의 결합에서 나타나는 형태 변화는, 조사에 결합되는 명사가 ㉤( )의 성격을 띠는 특징이 있다.

㉠( )   ㉡( )
㉢( )   ㉣( )
㉤( )

7. 15세기 국어에서 나타나는 체언과 조사의 결합 형태와 관련하여, 글 (A)의 빈칸에 들어갈 말을 쓰시오.(단, ㉠에는 체언의 형태를 쓰고, ㉡과 ㉢에는 체언과 조사가 결합된 형태를 쓸 것.)

15세기 국어에서 '아우(弟)'의 뜻을 나타내는 단어는 휴지나 자음으로 시작하는 조사와 결합하면 '아ᅀ'의 형태로 실현되었다. 그런데 '아ᅀ'가 모음으로 시작하는 조사와 결합하면 그 형태가 불규칙하게 바뀌어서 ㉠'( )'(으)로 실현되었다. 예를 들어서 '아ᅀ'가 주격 조사인 '-이'와 결합하면 ㉠'( )'로 실현되었고, 관형격 조사인 '-의'와 결합하면 ㉡'( )'로 실현되었다.

㉠( )   ㉡( )
㉢( )

8. 체언의 끝소리가 / ㅣ /인 명사는 그 뒤에 관형격 조사인 '-이/-의'나 호격 조사인 '-아'가 결합될 때에는, 그 형태가 특이하게 바뀔 수 있다. 이와 관련하여 글 (A)와 글 (B)의 빈칸에 들어갈 말을 쓰시오. (단, ㉤의 빈칸에는 명사의 의미적인 성격(특징)을 쓸 것.)

(A) '아비(父), 어미(母), 늘그니(老人)' 등에 관

9. 예문 (A)에서 ⓐ의 '삑'를 형태소 단위로 분석하고, 그 변동의 양상을 설명하시오. (단, 형태소는 원형을 밝혀서 분석하시오.)

(A) 그 ⓐ삑 이웃 ᄆᆞ을ㅅ 사름들히 羅ᄒᆞ이 오ᄂᆞ다 듣고 [월석23:74]

㉠ 형태소 분석 : ( )
㉡ 변동의 양상 :

10. 현대 국어에서 '안팎'의 단어가 형성되는 방법과 관련하여, (가)와 (나)에 제시된 과제를 해결하시오.

안+밖 → 안팎

(가) 보기에서는 '안'과 '밖'이 합쳐져서 '안팎'으로 된다. 이때에 '안팎'이 형성될 때에 나타나는 형태 변화를 현대 국어의 공시태적인 관점에서 설명하시오.

(설명)

_____
_____
_____
_____

(나) 현대 국어에서 '안'과 '밖'이 '안팎'으로 변동하는 현상을 15세기 국어의 형태를 고려하여서 통시적으로 설명하시오.

(설명)
_____
_____
_____
_____
_____
_____

② 명사

1. 글 (B)의 빈칸에 들어갈 명사를 예문 (A)에서 찾아서 모두 쓰시오.

(A)ㄱ. 어린 百姓이 니르고져 홇 배 이셔도 [훈언2]

ㄴ. 海東 六龍이 ᄂᆞᄅᆞ샤 일마다 天福이시니 [용가1장]

ㄷ. 믈 톤 자히 건너시니이다 [용가34장]

ㄹ. 우리 始祖ㅣ 慶興에 사ᄅᆞ샤 [용가3장]

(B) 명사는 그 분류 기준에 따라서 '보통 명사'와 '고유 명사', '자립 명사'와 '의존 명사' 등으로 나눌 수 있다. 예문 (A)에서 실현된 ㉠'(   )'이/가 고유 명사에 해당하며, ㉡'(   )'이/가 의존 명사에 해당한다.

㉠ (   )

㉡ (   )

2. 15세기 국어의 고유 명사에 나타나는 특수한 표현과 관련하여, 글 (B)의 빈칸에 들어갈 말을 쓰시오. (단, ㉠에는 고유 명사를 찾아서 쓰고, ㉡에는 파생 접미사의 형태를 쓸 것.)

(A) 부톄 剃師ᄅᆞᆯ 시기샤 難陁ㅣ 머리ᄅᆞᆯ 가ᄀᆞ라 ᄒᆞ야시ᄂᆞᆯ 難陁ㅣ 怒ᄒᆞ야 머리 갓ᄂᆞᆫ 사ᄅᆞᄆᆞᆯ 주머귀로 디르고 닐오ᄃᆡ 迦毗羅國 사ᄅᆞᄆᆞᆯ 네 이제 다 갓고려 ᄒᆞᆫ다 부톄 드르시고 즈개 阿難이 ᄃᆞ리시고 難陁ㅣ 그ᅌᅦ 가신대 難陁ㅣ 구쳐 갓ᄀᆞ니라 [월석7:8]

(B) 예문 (A)에는 '고유 명사가 표현되어 있다. 이들 고유 명사 중에서 ㉠'(   )'에는, 마지막 음절이 받침(종성)으로 끝나는 명사 뒤에 붙어서 특정한 의미를 부여하지 않고 어조(語調)만 고루는 파생 접미사인 ㉡'(   )'이/가 수의적으로 실현되었다.

㉠ (   )   ㉡ (   )

3. 아래의 각 문장에 쓰인 의존 명사를 찾아서, 의존 명사의 기능상 유형을 아래의 ①~④로 분류하시오. (단, 의존 명사의 변동된 형태는 기본 형태로 쓸 것.)

(A)ㄱ. 南北東西에 그츤 스치 없거늘 [영남 상:13]

ㄴ. 官妓로 怒ᄒᆞ샤미 官吏의 다시언마른 [용가17장]

ㄷ. 罪福이 내이 짓논 배라 [월석11:120]

ㄹ. 더러본 거긔 微妙ᄒᆞᆫ 이ᄅᆞᆯ 나토오미 [석상13:33]

ㅁ. 사ᄅᆞᆷ들히 듣ᄌᆞᆸ고 ᄀᆞᄅᆞ치샨 다비 修行ᄒᆞ야 [월석14:61]

ㅂ. 술 ᄒᆞᆫ 셔믈 다못 주리라 [두언25:4]

ㅅ. 銀돈 ᄒᆞᆫ 낟곰 받ᄌᆞᄫᅳ니라 [월석1:9]

ㅇ. 妻眷 ᄃᆞ외얀 디 三年이 몯 차 이셔 世間 ᄇᆞ리시고 [석상6:4]

ㅈ. ᄆᆞᄎᆞᆷ내 제 ᄠᅳ들 시러 펴디 몯홇 노미

하니라[훈언2]

ㅊ. 하눌히 命ᄒ실ᄊᆡ 믈 톤 자히 건너시니
이다[용가34장]

ㅋ. ᄲᆞᆯ 두 호ᄇ로 ᄡᅥ 죽을 밍글오[내훈1:72]

ㅎ.이 經을 마ᄉᆞᆫ 아홉 디위 넑고[석상9:21]

① 보편성의 의존 명사

(   )

② 주어성의 의존 명사

(   )

③ 부사어성의 의존 명사 :

(   )

④ 단위성의 의존 명사

(   )

4. 예문 (A)와 (B)는 15세기 국어의 의존 명사
인 'ᄃᆞ'와 'ᄉᆞ'가 조사와 결합하는 과정에서
형태가 변동하는 양상을 보여 주는 예이다.
이와 관련해서 (가)와 (나)에 제시된 과제를
해결하시오.

(A)ㄱ. 말라 말라 구틔여 다시 니ᄅᆞ디 마롤 ⓐ
　　　띠니라[법언 1:166]

　　ㄴ. 土ㅣ 水와 火를 브터 나는 ⓑ디 子息이
　　　父母ㅅ 氣分을 바돔 ᄀᆞᆮᄒᆞ니[능언4:22]

(B)ㄱ. 法 므더니 너기며 사ᄅᆞᆷ 므더니 너길 ⓒ
　　　씨 *增上慢이라[석상9:14]

　　ㄴ. 貧窮은 쳔량 업슬 ⓓ씨라[법언 1:231]

　　　*增上慢(증상만) : 최상의 교법과 깨달음을
　　　얻지 못하고서도, 이미 얻은 것처럼 교만
　　　하게 우쭐대는 마음을 이른다.

(가) 예문 (A)에서 ⓐ~ⓓ의 '띠니라', '디',
'씨', '씨라'를 형태소 단위로 분석하시
오.(단, 변동된 형태는 기본 형태를 쓸 것.)

ⓐ 띠니라 :

ㄱ(   )+ㄴ(   )+ㄷ(   )+
ㄹ(   )

ⓑ 디 :

ㄱ(   )+ㄴ(   )

ⓒ 씨 :

ㄱ(   )+ㄴ(   )

ⓓ 씨라 :

ㄱ(   )+ㄴ(   )+ㄷ(   )

(나) 위의 과제 (가)에서 형태소 단위로 분
석한 자료를 바탕으로 하여, 'ᄃᆞ'와
'ᄉᆞ'가 조사와 결합할 때에 일어나는
변동 현상의 양상을 설명하시오.

....

....

....

....

5. 아래 예문 (A)에서 의존 명사와 관련하여,
(가)~(다)에 제시된 과제를 해결하시오.

(A)ㄱ. 그 나랏 ᄀᆞ자ᄋᆞᆫ 낫 ᄀᆞ티 븕ᄂᆞ니라
　　　[월석1:26]

　　ㄴ. 金色光을 펴샤 그 사ᄅᆞ미 손ᄃᆡ 오샤
　　　[월석8:55]

　　ㄷ. 더우니로 치ᄂᆞᆫ 게 섯거[능언3:12]

(가) 예문 (A)에서 '의존 명사'를 모두 찾아
쓰시오.

ㄱ(   )　　ㄴ(   )

ㄷ(   )　　ㄹ(   )

(나) 예문 (A)에서 '보편성 의존 명사'를 모
두 찾아서 쓰시오.

ㄱ(   )　　ㄴ(   )

(다) 예문 (A)에서 '부사어성 의존 명사'를
모두 찾아서 쓰시오.

ㄱ(   )　　ㄴ(   )

6. 15세기 국어에 쓰인 의존 명사의 하위 유형과 관련하여, 글 (B)의 빈칸에 들어갈 말을 쓰시오. (단, ㉠과 ㉡의 빈칸에는 형태소의 형태를 쓰고, ㉮와 ㉯의 빈칸에는 의존 명사의 하위 유형에 대한 명칭을 쓸 것.)

(A) ㄱ. 土ㅣ 水와 火를 브터 나논 ⓐ디 子息이 父母ㅅ 氣分을 바돔 곧ᄒᆞ니 [능언4:22]

ㄴ. 현맛 劫을 디난 ⓑ디 모ᄅᆞ리로소니 [월석14:9]

(B) ⓐ의 '디'는 ㉠'(   )'와/과 ㉡'(   )'의 두 형태소로 분석하고, ⓑ의 '디'는 하나의 의존 명사로 굳은 것으로 처리한다. 이 처리 방법을 인정한다면, ⓐ의 의존 명사는 ㉮'(   )' 의존 명사로 처리된다. 반면에 (ㄴ)에서 '현맛 劫을 디난 디'의 전체 구성이 '모ᄅᆞ리로소니'의 목적어로만 쓰이므로, ⓑ의 '디'는 ㉯'(   )' 의존 명사로 처리된다.

㉠ (   )   ㉡ (   )
㉮ (   )   ㉯ (   )

7. 15세기 국어에 쓰인 의존 명사의 유형과 관련하여, 글 (B)에 제시된 빈칸에 들어갈 의존 명사의 형태를 예문 (A)에서 찾아서 쓰시오.

(A) ㄱ. 이 經을 마ᅀᆞᆫ아홉 디위 넑고 [석상9:32]

ㄴ. 술 ᄒᆞᆫ 셔믈 다믓 주리라 [두언25:4]

ㄷ. 銀돈 ᄒᆞᆫ 낟곰 받ᄌᆞᆸᄂᆞ니라 [월석1:9]

ㄹ. 너븐 부텻 世界 여슷 가지로 震動ᄒᆞ더니 [월석11:34]

ㅁ. 太倉앳 닷 됫 ᄡᆞ를 내야 [두언15:37]

(B) 의존 명사 중에는 선행하는 명사에 대한 수량의 단위를 표시하는 것이 있는데, 이러한 의존 명사를 '단위성 의존 명사'라고 한다. (A)에 쓰인 단위성 의존 명사 중에서 ㉠'(   )', ㉡'(   )', ㉢'(   )'은

/는 자립 명사와 의존 명사로 두루 쓰인다. 반면에 ㉮'(   )'와/과 ㉯'(   )'은/는 자립 명사로는 쓰이지 않고 의존 명사만으로 쓰이는 특징이 있다.

㉠ (   )   ㉡ (   )
㉢ (   )
㉮ (   )   ㉯ (   )

③ 대명사

1. 15세기 국어에 쓰인 대명사의 유형과 관련하여, (가)~(다)에 제시된 과제를 해결하시오.

① 가며 머므럿는 덩어긔와 이어긔 消息이 업도다 [두언11:16]

② 그어긔 쉬 하아 쇼로 쳔량 사마 흥졍ᄒᆞᄂᆞ니라 [월석1:24]

③ 님금 말ᄊᆞ미 그 아니 올ᄒᆞ시니 [용가39장]

④ 世間앳 이른 눌와 다믓 議論ᄒᆞᄂᆞ뇨 [두언21:23]

⑤ 阿難이 묻ᄌᆞᄫᅩᄃᆡ 아홉 橫死는 므스기잇고 [석상9:35]

⑥ 아뫼나 이 藥師琉璃光如來ㅅ 일후믈 들ᄌᆞᄫᆞ면 [석상9:17]

⑦ 우리 모다 ᄌᆡ조를 겻고아 더옷 이긔면 (精舍를) 짓게 ᄒᆞ고 [석상6:26]

⑧ 우리는 다 부텻 아ᄃᆞᆯ ᄀᆞᆮᄒᆞ니 [월석13:33]

⑨ 이에 여희여 뎌에 날 씨라 [능언4:28]

⑩ 淨班王이 깃그샤 부텻 소늘 손소 자ᄇᆞ샤 ᄌᆞ걋 가ᄉᆞ매 다히시고 [월석10:9]

⑪ 齊州는 어드메 잇ᄂᆞ니오 [두언8:37]

⑫ ᄒᆞ다가 빈낸 사ᄅᆞ미 아모것도 마가 줄 것 업거든 [번박 상61]

⑬ 王ㅅ ᄆᆞᅀᆞ매 아모ᄃᆡ나 가고져 ᄒᆞ시면 [월석1:26]

⑭ 어늬 受苦ㅣ며 어늬 모미며 어늬 貪인고 몰라 [월석12:26]

⑮ 너희 디미니 혼 이리 잇ᄂ니 쏼리 나가
　라 [월석2:6]

⑯ 如來ㅅ긔 현맛 衆生이 머리 좃ᄉ바뇨
　　[월천 기28]

(가) 위의 ①~⑯의 문장에서 대명사를 찾
　아서 기본 형태로 적으시오.

①(　　　　)　②(　　　　　)
③(　　　　)　④(　　　　　)
⑤(　　　　)　⑥(　　　　　)
⑦(　　　　)　⑧(　　　　　)
⑨(　　　　)　⑩(　　　　　)
⑪(　　　　)　⑫(　　　　　)
⑬(　　　　)　⑭(　　　　　)
⑮(　　　　)　⑯(　　　　　)

(나) 위의 예문에서 '인칭 대명사'를 모두
　골라서, 아래 표의 해당 칸에 쓰시오.
　(단, 각 빈칸에 들어갈 대명사가 없을 때
　에는 '없음'으로 표시하고, 동일한 대명사
　가 복수로 들어갈 수도 있다.)

	정칭			미지칭	부정칭	재귀칭
	1인칭	2인칭	정칭			
단수	㉠	㉡	㉢	㉣	㉤	㉥
복수	㉮	㉯	㉰	㉱	㉲	㉳

[표] 인칭 대명사의 종류

㉠(　　　　)　㉡(　　　　　)
㉢(　　　　)　㉣(　　　　　)
㉤(　　　　)　㉥(　　　　　)
㉮(　　　　)　㉯(　　　　　)
㉰(　　　　)　㉱(　　　　　)
㉲(　　　　)　㉳(　　　　　)

(다) 위의 예문에서 '지시 대명사'를 고르
　고, 이들 지시 대명사를 아래 표의 해
　당 칸에 쓰시오. (단, 각 빈칸에는 해당
　대명사가 없을 수도 있으며, 복수의 대명
　사가 들어갈 수도 있음. 변동된 형태는

기본 형태로 쓸 것.)

	화자에 가까움	청자에 가까움	둘 다에 멺	미지칭	부정칭
사물	㉠	㉡	㉢	㉣	㉤
처소	㉮	㉯	㉰	㉱	㉲

[표] 지시 대명사의 종류

㉠(　　　　)　㉡(　　　　　)
㉢(　　　　)　㉣(　　　　　)
㉤(　　　　)　㉮(　　　　　)
㉯(　　　　)　㉰(　　　　　)
㉱(　　　　)　㉲(　　　　　)

2. 15세기 국어에서는 인칭 대명사가 격조사와
　결합하는 과정에서 성조(聲調)가 변하는 경
　우가 있었다. 이와 관련하여 아래 글의 빈칸
　에 들어갈 말을 쓰시오. (단, 사성(四聲)의 종
　류에 대한 명칭을 쓸 것.)

> 먼저 대명사인 '나, 너, 저'의 성조는 일반적
> 으로 평성이다. 그런데 '나'가 주격 조사에 결
> 합하면 ㉠(　　　)으로 바뀌었으며, '너'와 '저'
> 가 주격 조사와 결합하면 ㉡(　　　)으로 바
> 뀌었다. 그리고 미지칭의 인칭 대명사 '누'는
> 일반적으로 평성이지만, 주격 조사와 결합하
> 면 ㉢(　　　)으로 바뀌었으며, 관형격 조사와
> 결합하면 ㉣(　　　)으로 바뀌었다.

㉠(　　　　)　㉡(　　　　　)
㉢(　　　　)　㉣(　　　　　)

3. '문제 2'의 내용과 관련하여, 글 (B)의 빈칸에
　들어갈 말을 쓰시오. (단, 빈칸에는 '수 관형사'
　나 아라비아숫자를 쓸 것.)

> (A)ㄱ. ⓐ내 나아간들 아바님이 나를 올타 ᄒ
> 　시니 [월석1:41]
> 　ㄴ. ⓑ네 가아 王ᄭ 술ᄫᅡ라 [석상3:31]
> 　ㄷ. ⓒ제 올호라 ᄒ고 ᄂ물 외다 ᄒᅇᅡ [석상9:14]

ㄹ. 어느 ⓓ님 請ᄒ니 [용가18]

ㅁ. ⓔ님 ᄠᅳᆯ을 굴히야ᅀᅡ 며ᄂᆞᆯ이 두외야 오
리야 [월천 기14]

(B) 예문 (A)에서 밑줄 그은 인칭 대명사의
왼쪽에 방점(傍點)을 찍는다면, ⓐ에는 ㄱ
(　　) 점을 찍으며, ⓑ에는 ㄴ(　　) 점을,
ⓒ에는 ㄷ(　　) 점을, ⓓ에는 ㄹ(　　) 점
을, ⓔ에는 ㅁ(　　) 점을 찍는다.

ㄱ (　　　　　)　　　　　ㄴ (　　　　　)
ㄷ (　　　　　)　　　　　ㄹ (　　　　　)
ㅁ (　　　　　)

4. 15세기 국어에 쓰인 '재귀칭의 인칭 대명사
(再歸稱 代名詞)'의 형태와 관련하여, 아래
글의 빈칸에 들어갈 말을 쓰시오. (단, ㉠에는
문장 성분의 명칭을 쓰고, ㉮와 ㉯에는 대명사
의 형태를 쓸 것.)

하나의 홑문장 안에서 ㉠(　　　)로 실현된 3인
칭의 명사가 되풀이하여 쓰이는 과정에서, 되
풀이되는 명사가 대명사로 바뀐 것을 '재귀칭
의 인칭 대명사'라고 한다. 15세기 국어에 쓰
인 '재귀칭 인칭 대명사'는 지시 대상을 높이
는 방식에 따라서 구분되어서 쓰였다. 곧 지시
대상을 낮추어서 표현할 때에는 ㉮'(　　　)'(으)
로 실현되었으며, 지시 대상을 높여서 표현할
때에는 ㉯'(　　　)'(으)로 실현되었다.

㉠ (　　　　　)　　㉮ (　　　　　　)
㉯ (　　　　　)

5. 15세기 국어에 쓰인 지시 대명사의 형태와
관련하여, 아래 글의 빈칸에 들어갈 단어의
형태를 쓰시오.

현대 국어에서 사물 지시 대명사는 지시 관
형사인 '이, 그, 저'에 의존 명사인 '것'이 결
합하여, '이것(근칭), 그것(중칭), 저것(원칭)'
의 형태로 쓰인다. 반면에 15세기 국어에서

는 현대 국어의 '이것, 그것, 저것'에 대응되
는 지시 대명사의 형태로 각각 ㉠'(　　　)',
㉡'(　　　)', ㉢'(　　　)'이/가 쓰였는데, 이들
대명사는 모두 단일어인 것이 특징이다.

㉠ (　　　　　)　　　　　㉡ (　　　　　)
㉢ (　　　　　)

6. 아래 글은 15세기 국어에 쓰인 대명사가 조
사와 결합할 때에, 그 형태가 불규칙하게 바
뀌는 현상에 대한 설명이다. 글 (A)의 빈칸
에 들어갈 단어의 형태를 쓰시오. (단, 대명사
와 조사가 결합된 형태로 쓸 것.)

15세기 국어에서는 대명사인 '나(我)'와 '누(誰)'
에 부사격 조사나 접속 조사로 쓰이는 '-와'가
실현되면, 각각 ㉠'(　　　)'와/과 ㉡'(　　　)'의
형태로 실현되었다. 그리고 '나'와 '누'에 부사
격 조사인 '-로'가 실현되면, 각각 ㉢'(　　　)'
와/과 ㉣'(　　　)'의 형태로 실현되었다.

㉠ (　　　　　)　　　　　㉡ (　　　　　)
㉢ (　　　　　)　　　　　㉣ (　　　　　)

④ 수사와 복수 표현

1. 15세기 국어에 쓰인 서수사(序數詞)의 형성
방법과 관련하여, 아래 글의 빈칸에 들어갈
말을 쓰시오. (단, ㉠에는 순우리말로 된 양수사
의 형태를, ㉡에는 파생 접미사의 형태를, ㉢에
는 서수사의 형태를 쓸 것.)

15세기 국어에서 '제오(第五)'의 뜻을 나타내
는 서수사는 '오(五)'의 뜻을 나타내는 양수사
인 ㉠'(　　　)'에 파생 접사인 ㉡'(　　　)'이/가
붙어서 ㉢'(　　　)'의 형태로 실현되었다.

㉠ (　　　　　)　　　　　㉡ (　　　　　)
㉢ (　　　　　)

2. 15세기 국어에 쓰인 복수 표현과 관련하여, 아래의 (가)~(다)에 제시된 과제를 해결하시오.

> (A)ㄱ. 그듸내 各各 흔 아들옴 내야 내 孫子 조차가게 호라 [석상6:9]
>
> ㄴ. 그 삑 五百 太子ㅣ 漸漸 즈라니…이웃 나라히 背叛호거든 저희 가 티고 [석상11:35]
>
> ㄷ. 너희들히 흔 무수무로 信解호야 부텻 마를 바다 디니라 [석상13:62]
>
> ㄹ. 門들홀 다 구디 즈겨 뒷더시니 [석상6:2]
>
> ㅁ. 舍利佛아 너희 부텻 마를 고디드르라 [석상13:47]
>
> ㅂ. 어마님내 뫼웁고 누의님내 더브러 [월석2:6]
>
> ㅅ. 우리 어싀아드리 외롭고 입게 드외야 [석상6:5]
>
> ㅇ. 우리들히 다 흔 무수무로 죽드록 三寶애 歸依호수바 [월석9:61]

(가) 위의 (ㄱ)~(ㅇ)의 문장에서 복수(複數)의 뜻을 나타내는 체언을 찾고, 그 체언에 복수의 뜻을 더해 주는 파생 접사의 형태를 분석하여 밝히시오.(단, 특정한 파생 접사가 없이 그 자체로 복수의 의미를 나타내는 체언에는 접사를 '-∅'로 표시할 것. 그리고 하나의 체언에 복수 접사가 두 개 실현된 예도 있음.)

(ㄱ) ( ) ― ( )

(ㄴ) ( ) ― ( )

(ㄷ) ( ) ― ( )

(ㄹ) ( ) ― ( )

(ㅁ) ( ) ― ( )

(ㅂ) ( ) ― ( )

(ㅅ) ( ) ― ( )

(ㅇ) ( ) ― ( )

(나) 앞의 '과제 (가)'에서 찾은 복수 표현의 파생 접사 중에서, 높임의 대상인 체언에만 실현되는 것을 찾아서 그 형태를 쓰시오.

( )

(다) 일반적인 복수 표현은 체언에 파생 접사가 붙어서 형성된다. 그런데 이러한 일반적인 복수 표현과는 달리, 1인칭 대명사인 '나'의 복수형은 특정한 어휘를 교체함으로 표현된다. 이처럼 어휘를 교체함으로써 특정한 문법 범주를 실현하는 문법적인 방법을 무엇이라고 하는가?

( )

3. 현행의 학교 문법에 따르면, 예문 (A)에 실현된 '스믈여듦'의 품사를 어떻게 처리하는가? 또 학교 문법에서 '스믈여듦'의 품사를 그와 같이 정한 근거는 무엇인가?

> (A) 내 이를 爲ᄒ야 어엿비 너겨 새로 스믈여듦 字를 밍ᄀ노니 [훈언]

(가) '스믈여듦'의 품사 :

( )

(나) 처리의 근거 :

(설명)

2.2.3. 관계언

① 조사의 특징과 하위 유형

1. 15세기 국어에 쓰인 조사와 관련하여, (가)와 (나)에 제시된 과제를 해결하시오.

> (A) 내 이를 爲ᄒᆞ야 어엿비 너겨 ⓐ새로 스믈여듧 字를 밍ᄀᆞ노니 사ᄅᆞᆷ마다 히ᅇᅧ 수ᄫᅵ 니겨 ⓑ날로 ᄡᅮ메 便安킈 ᄒᆞ고져 ᄒᆞᇙ ᄯᆞᄅᆞ미니라 [훈언]

   (가) 예문 (A)에 실현된 조사를 모두 쓰시오. (단, 변동된 형태는 변동된 대로 적을 것.)

   (나) 예문 (A)에서 ⓐ의 '새로'와 ⓑ의 '날로'는 부사이다. 이들 부사에 실현된 '-로'에 대한 문법적 단위의 명칭을 쓰시오. (　　　　　　　)

2. 15세기 국어에 쓰인 조사의 유형과 관련하여, 다음 물음에 답하시오.

> (A) 녯 阿僧祇 劫 時節에 혼 菩薩이 王 ᄃᆞ외야 겨샤 나라ᄒᆞᆯ 아ᅀᆞ 맛디시고 道理 ᄇᆡ호라 나아 가샤 瞿曇 婆羅門을 맛나샤 ᄌᆞ걋 오ᅀᆞ란 밧고 瞿曇이 오ᄉᆞᆯ 니브샤 深山애 드러 果實와 믈와 좌시고 坐禪ᄒᆞ시다가 나라해 빌머그라 오시니 다 몰라보ᅀᆞᆸ더니 小瞿曇이라 ᄒᆞ더라 [월석1:4]

   (가) 예문 (A)에서 체언에 격조사가 붙어서 된 어절을 찾아서, 체언과 격조사의 단위를 아래의 <보기>처럼 구분하시오.

> <보기> 철수가 밥을 먹었다.
> ⇨ 철수가(철수+-가), 밥을(밥+-을)

   (나) 예문 (A)에 쓰인 격조사를 찾아서 그 기능에 따라서 '주격 조사, 목적격 조사, 보격 조사 …' 등으로 분류하시오. (단, 다음에 제시한 <보기>의 방법을 따를 것.)

> <보기> 철수가 밥을 먹었다.
> ⇨ -가(주격 조사), -을(목적격 조사)

   (다) 예문 (A)에서 체언에 접속 조사가 붙어서 된 어절을 찾아서, 체언과 접속 조사의 단위를 구분하시오. (단, (가)에서 제시한 <보기>의 방법을 따를 것.)

   (라) 예문 (A)에서 체언에 보조사가 붙어서 된 어절을 찾아서, 체언과 보조사의 단위를 구분하시오. (단, 과제 (가)에서 제시한 <보기>의 방법을 따를 것.)

② 격조사

1. 예문 (A)에서 밑줄 친 말을 체언과 조사로 분석하고, 서술격 조사의 변이 형태를 추출하시오. (단, 체언은 기본 형태로 쓰고, 서술격 조사는 변이된 형태로 쓸 것. 그리고 서술격 조

사의 무형의 변이 형태는 'Ø'로 표시할 것.)

> (A)ㄱ. 末利는 누른 비치라 혼 ⓐ<u>뜨디라</u>
> 　　　[석상3:24]
> 　　ㄴ. 詰難은 말씀 서르 힐휘 겻굴 ⓑ<u>씨라</u>
> 　　　[석상3:24]
> 　　ㄷ. 去聲은 뭇노푼 ⓒ<u>소리라</u> [훈언]

ⓐ (　　　　　) + (　　　　　　)
ⓑ (　　　　　) + (　　　　　　)
ⓒ (　　　　　) + (　　　　　　)

2. 15세기 국어에서 주격 조사의 변이 형태가 실현되는 조건과 관련하여, 빈칸에 들어갈 말을 쓰시오. (단, ㉠, ㉡, ㉢에는 변이 형태를 적되, 무형의 변이 형태는 'Ø'로 표시할 것. 그리고 ㉮에는 교체 조건에 따른 변이 형태의 하위 유형에 대한 명칭을 쓸 것.)

> 　15세기 국어에서 주격 조사는 세 가지 변이 형태로 실현된다. 이 중에서 ㉠'(　　　)'은/는 앞 체언의 끝 음절이 자음으로 끝날 때에 실현되며, ㉡'(　　　)'은/는 앞 체언의 끝 음절이 /i/나 반모음인 /j/로 끝날 때에 실현된다. 그리고 ㉢'(　　　)'은/는 앞 체언의 끝 음절이 /i/나 /j/ 이외의 모음일 때에 실현된다.
> 　이러한 변동 조건을 감안하면, 이 세 가지 형태의 집합은 주격 조사의 ㉮(　　　)(이)다.

㉠ (　　　　　)　　　㉡ (　　　　　)
㉢ (　　　　　)　　　㉮ (　　　　　)

3. 예문 (A)에 실현된 격조사를 모두 찾고, 격조사의 하위 명칭을 쓰시오. (단, '-의(관형격 조사)'와 같은 형식으로 쓰고, 무형의 변이 형태는 'Ø'로 표기할 것.)

> (A) 녯 가히 내 도라오믈 깃거 느즈기 도라옷 기슬게 드느다 [두언6:39]

4. 글 (A)에서 설명한 목적격 조사의 변이 형태와 관련하여, (가)와 (나)에 제시된 과제를 해결하시오.

> (A) '목적격 조사'는 그것이 붙은 앞 말이 목적어로 기능함을 나타내는 조사이다. 목적격 조사는 앞 체언의 끝소리에 따라서 다양한 형태로 실현된다.
>
> (B)ㄱ. 靑衣 도라와 王의 ⓐ(　　　) 슬바눌
> 　　　←(긔별)[월석2:43]
> 　　ㄴ. 麗運이 衰ᄒ거든 ⓑ(　　　) 맛드시릴씨
> 　　　←(나라ᄒ)[용가6장]
> 　　ㄷ. 耶輸는 겨집이라 ⓒ(　　　) 모를씨
> 　　　←(法)[석상6:6]
> 　　ㄹ. ⓓ(　　　) 하눌히 굴히샤
> 　　　←(太子)[용가8장]
>
> (C)ㄱ. ᄇᆞ야미 ⓔ(　　　) 므러 즈겟가재 연주니←(가치)[용가7장]
> 　　ㄴ. (ᄒᆞᆫ 菩薩이) … 님금 ⓕ(　　　) ᄇᆞ리샤
> 　　　←(位)[월천 기3]

(가) 예문 (B)의 빈칸에 체언과 목적격 조사가 결합된 형태를 쓰시오. (단, 오른쪽의 소괄호 안에 있는 체언에 목적격 조사가 결합된 형태를 쓸 것.)

ⓐ (　　　　　)　　ⓑ (　　　　　)
ⓒ (　　　　　)　　ⓓ (　　　　　)

(나) 예문 (C)의 빈칸에 체언과 목적격 조사가 결합된 형태를 쓰되, 목적격 조사의 형태가 줄어진 형태로 쓰시오.

ⓔ (　　　　　)　　ⓕ (　　　　　)

5. 15세기 국어에서 명사와 보격 조사가 결합한 형태에 관련하여, (가)와 (나)에 제시된 과제를 해결하시오.

> (A)ㄱ. 色界 諸天도 노려 ⓐ(　　　) 도외더라
>   ←(仙人) [월석2:24]
>
>   ㄴ. 山이 草木이 ⓑ(　　　) 도빙니이다
>   ←(軍馬) [용가98장]
>
>   ㄷ. 그 쁴 釋提桓人이 … ⓒ(　　　) 도외야
>   ←(일히) [월석20:115]
>
>   ㄹ. 司直은 冗雜혼 ⓓ(　　　) 아니언마른
>   ←(벼슬) [두언22:39]
>
>   ㅁ. 四衆의 힁뎌기 훈 ⓔ(　　　) 아니어늘
>   ←(가지) [월석17:83]
>
> (B) 보어는 '도빙다/도외다'나 '아니다'의 서술어가 주어 이외에 반드시 필요로 하는 문장 성분이다. '보격 조사'는 그 앞 말이 보어로 기능함을 나타내는 조사로서 여러 가지의 변이 형태로 실현된다.

(가) 글 (B)를 참조하여 예문 (A)의 ⓐ~ⓔ 빈칸에 체언과 보격 조사가 결합된 형태를 쓰시오.

(나) 예문 (A)의 예를 바탕으로 보격 조사의 세 가지 변이 형태를 쓰고, 이들 변이 형태가 실현되는 음운론적 조건을 각각 기술하시오.

　　① 변이 형태(　　　)

　　② 변이 형태(　　　)

　　③ 변이 형태(　　　)

6. 15세기 국어에서 체언과 관형격 조사가 결합된 형태와 관련하여, ㉠과 ㉡의 빈칸에 들어갈 말을 쓰시오.

> '할미(祖母)'와 '그려기(雁)'처럼 / ㅣ /로 끝나는 유정 체언이 관형격 조사인 '-이/-의'에 결합되면, 각각 ㉠'(　　)'와과 ㉡'(　　)'의 형태로 실현된다.

　㉠(　　　)　　　㉡(　　　)

7. 관형격 조사인 '-ㅅ'이 실현되는 조건과 관련하여, 아래 글의 빈칸에 들어갈 말을 쓰시오. (단, ㉠과 ㉡에는 의미적으로 구분한 명사의 하위 유형을 쓰고, ㉲에는 음운론적 특징을 쓸 것.)

> 관형격 조사 '-ㅅ'은 '털(毛)'이나 '가지(枝)'와 같은 ㉠(　　)이나, '부텨(佛)'처럼 높임의 대상으로 쓰인 ㉡(　　)의 뒤에서 쓰이는 특징이 있다. 그리고 '-ㅅ'은 대체로 앞 체언의 끝소리가 ㉲(　　)인 환경에서 실현된다.

　㉠(　　　)　　　㉡(　　　)
　㉲(　　　)

8. 15세기 국어에 쓰인 관형격 조사의 특수한 기능과 관련하여, 글 (B)의 빈칸에 들어갈 말을 쓰시오.(단, ㉠과 ㉡에는 문법적인 단위(언어 형식)의 명칭을 쓰고, ㉲과 ㉳에는 문장 성분의 명칭을 쓸 것.)

> (A)ㄱ. ⓐ衆生의 慾心 업슳 돌 阿難이두려 니루시니 [월천 기40]
>
>   ㄴ. ⓑ네의 어미 그려호미 샹넷 쁘뎃 衆生애셔 倍홀씨 [월석21:22]
>
> (B) 체언에 관형격 조사가 실현되었을 때에, 그 체언이 관형어 이외의 다른 문장 성

분으로 기능할 수도 있다. 곧 ⓐ에서 '衆生이'는 ㉠( ) 속에서 의미상으로 ㉮( )의 문장 성분으로 기능한다. 그리고 ⓑ에서 '네의'는 ㉡( ) 속에서 의미상으로 ㉯( )의 문장 성분으로 기능한다.

㉠( )　　　㉡( )

㉮( )　　　㉯( )

9. 15세기 국어에 쓰인 부사격 조사의 변이 형태와 관련하여, (가)와 (나)에 제시된 과제를 해결하시오.

> (A) 철수는 부산에 산다. [현대 국어]
>
> (B)ㄱ. 東녀그로 ⓐ萬里( ) 녀 가 [두언7:2]
>
> ㄴ. 우리 始祖ㅣ ⓑ慶興( ) 사르샤 [용가3장]
>
> ㄷ. 世尊이 ⓒ象頭山( ) 가샤 [석상6:1]

(가) 예문 (B)의 ⓐ~ⓒ에 들어갈 부사격 조사의 변이 형태를 각각 쓰시오. (단, 예문 (A)에 제시된 바와 같이 현대 국어의 '-에'에 대응되는 형태를 쓸 것.)

ⓐ( )　　ⓑ( )

ⓒ( )

(나) 예문 (B)의 ⓐ~ⓒ에 들어갈 변이 형태가 실현되는 음운론적 조건을 기술하시오.

ⓐ

....

....

ⓑ

....

....

ⓒ

....

....

10. 15세기 국어에서 조사 '-이/-의'는 관형격 조사와 부사격 조사로 쓰였다. 이와 관련하여, 예문 (B)의 빈칸에 들어갈 말을 쓰시오. (단, ㉠과 ㉡의 빈칸에는 ⓐ~ⓔ의 부호를 쓸 것.)

> (A)ㄱ. 빅 달홀 사르미 ⓐ처서믜 흔 번 브리니 [두언15:3]
>
> ㄴ. 佛道ㅣ 좠간도 ⓑ사르믜 게 머디 아니호며 [법언3:180]
>
> ㄷ. 山 ⓒ미틔 軍馬 두시고 [용가58장]
>
> ㄹ. 손밠 가락 스시예 가치 니서 ⓓ그려긔 발 フ투시며 [월석2:40]
>
> ㅁ. 이본 ⓔ남기 새 닢 나니이다 [용가84장]
>
> (B) 예문 (A)에서 '-이'와 '-의'가 관형격 조사로 쓰인 것은 ㉠( )이며, 부사격 조사로 쓰인 것은 ㉡( )이다.

㉠ ( )　　　㉡ ( )

11. 위의 '문제 10'과 관련하여, 다음 글의 빈칸에 들어갈 말을 쓰시오. (단, ㉠과 ㉡의 빈칸에는 체언(명사)의 하위 유형을 쓸 것.)

> '-이'와 '-의'가 관형격 조사로 쓰이는지 부사격 조사로 쓰이는지는 앞 체언의 의미적인 특질에 따른다. 곧, '-이'와 '-의'가 ㉠( )의 뒤에 실현될 때에는 관형격 조사로 쓰이며, '-이'와 '-의'가 ㉡( )의 뒤에 실현될 때는 부사격 조사로 쓰인다.

㉠( )　　　㉡( )

12. 15세기 국어에서 쓰인 호격 조사의 형태와 관련하여, 아래 글의 빈칸에 들어갈 호격 조사의 형태를 쓰시오. (단, 낮춤·예사 높임·아주 높임의 각 등분에 실현되는 호격 조사를 쓸 것. 그리고 각 형태소의 형태 중의 하나만 쓸 것.)

> 15세기 국어에 쓰인 호격 조사는, 그것이 붙는 체언을 높이는 정도에 따라서 세 가지의

조사가 구분되어서 쓰였다. 먼저, 낮춤의 등분(ᄒ라체)으로 대우하는 체언에는 ㉠'(   )'가 쓰였다. 그리고 예사 높임의 등분(ᄒ야쎠체)으로 대우하는 체언에는 ㉡'(   )'가 쓰였으며, 아주 높임의 등분(ᄒ쇼셔체)으로 대우하는 체언에는 ㉢'(   )'가 쓰였다.

㉠ ᄒ라체 : (   )

㉡ ᄒ야쎠체 : (   )

㉢ ᄒ쇼셔체 : (   )

13. 15세기 국어에 쓰인 아주 낮춤 등분(ᄒ라체)의 호격 조사는 '-아'와 '-야'의 변이 형태가 있다. 이들 변이 형태가 실현되는 조건과 관련하여, (가)와 (나)에 제시된 과제를 해결하시오.

(A)ㄱ. ⓐ彌勒(   ) 아라라 [석상13:26]

　ㄴ. ⓑ善男子(   ) (일로) 오라 [법언7:17]

　ㄷ. ⓒ阿逸多(   ) … 네 이대 드르라
　　　[석상17:46]

　※ 彌勒(미륵), 善男子(선남자), 阿逸多(아일다)

(가) ⓐ와 ⓑ의 빈칸에 실현될 수 있는 호격 조사의 형태를 넣으시오. (단, 두 가지 형태가 모두 실현될 수 있는 음운론적 환경에서는 그 둘의 형태를 모두 쓸 것.)

　ⓐ(   ), ⓑ(   ), ⓒ(   )

(나) '-아'와 '-야'가 15세기 국어에서 실현되는 환경과 현대 국어에서 실현되는 환경을 비교하여, 그 차이점을 설명하시오.

(설명)
_____
_____
_____
_____
_____

14. 15세기 국어에 쓰인 호격 조사의 변이 형태와 관련하여, 예문 (A)의 빈칸에 들어갈 형태를 쓰시오.

(A)ㄱ. 어딜쎠 ⓐ觀世音(   ) [능언6:65]

　ㄴ. 우는 ⓑ聖女(   ) 슬허 말라 [월석 23:82]

　ㄷ. ⓒ막대(   ) 네의 나미 甚히 正直ᄒ니
　　　[두언 16:58]

　※ 觀世音(관세음), 聖女(성녀)

(B) 15세기 국어에서는 '예사 높임'의 상대 높임 등분(ᄒ야쎠체)으로 쓰이는 호격 조사가 세 가지의 변이 형태로 실현되었다. 이들 변이 형태는 선행 체언의 음운론적인 조건에 따라서 그 형태가 다르게 실현된다.

ⓐ(   )　　　ⓑ(   )

ⓒ(   )

③ 접속 조사

1. 15세기 국어에 쓰인 접속 조사인 '-과/-와'가 실현되는 양상과 관련하여, 예문 (A)의 빈칸에 들어갈 형태를 (B)의 조건에 맞추어서 쓰시오.

(A)ㄱ. ⓐ입시울(   ) 혀와 엄과 ⓑ니(   ) 다 됴ᄒ며 [석상19:7]

　ㄴ. 나라히 便安ᄒ고 ⓒ하늘(   ) ⓓ神靈
　　　(   ) 기써 ᄇ름 비를 時節로 ᄒ야 百
　　　姓이 가ᄉ며더라 [석상11:36]

　ㄷ. 홁과 ⓔ나모(   ) 天像 佛像을 ᄆᆡᇰᄀ
　　　ᅀᆞᆸ곡 [월석4:36]

(B)　　　　　<조건>

- ⓐ와 ⓒ에는 체언과 조사가 결합된 형태를 쓸 것

- ⓑ, ⓓ, ⓔ에는 체언과 접속 조사와 격조사가 결합된 형태를 쓰되, 결합 과정에서 일어

나는 변동 현상도 고려할 것.

- 神靈(신령)

ⓐ (   )   ⓑ (   )

ⓒ (   )   ⓓ (   )

ⓔ (   )

2. 15세기 국어에 쓰인 조사 '-와/-과'의 기능과 관련하여, 글 (B)의 빈칸에 들어갈 말을 (C) 의 조건에 맞추어 쓰시오.

> (A) ㄱ. 如來 … (나를) … 길 녈 ⓐ사름과 ㄱ티 너기시니 [석상6:5]
>
> ㄴ. 흔 菩薩이 … 深山애 드러 果實와 ⓑ믈 와 좌시고 [석상6:16]
>
> (B) ⓐ에 실현된 '-과'는 ㉠'(   ) 조사'이며, ⓑ에 실현된 '-와'는 ㉡'(   ) 조사'이다. 그리고 기능상으로 보면 ⓐ의 '-과'는 선 행 체언에 ㉮(   )의 뜻을 더하며, ⓑ의 '-와'는 체언과 체언을 이어서 ㉯(   )을/ 를 형성한다.
>
> (C)   <조건>
> - ㉠과 ㉡에는 조사의 하위 유형을 쓸 것.
> - ㉮에는 문법 요소가 나타내는 기능(의미)를 쓸 것.
> - ㉯에는 문법적인 단위의 명칭을 쓸 것.

㉠ (   )   ㉡ (   )

㉮ (   )   ㉯ (   )

④ 보조사

1. 글 (C)와 (D)는 15세기 국어에 쓰인 보조사 의 형태가 변이되는 조건에 대한 설명이다. 이와 관련하여 글 (C)의 빈칸에 들어갈 말을 쓰시오. (단, ㉮와 ㉯의 빈칸에는 변이 형태의 유형을 쓸 것.)

> (A) 보조사 '-는, -는, -은, -은'
>
> (B) ㄱ. '-는'과 '-은'의 대립
>
> ㄴ. '-는'과 '-는'의 대립
>
> (C) 예문 (A)에 제시된 예는 '주제'나 '대조'를 나타내는 보조사의 변이 형태이다. 이들 중에서 '-는, -는, -은, -은'은 다음의 두 가 지의 조건으로 분화된다.
>
> 첫째로 (B)의 (ㄱ)에서 '-는'과 '-은'은 앞 체언의 끝소리가 ㉠(   )이냐 ㉡(   )이 냐에 따라서 선택된다. 둘째로 (B)의 (ㄴ)에 서 '-는'과 '-는'은 앞 체언의 끝 음절의 모 음이 ㉢(   )이냐 ㉣(   )이냐에 따라 서 선택된다. 그러므로 '-는, -는, -은, -은'의 형태는 모두 ㉮'(   ) 변이 형태'이다.

㉠ (   )   ㉡ (   )

㉢ (   )   ㉣ (   )

㉮ (   )

2. 글 (B)는 15세기 국어에서 보조사 '-는'이 붙 는 선행어에 대한 설명이다. 보조사 '-는'에 나타나는 이러한 분포적인 특성을 감안하여, 예문 (A)의 ⓐ~ⓒ를 형태소 단위로 분석하시 오. (단, 형태소의 경계는 +로 구분하며, 어절의 경계는 #로 구분한다. 그리고 '-'의 부호는 의존 형태소임을 나타낸다.)

> (A) ㄱ. 法 ⓐ가르치누닌 스승이오 빈호누닌 弟子ㅣ라 [월석1:9]
>
> ㄴ. 이브터 무추매 ⓑ니르리는 일후미 無 色界라 [능언9:32]
>
> ㄷ. 머리 ⓒ이션 보습고 가식비 완 몬 보 스붕리라 [월석7:55]
>
> (B) 보조사 '-는'은 체언뿐만 아니라, 부사에 붙거나 용언의 연결형에 붙어서 '주제'나 '대조'의 뜻을 나타낸다.

ⓐ フ른치ᄂᆞᆫ :

　フ른치-+( )+-( ) # ( ) +

　-( )

ⓑ니르리ᄂᆞᆫ :

　니를-+( )+-( )

ⓒ이션 :

　이시-+( )+-( )

3. 15세기 국어에서 보조사인 '-도'가 용언의
　연결형에 결합할 때에 일어나는 변동과 관
　련하여, 글 (B)의 빈칸에 들어갈 말을 각각
　쓰시오. (단, ㉠에는 어미의 유형적인 명칭을 쓰
　고, ㉡에는 어미의 형태를 쓸 것.)

> (A)ㄱ. 킈 ⓐ적도 크도 아니ᄒᆞ고 [월석1:26]
>
> ㄴ. 소리 ⓑ눕도 ᄂᆞᆺ갑도 아니ᄒᆞ샤 [월석2:58]
>
> (B) ⓐ의 '적도 크도'와 ⓑ의 '눕도 ᄂᆞᆺ갑도'에
> 실현된 '-도'의 결합 방식은 특이하다. 곧,
> 용언의 어간 뒤에 보조사 '-도'가 직접적
> 으로 결합된 비정상적인 방식으로 결합되
> 었다. ⓐ와 ⓑ에 나타난 형태소의 결합 방
> 식은 다음과 같이 설명할 수 있다. 곧, ⓐ
> 와 ⓑ은 원래는 ㉠( )인 ㉡'( )'이/
> 가 실현되어 있었는데, 이것이 문맥에 실
> 현될 때에 생략된 것으로 설명할 수 있다.

㉠( )　　㉡( )

4. 15세기 국어에서 보조사가 붙을 수 있는 문
　법적인 단위와 관련하여, (가)와 (나)에 제시
　된 과제를 해결하시오.

> (A) 보조사는 여러 가지의 문법적인 단위에
> 두루 붙을 수 있는 것이 특징이다.
>
> (B)ㄱ. ⓐ부톄사 能히 다 아ᄅᆞ시ᄂᆞ니라 [법언1:145]
>
> ㄴ. ⓑᄂᆞ민란 분별 아니코 제 몸쟎 됴히 츄
> 미라 [석상13:36]

> ㄷ. 爲頭 도ᄌᆞ기 나를 ⓒ자바다가 겨집
> 삼마 사더니 [월석10:25]
>
> ㄹ. 그 쁴 目連이 種種 方便으로 ⓓ다시곰
> 술바도 [석상6:6]

(가) 예문 (B)의 ⓐ~ⓓ를 아래의 <보기>처
　럼 형태소 단위로 분석하시오. (단, 변
　동된 형태소는 변동된 대로 적고, 의존
　형태소는 '-'로 표기할 것.)

> <보기> 아뫼나 이 經을 디녀 [석상9:21]
>
> ⇨ 아뫼나 : 아모+-ㅣ나

ⓐ 부톄사 : ( )

ⓑ ᄂᆞ민란 : ( )

ⓒ 자바다가 : ( )

ⓓ 다시곰 : ( )

(나) 예문 (B)의 ⓐ~ⓓ에 실현된 보조사의
　앞에 실현된 말의 문법적 단위에 대한
　명칭을 각각 쓰시오. (단, 체언, 관계언,
　수식언은 품사의 세부 명칭(9품사)을 쓰
　고, 용언은 활용형에 대한 명칭을 쓸 것.)

ⓐ ( )　　ⓑ ( )

ⓒ ( )　　ⓓ ( )

5. 15세기 국어에 쓰인 '-곰'의 문법적 기능과
　관련하여, (가)와 (나)에 제시된 과제를 해결
　하시오.

> (A)ㄱ. ⓐ이리곰 火災호ᄆᆞᆯ 여듧 번 ᄒᆞ면
> [월석1:49]
>
> ㄴ. 菩薩이 四方애 닐굽 ⓑ거름곰 거르시
> 니 [월석2:37]
>
> ㄷ. 이런 이본 길헤 놀 보리라 ⓒ우러곰
> 온다 [월석8:86]
>
> ㄹ. 아ᄃᆞ리 아비 나해셔 ⓓ곱기곰 사라
> [월석1:47]
>
> ㅁ. 그 五百 사ᄅᆞ미 … 銀돈 ᄒᆞᆫ ⓔ낟곰 받

ᄌᆞᄫᆞ니라 [월석1:9]

ㅂ. 예 사라셔 足히 ⓕ<u>ᄡᅥ곰</u> 내 늘근 양ᄌᆞ ᄅᆞᆯ 보내리로소니 [두언18:14]

(B) 15세기 국어에 쓰인 '-곰'은 분포나 의미(기능)에 따라서 두 가지 종류로 구분된다. 곧, '-곰'은 ㉠<u>앞 말에 '각자 ~씩'의 뜻을 덧보태는 것</u>과 ㉡<u>앞 말에 붙어서 그 말을 강조하거나 앞 말에 여운감(餘韻感)'을 주는 것</u>'이 있다.

(가) 예문 (A)의 ⓐ~ⓕ에 쓰인 '-곰' 중에서, ㉠의 유형에 속하는 '-곰'과 ㉡의 유형에 속하는 '-곰'을 구분시오. (단, ⓐ, ⓑ, ⓒ, ⓓ, ⓔ, ⓕ로 쓸 것.)

㉠ 유형 : (　　　　　　　　　　)
㉡ 유형 : (　　　　　　　　　　)

(나) 예문 (A)의 ⓐ~ⓕ를 검토하여 ㉠과 ㉡의 '-곰'이 붙을 수 있는 앞말의 품사를 각각 밝히시오. (단, 용언은 활용 형태의 명칭으로 쓸 것.)

㉠ 유형 : (　　　　　　　　　　)
㉡ 유형 : (　　　　　　　　　　)

6. 15세기 국어에서 '-이ᄯᆞ녀'가 쓰일 때에 생기는 통사적인 제약과 관련하여, ⓐ의 빈칸에 들어갈 부사의 형태를 쓰시오.

(A) 法도 오히려 반ᄃᆞ기 ᄇᆞ롤 떠어니 ⓐ (　　　　) 非法<u>이ᄯᆞ녀</u> [금언 39]

(B) 보조사인 '-잇ᄃᆞᆫ/-이ᄯᆞᆫ'은 그 뒤에 '-이여'가 붙여서 '-이ᄯᆞ녀'의 형태로 문장의 서술어에 쓰이는 경우가 있다. 그런데 예문 (A)처럼 서술어에 '-이ᄯᆞ녀'가 실현되면, 그 앞에는 반드시 부사인 ⓐ '(　　)'이/가 실현되는 제약이 있다.

ⓐ (　　　　　)

7. 15세기 국어에는 체언에 붙어서 의문문을 만드는 보조사가 쓰였다. 예문 (A)의 빈칸에 들어갈 의문 보조사의 형태를 각각 쓰시오. (단, 변동된 형태는 변동된 대로 적을 것.)

(A) ㄱ. 이 두 사ᄅᆞ미 眞實로 네 ⓐ 항것(　　) [월석8:94]
ㄴ. 사호매 서로 맛나ᄆᆞᆫ ᄯᅩ 어ᄂᆞ ⓑ 날(　　) [두언21:16]
ㄷ. 뉘 이 나ᄒᆞᆯ 기리 살 ⓒ 사ᄅᆞᆷ(　　) [두언6:1]
ㄹ. 이ᄂᆞᆫ ⓓ 賞(　　) ⓔ 罰(　　) [몽언53]

ⓐ (　　　　　)　　ⓑ (　　　　　)
ⓒ (　　　　　)　　ⓓ (　　　　　)
ⓔ (　　　　　)

8. 15세기 국어에 쓰인 의문문의 유형과 관련하여, (가)와 (나)에 제시된 과제를 해결하시오.

(A) ㄱ. 얻논 藥이 므스것고 [월석21:215]
ㄴ. 이 ᄯᆞ리 너희 죵가 [월석8:94]

(가) 예문 (A)에 제시된 의문문을 각각 현대어로 번역하시오.

(ㄱ) : (　　　　　　　　　　　　)
(ㄴ) : (　　　　　　　　　　　　)

(나) 예문 (A)에 제시된 의문문을 이용하여, 15세기 국어의 의문문에 나타난 문법적인 특징 두 가지를 설명하시오. (단, '과제 (가)'와 관련하여, 현대 국어에서 실현되는 의문문의 형태와 다른 점을 설명할 것.)

(설명)

로 쓸 것. 그리고 조사가 결합하는 과정에서 변동된 형태소는 변동된 대로 적을 것.)

---

9. 15세기 국어에 쓰인 '-인들'의 문법적 성격과 관련하여, 글 **(B)**의 빈칸에 들어갈 말을 쓰시오.(단, ㉠~㉢에는 문장 성분의 명칭을 쓰고, ㉮에는 조사의 하위 유형을 쓸 것.)

> (A)ㄱ. 貪흔 無量 有情이 쳔랴올 모도아 두고 … ⓐ어버싀돌 내야 주며 가시며 子息이며 죠인돌 주며 와 비는 사르물 주리여 [석상9:12]
>
> ㄴ. 四境을 開拓ᄒ샤 셤 안해 도죽 니저니 ⓑ *徼外南蠻인돌 아니 오리잇가 [용가53장]
>
> ㄷ. 굴허에 ᄆᆞ롤 디내샤 도즈기 다 도라가니 ⓒ坐 길 노핀돌 넌기 디나리잇가 [용가48장]
>
> **(B)** ⓐ의 '어버싀돌'은 ㉠(   )의 문장 성분으로, ⓑ의 '徼外南蠻'은 ㉡(   )로, ⓒ의 '坐 길 노핀돌'은 ㉢(   )로 쓰였다. '-인돌'에서 나타나는 이러한 통사적인 기능과 함께 '-인돌'이 나타내는 뜻을 고려하면, '-인돌'은 조사의 하위 유형 중에서 ㉮(   )에 해당한다.
>
> *徼外南蠻(요외남만) : 중국의 변방 밖에 있는 남쪽 지방에 사는 오랑캐이다. 곧 남쪽 지방의 다른 민족을 만(蠻)이라 불렀는데, 주로 '유구(琉救)'나 '섬라(暹羅)' 등을 의미함.)

ㄱ(   )   ㄴ(   )
ㄷ(   )   ⓐ(   )

⑤ 조사의 겹침

1. 예문 **(A)**에 제시된 (ㄱ)~(ㅋ)의 문장에서 조사가 겹쳐서 실현된 표현을 찾아서, 각 조사의 형태와 명칭을 <보기>에서 제시한 풀이의 방법으로 쓰시오.(단, 조사의 명칭은 접속조사 ; 보조사 ; 주격 조사, 목적격 조사, 보격 조사, 형격 조사, 부사격 조사, 호격 조사 등으

> (A)ㄱ. 손발과 가슴과애 … 德相이 겨샤 [법언 2:19]
>
> ㄴ. 가지와 닙과는 사오나본 사르믈 가줄 비시고 [석상13:47]
>
> ㄷ. 오직 부텨와 부텨왜사 能히 諸法實相을 다 아느니라 [법언 1:145]
>
> ㄹ. 法엣 오시사 眞實ㅅ 오시니 [월천 기121]
>
> ㅁ. 부텻 나라해션 부텻 나라홀 하ᄂᆞᆯ 가온딕라 ᄒ고 [월석1:30]
>
> ㅂ. 威嚴과 德괘 自在ᄒ야 [석상9:19]
>
> ㅅ. 네 … 아ᄌᆞ마넚긔와 아자바님내씌 다 安否ᄒ습고 [석상6:1]
>
> ㅇ. 中國애션 中國을 하ᄂᆞᆯ 가온딕라 ᄒ고 [월석1:30]
>
> ㅈ. 엇뎨 시러곰 나롤 보내야 네 ᄀᆞ새다가 두려뇨 [두언25:27]
>
> ㅊ. 하놀콰 ᄯᅡ쾌여 머리 隔ᄒ리라 [금삼 2:43]
>
> ㅋ. 어제와 오늘왜 다 하ᄂᆞᆯ 브롬 부놋다 [두언16:60]
>
> **(B)**   <보기>
>
> 우리 학교에는 공부를 열심히 하는 학생이 많다.
>
> ⇨ [학교에는] ― [-에(부사격 조사) + -는(보조사)]

(ㄱ) [   ] ― [   ]
(ㄴ) [   ] ― [   ]
(ㄷ) [   ] ― [   ]
(ㄹ) [   ] ― [   ]
(ㅁ) [   ] ― [   ]
(ㅂ) [   ] ― [   ]
(ㅅ) [   ] ― [   ]
(ㅇ) [   ] ― [   ]
(ㅈ) [   ] ― [   ]

(ㅊ) [   ] ― [   ]

(ㅋ) [   ] ― [   ]

2. (A)에 제시된 (ㄱ)~(ㅅ)의 문장에서 용언의
연결 어미와 보조사가 결합된 예를 찾아서,
<보기>에서 제시한 풀이의 방법으로 연결
어미와 보조사의 형태를 구분하시오. (단, 변
동된 형태소는 기본 형태로 쓸 것.)

> (A)ㄱ. 瓶의 므를 기러 두고사 가리라 [월석7:9]
>
> ㄴ. 有情이 비록 如來ㅅ 道理 빈호다가도
> 尸羅를 헐며 [석상9:13]
>
> ㄷ. 이러흔 쁴 니르러는 키 아로미 갓가방
> 리니 [몽언27:8]
>
> ㄹ. 福을 니펴 내 難을 救티옷 아니흐면
> [월석21:56]
>
> ㅁ. 如來 브리고브터 能히 그 言論辯을 다
> ᄒ리 업스니라 [석상9:19]
>
> ㅂ. 그 겨지비 밥 가져다가 머기고
> [월석1:44]
>
> ㅅ. 놀 보리라 우러곰 온다 [월석8:87]
>
> (B)   <보기>
> 이 책을 한번 읽어는 보아라.
> ⇨ [읽(어간)+-어(연결 어미)+-는(보조사)]

(ㄱ) [   ] ― [   ]

(ㄴ) [   ] ― [   ]

(ㄷ) [   ] ― [   ]

(ㄹ) [   ] ― [   ]

(ㅁ) [   ] ― [   ]

(ㅂ) [   ] ― [   ]

(ㅅ) [   ] ― [   ]

⑥ 조사의 특수 용법과 음운 변동

1. 15세기 국어에 쓰인 관형격 조사의 기능과
관련하여, (가)와 (나)에 제시된 과제를 해결
하시오.

> (A)ㄱ. ᄒ 록 二十里를 녀시ᄂ니 ⓐ轉輪王의
> 녀샤미 ᄀᄐ시니라 [석상6:23]
>
> ㄴ. ⓑ父母의 나혼 모물 두르혀 보ᄃ
> [능언3:108]
>
> ㄷ. ⓒ부텻 니른샤믈 듣줍고 [아언29]
>
> (B) 예문 (A)에 실현된 ⓐ~ⓒ처럼 체언에 관형
> 격 조사가 결합한 어절이 의미상 주어로
> 해석되는 경우도 있다. 이와 같은 현상은
> ㉠(   )이나 ㉡(   ) 속에서 의미상으
> 로 주어로 쓰이는 명사에 '-의/-의, -ㅅ' 등
> 의 관형격 조사가 붙은 경우에 나타난다.
> 이렇게 관형격 조사가 실현된 명사가 의미
> 상으로 주어로 해석되는 것은, 주로 그 명
> 사가 ㉮(   )일 때에 나타난다.

(가) 글 (B)의 빈칸에 들어갈 말을 쓰시오.
(단, ㉠과 ㉡에는 성분절의 명칭을 쓰고,
㉮에는 의미적인 특질에 따른 명사의 하
위 유형을 쓸 것.)

㉠(   )   ㉡(   )

㉮(   )

(나) 글 (B)의 내용에 따라서 ⓐ '轉輪王',
ⓑ '父母', ⓒ '부텨'의 뒤에 관형격 조
사 대신에 주격 조사를 실현하려고
한다. 서술어와 가장 자연스럽게 어
울리는 주격 조사의 형태를 선택하
여, 명사와 주격 조사가 결합된 형태
로 쓰시오.

ⓐ(   )   ⓑ(   )

ⓒ(   )

2. 15세기 국어에 쓰인 조사의 특수한 용법과
관련하여, 글 (B)의 빈칸에 들어갈 말을 쓰
시오. (단, 조사의 형태를 빈칸에 쓸 것.)

> (A)ㄱ. 몃 디위를 江風이 여러 날 닐어뇨
> ⓐ(   ) 고기 낛는 빈 듬ᄂ다 듣디

몬호라 [영남 상:40]

ㄴ. 그듸내 굿비사 오도다 ⓑ(   ) 舍利사
몬 어드리라 [석상23:53]

(B) 특정한 조사가 완결된 문장에 뒤에 붙어
서, '앞의 문장의 내용을 뒤집는 뜻'으로
앞의 문장을 뒤의 문장에 이어 주는 경우
가 있다. 예를 들어서 예문 (A)의 (ㄱ)과
(ㄴ)에서는 앞선 문장인 '몃 디위를 江風
이 여러 날 널어뇨'와 '그듸내 굿비사 오
도다'에 조사인 ⓐ'(   )'이/가 붙어서 각
각 뒤의 문장을 접속할 수 있다. 이처럼
완결된 문장의 뒤에 붙어서 특별한 뜻을
더하는 조사를 ⓑ(   )라고 한다.

ⓐ(   )   ⓑ(   )

3. 아래의 예문에 실현된 ⓐ, ⓑ, ⓒ에서 생략
된 격조사를 복원하여, 체언과 격조사가 결
합된 형태를 쓰시오.

(A)ㄱ. 樓殿이 일어늘 ⓐ안쫌 걷뇨매 어마님
모르시니 [월천 기16]

ㄴ. 느미 ⓑ겨집 두외노니 출히 뎌 ⓒ고마
두외아 지라 [법언 2:28]

※ 樓殿(누전): 누각(樓閣)과 궁전(宮殿)을
아울러 이르는 말이다.

ⓐ(   )   ⓑ(   )
ⓒ(   )

4. 15세기 국어에서 체언과 조사가 결합되는
양상과 관련하여, (가)와 (나)에 제시된 과제
를 해결하시오.

(A) 그 ⓐ쁴 日月燈明佛이 大乘經을 니르시
니 [석상13:30]

(B) 예문 (A)에서 실현된 ⓐ의 '쁴'는 체언인
ⓐ'(   )'에 조사인 ⓑ'(   )'이/가 결
합된 형태이다.

(가) 글 (B)의 ⓐ과 ⓑ의 빈칸에 들어갈 단
어의 형태를 쓰시오. (단, 변동된 형태는
기본 형태로 쓸 것.)

ⓐ(   )   ⓑ(   )

(나) 글 (B)의 빈칸에 들어갈 단어의 품사를
각각 쓰시오. (단, 『고등학교 문법』(2010)
에서 설정한 9품사의 명칭으로 쓸 것.)

ⓐ의 품사 : (   )
ⓑ의 품사 : (   )

(다) 글 (B)의 빈칸에 들어갈 단어가 결합
하는 과정에서 일어난 음운 변동의
명칭을 쓰시오.

(   )

2.2.4. 용언

① 용언의 특징

1. 예문 (A)에 쓰인 용언이나 서술격 조사에 대
하여, (가)~(나)에 제시된 과제를 해결하시
오.

나랏 말쏘미 中國에 달아 文字와로 서르 스
뭇디 아니홀씨 이런 젼츠로 어린 百姓이 니
르고져 홇 배 이셔도 므춤내 제 쁘들 시러 펴
디 몯홇 노미 하니라 내 이룰 爲ᄒᆞ야 어엿비
너겨 새로 스믈 여듧 字룰 밍ᄀᆞ노니 사룸마
다 ᄒᆡ여 수비 니겨 날로 뿌메 便安킈 ᄒᆞ고져
홇 ᄯᆞᄅᆞ미니라 [훈언 서]

(가) 예문 (A)에서 용언과 서술격 조사를 고르
고, 이들을 아래의 <보기>와 같이 어간
부분과 어미 부분으로 분석하시오. (단, 어
간은 기본 형태로 쓰고, 어미는 변동된 대로
적을 것. 그리고 시제를 표현하는 어미의 무
형의 형태소는 표기하지 말 것.)

<보기> [밥을 먹었다]

⇨ • 먹었다: 먹(어간)+-었다(어미)

(나) 어미 부분을 어말 어미와 선어말 어미로 구분하시오.(단, '선어말 어미'는 '선어말'로, 어말 어미는 '어말'로 쓸 것.)

<보기> [밥을 먹었다]

⇨ • 먹었다: -었(선어말)+-다(어말)

2. 15세기 국어에서 쓰인 '동사, 형용사, 서술격 조사, 아니다'의 활용 형태에서 나타나는 차이와 관련하여, 글 (A)의 빈칸에 들어갈 말을 쓰시오.

동사, 형용사, 서술격 조사, '아니다'는 활용하는 형태에서 차이가 난다.

첫째,로 동사의 어간에는 선어말 어미인 ㉠'(   )'이/가 실현될 수 있으나, '형용사, 서술격 조사, 아니다'의 어간에는 선어말 어미인 ㉠'(   )'이/가 실현될 수가 없다. 둘째로 동사와 일반적인 형용사의 어간에는 'ㅎ라체'의 평서형 종결 어미의 형태로서 ㉡'(   )'이/가 실현된다. 반면에 서술격 조사와 '아니다'의 어간에는 'ㅎ라체'의 평서형 종결 어미의 형태로서 ㉢'(   )'이/가 실현된다.

서술격 조사와 '아니다'가 활용할 때에 나타나는 이러한 활용상의 공통점을 감안하여, 일부 학자들은 서술격 조사와 '아니다'를 아울러서 ㉮(   )의 품사를 설정하기도 한다.

㉠ (   )   ㉡ (   )
㉢ (   )   ㉮ (   )

3. 글 (B)의 내용을 참조하여, 예문 (A)에 제시된 ⓐ~ⓕ의 빈칸에 서술격 조사의 어간인 '-이-'의 뒤에 실현될 어미의 형태를 쓰시오. (단, 기본 형태에서 변동된 형태를 쓸 것.)

(A)ㄱ. *긔 ⓐ사ᄅᆞ미 (   )니

ㄴ. 긔 ⓑ사ᄅᆞ미 (   )니

←(-다-: 회상의 선어말 어미)

ㄷ. 긔 ⓒ사ᄅᆞ미 (   )

←(-고: 연결 어미)

ㄹ. 긔 ⓓ사ᄅᆞ미 (   )

←(-오ᄃᆡ: 연결 어미)

ㅂ. 긔 ⓕ사ᄅᆞ미 (   )

←(-아사: 연결 어미)

ㅁ. 긔 ⓔ사ᄅᆞ미 (   )

←(-옴: 명사형 전성 어미)

(*'긔'는 3인칭의 대명사인 '그(彼)'에 주격 조사인 '-ㅣ'가 결합된 형태이다.)

(B) 서술격 조사인 '-이-'의 뒤에 실현되는 어미는 다양한 방식으로 변이된다. 곧, '-이-'의 뒤에 선어말 어미인 '-거-', '-더-'와 연결 어미인 '-고', '-오ᄃᆡ', '-아사', 그리고 명사형 전성 어미인 '-옴' 등이 결합하면, 그 어미의 형태가 특이하게 변동한다.

ⓐ (   )   ⓑ (   )
ⓒ (   )   ⓓ (   )
ⓔ (   )   ⓕ (   )

4. 15세기 국어에서 쓰인 동사의 활용 양상과 관련하여, 글 (B)의 빈칸에 들어갈 말을 쓰시오. (단, 용언의 활용 형태로 적되, 시제는 과거 시제로 표현할 것.)

(A)ㄱ. 衆生이 福이 ⓐ(   ) [석상23:28]

ㄴ. 셜ᄫᅥ 衆生이 正호 길홀 ⓑ(   ) [석상23:19]

(B) ⓐ의 빈칸에는 서술어로서 '다ᄋᆞ다(盡)'가 실현되고, ⓑ의 빈칸에는 서술어로 '잃다 (失)'가 실현된다. 만일 이들 용언의 어간

에 각각 '확인 표현'의 선어말 어미인 '-아
/-어, -야-, -거-, -나' 등을 실현한다면, ⓐ
의 '다♀다'는 ㉠'(   )'의 형태로 활용
하고 ⓑ의 '잃다'는 ㉡'(   )'의 형태로
활용한다.

㉠(   )   ㉡(   )

② 용언의 유형

〈 동사와 형용사 〉

1. 15세기 국어에 쓰인 동사의 하위 유형과 관
련하여, (가)와 (나)에 제시된 과제를 해결하
시오.

(A)ㄱ. 天上애 구룸 ⓐ흐터사 둘 나▽ ▽며
      [원언 상 1-1:56]

   ㄴ. 번게 구루믈 ⓑ흐터 ▽야▽릴 써라
      [월석10:81]

(B) 예문 (A)에 실현된 '흩다'의 의미와 동사
적인 특성을 감안하면, ⓐ의 '흐터사'는
㉠(   )이며, ⓑ의 '허터'는 ㉡(   )
이다. 이러한 의미·통사적 특징을 볼 때
에, 15세기 국어에서 쓰인 동사 '흩다'는
㉢(   )(으)로 처리된다.

(가) 예문 (A)에서 밑줄 그은 동사의 뜻을
현대어로 직역하여 옮기시오.

ⓐ 흐터사 : (   )
ⓑ 흐터 : (   )

(나) 글 (B)에 제시된 ㉠~㉢의 빈칸에, 통
사적인 특징을 기준으로 구분한 동사
의 하위 유형의 명칭을 쓰시오.

㉠(   )   ㉡(   )
㉢(   )

2. 15세기 국어에 실현된 용언의 특성과 관련하
여, (가)와 (나)에 제시된 과제를 해결하시오.

(A)ㄱ. 됴흔 고지 해 대예 ⓐ비취옛고 [용가42장]

   ㄴ. 그 사룸들히 곧 듭게를 ⓑ닫즈▽니라
      [석상23:23]

   ㄷ. 허리 ⓒ것구메 쓸 器具ㅣ 아니로다
      [두언21:39]

   ㄹ. 재 느려 (衆賊을) 티샤 두 갈히 ⓓ것그
      니 [용가36장]

   ㅁ. 하늘홀 비취며 싸홀 ⓔ비취여 萬像을
      머구므니 [금삼 2:45]

   ㅂ. 山ㅅ부이 萬里예 ⓕ다댓도다 [두언22:33]

(가) ⓐ~ⓕ에 실현된 용언의 기본형을 쓰
고, 그 기본형의 뜻을 현대어로 쓰시오

ⓐ (   )—(   )
ⓑ (   )—(   )
ⓒ (   )—(   )
ⓓ (   )—(   )
ⓔ (   )—(   )
ⓕ (   )—(   )

(나) ⓐ~ⓕ에 실현된 용언을 자동사와 타
동사로 구분하여, ①과 ②의 빈칸에
ⓐ~ⓕ를 쓰시오.

① 자동사 : (   )
② 타동사 : (   )

3. 예문 (A)의 문장에서 나타나는 한국어의 통
사적인 특징을 글 (B)의 빈칸에 넣으시오.

(A)ㄱ. 이 東山은 남기 됴홀씬 [석상 6:24]

   ㄴ. 窮子ㅣ 쁘디 늣갑고 사오나올씬 [금삼3:25]

(B) '형용사(形容詞)'는 주어로 표현되는 대
상의 성질이나 상태를 풀이하는 단어의
갈래이다. 이러한 형용사가 서술어로 쓰
이면 ㉠(   )을/를 취하는 일이 있다.

현행의 『학교 문법』(2010)에서는 예문
(A)의 문장을 ㉡'(   )을 안은 문장'으

로 처리하고 있다.

　　㉠(　　　　　)　　　㉡(　　　　　)

4. 15세기 국어에 나타난 형용사의 하위 유형과 관련하여, (가)와 (나)에 제시된 과제를 해결하시오.

> (A) 그러ᄒ다, 다ᄅ다, 뎌러ᄒ다, 모딜다, 븕다, 아ᄆ라ᄒ다, 알ᄑ다, 엇더ᄒ다, 이러ᄒ다
>
> (B) 형용사는 크게 '성상 형용사'와 '지시 형용사'로 나뉜다.
>> (가) '성상 형용사'는 ㉠감각, ㉡평가, ㉢비교, ㉣심리 등을 나타내는 형용사이다.
>> (나) '지시 형용사'는 그 기능에 따라서 다시 ㉮근칭, ㉯중칭, ㉰원칭의 지시 형용사와 ㉱미지칭의 지시 형용사, ㉲부정칭의 지시 형용사로 분류된다.

(가) 성상 형용사의 하위 유형과 관련하여, ㉠~㉣의 뜻을 나타내는 형용사를 예시 (A)에서 찾아 쓰시오.

　　㉠(　　　　)　　㉡(　　　　　)
　　㉢(　　　　)　　㉣(　　　　　)

(나) 지시 형용사의 하위 유형과 관련하여, ㉮~㉲에 해당하는 형용사를 (A)에서 각각 찾아서 쓰시오.

　　㉮(　　　　)　　㉯(　　　　　)
　　㉰(　　　　)　　㉱(　　　　　)
　　㉲(　　　　)

5. 15세기 용언의 형태와 관련하여, 아래 글의 빈칸에 용언 어간의 형태를 쓰시오.(단, 용언의 기본형을 쓸 것.)

> (A) 현대 국어에서 '존재'를 나타내는 용언인 '있다(在, 有)'는 15세기의 중세 국어에서

는 ㉠'(　　　)'와/과 ㉡'(　　　)'의 두 가지 형태로 교체되었다. 곧, 매개 모음을 포함하여 모음으로 시작하는 어미 앞에서는 ㉠의 형태로 실현되었고, 자음으로 시작하는 어미 앞에서는 ㉡의 형태로 실현되었다.

> (B) 현대 국어에 쓰이고 있는 '이르다(至)'의 형태는 15세기 국어에서는 ㉢'(　　　)'와/과 ㉣'(　　　)'의 두 가지 형태가 쓰였다. 그런데 15세기 국어에서는 이들 두 형태 중에서 ㉢의 형태가 더 많이 쓰였으나, 근대 국어 시기인 17세기 이후로는 ㉣의 형태가 더 많이 쓰였다.
>
> 　현대 국어에서는 ㉢과 ㉣은 '이르다'의 단일 형태로 통합되었다. '이르다' 중에서 ㉢이 변화한 형태는 연결 어미인 '-어'와만 결합하는 제약을 가졌다. 그러므로 현대 국어에서 ㉢이 변화한 형태는 ㉣이 변화한 형태의 불규칙 활용형으로 처리된다.

(A) ㉠(　　　　)　　㉡(　　　　　)
(B) ㉢(　　　　)　　㉣(　　　　　)

〈 본용언과 보조 용언 〉

6. 15세기 국어에 쓰인 '보조 용언'과 관련하여, (가)와 (나)에 제시된 과제를 해결하시오.

> 나랏 말ᄊᆞ미 中國에 달아 文字와로 서르 ᄉᆞᄆᆞᆺ디 아니ᄒᆞᆯᄊᆡ 이런 젼ᄎᆞ로 어린 百姓이 니르고져 홇 배 이셔도 ᄆᆞᄎᆞᆷ내 제 ᄠᅳ들 시러 펴디 몯홇 노미 하니라 내 이ᄅᆞᆯ 爲ᄒᆞ야 어엿비 너겨 새로 스믈여듧 字ᄅᆞᆯ 밍ᄀᆞ노니 사ᄅᆞᆷ마다 ᄒᆡ여 수ᄫᅵ 니겨 날로 ᄡᅮ메 便安킈 ᄒᆞ고져 홇 ᄯᆞᄅᆞ미니라[훈언 서]

(가) 예문 (A)에 실현된 '보조 용언'을 찾아서 모두 쓰시오.

....

....

(나) 예문 (A)에 실현된 보조 용언을 '보조 동사'와 '보조 형용사'로 각각 구분하시오.

① 보조 동사:
_____

② 보조 형용사:
_____
_____

7. 예문 (A)에 실현된 ⓐ와 ⓑ의 짜임새를 (B)에서 제시한 <보기>의 방법으로 분석하시오. (단, 어간은 기본 형태로 제시하고, 어미 부분에 실현된 개별 어미는 변동된 형태로 제시할 것.)

> (A)ㄱ. 須達이 ⓐ病ᄒᆞ얫거늘 부톄 가아 보시고 [석상6:44]
>
> ㄴ. 南녁 ᄀᆞᄅᆞ맷 집 東녀긔 ⓑ둘엣ᄂᆞ니라 [두언19:9]
>
> (B)   <보기>
> 들기 소리 서르 들여 ᄒᆞᆫ ᄀᆞ새 니셋고 [월석1:46]
> ⇨ 닛(어간)＋-어(어미) # 잇(어간)＋-고(어미)

ⓐ [   ]
ⓑ [   ]

8. 15세기 국어에서 본용언과 보조 용언이 연결되는 방식과 관련하여, 글 (B)의 빈칸에 들어갈 말(형태)을 쓰시오. (단, ㉠과 ㉡에는 용언의 기본 형태를 쓰고, ㉮에는 탈락한 음절을 쓸 것.)

> (A) 조개 비예 믈근 구스리 ⓐ수머시며 [금삼 2:56]
>
> (B) 예문 (A)에서 ⓐ의 '수머시며'는 본용언과 보조 용언이 축약된 형태이다. 곧, '수머시며'는 본용언인 ㉠'(   )'와과 보조 용언인 ㉡'(   )'이/가 축약된 형태이다. 그리고 '수머시며'는 본용언과 보조 용언

이 결합하여 축약되는 과정에서, 보조 용언의 형태 중에서 ㉮(/   /)의 음절이 탈락한 것이 특징이다.

㉠ (   )   ㉡ (   )
㉮ (   )

9. 15세기 국어에서 본용언과 보조 용언이 연결되는 방식과 관련하여, 글 (B)의 빈칸에 들어갈 말을 쓰시오. (단, ㉠과 ㉡에는 용언의 기본 형태를 쓰고, ㉮에는 연결 어미의 형태를 쓸 것.)

> (A) 내 혼 法을 ⓐ뒷노니 너희둘히 能히 ᄀᆞ초 行ᄒᆞ면 [월석10:69]
>
> (B) 예문 (A)에 제시된 ⓐ의 '뒷노니'는 본용언과 보조 용언이 축약된 형태이다. 곧 '뒷노니'는 본용언인 ㉠'(   )'의 어간에 보조 용언인 ㉡'(   )'의 활용형이 실현된 형태이다. 그런데 '뒷노니'는 본용언과 보조 용언이 이어지는 과정에서 연결 어미인 ㉮'(   )'의 형태가 탈락한 것이 특징이다.

㉠ (   )   ㉡ (   )
㉮ (   )

10. 글 (B)는 15세기 국어에서 본용언인 '두다'와 보조 용언인 '잇다'가 축약되어서 하나의 어절로 되는 과정을 설명한 것이다. 글 (B)의 빈칸에 들어갈 어형을 쓰시오. (단, ㉠에는 본용언과 보조 용언의 원래 형태를 쓰고, ㉡에는 본용언과 보조 용언이 축약된 형태를 쓸 것.)

> (A) 先生의 ⓐ뒷논 道理ᄂᆞᆫ 羲皇ㅅ 우희 나고 [두언15:37]
>
> (B) ⓐ의 '뒷논'이 축약되는 과정은, 다음과 같은 세 가지의 단계를 설정할 수 있다.
>   ㉠(   ) > ㉡(   ) > 뒷논

㉠ (   )   ㉡ (   )

11. 15세기 국어에서 본용언과 보조 용언이 실현되는 양상과 관련하여, 글 (B)와 (C)의 빈칸에 들어갈 형태소를 쓰시오. (단, 기본 형태로 쓰되, 각 형태소의 자립성 여부에 대한 표기는 하지 말 것.)

(A) 衆生과 부텨왜 흔가지로 ⓐ두쇼딕
    [능언1:97]

(B) 두-+㉠( ) # ㉡( )-+-오딕

(C) 예문 (A)에 실현된 '두쇼딕'는 본용언에 보조 용언의 연결형이 결합한 다음에 다시 두 어절이 한 어절로 축약된 형태이다. '두쇼딕'를 축약이 일어나기 전의 본용언과 보조 용언의 형태 단위로 분석하면, 위의 (B)와 같이 된다. 결과적으로 보면 ⓐ는 본용언과 보조 용언이 결합하는 과정에서 연결 어미인 ㉢'( )'이/가 탈락한 것이다.

(B) ㉠( )   ㉡( )
(C) ㉢( )

12. '-아/-어/-야 잇다'의 변천 과정과 관련하여, 아래에 제시된 ⓐ~ⓓ의 빈칸에 들어갈 용언의 형태를 쓰시오.

15세기 국어의 '-아/-어/-야 잇다'가 통시적으로 변천하여, 현대 국어에서 선어말 어미인 '-았-, -었-, -였-'의 형태로 변하는 과정을 보이면 다음과 같다.

① 몰라 잇다
   > ⓐ( ) > 몰랏다 > 말랐다

② 머거 잇다
   > 머겟다 > ⓑ( ) > 먹었다

③ 뛰여 잇다
   > ⓒ( ) > 뛰엿다 > 뛰었다

④ 흐야 잇다
   > 흐얫다 > ⓓ( ) > 하였다

③ 활용과 어미

1. 예문 (A)에서 밑줄 그은 용언을 어간과 어미의 부분으로 분석하고, 용언의 어간이 변동된 조건과 그 결과를 설명하시오. (단, (B)의 <보기>에 제시된 방법을 참조하되, 어간은 기본 형태로 쓸 것.)

(A)ㄱ. 고기 낫글 낙슬 ⓐ밍ᄀᆞᄂᆞ다 [두언7:4]
   ㄴ. 나랏 말쓰미 中國에 ⓑ달아 [용가30장]
   ㄹ. 夫人이 … ᄀᆞ장 ⓓ빗어 됴흔 양 흐고
       [월석2:5]
   ㅁ. 슬후미 ⓔ넏디 아니흐니 [두언6:29]
   ㅂ. 方面을 ⓕ몰라 보시고 [용가85장]
   ㅅ. 홀ᄀᆞᆯ 파 가져 [월석1:7] ⓖ
   ㅇ. 새 밍ᄀᆞ논 글워레 고텨 다시 ⓗ더어
       [월석 서:19]

(B) <보기>

    "철수가 사과를 멍는다"
    [분석] 먹(어간)+-는다(어미)
    [설명] /ㄱ/으로 끝나는 용언의 어간에 비음으로 시작하는 어미가 붙어서 활용하면, 어간의 끝소리인 /ㄱ/이 /ㅇ/으로 바뀐다.

ⓐ[분석] :
 [설명] :
....
....
....
....

ⓑ[분석] :
 [설명] :
....
....
....
....

ⓒ[분석] :

[설명] :

_____

_____

_____

ⓓ[분석] :

[설명] :

_____

_____

_____

ⓔ[분석] :

[설명] :

_____

_____

_____

_____

ⓕ[분석] :

[설명] :

_____

_____

_____

_____

ⓖ[분석] :

[설명] :

_____

_____

_____

ⓗ[분석] :

[설명] :

_____

_____

_____

_____

2. 예문 (A)에서 밑줄 그은 용언을 어간과 어미
의 부분으로 분석하고, 용언의 어간이 변동
된 조건과 그 결과를 설명하시오. (단, (B)의
<보기>에 제시된 방법을 참조하되, 어간의 형태

는 기본 형태로 쓸 것.)

┌─────────────────────────────────┐
│ (A)ㄱ. 瓶의 므를 ⓐ<u>기러</u> 두고△ 가리라 │
│   [월석7:9]   │
│   │
│   ㄴ. 부텻 알픽 ⓑ<u>나△</u> 드르샤 [석상11:17] │
│   │
│   ㄷ. 셔볼 賊臣이 ⓒ<u>잇고</u> 흔 부니 天命이실 │
│   씩 [용가37장]   │
│   │
│   ㄹ. 아마도 福이 조△ᄅᄫㆍ니 아니 ⓓ<u>심거</u> │
│   몯 홀 꺼시라 [석상6:37]   │
│   │
│   ㅁ. 어셔 도라 ⓔ<u>니거라</u> [월석8:101]   │
│   │
│   ㅂ. 太子ㅣ 性 ⓕ<u>고팅샤</u> [월석21:211] │
│   │
│   ㅅ. 청 믈 든 뵈 ⓖ<u>즙가</u> 우러난 즙 서 되 │
│   ᄅᆞᆯ 머그라 [구간 6:36]   │
│   │
│ (B) <보기> 영희가 부엌에서 밥을 지었다. │
│   │
│   [분석] : 짓(어간) + -었다(어미) │
│   │
│   [설명] : /ㅅ/으로 끝나는 일부 용언의 어 │
│   간에 모음으로 시작하는 어미가 │
│   붙어서 활용하면, 어간의 끝소리 │
│   인 /ㅅ/이 불규칙하게 탈락한다. │
└─────────────────────────────────┘

ⓐ[분석] :

[설명] :

_____

_____

_____

ⓑ[분석] :

[설명] :

_____

_____

_____

ⓒ[분석] :

[설명] :

_____

_____

_____

ⓓ[분석] :

[설명] :

ⓔ [분석] :

　　[설명] :

ⓕ [분석] :

　　[설명] :

ⓖ [분석] :

　　[설명] :

3. 예문 (A)에 실현된 용언이나 서술격 조사가 활용한 형태와 관련하여, (가)와 (나)에 제시된 과제를 해결하시오.

(A) ㄱ. 네 업던 ⓐ이리로다[월석1:14]

ㄴ. 子는 ⓑ아드리오 孫은 孫子ㅣ니[월석1:7]

ㄷ. 道理 ⓒ훈가지론 고둘 니르시니라 [석상13:50]

ㄹ. 내 니마해 블론 춤이 몬 물랫거든 도로 ⓓ오나라[월석7:7]

ㅁ. 내 네 ⓔ어미로니 오래 어드븐 딕 잇다니[월석21:55]

ㅂ. 사르미 목수미 흐를 믈 ⓕ굳흐야 머므디 몯흐놋다[석상3:17]

(가) 예문 (A)의 ⓐ~ⓕ에 제시된 용언이나 서술격 조사의 활용 형태를 분석하여, ㄱ~ㅂ의 빈칸에 어미의 형태를 기본 형태로 쓰시오.

ⓐ 이리로다 :

　　⇨ 일 + -이- + ㉠(　　　) + -다

ⓑ 아드리오 :

　　⇨ 아들 + -이- + ㉡(　　　)

ⓒ 훈가지론 :

　　⇨ 훈가지 + -이- + ㉢(　　　) + -ㄴ

ⓓ 오나라 :

　　⇨ 오- + ㉣(　　　) + -라

ⓔ 어미로니 :

　　⇨ 어미 + -이- + ㉤(　　　) + -니

ⓕ 굳흐야 :

　　⇨ 굳흐- + ㉥(　　　)

(나) '과제 (가)'에 제시된 ㉠~㉥의 빈칸에 들어가는 어미의 문법적 명칭을 쓰시오. (단, 『고등학교 문법』(2010)에서 설정한 용어로 쓸 것.)

㉠ (　　　)　㉡ (　　　)
㉢ (　　　)　㉣ (　　　)
㉤ (　　　)　㉥ (　　　)

4. 15세기 국어의 용언이 활용하는 양상과 관련하여, (가)와 (나)에 제시된 과제를 해결하시오.

(A) 이 소리는 … 혓 그티 웃닛머리예 ⓐ다쏘니라[훈언15]

(B) 다쏘니라: 닿- + ㉠(　　　) + ㉡(　　　) + ㉢-(　　　)

(가) 예문 (A)의 ⓐ에 제시된 '다쏘니라'를 형태소 단위로 분석하여, 그 결과를 (B)의 빈칸에 쓰시오. (단, 각 형태소를 기본 형태로 쓸 것.)

㉠ (　　　)　㉡ (　　　)
㉢ (　　　)

(나) 예시 (B)에서 ㉠의 어간과 ㉡의 선어
말 어미가 결합하는 과정에서 일어난
변동 현상의 명칭을 두 가지로 쓰시
오.(단, 학교 문법에서 쓰는 용어를 쓰
되, 변동 현상이 적용된 차례로 쓸 것.)

㉮ (   )   ㉯ (   )

5. 글 (A)에 제시된 <조건>과 <분석>의 방법에
따라서, 예문 (B)에서 밑줄 친 용언이나 서
술격 조사를 어간과 어미의 형태로 분석하
시오.

(A) 世尊하 듣즙고져 願樂ᄒᆞᅀᆞᆸ노이다 [금언 13]

<조건>

· 선어말 어미는 '-a-'로, 어말 어미는
'-a'로 표시할 것

· 현재와 과거 시제의 무형의 선어말
어미는 'Ø'로 표시할 것.

· 어간과 어미의 변이 형태는 변동된
대로 분석할 것.

<분석>

· 듣(어간)+-즙-+-고져

· 願樂ᄒᆞ(어간)+-ᅀᆞᆸ-+-ㄴ-+-오-+-이-+-다

(B) ㄱ. 功德이 @이러 당다이 부톄 ⓑ두외리
러라 [석상19:34]

ㄴ. 나라 @니ᅀᅳ리를 ⓑ긋게 ⓒᄒᆞ시ᄂᆞ니
ⓓ엇뎌ᄒᆞ니잇고 [석상6:7]

ㄷ. 내 이제 大衆과 @여희노라 [월석21:217]

ㄹ. 내 이제 @엇뎨ᄒᆞ야ᅀᅡ 地獄 ⓑ잇ᄂᆞ 따
해 ⓒ가리잇고 [월석21:25]

ㅁ. 네 @信ᄒᆞᄂᆞ다 [석상9:26]

ㅂ. 사ᄅᆞ미 @살면 주그미 ⓑ이실씨 모로
매 ⓒ늙ᄂᆞ니라 [석상11:36]

ㅅ. 世尊ㅅ 일 @ᄉᆞᆯ보리니 … 눈에 ⓑ보논
가 ⓒ너기ᅀᆞᇦ쇼셔 [월석1:1]

ㅇ. 셜ᄫᅥᆯ쎠 衆生이 @正ᄒᆞ 길홀 ⓑ일허다

[석상23:19]

ㅈ. 須達이 @지순 精舍마다 ⓑ드르시며
[석상6:38]

ㅊ. 天龍鬼神을 네 數를 @알리로소니여
[석상11:4]

ㅋ. 正覺 @일우사ᄆᆞᆯ ⓑ뵈샤 [월석 서:6]

ㅌ. 德이여 @福이라 ⓑ호ᄂᆞᆯ ⓒ나ᅀᆞ라 ⓓ
오소이다 [악궤 동동]

(ㄱ) @[   ] ⓑ[   ]

(ㄴ) @[   ] ⓑ[   ]
     ⓒ[   ] ⓓ[   ]

(ㄷ) @[   ]

(ㄹ) @[   ] ⓑ[   ]
     ⓒ[   ]

(ㅁ) @[   ]

(ㅂ) @[   ] ⓑ[   ]
     ⓒ[   ]

(ㅅ) @[   ] ⓑ[   ]
     ⓒ[   ]

(ㅇ) @[   ] ⓑ[   ]
     ⓒ[   ]

(ㅈ) @[   ] ⓑ[   ]

(ㅊ) @[   ]

(ㅋ) @[   ] ⓑ[   ]

(ㅌ) @[   ] ⓑ[   ]
     ⓒ[   ] ⓓ[   ]

④ 어말 어미

〈종결 어미〉

1. 예문 (A)의 @~ⓜ 중에는 평서형 종결 어미
의 형태가 '-다'로 실현되는 것과 '-라'로 실

현되는 것이 있다. 아래 (가)와 (나)의 빈칸에 (A)의 ⓐ~ⓜ을 넣으시오.

(A)ㄱ. 光目女는 地藏菩薩이 ⓐ긔(　　)
　　　[월석21:59]

ㄴ. 나랏 일후믄 ⓑ大成이러(　　) [석보19:27]

ㄷ. 내 … 天帝ㅅ 命을 받ᄌᆞ와 擁護컨 디 ⓒ오라거(　　)[능언7:62]

ㄹ. 내 난 後로 嗔心흔 적 ⓓ업소(　　)
　　　[월석21:216]

ㅁ. 네 어미 … 이제 惡趣예 이셔 至極 受苦 ⓔᄒᆞᄂ(　　)[월석21:53]

ㅂ. 目連이 닐오ᄃᆡ ⓕ몰라보애(　　)
　　　[월석23:86]

ㅅ. 서르 ᄃᆞ토아 싸호면 나라히 ᄂᆞ미 그에 ⓖ가리이(　　)[월석2:6]

ㅇ. 셜ᄫᆞᆯ쎠 世界 ⓗ뷔어(　　)[석상23:18]

ㅈ. 王이 … 그 蓮花ᄅᆞᆯ ᄇᆞ리라 ⓘᄒᆞ시(　　)
　　　[월석11:31]

ㅊ. 이 法은 오직 諸佛이ᅀᅡ ⓙ아ᄅᆞ시리(　　)
　　　[석보 13:48]

ㅋ. 이스리 므릇디 ⓚ아니ᄒᆞ얫도(　　)
　　　[두언6:5]

ㅌ. 七寶塔 셰여 ⓛ供養ᄒᆞ더시니(　　)
　　　[월석21:220]

ㅎ. 셴 머리예 비치 ⓜ업세(　　)[두언8:70]

(가) '-다'로 실현되는 예 :

　　(　　　　　　　　　　　)

(나) '-라'로 실현되는 예 :

　　(　　　　　　　　　　　)

2. 글 (C)의 내용을 참조하여, 예문 (B)에 실현된 ⓓ의 '得과라'에서 평서형 종결 어미의 형태가 '-라'로 변동하는 이유를 설명하시오. (단, 예문 (A)와 예문 (B)의 각 문장에 나타나는 통사론적인 특징을 근거로 제시할 것.)

(A)ㄱ. 뎌 줓아 닐웨 ᄒᆞ마 ⓐ다ᄃᆞ거다
　　　[석상24:15]

ㄴ. 衆生이 正흔 길흘 ⓑ일허다 [월석10:21]

ㄷ. 오늘 寶藏이 自然히 ⓒ오나다[월석13:32]

(B) 우리 오늘 이 구즌 길흘 免ᄒᆞ야 훤히 便安호ᄆᆞᆯ ⓓ得과라[월석14:17]

(C) 평서형 종결 어미의 변이 형태에는 '-다'와 '-라'가 있다. 먼저 (A)의 ⓐ, ⓑ, ⓒ처럼 '확인 표현의 선어말 어미'인 '-아/-어, -거-, -나-' 뒤에서는 '-다'로 실현된다. 그런데 '확인 표현의 선어말 어미'의 변이 형태인 '-과-'의 뒤에는 평서형의 종결 어미의 형태가 (B)의 ⓓ처럼 '-라'로 변동한다.

(설명) :
....
....
....
....
....
....

3. 예문 (A)에서 ⓐ에 실현된 용언의 활용 어미와 관련하여, (가)와 (나)에 제시된 과제를 해결하시오.

(A) 그리 ⓐ호마 혼 이리 分明히 아니ᄒᆞ면
　　　[내훈3:21]

(B) 예문 (A)에서 ⓐ의 '호마'에 실현된 평서형의 종결 어미의 형태를 '-마'인 것으로 가정한다.

(가) ⓐ의 '호마'에 실현된 선어말 어미의 형태를 쓰시오. (　　　　)

(나) ⓐ의 '호마'에 실현된 선어말 어미의 기능을 간략히 쓰시오.

(설명) :

4. 15세기 국어에서 쓰인 의문형 어미의 형태와 관련하여, (가)와 (나)에 제시된 과제를 해결하시오.

(A)ㄱ. 이 男子아 엇던 이를 爲ᄒ야 이 길헤 ⓐ든다 [월석21:118]

ㄴ. 내 서르 犯티 아니커늘 엇뎨 자보ᄆᆞᆯ ⓑ보ᄂᆞᆫ고 [법언 2:200]

ㄷ. 두 사ᄅᆞᆷ 시러곰 님금 겨틔 둘가 ⓒ몯홀가 [두언25:10]

(가) 예문 (A)에서 ⓐ~ⓒ의 용언을 다음과 같이 분석하였을 때에, 빈칸에 들어갈 선어말 어미와 어말 어미의 형태를 각각 쓰시오. (단, 시제를 나타내는 선어말 어미를 밝히되, 무형의 시제 선어말 어미는 '-Ø'로 쓸 것.)

ⓐ 들(어간)- + ㉠-(   )- + ㉡-(   )

ⓑ 보(어간)- + ㉢-(   )- + ㉣-(   )

ⓒ 몯ᄒ(어간)- + ㉤-(   )- + ㉥-(   )

(나) 위의 문제에서 ㉣과 ㉥의 빈칸에 들어갈 종결 어미가 서로 교체되는 통사론적인 조건을 설명하시오.

㉣의 조건 :

(설명) :

㉥의 조건 :

5. 15세기 국어에 쓰인 의문형 어미의 형태와 관련하여, 글 (B)의 빈칸에 들어갈 어미의 형태를 쓰시오. (단, 무형의 시제 형태소는 분석하지 말고, 불연속 형태의 어미는 'a…b'의 형식으로 표현할 것.)

(A)ㄱ. 太子ㅣ … 羅睺羅를 出家ᄒ샤 나라 니ᅀᅳ리를 긋게 ᄒ시ᄂᆞ니 ⓐ엇더ᄒ니잇고 [석상6:7]

ㄴ. 엇뎨 부톄라 ⓑᄒᄂᆞ닛가 [석상6:18]

(B) ⓐ의 '엇더ᄒ니잇고'에는 어간인 '엇더ᄒ-'에 선어말 어미인 ㉠'(   )'와/과 종결 어미인 ㉡'(   )'이/가 실현되었다.

그리고 ⓑ의 'ᄒᄂᆞ닛가'에는 어간인 'ᄒ-'에 선어말 어미인 '-ᄂᆞ-'와 ㉢'(   )'이/가 실현되고, 이어서 종결 어미인 ㉣'(   )'이/가 실현되었다.

㉠(   )   ㉡(   )

㉢(   )   ㉣(   )

6. 예문 (A)에 실현된 ⓐ~ⓓ와 관련하여, (가)와 (나)에 제시된 과제를 해결하시오.

(A)ㄱ. 므슷 이를 ⓐᄒ던다 [월석4:26]

ㄴ. 므슷 이를 ᄒ고져 ⓑᄒᄂᆞ다 [석상24:22]

ㄷ. 므슷 이를 ⓒ홇다 [월석22:71]

ㄹ. 엇뎨 太子ᄅᆞᆯ 그에 두어 나를 시름케 ⓓᄒ다 [월석22:63]

(가) 예문 (A)에서 어간인 'ᄒ-'에 실현된 각각의 어미를 형태소 단위로 분석하

시오. (단, 무형의 시제 형태소는 'Ø'로
표기할 것.)

ⓐ 흫-+㉠-(   )-+㉡-(   )

ⓑ 흫-+㉢-(   )-+㉣-(   )

ⓒ 흫-+㉤-(   )-+㉥-(   )

ⓓ 흫-+㉦-(   )-+㉧-(   )

(나) 예문 (A)에서 밑줄 그은 서술어 ⓐ~ⓓ
의 뜻을 현대어로 직역하여 옮기시오.

ⓐ 흫던다 : (   )

ⓑ 흫는다 : (   )

ⓒ 흟다 : (   )

ⓓ 흔다 : (   )

7. 15세기 국어에 쓰인 의문문의 기능과 관련
하여, 글 (B)의 빈칸에 들어갈 말을 쓰시오.
(단, ㉠에는 (A)에 제시된 (ㄱ)~(ㅂ)을 쓰고, ㉮에는
의문문의 하위 유형을 가리키는 명칭을 쓸 것.)

> (A) ㄱ. 이 男子아 엇던 이를 爲흫야 이 길헤
> 든다 [월석21:118]
>
> ㄴ. 그듸는 엇데 精誠을 니즈료 [두언23:4]
>
> ㄷ. 네 내 마를 다 드를따 [석상6:8]
>
> ㄹ. 다시 묻노라 네 어드러 가느니오
> [두언8:6]
>
> ㅁ. 사호맷 ᄆᆞᄅᆞ 이제 어느 ᄯᅡ해 잇는고
> [두언15:51]
>
> ㅂ. 어느 저긔 알왼 글위리 이실고 [두언22:15]
>
> (B) 예문 (A)에 실현된 (ㄱ)~(ㅂ)의 의문문 중
> 에서 ㉠(   )의 의문문은 듣는 이가
> 직접적으로 상정되지 않은 발화 상황에
> 서도 쓰일 수 있다. 이러한 의문문을 ㉡
> (   )(이)라고 하는데, 주로 말하는 이
> 의 '독백(獨白)'이나 '상념(想念)'을 표현
> 한다.

㉠(   )   ㉡(   )

8. 15세기 국어에 쓰인 의문형 어미나 의문 보
조사의 형태와 관련하여, 예문 (A)의 빈칸에
들어갈 모음의 음소를 쓰시오.

> (A) 15세기 국어의 의문문은 의문형 어미의
> 형태에 따라서, '판정 의문문'과 '설명 의
> 문문'으로 구분된다. 먼저, '판정 의문문'
> 에서는 보조사나 의문형 어미의 형태가
> 양성 모음인 ㉠(/   /)나 음성 모음인
> ㉡(/   /)로 실현된다. 반면에 설명 의
> 문문에서는 보조사나 의문형 어미의 형
> 태가 ㉢(/   /)로 실현된다.

㉠(   )   ㉡(   )

㉢(   )

9. 15세기 국어에 쓰인 의문문의 통사론적인
특징과 관련하여, 글 (A)와 글 (B)의 빈칸에
들어갈 대명사의 형태를 쓰시오. (단, ㉠에는
한 음절로 된 '의문형 종결 어미'의 형태를 쓰
고, ㉡에는 선어말 어미의 형태를 쓸 것.)

> (A) 15세기 국어에서 의문문은 문장에서 의
> 문사의 실현 여부에 따라서, '판정 의문
> 문'과 '설명 의문문'이 구분되는 것이 일
> 반적이다. 그러나 2인칭 대명사를 문장
> 의 주어로 등장시켜 듣는 이(상대)에게
> 질문하는 '2인칭 의문문'에서는, 의문사
> 의 실현 여부와 관계 없이 의문형 어미
> 가 ㉠'(   )'의 형태로만 실현된다.
>
> (B) 의문문의 서술어에 '예사 높임'의 상대 높
> 임 선어말 의미인 ㉡'(   )'이/가 실현되
> 면, 의문사의 실현 여부에 관계 없이 의문
> 형 의미가 '-가'나 '-아/-어'의 형태로만 실
> 현된다. 따라서 이러한 특수한 환경에서
> 는 판정 의문문과 설명 의문문에 따른 형
> 태적 차이가 드러나지 않는다.

㉠(   )   ㉡(   )

㉢(   )

10. 15세기 국어에서 종결 어미의 특수한 형태와 관련하여, (가)와 (나)에 제시된 과제를 해결하시오.

> (A)ㄱ. 讓兄ㄱ 뜯 일우신들 定社之聖ㅅ긔 뉘 아니 ⓐ오ᅀᆞᄫᅳ리 [용가99장]
>
> ㄴ. 알ᄑᆡ는 기픈 모새 열븐 어르믈 하ᄂᆞ히 ⓑ구티시니 [용가30장]
>
> (B) 『용비어천가』에서는 예문 (A)의 ⓐ와 ⓑ처럼 문장이 종결되는 예가 나타난다. 『고등학교 문법』(2010)에서는 ⓐ의 '-리'를 ㉠(   )형의 종결 어미로 처리하고, ⓑ의 '-니'를 ㉡(   )형의 종결 어미로 처리하였다. 이러한 처리 방법에 따르면, 이들 서술어에는 종결 어미인 '-니'와 '-리'로써 ㉢'(   )'의 상대 높임법이 실현된 것으로 본다.

(가) 글 (B)의 빈칸에 들어갈 말을 각각 쓰시오. (단, ㉠과 ㉡에는 용언 활용형에 관한 명칭을 쓰고, ㉢에는 상대 높임법의 등분에 따른 등급의 명칭을 쓸 것.)

㉠(   ) ㉡(   )
㉢(   )

(나) 『고등학교 문법』(2010)의 내용을 근거로 하여, 예문 (A)의 ⓐ와 ⓑ에 실현된 용언을 현대어로 직역하여 옮기시오.

ⓐ오ᅀᆞᄫᅳ리 : (   )
ⓑ구티시니 : (   )

11. 예문 (A)의 ⓐ~ⓓ에서 명령형 어미의 형태를 추출하고, 각각의 어미가 나타내는 높임의 등급을 밝히시오. (단, '아주 높임', '예사 높임', '반말', '낮춤' 등의 4가지 등분으로 구분하고, 명령형 어미가 변동된 것은 변동된 형태로 쓸 것.)

> (A)ㄱ. 王이 부텨를 ⓐ請ᄒᆞᅀᆞᄫᆞ쇼셔 [석상6:38]
>
> ㄴ. 比丘들하 부텻 양ᄌᆞ를 ⓑ보아라 [석상23:13]
>
> ㄷ. 엇뎨 부톄라 ᄒᆞᄂᆞ닛가 그 ᄠᅳ들 ⓒ닐어쎠 [석상6:16]
>
> ㄹ. 모로매 願이 이디 ⓓ말오라 [석상11:30]

	형태		등분	
ⓐ (	)	—	(	)
ⓑ (	)	—	(	)
ⓒ (	)	—	(	)
ⓓ (	)	—	(	)

12. 하나의 어미가 여러 가지의 문법적인 기능을 담당하는 경우가 있다. 이와 관련하여 글 (B)의 빈칸에 들어갈 말을 쓰시오. (단, ㉠과 ㉡에는 종결 방식에 따른 문장의 유형을 쓰고, ㉢과 ㉣에는 상대 높임 표현의 등분을 쓸 것.)

> (A)ㄱ. 淨土애 ᄒᆞᆫ딕 가 ⓐ나사이다 [월석8:100]
>
> ㄴ. 世尊ㅅ긔 내 ᄠᅳ들 펴아 ⓑ솔ᄫᆞ쇼셔 [석상6:6]
>
> (B) ⓐ의 '-사이다'는 문장을 종결하는 기능으로 ㉠(   )을/를 형성하며, 청자를 대우하는 기능으로는 ㉡(   ) 등분의 상대 높임을 표현한다.
> 그리고 ⓑ의 '-ᄋᆞ쇼셔'는 문장 종결의 기능으로는 ㉢(   )을/를 형성하며, 높임의 기능으로는 ㉣(   ) 등분의 상대 높임을 표현한다.

㉠(   ) ㉡(   )
㉢(   ) ㉣(   )

13. 아래의 (가)와 (나)는 15세기 국어의 종결 어미를 종결의 방식과 높임의 등분에 따라서 구분한 것이다. (가)와 (나)의 빈칸에 동사 'ᄒᆞ다(爲)'의 명령형과 청유형의 활용 형태를 쓰시오.

(가) 명령형의 종결 어미

- 낮춤(ᄒ라체)   ㉠(   )
- 예사 높임(ᄒ야쎠체)   ㉡(   )
- 아주 높임(ᄒ쇼셔체)   ㉢(   )
- 반말   ㉣(   )

(나) 청유형의 종결 어미

- 낮춤(ᄒ라체)   ㉤(   )
- 아주 높임(ᄒ쇼셔체)   ㉥(   )

〈연결 어미〉

14. 예문 (A)의 ⓐ~ⓙ에 실현된 연결 어미의 형태 및 기능과 관련하여, (가)와 (나)에 제시된 과제를 해결하시오.

(A) ㄱ. 赤眞珠ㅣ ⓐ두외야 잇ᄂ니라 [월석1:23]

ㄴ. ᄯ 善커든 ⓑ通콕 惡거든 마가사 어려ᄫ미 업스리라 [월석14:76]

ㄷ. 구루멧 ᄒ 블 ⓒ곧ᄒ나 더운 하ᄂᆯ히 서늘ᄒ도다 [두언6:35]

ㄹ. 나ᄂ 난 後로 ᄂᆷ 더브러 ⓓ두토들 아니ᄒ노이다 [석상11:34]

ㅁ. 慈悲ᄂ 衆生ᄋᆯ ⓔ便安케 ᄒ시ᄂ 거시어늘 [석상6:5]

ㅂ. 아ᄆ나 와 가지리 ⓕ잇거든 주노라 [월석7:3]

ㅅ. ⓖ외니 올ᄒ니 ᄒ야 是非예 ᄯ러디면 [영남 상:39]

ㅇ. 치마옛 아기를 ᄣ디오 소ᄂ로 얻다가 ⓗ얻드란 몯고 [월석10:24]

ㅈ. 현 번 ⓘ뛰운들 ᄂ미 오ᄅ리잇가 [용가48장]

ㅊ. 혼 菩薩이 … 나라해 ⓙ빌머그라 오시니 [월석1:5]

(가) 예문 (A)에 실현된 ⓐ~ⓙ의 용언에

서 연결 어미의 형태를 분석하여 쓰시오. (단, 음운론적인 조건으로 변동된 형태는 기본 형태로 쓸 것.)

ⓐ(   )   ⓑ(   )

ⓒ(   )   ⓓ(   )

ⓔ(   )   ⓕ(   )

ⓖ(   )   ⓗ(   )

ⓘ(   )   ⓙ(   )

(나) 연결 어미는 '대등적 연결 어미', '종속적 연결 어미', '보조적 연결 어미'로 구분된다. (A)의 ⓐ~ⓙ의 용언에서 이들 연결 어미가 실현된 것을 찾아서, 아래의 ①~③의 빈칸에 쓰시오.

① 대등적 : (   )

② 종속적 : (   )

③ 보조적 : (   )

15. 15세기 국어의 보조 동사가 실현되는 양상과 관련하여, 아래 글의 빈칸에 들어갈 말을 쓰시오. (단, 하나의 보조적 연결 어미가 둘 이상의 변이 형태로 실현될 때에는, 그 중에서 하나의 형태만 쓸 것.)

15세기 국어의 보조 동사는 일반적으로 보조적 연결 어미를 매개로 하여 본용언에 이어진다. 부정문에 쓰인 보조 용언인 '아니ᄒ다'나 '말다'는 일반적으로는 보조적 연결 어미인 ㉠'(   )'의 뒤에 실현되었다. 그러나 특수한 경우에는 보조적 연결 어미인 ㉡'(   )'(이)나 ㉢'(   )'의 뒤에서도 실현되었다.

㉠(   )   ㉡(   )

㉢(   )

〈 전성 어미 〉

16. 예문 (A)에 실현된 명사형 전성 어미 '-옴'의 변동 양상과 관련하여, ⓐ~ⓓ의 빈칸에 들어갈 용언의 활용 형태를 빈칸에 쓰시오. (단, 각 단어에서 어간과 어미를 결합하여 활용한 형태를 적을 것.)

> (A)ㄱ. 사ᄅᆞ미 몸 ⓐ(   ) 어렵고 [석상9:28]
>
> ㄴ. 부텨 … 正覺 ⓑ(   ) 뵈샤 [월석 서6]
>
> ㄴ. 工夫ㅣ ⓒ혼가지(   ) 니르니라 [몽언19]
>
> ㄹ. 둜 그림제 眞實ㅅ 둘 ⓓ(   ) 굳ᄒᆞ니라 [월석2:55]
>
> (B) 15세기 국어에서 명사형 전성 어미인 '-옴'은 그 앞에 실현된 어간이나 선어말 어미에 따라서 다양한 형태로 변동할 수 있다.

ⓐ 두외-+-옴+-이 :
⇨ (   )

ⓑ 일우-+-시-+-옴+-을 :
⇨ (   )

ⓒ 혼가지+-이-+-옴+-을 :
⇨ (   )

ⓓ 아니-+-옴 +-이 :
⇨ (   )

17. 15세기 국어에서 명사절 속에 실현된 서술어가 '어렵다, 슬ᄒᆞ다, 둏다'일 때에는, 그 명사절에 공통적으로 실현될 수 있는 특수한 형태의 명사형 전성 어미가 쓰였다. 예문 (A)의 빈칸에 공통적으로 들어가는 명사형 전성 어미의 형태를 쓰시오.

> (A)ㄱ. ᄆᆞ슬히 멀면 乞食ᄒᆞ(   ) 어렵고
> [석상6:23]
>
> ㄴ. 나리 져믈씨 나가(   ) 슬ᄒᆞ야 커늘
> [삼행 烈:16]

> ㄷ. ᄆᆞ스거시 가져가(   ) 됴홀고 [번역박통사 하:66]
>
> (   )

18. 관형절에는 용언의 관형사형이 서술어로 쓰인다. 예문 (A)에 실현된 ⓐ와 ⓑ의 관형사형에 대하여, (가)와 (나)에 제시된 과제를 해결하시오.

> (A)ㄱ. 德이여 福이라 ⓐ호ᄂᆞᆯ 나ᅀᆞ라 오소이다 [악학궤범 동동]
>
> ㄴ. 그딋 ⓑ혼 조초 ᄒᆞ야 뉘읏븐 ᄆᆞᅀᆞᆷ 아니 ᄒᆞ리라 [석상6:8]

(가) ⓐ와 ⓑ의 활용형을 다음과 같이 형태소 단위로 분석하여, 그 형태를 빈칸에 쓰시오.

ⓐ호ᄂᆞᆯ :
ᄒᆞ(어간)+ ㉠-(   )-+
㉡-(   ) + ㉢-(   )

ⓑ혼 :
ᄒᆞ(어간)+ ㉠-(   )-+
㉡-(   )

(나) '과제 (가)'에서 ⓐ의 ㉢과 ⓑ의 ㉡에 들어갈 활용 어미의 '문법적 단위'에 대한 명칭과, 그것의 '특수한 용법'의 명칭을 쓰시오.

㉮(   )의 ㉯(   ) 용법

⑤ 선어말 어미

〈 높임 표현의 선어말 어미 〉

1. 15세기 국어의 '상대 높임의 선어말 어미'가 실현되는 양상과 관련하여, ㉠~㉣의 빈칸에 들어갈 말을 쓰시오. (단, 높임의 등분에 따른 상대 높임 선어말 어미의 형태를 쓸 것.)

상대 높임의 선어말 어미는 화자가 자기의 말을 듣는 '청자(聽者)'를 높여서 표현하는 선어말 어미이다. 상대 높임의 선어말 어미는 아주 높임의 등분과 문장의 종결 방식에 따라서 여러 가지의 형태로 실현된다.

첫째, 아주 높임의 등분으로 쓰였던 선어말 어미로서, ㉠'(   )'은/는 평서형 종결 어미인 '-다'의 앞에서 쓰이는 선어말 어미이다. 그리고 ㉡'(   )'은/는 의문형 어미인 '-가, -고'의 앞에서 쓰이는 상대 높임의 선어말 어미이다.

둘째, 예사 높임의 등분으로 쓰였던 선어말 어미로서, ㉢'(   )'은/는 평서형 어미인 '-다'의 앞에서 쓰이는 선어말 어미이다. 그리고 ㉣'(   )'은/는 의문형 어미인 '-가'의 앞에서 쓰이는 상대 높임의 선어말 어미이다.

㉠(   )   ㉡(   )
㉢(   )   ㉣(   )

2. 15세기 국어에서 주체 높임의 선어말 어미가 실현되는 양상과 관련하여, 아래의 ①~④의 빈칸에 들어갈 용언의 형태를 쓰시오.

(A) '주체 높임의 선어말 어미'는 문장에서 주어로 실현되는 대상인 '주체(主體)'를 높여서 표현하는 선어말 어미이다.

① 가-+-시-+-옴   ⇨ (   )
② 오-+-시-+-오딕   ⇨ (   )
③ 믿-+-으시-+-웃-+-다 ⇨ (   )
④ 定ㅎ-+-시-+-오-+-ㄴ ⇨ (   )

3. 다음에 제시한 글 (A)의 내용를 참조하여, (가)와 (나)에 제시된 과제를 해결하시오.

(A) '객체 높임의 선어말 어미'는 문장에서 목적어나 부사어로 표현되는 대상인 '객체(客體)'를 높이는데, '-습-/-줍-/-습-'이나 '-슐-, -줄-, -슐-'의 여러 가지의 형태로 실

현된다.

어간	객체 높임의 선어말 어미	어미	어간과 어미가 결합된 형태
구초(備)-	㉠( )	-아	→ ㉮( )
놓(置)-	㉡( )	-고	→ ㉯( )
돕(助)-	㉢( )	-으니	→ ㉰( )
막(障)-	㉣( )	-거늘	→ ㉱( )
삼(爲)-	㉤( )	-오리라	→ ㉲( )
좇(從)-	㉥( )	-고져	→ ㉳( )
빗(梳)-	㉦( )	-더니	→ ㉴( )

[표] 객체 높임 선어말 어미의 실현 양상

(가) 글 (A)의 내용을 참조하여, [표]에서 ㉠~㉦의 빈칸에 들어갈 '객체 높임의 선어말 어미'의 형태를 쓰시오.(단, '-습-, -줍-, -습- ; -슐-, -줄-, -슐-'의 형태로 쓸 것.)

㉠(   ) ㉡(   )
㉢(   ) ㉣(   )
㉤(   ) ㉥(   )
㉦(   )

(나) 글 (A)의 내용을 참조하여 [표]에서 ㉮~㉴의 빈칸에 들어갈 용언의 활용 형태를 각각 쓰시오. (단, 종성은 8종성법에 따라서 표기할 것.)

㉮(   ) ㉯(   )
㉰(   ) ㉱(   )
㉲(   ) ㉳(   )
㉴(   )

〈 시간 표현의 선어말 어미 〉

4. 글 (B)의 내용을 참조하여, 예문 (A)의 ⓐ~ⓔ에서 '현재 시제'를 표현하는 선어말 어미의 형태를 추출하여서 쓰시오. (단, 유형(有形)의 선어말 어미는 기본 형태로 쓰고, 무형(無形)의 선어말 어미는 '-∅-'로 쓸 것.)

(A)ㄱ. 나는 부텻 ⓐ스랑ᄒᆞ시논 앗ᅵ라
　　　　[능언1:88]

　　ㄴ. 眞金은 진딧 ⓑ金이라 [월석7:29]

　　ㄷ. 너도 ᄯᅩ 이 ⓒ굳ᄒᆞ다 [능언2:23]

　　ㄹ. 내 이제 大衆과 ⓓ여희노라 [월석21:217]

　　ㅁ. 하늘 우횟 ᄠᅳᆫ 구루미 … ⓔ프른 가히
　　　　굳도다 [두언25:9]

(B) 시간을 표현하는 선어말 어미로는 '-ᄂᆞ-, -
　으리- ; -더-' 등이 있으며, 특정한 형태가
　없이 쓰이는 무형의 선어말 어미 '-Ø-'도
　현재나 과거의 시제를 표현할 수 있다.

ⓐ (　　　　　) 　　　ⓑ (　　　　　)

ⓒ (　　　　　) 　　　ⓓ (　　　　　)

ⓔ (　　　　　)

5. 예문 (A)에 실현된 ⓐ~ⓒ에서 과거 시제를
　표현하는 선어말 어미의 형태를 추출하여서
　쓰시오. (단, 유형(有形)의 선어말 어미는 기본
　형태로 쓰고, 무형(無形)의 선어말 어미는 '-Ø'
　로 쓸 것.)

(A)ㄱ. 이 ᄢᅴ 아들ᄃᆞᆯ히 아비 ⓐ죽다 듣고
　　　　[월석17:21]

　　ㄴ. 舍利佛이 須達이 ⓑ밍ᄀᆞ론 座애 올아
　　　　앉거늘 [석상6:30]

　　ㄷ. 六師이 무리 ⓒ三億萬이러라 [석상6:28]

ⓐ (　　　　　) 　　　ⓑ (　　　　　)

ⓒ (　　　　　)

6. 예문 (A)의 ⓐ에 실현된 어미의 형태와 관련
　하여, 글 (B)의 빈칸에 들어갈 형태를 쓰시
　오. (단, ㉠과 ㉢은 기본 형태로 쓰고, ㉡은 변동
　된 형태로 쓸 것.)

(A)　내 지븨 이싫 저긔 受苦ㅣ ⓐ만타라
　　　　[월석23:74]

(B)　ⓐ의 '만타라'는 어간인 ㉠'(　　　)'에 선
　　어말 어미인 ㉡'(　　　)'와/과 평서형의
　　종결 어미인 '-다'가 붙어서 활용한 형태
　　이다. 여기서 ㉡의 선어말 어미는 선어
　　말 어미인 ㉢'(　　　)'이/가 주어가 화자
　　일 때에 실현된 '형태론적으로 조건된
　　변이 형태'이다.

㉠ (　　　　　) 　　　㉡ (　　　　　)

㉢ (　　　　　)

7. 예문 (A)에 설정한 ⓐ~ⓓ의 빈칸에, 15세기
　국어에서 쓰였던 '회상'의 선어말 어미가 실
　현된 형태를 쓰시오.

(A)ㄱ. 우리도 沙羅樹大王ㅅ ⓐ夫人ᄃᆞᆯ히(　　)
　　　　니 [월석8:100]

　　ㄴ. 長利 노ᄒᆞ미 數 ⓑ모ᄅᆞ리(　　)라 [월석
　　　　23:72]

　　ㄷ. 우리는 眞實ㅅ 佛子ㅣᆫ ᄃᆞᆯ ⓒ모ᄅᆞ(　　)
　　　　이다 [월석13:35]

　　ㄹ. ᄠᅳ데 몯 마즌 이리 다 願 ᄀᆞ티 ⓓ드외
　　　　(　　)라 [월석10:30]

ⓐ (　　　　　) 　　　ⓑ (　　　　　)

ⓒ (　　　　　) 　　　ⓓ (　　　　　)

〈 태도 표현의 선어말 어미 〉

8. 글 (A)에 제시된 〈보기〉처럼, 예문 (B)의 빈
　칸에 '확인 표현'의 선어말 어미가 활용한
　형태를 넣으시오. (단, (B)의 각 문장에는 '확인
　표현의 선어말 어미'의 바로 뒤에 평서형의 종
　결형 어미인 '-다'가 실현된 것으로 본다.)

(A) 확인 표현의 선어말 어미는 심증(心證)과
　　같은 말하는 이의 주관적인 믿음에 근거
　　하여, 어떠한 일을 확정적으로 판단함을
　　나타내는 선어말 어미이다.

　　〈보기〉 셜볼쎠 世界 (뷔다 → 뷔어다)

(B)ㄱ. 뎌 즁아 닐웨 ㅎ마 ⓐ(　　)

　　　 ― 다ᄃᆞᆮ다 [석상24:15]

ㄴ. 셜ᄫᆞᆯ쎠 衆生이 正혼 길흘 ⓑ(　　)

　　　 ―잃다 [석상23:19]

ㄷ. 모다 닐오ᄃᆡ 舍利佛이 ⓒ(　　)

　　　 ―이긔다 [월석6:31]

ㄹ. 오ᄂᆞᆯ 寶藏이 自然히 ⓓ(　　)

　　　 ―오다 [월석13:32]

ㅁ. 오ᄂᆞᆯ 이 寶藏이 自然히 ⓔ(　　)

　　　 ―니를다 [법화 2:226]

ⓐ (　　　　)　　　ⓑ (　　　　)

ⓒ (　　　　)　　　ⓓ (　　　　)

ⓔ (　　　　)

9. 예문 (A)에 제시된 용언 ⓐ~ⓓ의 활용 양상과 관련하여, (가)와 (나)에 제시된 과제를 해결하시오.

(A)ㄱ. 네 바리를 어듸 가 어든다 도로다가 ⓐ두어라 [월석7:8]

ㄴ. 네 願 다히 ⓑ호야라 [석상24:14]

ㄷ. 어서 도라 ⓒ니거라 [월석8:101]

ㄹ. 王이 두 아기를 브르샤 ⓓ오나라 안져 ᄒᆞ신대 [월석20:87]

ㅁ. 내 眞實로 宮中에 사ᄅᆞᆷ 잇ᄂᆞᆫ 주를 ⓔ알아니와 오직 오직 婦人의 남편 셤교ᄆᆞᆯ 삼가디 몯ᄒᆞ리며 [내훈 2하:48]

(가) ⓐ~ⓔ의 용언에서 선어말 어미의 형태를 추출하시오. (단, 각 어미는 변동된 형태로 쓸 것.)

ⓐ -(　　　　)-　　ⓑ -(　　　　)-

ⓒ -(　　　　)-　　ⓓ -(　　　　)-

ⓔ -(　　　　)-

(나) 과제 (가)에서 추출한 선어말 어미의 형태가 실현된 형태ㆍ통사ㆍ음운론적

위 조건을 기술하시오.

ⓐ (　　　　　　　　　　　　)

ⓑ (　　　　　　　　　　　　)

ⓒ (　　　　　　　　　　　　)

ⓓ (　　　　　　　　　　　　)

ⓔ (　　　　　　　　　　　　)

10. 예문 (B)에서 ⓐ~ⓓ의 용언에 실현된 어미를 형태소 단위로 분석하여, 아래에 제시된 [표]의 빈칸에 쓰시오. (단, 글 (A)의 내용을 참조하고, '불연속 형태'는 하나의 형태의 음소를 분리하여 'a…b'로 표기할 것.)

(A) 특정한 어미 속에 다른 형태소가 끼어들어서 어미의 형태가 분리되는 수가 있는데, 이러한 형태를 '불연속 형태(= 잘린 형태)'라고 한다. (허웅 1992:135)

(B)ㄱ. 나라 니스리를 굿게 ᄒᆞ시ᄂᆞ니 ⓐ엇더ᄒᆞ니잇고 [석상6:7]

ㄴ. 夫人이 나모 아래 ⓑ잇거시ᄂᆞᆯ 네 우므리 나니 [월석2:42]

ㄷ. 엇뎨 부톄라 ⓒ ᄒᆞᄂᆞ닛가 [석상6:16]

ㄹ. 王이 보ᄇᆡ를 얻고져 ⓓ ᄒᆞ거시든 [월석10:15]

	어간	선어말 어미	어말 어미
ⓐ	엇더ᄒᆞ-	-(　　)-	-(　　)
ⓑ	잇-	-(　　)-	-(　　)
ⓒ	ᄒᆞ-	-ᄂᆞ-+-(　　)-	-(　　)
ⓓ	ᄒᆞ-	-(　　)-	-(　　)

11. 예문 (B)에 실현된 ⓐ~ⓕ에서 어간의 형태와 '감동 표현의 선어말 어미'의 형태를 분석하시오. (단, 글 (A)의 내용과 <보기>의 분석 방법을 참조하되, 변동된 형태는 기본 형태로 적을 것.)

(A) '감동 표현'은 사태에 대한 화자의 '느낌'이나 '믿음'과 같은 정감을 나타내는 문법 범주의 표현이다.

<보기> 그디 가 들 찌비 블쎠 이도다

(일-, -도-) [석상6:35]

(B)ㄱ. 내 몬져 ⓐ듣도소이다 [석상24:18]

ㄴ. 天龍 八部ㅣ 과ᄒᆞ야 녜 업던 ⓑ이리로다 ᄒᆞ더니 [월석1:14]

ㄷ. 天人世間애 ᄀᆞᆯ 팅리 ⓒ업스샷다 [석상11:24]

ㄹ. 이 男子ㅣ 精誠이 至極ᄒᆞᆯᄊᆡ 보빅를 아니 ⓓ앗기놋다 [월석1:11]

ㅁ. 우리ᄃᆞᆯ토 … 供養ᄒᆞᅀᆞᄫᅩ려 ᄒᆞ야 머리셔 ⓔ오소이다 [석상23:53]

ㅂ. 내 ᄒᆞ던 일이 甚히 ⓕ외다ᅀᆞ이다 [석상24:18]

ⓐ ( ), ( )
ⓑ ( ), ( )
ⓒ ( ), ( )
ⓓ ( ), ( )
ⓔ ( ), ( )
ⓕ ( ), ( )

〈 화자 표현의 선어말 어미 〉

12. 예문 (A)에서 밑줄 그은 ⓐ'ᄒᆞ다소니'의 어미를 (B)와 같이 형태소 단위로 분석하고, 각 어미의 문법 단위에 대한 명칭을 쓰시오. (단, 변동된 형태는 기본 형태로 쓸 것.)

(A) 부텨 니르시논 解脫을 우리도 得ᄒᆞ야 涅槃애 다ᄃᆞ론가 ⓐᄒᆞ다소니 [석상13:43]

(B) ᄒᆞ-+ⓐ-( )+ⓑ-( )+ⓒ-( )-+ⓓ-( )

형태　　　　　명칭

ⓐ : ( ) ─( )

ⓑ : ( ) ─( )

ⓒ : ( ) ─( )

ⓓ : ( ) ─( )

13. 15세기 국어에서 표현되었던 선어말 어미의 변이 형태와 관련하여, 글 (B)의 빈칸에 선어말 어미의 형태를 쓰시오. (단, 변동된 형태를 기본 형태로 바꾸어서 쓸 것.)

(A)ㄱ. 父母하 出家ᄒᆞᆫ 利益을 이제 ᄒᆞ마 ⓐ得과이다 [석상9:39]

ㄴ. 우리는 眞實ㅅ 佛子ㅣᆫ 둘 ⓑ모ᄅᆞ다이다 [월석13:35]

(B) 문장에 표현된 주어가 화자인 경우에는 서술어로 쓰인 용언에 실현된 선어말 어미의 형태가 변동할 수가 있다. 예를 들어서 ⓐ의 '得과이다'에서는 선어말 어미인 ㉠'( )'이/가 '-과-'로 변동하였으며, ⓑ의 '모ᄅᆞ다이다'에서는 ㉡( )이/가 '-다-'로 변동하였다.

㉠ ( )　　　　㉡ ( )

14. 15세기 국어에서 선어말 어미의 형태가 변동하는 현상과 관련하여, (가)~(다)의 과제를 해결하시오.

(A) 五百 弟子ㅣ 各各 ⓐ第一이로라 일쿨ᄂᆞ니 [월석21:199]

(B) 第一+-이(어간)+㉠-( )+㉡-( )

(가) ⓐ에 실현된 서술격 조사의 어미를 (B)처럼 분석할 때에, ㉠과 ㉡의 빈칸에 들어갈 형태를 쓰시오. (단, 변동된 어미는 기본 형태로 쓰고, 시제 표현의 무형의 형태소는 분석하지 않는다.)

㉠ ( )　　　㉡ ( )

(나) 위의 '과제 (가)'에서 ㉠의 빈칸에 들

어갈 선어말 어미가 실현된 통사론적인 조건을 쓰시오. (단, 한 문장으로 기술할 것.)

(다) ㉠의 빈칸에 들어갈 선어말 어미가 기본 형태에서 변이 형태인 '-로-'로 변동한 형태·음소론적 조건을 기술하시오. (단, 한 문장으로 기술할 것.)

----

15. 예문 (A)에서 ⓐ의 '行ㅎ가니'에 실현된 선어말 어미의 형태와 관련하여, (가)와 (나)에 제시된 과제를 해결하시오.

> (A) 내 仁義禮智信을 아라 ⓐ<u>行ㅎ가니</u> 너를 恭敬호미 맛당티 아니ㅎ니라[금강 20-1]

(가) ⓐ의 '行ㅎ가니'에 실현된 선어말 어미의 기본 형태를 쓰시오.

(   )

(나) '行ㅎ가니'에 실현된 선어말 어미의 기본 형태가 ⓐ의 형태로 변동하게 된 통사론적 조건을 기술하시오.

〈 대상 표현의 선어말 어미 〉

16. 예문 (A)에 제시된 문장에서 관형절과 중심어의 통사적인 관계를 고려하여서, ⓐ '짓다(作)'와 ⓑ '出家ㅎ다'의 어간에 관형사형 어

미인 '-은/-ㄴ'이 결합된 형태를 ⓐ와 ⓑ의 빈칸에 각각 쓰시오. (단, '-은/-ㄴ'의 앞에 다른 문법 형태소가 실현될 수 있음.)

> (A)ㄱ. 沙門은 느믜 ⓐ(짓-) 녀르믈 먹ᄂᆞ니이다[석상24:22]
>
>   ㄴ. ⓑ(出家ㅎ-) 사ᄅᆞ믄 쇼히 ᄀᆞᆮ디 아니ㅎ니[석상6:22]

ⓐ (   )   ⓑ (   )

17. 예문 (A)에서 ⓐ의 '長安이론'에 실현된 선어말 어미와 관련하여, (가)~(다)에 제시된 과제를 해결하시오.

> (A) 바ᄅᆞ 北이 이 ⓐ<u>長安</u>이론 고ᄃᆞᆯ 시름ㅎ야 보노라[두언11:11]
>
> (B) <u>長安</u>+-이-+㉠(   )+-ㄴ

(가) (B)에 설정된 ㉠의 빈칸에 들어갈 선어말 어미의 기본 형태를 쓰시오.

㉠ (   )

(나) ㉠의 빈칸에 들어갈 선어말 어미가 실현된 통사론적인 조건을 설명하시오.

(다) ㉠의 빈칸에 들어갈 선어말 어미의 기본 형태가 예문 (A)에서 ⓐ의 형태로 변동한 '형태·음운론적 조건'을 설명하시오.

----

18. 예문 (A)에서 용언 ⓐ에 실현된 선어말 어미의 형태 및 기능과 관련하여, (가)~(다)에 제

시된 과제를 해결하시오.

> (A) 神力으로 ⓐ<u>밍ㄱᄅ샨</u> 거시 밧 쳔량애 넘
> 디 아니ᄒ니 [월석18:31]
>
> (B)ㄱ. 밍굴-+-<u>ᄋ샤</u>-+-ㄴ
>
> ㄴ. 밍굴-+㉠(　　　)+㉡(　　　)+-ㄴ

(가) 예문 (A)에서 동사 '밍ㄱᄅ샨'의 어미를 (B)의 (ㄱ)처럼 분석했을 때에, '-ᄋ샤-'가 담당하고 있는 문법적인 기능 두 가지를 간략히 설명하시오.

──────────

(나) (B)의 (ㄱ)에서 '-ᄋ샤-'가 나타내는 문법적인 기능에 근거하여, '-ᄋ샤-'를 (ㄴ)처럼 두 개의 선어말 어미로 분석하였다. (B)의 (ㄴ)에 설정한 ㉠과 ㉡의 빈칸에 들어갈 선어말 어미의 형태를 각각 쓰시오.(단, 기본 형태로 쓸 것.)

㉠(　　　)　　㉡(　　　)

(다) (B)의 (ㄴ)에 설정한 ㉠과 ㉡의 빈칸에 들어갈 두 형태소가 합쳐져서 '-ᄋ샤-'로 되었다고 가정한다면, 이러한 변동이 일어난 '형태·음소론적 과정'을 설명하시오.

──────────
──────────
──────────

19. 예문 (A)에서 용언 ⓐ에 실현된 선어말 어미의 형태 및 기능과 관련하여, (가)와 (나)에 제시된 과제를 해결하시오.

> (A) 이 道士ㅣ 精誠이 ⓐ<u>至極ᄒ단</u> 디면 [월석1:7]

> (B)ㄱ. 至極ᄒ(어간)+-<u>다</u>-+-ㄴ
>
> ㄴ. 至極ᄒ(어간)+㉠(　　　)+㉡(　　　)+-ㄴ

(가) 예문 (A)에서 ⓐ'至極ᄒ단'의 어미를 (B)의 (ㄱ)처럼 분석하였을 때에, 선어말 어미인 '-다-'가 담당하고 있는 문법적 기능 두 가지를 설명하시오.

──────────
──────────

(나) (B)에서 '-다-'가 표현하는 두 가지의 문법적 기능에 근거하여, (ㄴ)처럼 두 개의 선어말 어미로 분석하였다. (B)의 (ㄴ)에 설정한 ㉠과 ㉡의 빈칸에 들어갈 형태를 각각 쓰시오. (단, 변동된 형태는 기본 형태로 쓸 것.)

㉠(　　　)　　㉡(　　　)

20. 15세기 국어에 쓰인 대상 표현의 선어말 어미가 실현되는 조건과 관련하여, 글 (B)의 빈칸에 들어갈 말을 쓰시오.(단, 관형절의 수식을 받는 피한정어(=체언)를 찾아서 그 형태를 쓸 것.)

> (A)ㄱ. 聖은 達通ᄒ야 몰롤 이리 업슬 씨라
> [월석1:19]
>
> ㄴ. 法 爲혼 ᄆᅀ미 너블씨 [법언 6:12]
>
> ㄷ. 王이 … 누븐 자리예 겨샤 [월석10:9]
>
> ㄹ. 저희 願ᄒᄂ논 바는 님굼 官人을 보아
> [두언25:37]
>
> ㅁ. 흔 암사ᄉ미 와 옷 ᄲᄅᆫ 므를 먹고
> [석상11:25]
>
> ㅂ. 부텻 出現ᄒ샤 說法ᄒ시논 ᄠᅳ들 아ᅀᆞ
> 와 [법언2:156]

> (B) 대상 표현의 선어말 어미인 '-오-/-우-'는 관형절과 피한정어(=중심어)가 맺는 통사·의미론적인 관계에 따라서 실현된다. 예문 (A)에 표현된 대상 표현의 선어말

어미가 실현된 조건은 각각 다음과 같다.

첫째, 관형절의 피한정어인 ㉠'(　　　)'와과 ㉡'(　　　)'은/는 관형절 속의 서술어에 대하여 목적어의 관계에 있다.

둘째, 관형절의 피한정어인 ㉢'(　　　)'와과 ㉣'(　　　)'은/는 관형절 속의 서술어에 대하여 부사어의 관계에 있다.

셋째, 관형절의 피한정어인 ㉤'(　　　)'와과 ㉥'(　　　)'은/는 관형절의 내용에 대하여 동격의 관계에 있다.

㉠(　　　　　) 　㉡(　　　　　)
㉢(　　　　　) 　㉣(　　　　　)
㉤(　　　　　) 　㉥(　　　　　)

⑥ 용언 활용의 종합

1. 예문 (A)에 실현된 ⓐ~ⓔ의 활용 형태와 관련하여, (가)~(라)에 제시된 과제를 해결하시오.

(A) 生을 ⓐ즐기리잇가 ⓑ주구믈 ⓒ기드리노니 목숨 ⓓ므거버 손소 몯 ⓔ죽노이다[월천 기142]

(B) 철수가 밥을 많이 먹었더라. [현대어]
　→ 먹-+-었-+-더-+-다

(가) 예문 (A)의 ⓐ~ⓔ의 어간과 어미를 (B)처럼 형태소 단위로 분석하시오. (단, 어간과 어미는 기본 형태로 쓸 것.)

　ⓐ즐기리잇가 :
　　(　　　　　　　　)
　ⓑ주구믈 :
　　(　　　　　　　　)
　ⓒ기드리노니 :
　　(　　　　　　　　)
　ⓓ므거버 :
　　(　　　　　　　　)
　ⓔ죽노이다 :

　　(　　　　　　　　)

(나) 예문 (A)에 실현된 '어말 어미'를 그 기능에 따라서, '종결 어미, 연결 어미, 전성 어미'로 구분하여서 그 형태를 쓰시오. (단, 기본 형태로 쓸 것.)

　[1] 종결 어미 :
　　(　　　　　　　　)
　[2] 연결 어미 :
　　(　　　　　　　　)
　[3] 전성 어미 :
　　(　　　　　　　　)

(다) 예문 (A)에 실현된 선어말 어미를 그 기능에 따라서, '시간 표현', '인칭 표현', '높임 표현'의 선어말 어미로 구분하여서 기본 형태로 쓰시오.

　[1] 시간 표현 :
　　(　　　　　　　　)
　[2] 인칭 표현 :
　　(　　　　　　　　)
　[3] 높임 표현 :
　　(　　　　　　　　)

(라) 예문 (A)에 실현된 용언 중에서, 불규칙적으로 활용함에 따라서, 어간이나 어미의 형태가 변동된 것을 찾아서 쓰시오.

　　(　　　　　　　　)

2. 예문 (A)에 실현된 용언의 활용 형태와 관련하여, (가)~(라)의 과제를 해결하시오.

(A) 慈悲는 衆生을 ⓐ便安케 ⓑ호시는 ⓒ거시어늘 이제 도로혀 느믹 어싀아들를 ⓓ여희에 ⓔ호시느니 ⓕ셜본 잃 中에도 離別 ⓖ 그토니 ⓗ업스니 일로 ⓘ혜여 ⓙ보건덴 므슴 慈悲 ⓚ겨시거뇨[석상6:5]

(가) ⓐ~ⓚ의 용언에서 어간과 어미를 구분하고, 각 어미를 형태소 단위로 분석하시오. (단, 다음의 <조건>을 지킬 것.)

<조건>
- 어간과 어미는 기본 형태로 쓸 것.
- 종결형이나 관형사형에서 현재나 과거를 나타내는 무형의 시제 선어말 어미는 '∅'로 표기할 것.

ⓐ 便安케 　(　　　　　)
ⓑ ㅎ시는 　(　　　　　)
ⓒ 거시어늘 　(　　　　　)
ⓓ 여희에 　(　　　　　)
ⓔ ㅎ시ᄂ니 　(　　　　　)
ⓕ 셜ᄫᆞᆫ 　(　　　　　)
ⓖ ᄀᆞᆮ니 　(　　　　　)
ⓗ 업스니 　(　　　　　)
ⓘ 혜여 　(　　　　　)
ⓙ 보건덴 　(　　　　　)
ⓚ 겨시거뇨 　(　　　　　)

(나) '과제 (가)'에서 '어말 어미'를 찾아서, 그 기능에 따라서 '종결 어미, 연결 어미, 전성 어미'로 구분하시오.

[1] 종결 어미
　(　　　　　　　　　)
[2] 연결 어미
　(　　　　　　　　　)
[3] 전성 어미
　(　　　　　　　　　)

(다) '과제 (가)'에서 선어말 어미를 찾아서, 그 기능에 따라서 '시간 표현'과 '높임 표현'의 선어말 어미로 분류하시오.

[1] 시간 표현 　(　　　　　)
[2] 높임 표현 　(　　　　　)

(라) '과제 (가)'에 제시된 어간이나 어미의 형태 중에서 '불규칙 활용'으로 변동이 일어난 것을 밝히고, 변동의 양상을 각각 설명하시오. (단, 변동 조건과 결과를 기술할 것.)

[1]
　　　　　　　　　　
　　　　　　　　　　
　　　　　　　　　　

[2]
　　　　　　　　　　
　　　　　　　　　　

[3]
　　　　　　　　　　
　　　　　　　　　　

[4]
　　　　　　　　　　
　　　　　　　　　　

2.2.5. 수식언과 독립언

1. 관형사의 하위 유형과 관련하여, (가)와 (나)에 제시된 과제를 해결하시오.

(A) ㄱ. 菩薩이 … ⓐ어느 나라해 가샤 나시리잇고 [월석2:11]

ㄴ. 빈홀 사ᄅᆞ미 모로매 몬져 ⓑ의 ᄠᅳ렛이ᄅᆞᆯ 더러 ᄇᆞ리고 [내훈3:56]

ㄷ. 넷 대예 ⓒ새 竹筍이 나며 [금삼 3:23]

ㄹ. ⓓ아모 사ᄅᆞ미나 ᄒᆞ오사 滅度ᄅᆞᆯ 得디 아니케 ᄒᆞ야 [월석12:48]

ㅁ. 여스슨 ⓔ외 바랫 두 머린 觀이니
[원언 하2-2:21]

ㅂ. ⓕ온 사룸 두리샤 기른말 밧기시니
[용가58장]

ㅅ. 이 쑨 아니라 ⓖ녀나믄 祥瑞도 하며
[월석2:46]

ㅇ. 漸漸 늘구메 봄 맛나믄 能히 ⓗ몃 디
위리오 [두언10:7]

ㅈ. 調達이 몸이 ⓘ뎌 넉시러니 [월천 기136]

ㅊ. 片雲은 ⓙ므슴 쁘드로 琴臺를 바랫ᄂ
니오 [두언7:3]

ㅋ. ⓚ현 고들 올마시뇨 [용가110장]

ㅌ. 黑龍이 ⓛ호 사래 주거 [용가22장]

ㄷ. 아드리 긔 羅睺羅ㅣ니 ⓒ그르 닐어 羅
雲이라도 ᄒᆞᄂᆞ니라 [석상3:36]

ㄹ. 菩薩이 前生애 지순 罪로 ⓓ이리 受苦
ᄒᆞ시니라 [월석1:6]

ㅁ. 그 도기 슬해 이셔 ⓔ구믈구믈 알ᄑᆞ고
ᄇᆞ랍거든 [구간6:55]

ㅂ. ⓕ그리옷 아니ᄒᆞ면 正覺 일우디 아니
ᄒᆞ리이다 [월석23:87]

ㅅ. ⓖ모딘 세 가지로 닐어사 ᄀᆞᄌᆞ리라 [월
석2:14]

ㅇ. 눌와 ⓗ다뭇 議論ᄒᆞ리오 [두언8:46]

ㅈ. 우리들히 … ⓘ므슴 어즈러이 偈를 지
ᅀᆞ리오 [육언 상:12]

ㅊ. ⓙᄒᆞ다가 술옷 몯 먹거든 너덧 번에
ᄂᆞ화 머기라 [구언1:4]

ㅋ. 프레 드러 사룸 求호ᄆᆞᆯ ⓚ아ᄆᆞ리 호ᄆᆞᆯ
몯ᄒᆞ야 [금삼3:8]

ㅌ. 道國王과 ⓛ밋 舒國王은 實로 親ᄒᆞᆫ 兄
弟니라 [두언8:5]

ㅍ. 외로왼 자샌 ⓜ일 門을 단놋다 [두언7:10]

ㅋ. 勸進之日에 平生ㄱ 쁟 ⓝ몯 일우시니
[용가12장]

ㅎ. 그 믈 미틔 金 몰애 잇ᄂᆞ니 일후미 閻
浮檀金이니 그럴씨 일후믈 閻浮提라
ᄒᆞᄂᆞ니라 [월석1:24]

(가) 관형사는 의미와 기능에 따라서 '성
상 관형사, 지시 관형사, 수 관형사'
로 나뉜다. 다음의 빈칸에 들어갈 관
형사를 예문 (A)에서 찾아서 쓰시오.
(단, ⓐ~ⓛ의 부호로 쓸 것.)

[1] 성상 관형사 : (   )
[2] 지시 관형사 : (   )
[3] 수   관형사 : (   )

(나) '지시 관형사'는 다시 '정칭', '미지칭',
'부정칭'의 지시 관형사로 나뉜다. 다
음의 빈칸에 들어갈 관형사를 예문
(A)에서 찾아 쓰시오. (단, ⓐ~ⓛ의 부호
로 쓸 것.)

[1] 정칭(定稱)   : (   )
[2] 미지칭(未知稱) : (   )
[3] 부정칭(不定稱) : (   )

2. 예문 (A)에서 밑줄 그은 부사의 유형과 관련
하여, (가)~(나)에 제시된 과제를 해결하시오.

(A)ㄱ. 向은 ⓐ아니 오란 요ᄉᆞ시라 [월석 서:26]

ㄴ. ᄀᆞᄅᆞ매 ᄇᆡ 업거늘 얼우시고 ⓑ또 노기
시니 [용가20장]

(가) 예문 (A)에서 밑줄 그은 부사를 다음과 같이
분류하시오. (단, ⓐ~ⓞ의 부호로 쓸 것.)

[1] 성상 부사 : (   )
[2] 지시 부사 : (   )
[3] 부정 부사 : (   )
[4] 양태 부사 : (   )
[5] 접속 부사 : (   )

(나) '지시 부사'를 기능에 따라서 다음과
같이 분류하시오. (단, ⓐ~ⓞ의 부호로
쓸 것.)

[1] 정　칭 : (　　　　　　　　)
[2] 미지칭 : (　　　　　　　　)
[3] 부정칭 : (　　　　　　　　)

3. 예문 (A)의 각 문장에 실현된 부사의 유형 및 기능과 관련하여, (가)와 (나)에 제시된 과제를 해결하시오.

> (A)ㄱ. 幸히 文殊를 맛나 날로 解脫케 ᄒ니 [능언7:27]
>
> ㄴ. 衆生을 濟渡ᄒ샤ᄃᆡ *憍陳如를 맛 몬져 救ᄒ시니 [월천 기94]
>
> ㄷ. 부톄 ᄌ로 니르샤도 從ᄒᅀᆸ디 아니ᄒ더니 [석상6:10]
>
> ㄹ. 빗난 使臣의 모미로소니 眞實로 이 德業이 어위크도다 [두언10:22]
>
> ㅁ. ᄒ다가 제 ᄠ데 몯 마자도 저를 굴히에 호리라 [석상3:11]
>
> ㅂ. 아외나…一切 衆生 爲ᄒ야 敎化 펴려 ᄒ시면 色身을 現ᄒ샤미 다 來라 [월석9:10]
>
> ㅅ. 旋嵐風은 ᄀ장 미볼 ᄇᆞᄅᆞ미라 [석상6:30]
>
> ㅇ. 오직 世人이 제 性 보디 몯호믈 爲ᄒ샤 [금언 서:5]
>
> ㅈ. 맛 처ᅀᅥ믜 뉘 몬져 이 門 안해 드뇨 [석상24:18]
>
> ㅊ. 부텻 法이 精微ᄒ야 져믄 아ᄒᆡ 어느 듣ᄌᆞᄫᆞ리잇고 [석상6:11]
>
> *憍陳如(교진여) : 석가모니가 출가한 뒤 정반왕이 그 소식을 알기 위하여 밀파한 사람이다.
>
> *色身(색신) : 물질적 존재로서 형체가 있는 몸. 육안으로 보이는 몸을 이른다.
>
> *旋嵐風(선람풍) : 산에서 불어오는 회오리바람이다.

(가) 예문 (A)에서 (ㄱ)~(ㅈ)의 문장에 실현된 부사를 모두 찾으시오.(단, 하나의 문장에 두 개 이상의 부사가 있는 경우도 있음.)

(ㄱ) ― (　　　　　　　　)
(ㄴ) ― (　　　　　　　　)
(ㄷ) ― (　　　　　　　　)
(ㄹ) ― (　　　　　　　　)
(ㅁ) ― (　　　　　　　　)
(ㅂ) ― (　　　　　　　　)
(ㅅ) ― (　　　　　　　　)
(ㅇ) ― (　　　　　　　　)
(ㅈ) ― (　　　　　　　　)
(ㅊ) ― (　　　　　　　　)

(나) 예문 (A)에서 찾은 각각의 부사에 대하여, 아래의 <보기>에 제시한 방법에 따라서 부사의 유형을 밝히고, 그것이 수식하는 말을 지적하시오.(단, 부사의 하위 유형을 '성상 부사', '지시 부사', '부정 부사', '양태 부사', '접속 부사'로 분류할 것.)

> <보기> 철수가 밥을 빨리 먹는다.
> ⇨ '빨리' ― (성상 부사)
> ('먹는다'를 수식)

(ㄱ) ― (　　　　　　　　　　)
(　　　　　　　　　　)
(ㄴ) ― (　　　　　　　　　　)
(　　　　　　　　　　)
(ㄷ) ― (　　　　　　　　　　)
(　　　　　　　　　　)
(ㄹ) ― (　　　　　　　　　　)
(　　　　　　　　　　)
(ㅁ) ― (　　　　　　　　　　)
(　　　　　　　　　　)
(ㅂ) ― (　　　　　　　　　　)
(　　　　　　　　　　)
(ㅅ) ― (　　　　　　　　　　)
(　　　　　　　　　　)

(ㅇ)─(　　　　　　　　)

　　　　　(　　　　　　　　)

(ㅈ)─(　　　　　　　　)

　　　　　(　　　　　　　　)

(ㅊ)─(　　　　　　　　)

　　　　　(　　　　　　　　)

4. 15세기 국어에 쓰인 감탄사의 하위 유형과 관련하여, 글 (B)와 (C)의 빈칸에 들어갈 말을 쓰시오. (㉠~㉣에는 감탄사를 쓰고, ㉮와 ㉯에는 감탄사의 기능적 유형을 쓰시오.)

(A)ㄱ. 正月ㅅ 나릿므른 아으 어져 녹져 ᄒᆞ논ᄃᆡ 누릿 가온ᄃᆡ 나곤 몸하 ᄒᆞ올로 녈셔 [악궤 動動]

ㄴ. 舍利佛이 술보ᄃᆡ 엥 올ᄒᆞ시이다 世傳하 願ᄒᆞᆫᄃᆞᆫ 듣ᄌᆞᆸ고져 ᄒᆞ노이다 [석상13:47]

ㄷ. 몰힛 마리신뎌 슬웃븐뎌 아으 니미 나ᄅᆞᆯ ᄒᆞ마 니ᄌᆞ시니잇가 아소 님하 도람 드르샤 괴오쇼셔 [악궤 5:13 삼진작]

ㄹ. 이 男子아 엇던 이ᄅᆞᆯ 爲ᄒᆞ야 이 길혜 든다 [월석21:118]

(B) 위의 예문 (A)에 표현된 감탄사 중에서 ㉠ '(　　　　)'와/과 ㉡'(　　　　)'은/는 화자가 자신의 감정을 표출하는 데에 그치는 감탄사이다. 반면에 ㉢ '(　　　　)'와/과 ㉣'(　　　　)'은/는 화자가 발화 현장에서 청자에게 자기의 요구나 판단을 적극적으로 표현하여 전달하는 감탄사이다.

(C) ㉠과 ㉡의 감탄사를 ㉮'(　　　)' 감탄사'라고 하고, ㉢과 ㉣의 감탄사를 ㉯'(　　　)' 감탄사'라고 한다.

㉠(　　　　)　　㉡(　　　　)

㉢(　　　　)　　㉣(　　　　)

㉮(　　　　)　　㉯(　　　　)

2.2.6. 품사의 통용

1. 예문 (A)에 쓰인 '아니'의 품사와 관련하여, (가)와 (나)에 제시된 과제를 해결하시오.

(A)ㄱ. 未來옛 衆生들ᄒᆞᆯ 精進을 뵈시릴ᄊᆡ ⓐ아니 오리라 盟誓ᄒᆞ시니이다 [월천 기19]

ㄴ. 生이며 生 ⓑ아니를 굴히ᄂᆞ니 [법언 5:30]

ㄷ. ⓒ아니 이 行者 아니아 [육언 상 41]

(B) 15세기 국어에서 '아니'는 세 가지 품사로 통용된다. 곧 (A)의 예문에서 ⓐ의 '아니'는 ㉠(　　　)의 품사로 쓰였으며, ⓑ의 '아니'는 ㉡(　　　)의 품사로 쓰였으며, ⓒ의 '아니'는 ㉢(　　　)의 품사로 쓰였다.

(가) 글 (B)에서 ㉠, ㉡, ㉢의 빈칸에 들어갈 품사의 명칭을 각각 쓰시오.

㉠ (　　　　)　　㉡ (　　　　)

㉢ (　　　　)

(나) '문제 (가)'에서 ⓐ, ⓑ, ⓒ의 '아니'를 각각 ㉠, ㉡, ㉢의 품사로 결정한 근거를 쓰시오.

ⓐ :

_____

ⓑ :

_____

ⓒ :

_____

2. 예문 (A)에 실현된 '새', '어느', '므슴'의 품사를 밝히고, 품사 설정의 근거를 간략히 설명하시오.

(A)ㄱ. 國人 ᄠᅳᆮ들 ⓐ어느 다 ᄉᆞᆯᄫᆞ리 [용가118장]

ㄴ. 골폰 ᄇᆡ도 브르며 헌 옷도 ⓑ새 ᄀᆞᆮᄒᆞ리니 [월석8:100]

ㄷ. 菩薩이 ⓒ어느 나라해 ᄂᆞ리시게 ᄒᆞ려

뇨[월석2:10]

ㄹ. 부텻긔 받ᄌᆞᄫᅡ ⓓ<u>므슴</u> 호려 ᄒᆞ시ᄂᆞ니
[월석1:10]

ㅁ. 녯 대예 ⓔ<u>새</u> 竹筍이 나며 새 고지 녯
가지예 기도다[금삼 3:23]

ㅂ. 우리ᄃᆞᆯ히 … ⓕ<u>므슴</u> 어즈러이 偈ᄅᆞᆯ 지
ᅀᅳ리오[육언 상:12]

ㅅ. 이 두 마ᄅᆞᆯ ⓖ<u>어늘</u> 從ᄒᆞ시려뇨[월석7:26]

ㅇ. 일로 혜여 보건대 ⓗ<u>므슴</u> 慈悲 겨시거
뇨[월석6:6]

ㅈ. 沙弥ᄂᆞᆫ ⓘ<u>새</u> 出家ᄒᆞᆫ 사ᄅᆞ미니[석상6:2]

ⓐ 어느 : 품사 (   )

ⓑ 새 : 품사 (   )

ⓒ 어느 : 품사 (   )

ⓓ 므슴 : 품사 (   )

ⓔ 새 : 품사 (   )

ⓕ 므슴 : 품사 (   )

ⓖ 어느 : 품사 (   )

ⓗ 므슴 : 품사 (   )

ⓘ 새 : 품사 (   )

3. 15세기 국어에 쓰인 단어의 품사와 관련하여,
글 (B)의 빈칸에 들어갈 말을 쓰시오. (단, ㉠
과 ㉡에는 예문 (A)에 실현된 ⓐ~ⓕ를 쓰고, ㉮
와 ㉯에는 품사의 명칭을 쓸 것.)

(A) ㄱ. 佛法이ᅀᅡ 내 ⓐ<u>이어긔</u>도 죠고마치 잇
다 ᄒᆞ야시ᄂᆞᆯ [영남 상:14]

ㄴ. 이 經 디닐 싸ᄅᆞ미 ⓑ<u>이어긔</u> 이셔도
다 能히 ᄀᆞᆯ히며 [석상19:17]

ㄷ. 九曲ᄋᆞᆫ 外蕃ㅅ ᄯᅡ히 아니어늘 ⓒ<u>게</u> 王
이 ᄀᆞ장 城壁을 기피 ᄒᆞ얫더니라
[두언24:12]

ㄹ. 더우니로 ᄎᆞᆫ ⓓ<u>게</u> 섯거 ᄎᆞ니로 더우믈
일에 홀 씨니 [능언3:12]

ㅁ. 東西南北과 네 모콰 아라우희 다 큰 브
리어든 罪人을 ⓔ<u>그에</u> 드리티ᄂᆞ니라
[월석1:29]

ㅂ. 부톄 本來 至極 寂静ᄒᆞᆫ ⓕ<u>그에</u> 住ᄒᆞ샤
[석상23:44]

(B) 예문 (A)에서 '이어긔, 게, 그에'는 그 형태
는 같지만 의미와 기능으로 볼 때에 두
가지의 품사로 통용된다. 곧, 예문 (A)에
서 ㉠(   ) 등은 자립성이 없이 앞 말에
매어서 추상적인 '위치'의 뜻을 나타내므
로 ㉮(   )의 품사로 쓰였다. 반면에 ㉡
(   ) 등은 단독으로 특정한 '위치'를
가리키는 뜻을 나타내므로 ㉯(   )의

품사로 쓰였다.

㉠ (   )   ㉮ (   )

㉡ (   )   ㉯ (   )

4. 예문 (A)에 실현된 용언의 품사와 관련하여, (가)와 (나)에 제시된 과제를 해결하시오.

> (A) ㄱ. 더운 홁과 붓근 더운 지로 빗복 우희 두프면 ⓑ됴ᄒᆞ니라 [구언 상:9]
>
> ㄴ. 그 믈 ᄒᆞᆫ 두 호ᄫᆞᆯ 머그면 ⓐ됻ᄂᆞ니라 [구언 상:33]

(가) 예문 (A)에서 ⓐ와 ⓑ의 용언을 형태소 단위로 분석할 때에, 다음의 빈칸에 들어갈 형태를 쓰시오. (단, 변동된 형태는 기본 형태로 쓰고, 현재 시제나 과거 시제를 나타내는 무형의 선어말 어미는 '-Ø'로 쓸 것.)

ⓐ 됴ᄒᆞ니라 :
    둏- + ㉠-(   )- + ㉡-(   )- + ㉢-(   )

ⓑ 됻ᄂᆞ니라 :
    둏- + ㉠-(   )- + ㉡-(   )- + ㉢-(   )

(나) 예문 (A)에서 ⓐ와 ⓑ 용언의 품사를 쓰고, 현대어의 뜻을 직역하여 옮기시오. (단, 활용 형태의 뜻을 반영하여 현대어로 옮길 것.)

ⓐ 됴ᄒᆞ니라 :
    ㉠ 품사   (   )
    ㉡ 현대어의 뜻   (   )

ⓑ 됻ᄂᆞ니라 :
    ㉠ 품사   (   )
    ㉡ 현대어의 뜻   (   )

(다) '과제 (나)'에서 ⓐ와 ⓑ의 품사를 결

정한 형태론적인 근거를 제시하시오.

ⓐ 됴ᄒᆞ니라 :
....
....
....

ⓑ 됻ᄂᆞ니라 :
....
....
....

5. 예문 (A)에 실현된 ⓐ~ⓙ의 품사를 각각 쓰시오. (단, 체언과 조사가 결합된 형태에서는 체언의 품사만 쓸 것.)

> (A) ㄱ. 그 나랏 ⓐ글자ᄋᆞᆫ 낫 ᄀᆞ티 붉ᄂᆞ니라 [월석1:26]
>
> ㄴ. 無數佛을 供養ᄒᆞᅀᆞᄫᅡ ⓑ믈읫 ᄠᅳ들 ᄉᆞᄆᆞᆺ 알며 [석상13:42]
>
> ㄷ. 無上 正眞 道理ᄂᆞᆫ 우 업슨 正ᄒᆞᆫ ⓒ진딧 道理라 [석상3:10]
>
> ㄹ. ⓓ믈읫 아ᄃᆞᆯ와 며느리 恭敬 아니 ᄒᆞ며 孝道 아니 커든 [내훈3:4]
>
> ㅁ. 부텻 나히 ⓔ셜흔둘히러시니 [석상6:2]
>
> ㅂ. 舍利弗아 이런 增上慢ᄒᆞᄂᆞᆫ 사ᄅᆞ만 믈러가도 ⓕ됴ᄒᆞ니라 [월석11:109]
>
> ㅅ. 엇뎨 ᄒᆞ마 다ᄋᆞᆫ 모수미 ⓖ어느 더으리오 [석상9:35]
>
> ㅇ. 識을 브터 업게 홀씨 乃終내 ⓗ진딧 업수미 아니니 [월석1:36]
>
> ㅈ. 悉達이라 ᄒᆞ샤리 … 자ᄇᆞ리 업시 ⓘ닐굽 거르믈 거르샤 [석상6:17]
>
> ㅊ. 時節이 서늘ᄒᆞ야 病이 ⓙ됻ᄂᆞ다 [두언10:30]

ⓐ (   )   ⓑ (   )

ⓒ (   )   ⓓ (   )

ⓔ (   )   ⓕ (   )

ⓖ (   )   ⓗ (   )

ⓘ (   )   ⓙ (   )

6. 예문 (A)에서 '호오사'의 품사와 관련하여 (가)와 (나)에 제시된 과제를 해결하시오.

(A)ㄱ. 이제 남진 ᄒᆞ마 일코 ⓐ<u>호오삿</u> 모믈 쥬변 몯 ᄒᆞ며[삼행 열30]

　ㄴ. 菩薩이 ⓑ<u>호오사</u> 畢鉢羅樹로 가더시니 [석상3:41]

　ㄷ. 右手 左手로 天地 ᄀᆞᄅ치샤 ⓒ<u>호오사</u> 내 尊호라 ᄒᆞ시니[월석2:34]

　ㄹ. ⓓ<u>호오새면</u> 이우지 업거니 匹 므스글 브터 셔리오[능언3:37]

(가) 예문 (A)의 ⓐ~ⓓ에 나타난 '호오사'의 품사를 쓰시오.

ⓐ (　　　　)　ⓑ (　　　　)
ⓒ (　　　　)　ⓓ (　　　　)

(나) '과제 (가)'에서 ⓐ~ⓓ의 품사를 결정한 형태론적 근거를 제시하시오.

ⓐ

ⓑ

ⓒ

ⓓ

2.3. 단어의 형성

2.3.1. 단어의 짜임새

1. 형태소의 유형과 관련하여 (가)와 (나)에 제시된 과제를 해결하시오.

> (A) ⓐ 불무질(冶), ⓑ 니뿔(米), ⓒ 검듸영(炭), ⓓ 여름(果)
>
> (B) 특정한 단어를 짜 이루는 요소를 어근과 파생 접사로 구분할 수 있다. 여기서 ㉠ '어근'은 단어 속에서 중심적이면서 실질적인 의미를 나타내는 형태소이며, ㉡ 파생 접사는 형식적인 의미를 나타내는 형태소이다. 접사 중에서 어근에 새로운 의미를 더하거나 단어의 품사를 바꿈으로써 새로운 단어를 만들어 주는 것을 '파생 접사'라고 한다. 파생 접사는 그것이 실현되는 위치에 따라서 ㉢ '파생 접두사'와 ㉣ '파생 접미사'로 구분하기도 한다.

(가) 예시 (A)에서 ⓐ~ⓓ의 단어를 아래의 <보기>처럼 형태소의 단위로 분석하시오.

> <보기> 말씀 → 말+-씀

ⓐ (   )
ⓑ (   )
ⓒ (   )
ⓓ (   )

(나) '문제 (가)'에서 ⓐ~ⓓ의 단어를 형태소 단위로 분석한 결과를 가지고, 글 (B)의 ㉠~㉣에 해당하는 형태소를 쓰시오.

㉠ (   )
㉡ (   )
㉢ (   )
㉣ (   )

2. 15세기 국어에 쓰인 단어의 짜임새와 관련하여, (가)와 (나)에 제시된 과제를 해결하시오.

> (A)
>
> | ⓐ 글가마괴 | ⓑ 늘개 |
> |---|---|
> | ⓒ 뿔밥 | ⓓ 흔듸 |
> | ⓔ 검듸영 | ⓕ 검븕다 |
> | ⓖ 골프다 | ⓗ 니뿔 |
> | ⓘ 맛보다(嘗) | ⓙ 불무질 |
> | ⓚ 불못골 | ⓛ 싀어미 |
> | ⓜ 어싀아돌 | ⓝ 업시너기다 |
> | ⓞ 오르노리다 | ⓟ 요스싀 |
> | ⓠ 울에(雷) | ⓡ 이틄히 |
> | ⓢ 져브리다 | ⓣ 처섬 |
> | ⓤ 맛보다(遇) | |

(가) 예시 (A)에 제시된 단어 중에서 합성어를 고르시오. (단, ⓐ~ⓤ의 부호로 쓸 것.)

(   )

(나) 예시 (A)에 제시된 단어 중에서 파생어를 고르시오. (단, ⓐ~ⓤ의 부호로 쓸 것.)

(   )

2.3.2. 합성어

① 통사적 합성어와 비통사적 합성어

1. 15세기 국어에 쓰인 합성어의 짜임새와 관련하여, (가)와 (나)에 제시된 과제를 해결하시오.

> (A)
>
> | ⓐ 둘기알(달걀) | ⓑ 떠디다 |
> |---|---|
> | ⓒ 뛰놀다 | ⓓ 쇠고기 |
> | ⓔ 슬지다 | ⓕ 즈믈쇠 |
> | ⓖ 흔두 | ⓗ 것곳다(꺾꽂이하다) |

ⓘ나사가다　　ⓙ됴쿶다(좋거나 궂다)

ⓚ두서　　　　ⓛ묏기슭

ⓜ믌결　　　　ⓝ사나올

ⓞ애궂다(애끊다)　ⓟ어위크다(넓고크다)

ⓠ업시너기다　ⓡ여라믄(여남은)

ⓢ엳아홉　　　ⓣ져므니

ⓤ하나비

(가) ⓐ~ⓤ의 합성어를 <보기>처럼 형태소 단위로 분석하시오. (단, 각 형태소는 기본 형태로 쓰고, 용언의 기본형에서 '-다'는 쓰지 말 것.)

> <보기> '검어듭다' : [검-＋어듭-]-

(나) ⓐ~ⓤ의 합성어를 통사적 합성어와 비통사적 합성어로 구분하시오.

[1] 통사적　합성어 :

　（　　　　　　　　　　　）

[2] 비통사적 합성어 :

　（　　　　　　　　　　　）

② 체언의 합성어

2. 15세기 국어에서 합성법으로 형성된 명사와 관련하여, 글 (B)의 빈칸에 들어갈 단어를 예시 (A)에서 찾아서 ⓐ~ⓘ로 쓰시오.

(A)　ⓐ공장바치(匠人)　ⓑ귀엿골회(귀고리)

　　ⓒ들기똥(닭똥)　　ⓓ곳믈

　　ⓔ뎌즈슴　　　　ⓕ드르리

　　ⓖ어비묻(貴族)　　ⓗ외딱

　　ⓘ한비

(B) 예시 (A)의 명사 중에서, ㉠(　　　)은/는 명사 어근과 명사 명사 어근이 직접 붙어서 형성되었다. ㉡(　　　)은/는 명사 어근에 조사가 붙은 다음에 또 다시 명사 어근이 붙어서 형성되었다. 그리고

㉢(　　　)은/는 관형사 어근 뒤에 명사 어근이 붙어서 형성되었다. ㉣(　　　)은/는 용언의 어근에 명사 어근이 붙어서 형성되었다.

㉠(　　　　　）　㉡(　　　　　）

㉢(　　　　　）　㉣(　　　　　）

3. 15세기 국어에 쓰인 단어의 짜임새와 관련하여, (가)와 (나)에 제시된 과제를 해결하시오.

(A)ㄱ. 흔 사르미 소노로 불콰 바롤 ⓐ빗고 구피락 펴락게 흐라

　ㄴ. 一 *猪子ㅣ 와 座롤 ⓑ두디거늘 [선가귀감18]

(B)ㄱ. 갈홀 자바셔 ⓒ빗돌해 フ라 내요몰 보노라 [두언24:7]

　ㄴ. *豽 ⓓ두디쥐 분 [훈몽자회 상10]

　 *猪子(저자) : 돼지,　 *豽(분) : 두더쥐

(가) 예문 (A)에 밑줄 그은 ⓐ와 ⓑ의 단어를 참조하여, 예문 (B)의 ⓒ와 ⓓ의 단어를 <보기>와 같이 형태소 단위로 분석하시오. (단, 변동된 형태소는 기본 형태로 쓰고, 단어의 자립성 유무는 표시하지 말 것.)

> <보기> 빛나- : [(빛 : 명사)＋(나- : 동사)]

ⓒ 빗돌해 :

　㉠(　　　 : 　　　)＋

　㉡(　　　 : 　　　)＋

　㉢(　　　 : 　　　)

ⓓ 두디쥐 :

　㉠(　　　 : 　　　)＋

　㉡(　　　 : 　　　)＋

(나) ⓒ와 ⓓ의 단어가 형성된 방법은 15세기 국어의 합성 명사에서 나타나는

일반적인 단어 형성의 방법과는 다르다. 이 두 단어에서 나타나는 단어 형성법의 특징을 간략히 기술하시오.

....

....

....

....

....

③ 용언의 합성어

4. 15세기 국어에서 합성법으로 형성된 용언과 관련하여, 글 (B)의 빈칸에 들어갈 단어를 (A)에서 찾아서 쓰시오. (단, ⓐ~ⓜ으로 쓸 것.)

(A) ⓐ ᄀᆞ르디르다   ⓑ ᄃᆞ라들다

ⓒ 검어듭다   ⓓ 그지없다

ⓔ 나ᅀᅡ가다   ⓕ 됴쿶다

ⓖ 벋삼다   ⓗ *법받다

ⓘ 뛰놀다   ⓙ 빌먹다

ⓚ 앒서다   ⓛ 업시너기다

ⓜ 여위ᄆᆞ르다

*법받다: 본받다

(B) 예시 (A)에 제시된 용언 중에서 ㉠( )은/는 체언과 용언이 직접적으로 결합되어서 형성되었다. ㉡( )은/는 부사에 용언이 결합하여서 형성되었다. 그리고 ㉢( )은/는 용언 어간과 용언 어간이 직접적으로 결합되어서 형성되었으며, ㉣( )은/는 용언 어간과 용언 어간이 결합하는 과정에서 연결 어미가 실현되어서 형성되었다.

㉠( )   ㉡( )
㉢( )   ㉣( )

5. 15세기 국어의 단어 형성 방법과 관련하여, (가)와 (나)에 제시된 과제를 해결하시오.

(A) 公孫이 *지즈로 險호믈 믿ᄂᆞ니 候景을 사ᄅᆞ잡디 몯ᄒᆞ얏도다 [두언3:18]

*지즈로: (그로) 인하여

(가) 예문 (A)에 실현된 '사ᄅᆞ잡디'를 다음과 같이 형태소 단위로 분석할 때에, 아래의 ㉠~㉣의 빈칸에 형태소를 넣으시오.

㉠( )- + ㉡-( )- +
㉢( )- + ㉣-( )

(나) '사ᄅᆞ잡디'를 '과제 (가)'처럼 분석할 때에, 위의 ㉠~㉣에 들어갈 형태소를 각각 '어근', '파생 접사', '굴절 접사'로 구분하여 쓰시오.

㉠( )   ㉡( )
㉢( )   ㉣( )

④ 수식언의 합성어

6. 15세기 국어의 단어 형성법과 관련하여, 글 (B)의 빈칸에 들어갈 말을 쓰시오. (단, ㉠~㉺에는 복합어를 이루는 각 어근의 품사명을 쓰고 ㉮에는 복합어의 품사명을 쓸 것.)

(A) ㄱ. 어버ᅀᅵ 子息 ᄉᆞ랑호ᄆᆞᆫ ⓐ아니한 ᄉᆞᅀᅵ 어니와 [석상6:3]

ㄴ. ⓑ온갖 고지 옷곳호ᄆᆞᆯ 샹녜 싱각ᄒᆞ노라 [영남 상:8]

ㄷ. 이 ᄲᅮᆫ 아니라 ⓒ녀나ᄆᆞᆫ 祥瑞도 하며 [월석2:46]

(B) ⓐ의 '아니한'은 어근인 ㉠'( )'와/과 ㉡'( )'이/가 결합하여서 형성되었으며, ⓑ의 '온갓'은 ㉢'( )'와/과 ㉣'( )'이/가 결합하여서,

ⓒ의 '녀나문'은 ⓜ '(   )'와/과 ⓗ
'(   )'이/가 결합해서 형성되었다.
　　이와 같은 방법으로 형성된 ⓐ,
ⓑ, ⓒ의 품사는 모두 ㉮(   )라는
공통점이 있다.

㉠(   )　　　　㉡(   )
㉢(   )　　　　㉣(   )
㉤(   )　　　　㉥(   )
㉮(   )

7. 15세기 국어의 합성법과 관련하여, 글 (B)의
빈칸에 들어갈 말을 쓰시오. (단, ㉠~㉥에는
어근의 품사명을 쓰고 ㉮에는 단어의 품사명을
쓸 것.)

(A)ㄱ. 至極ᄒᆞ야 말로 ⓐ몯다 닐오미 妙ㅣ라
　　　[월석4:15]

ㄴ. 中使ㅣ ⓑ나날 서르 타 오놋다 [두언8:8]

ㄷ. ⓒ외ᄠᅩ로 나샤 구피디 아니ᄒᆞ실 씨 調
　　御丈夫ㅣ라 [월석9:11]

(B) ⓐ의 '몯다'는 ㉠'(   )'와/과 ㉡'(   )'이
/가 결합하여서, ⓑ의 '나날'은 ㉢'(   )'와
/과 ㉣'(   )'이/가 결합하여서, ⓒ의 '외ᄠᅩ
로'는 ㉤'(   )'와/과 ㉥'(   )'이/가 결합
하여서 형성된 단어이다. 이와 같은 방법으
로 형성된 ⓐ, ⓑ, ⓒ 단어의 품사는 모두
㉮(   )라는 공통점이 있다.

㉠(   )　　　　㉡(   )
㉢(   )　　　　㉣(   )
㉤(   )　　　　㉥(   )
㉮(   )

2.3.3. 파생어

① 한정적 접사와 지배적 접사

1. 예문 (A)에 제시된 ⓐ와 ⓑ의 복합어에 대하

여, (가)와 (나)에 제시된 과제를 해결하시오.

(A)ㄱ. 淨飯王이 … 즉자히 나랏 ⓐ어비ᄆᆞᆮ내ᄅᆞᆯ
　　　모도아 [석상6:9]

ㄴ. ⓑ너희들히 엇뎨 瞿曇이ᄅᆞᆯ 請호려 ᄒᆞ
　　ᄂᆞ다 [월석13:62]

(가) 예문 (A)의 ⓐ와 ⓑ에서 조사의 형태를
제거하여, 체언의 형태를 추출하시오.

ⓐ(   )　　　ⓑ(   )

(나) 위의 '과제 (가)'에서 추출한 체언을
어근과 파생 접사의 형태소 단위로
분석하시오. (단, <보기>의 분석 방법을
따를 것.)

<보기> 불무질　　　　　[현대어]
　　　　⇨(불무 : 어근) + (-질 : 파생 접사)

ⓐ : ㉠(   ) + ㉡(   ) +
　　　㉢(   )

ⓑ : ㉠(   ) + ㉡(   ) +
　　　㉢(   )

2. 파생 접사의 기능과 관련하여, (가)와 (나)에
제시된 과제를 해결하시오.

(A)ㄱ. 우스며 춤처셔 ᄀᆞᆺ 窓을 ⓐ열티노라
　　　[두언15:52]

ㄴ. 한비ᄅᆞᆯ 아니 ⓑ그치샤 [용가68장]

ㄷ. 히 ⓒ횟돌면 大千世界ᄅᆞᆯ ᄀᆞ초 비취ᄂᆞ
　　니라 [석상20:36]

ㄹ. 빗 아니 ⓓ골프시며 셔욿 져재 가샤ᄆᆞᆫ
　　天帝釋의 힘뿌미러니 [월석20:54]

(가) ⓐ, ⓑ, ⓒ, ⓓ에 제시된 용언의 어간
을 어근과 접사로 구분하시오. (단,
㉠~㉣에는 어근의 형태를 쓰고, ㉮~㉣
에는 파생 접사의 형태를 쓰시오.)

	어근	접사
ⓐ :	㉠ ( )	㉮ ( )
ⓑ :	㉡ ( )	㉯ ( )
ⓒ :	㉢ ( )	㉰ ( )
ⓓ :	㉣ ( )	㉱ ( )

(나) 파생 접사는 그 기능에 따라서 '한정적(파생적) 접사'와 '지배적(통사적) 접사'로 구분할 수가 있다. 위의 예문 (A)에 쓰인 파생 접사를 <u>한정적 접사</u>와 <u>지배적 접사</u>로 구분하시오.

㉠ 한정적 접사 :

( )

㉡ 지배적 접사 :

( )

3. 예문 (A)를 참조하여 글 (B)의 빈칸에 들어갈 말을 쓰시오. (단, ㉠, ㉡, ㉢에는 해당 단어의 품사를 쓰고, ㉮에는 기능으로 구분한 파생 접사의 유형을 쓸 것.)

> A) ㄱ. 羅睺阿脩羅王은 本來ㅅ 몺 ⓐ<u>기리</u> 七百 由旬이오 [석상13:9]
>
> ㄴ. 어딘 버들 맛나아 魔 그므를 ⓑ<u>기리</u> 그츠며 [월석14:33]
>
> ㄷ. 위안햇 柑子ㅣ ᄌᆞ랄 ᄢᅴ ⓒ<u>기릐</u> 세 寸만 ᄒᆞ야 [두언15:3]
>
> (B) ⓐ, ⓑ, ⓒ는 모두 용언인 '길다'에서 파생된 단어이다. 곧, ⓐ는 형용사 어근인 '길-'에 ㉠( )을/를 파생하는 접미사인 '-이'가 붙어서, ⓑ는 ㉡( )을/를 파생하는 접미사인 '-이'가 붙어서, ⓒ는 ㉢( )을/를 파생하는 접미사인 '-의'가 붙어서 새로운 품사의 단어로 파생되었다.
>
> 여기서 ⓐ, ⓑ, ⓒ '-이'와 '-의'는 어근의 문법적인 성질을 바꾸는 기능을 하였으

므로, 모두 ㉮'( ) 접사'에 해당한다.

㉠ ( )	㉡ ( )
㉢ ( )	㉮ ( )

② 체언의 파생어

4. 명사 중에는 용언의 어간(어근)에 파생 접미사가 붙어서 형성된 것이 있다.

> (A)ㄱ. 樂은 풍류니 놀애 ⓐ( ) 트렛 직죄라 [석상13:9]
>
> ㄴ. ᄒᆞ오ᅀᅡ ⓑ( ) 우ᅀᅡ 精舍ㅅ 功德 니ᄅᆞ고 [월천 기168]
>
> ㄷ. 그 새 그 거우루엣 제 그르메를 보고 ⓒ( ) 우니 [석상24:20]

(가) 예문 (A)의 ⓐ~ⓒ의 빈칸에 현대어의 ⓐ '춤(舞)', ⓑ '웃음(笑)', ⓒ '울음(泣)'에 대응되는 15세기 국어의 파생 명사의 형태를 각각 쓰시오. (단, 각 파생 명사에는 조사를 실현하지 말 것.)

ⓐ ( )   ⓑ ( )

ⓒ ( )

(나) '과제 (가)'에서 ⓐ~ⓒ를 어근과 파생 접사로 분석하시오.(단, 어근의 형태소는 기본 형태로 적을 것.)

	어근	접사
ⓐ :	㉠ ( )	㉮ ( )
ⓑ :	㉡ ( )	㉯ ( )
ⓒ :	㉢ ( )	㉰ ( )

(다) '과제 (나)'에서 ㉮~㉰에 들어갈 파생 접미사의 형태적인 특징을 현대어와 비교하여 간략히 기술하시오.

_____

_____

_____

_____

5. 예문 (A)에 실현된 ⓐ와 ⓑ의 단어 형성 방법에 대하여, (가)와 (나)에 제시된 과제를 해결하시오.

> (A)ㄱ. 네 迦毗羅國에 가아…ⓐ아자바님내씌 다 安否ᄒᆞᅀᆞᆸ고[석상6:1]
> ㄴ. ⓑ아ᄌᆞ마니믄 大愛道를 니르시니 [석상6:1]

(가) ⓐ와 ⓑ에서 조사의 형태를 제거하여, 명사의 형태를 추출하시오.

ⓐ (　　　) ⓑ (　　　)

(나) '과제 (가)'에서 추출한 명사의 짜임새를 어근과 파생 접사의 형태소 단위로 분석하시오. (단, 변동된 형태는 변동된 대로 쓸 것.)

ⓐ: ㉠ (　　　) + ㉡ (　　　) + ㉢ (　　　)

ⓑ: ㉮ (　　　) + ㉯ (　　　)

(다) '과제 (나)'에서 ㉡과 ㉢에 들어갈 파생 접사의 기능을 간략하게 설명하시오. (단, 문법 범주의 이름을 쓸 것.)

㉡: (　　　) 표현의 기능
㉢: (　　　) 표현의 기능

(라) ⓐ와 ⓑ의 파생어에 실현된 어근의 기본 형태를 각각 쓰시오.

ⓐ (　　　) ⓑ (　　　)

6. 예문 (A)에 실현된 '마쯧비'가 형성된 방법과 관련하여, 글 (B)의 빈칸에 들어갈 말을 쓰시오. (단, ㉠~㉢에 어근과 접사의 기본 형태를 쓰고, ㉮에는 품사의 명칭을 쓸 것.)

> (A) 처섬 와 *傲色 잇더니 *濟世英主ㅣ 실씨 마쯧비에 므ᄉᆞ믈 놀라니 [용가95장]
>
> *傲色(오색): 오만한 기색이다.
>
> *濟世英主(제세영주): 세상을 구할 뛰어난 임금이다.
>
> (B) '마쯧비'는 어근인 ㉠'(　　)'에 선어말 어미인 ㉡'(　　)'이/가 붙고 난 다음에, 다시 파생 접미사인 ㉢'(　　)'이/가 붙었다. 여기서 ㉡은 ㉮(　　)의 기능을 하며, ㉢은 동사 어근에 붙어서 품사가 ㉯(　　)인 새로운 단어를 파생하였다.

㉠ (　　　) ㉡ (　　　)
㉢ (　　　)
㉮ (　　　) ㉯ (　　　)

③ 용언의 파생어

7. 예문 (A)에 실현된 ⓐ와 ⓑ의 단어 형성 방법에 대하여, (가)와 (나)에 제시된 과제를 해결하시오.

> (A)ㄱ. 봆ᄇᆞᄅᆞ매 仲宣의 樓에셔 머리 ⓐ도ᄅᆞ혀 ᄇᆞ라노라[두언21:16]
> ㄴ. 범을 그리다가 일우디 몯ᄒᆞ면 ⓑ도ᄅᆞ혀 가히 ᄀᆞᆮ다 호미라[내훈1:38]

(가) 아래 글상자의 빈칸에 들어갈 말을 쓰시오. (단, ㉠과 ㉡에는 형태소의 형태를, ㉢에는 품사명을 쓰시오.)

> ⓐ의 '도ᄅᆞ혀'는 어근인 '돌-'에 파생 접미사인 ㉠'(　　)', ㉡'(　　)'이/가 차례로 붙어서 형성된 ㉮(　　)이다.

㉠ (　　　) ㉡ (　　　)
㉮ (　　　)

(나) 아래 글상자의 빈칸에 들어갈 언어적 단위의 형태를 쓰시오. (단, ㉠, ㉡, ㉢에는 형태소의 형태를, ㉣에는 품사명을 쓰시오.)

ⓑ의 '도로혀'는 어근인 '돌-'에 파생 접미
사인 ㉠'(　　　)', ㉡'(　　　)', ㉢'(　　　)'이/
가 차례로 붙어서 형성된 ㉮(　　　)이다.

㉠(　　　　)　　㉡(　　　　)

㉢(　　　　)　　㉮(　　　　)

8. 용언 어근의 끝 음절이 /르/나 /르/로 끝날
때에, 사동 접미사인 '-이-'가 결합되면 그 형
태가 특이하게 변동한다. 아래의 예문 (A)에
제시된 ⓐ~ⓓ의 빈칸에 용언 어간의 형태
를 쓰시오. (단, '어르-, 흐르-, 므르-, 오르-'에 사
동 접미사 '-이-'가 붙어서 형성된 어간의 형태
로 쓸 것.)

(A)ㄱ. 父母ㅣ 나를 北方 싸른믈 ⓐ(　　　)시
니 [월석10:23]

ㄴ. 天龍 鬼神이 이 말 듣줍고 눉믈 ⓑ
(　　　)며 [석상11:23]

ㄷ. 太子ㅣ…즐게 미틔 쉬시며 뫼ㅅ볼 사
룸 ⓒ(　　　)시고 [석상3:19]

ㄹ. 樹神이 塔을 가져와 내 게 ⓓ(　　　)고
[월석25:38]

ⓐ 어르-(娶) : (　　　　　)

ⓑ 흐르-(落) : (　　　　　)

ⓒ 므르-(退) : (　　　　　)

ⓓ 오르-(登) : (　　　　　)

9. 아래 글상자의 내용을 참조하여, (가)~(다)에
제시된 과제를 해결하시오.

'일다(成)', '살다(生)', '길다(長)'와 같은 자동
사의 어근에 각기 다른 형태의 접미사가 붙
어서 별도의 사동사가 형성될 수가 있다. 이
렇게 형성된 파생어들은 접미사의 형태에 따
라서 그 의미가 달라진다.

(가) 아래에 제시된 예문 (A)의 ⓐ와 ⓑ에
들어갈 사동사의 형태를 쓰시오. (단,

어근인 '일-'에 사동 접미사인 '-우-', '-이-',
'-ᄋ-' 등이 실현된 형태로 쓸 것.)

(A)ㄱ. 깊ᄀ샛 百姓이 큰 功을 ⓐ(　　　)ᅀ
ᄫ니 [용가57장]

ㄴ. 如來 위ᄒᅀᄫ아 精舍를 ⓑ(　　　)
ᅀᄫᅡ 지이다 [석상6:24]

ⓐ에 들어갈 어간 형태인 '(　　　)'은/는
어떤 일을 '성취함(成)'의 뜻을 나타낸다.
반면에 ⓑ에 들어갈 어간 형태인 '(　　　)'
은/는 집이나 탑과 같은 건물 등을 '세우
다(建)'의 뜻을 나타낸다.

ⓐ(　　　　)　　ⓑ(　　　　)

(나) 아래에 제시된 예문 (B)의 ⓒ와 ⓓ에
들어갈 사동사의 형태를 쓰시오. (단,
어근인 '살-'에 사동 접미사인 '-우-', '-이
-', '-ᄋ-' 등이 실현된 형태로 쓸 것.)

(B) ㄱ. 城 안해 세 델 일어 숭 ⓒ(　　　)
시니라 [월석2:77]

ㄴ. 冷水는 能히 답껴 주그닐 도로
ⓓ(　　　)ᄂ니 [법언 2:203]

ⓒ에 들어갈 어간 형태인 '(　　　)'은/는 '~
에서 살게 하다(住)'의 뜻을 나타낸다. 반
면에 ⓓ에 들어갈 어간 형태인 '(　　　)'은/
는 '목숨을 살리다(活)'의 뜻을 나타낸다.

ⓒ(　　　　)　　ⓓ(　　　　)

(다) 아래에 제시된 예문 (C)의 ⓔ와 ⓕ에
들어갈 사동사의 형태를 쓰시오. (단,
어근인 '길-'에 사동 접미사인 '-우-', '-이
-', '-ᄋ-' 등이 실현된 형태로 쓸 것.)

(C)ㄱ. 能히 홀롤 ⓔ(　　　)샤 흔 劫 밍ᄀ
ᄅ시며 [법언 5:88]

ㄴ. 太子ㅣ 져머 겨시니 뉘 ⓕ(　　　)
ᅀᄫᆞ려뇨 [석상3:3]

ⓔ에 들어갈 어간 형태인 '(   )'은/는 '길게 하다(延長)'의 뜻을 나타내는 데에 반해서, ⓕ에 들어갈 어간 형태인 '(   )' 은/는 '기르다(養)'의 뜻을 나타낸다.

ⓔ (   )   ⓕ (   )

10. 예문 (A)에서 ⓐ와 ⓑ의 단어가 형성된 방식과 관련하여, (가)와 (나)에 제시된 과제를 해결하시오.

(A)ㄱ. 婇女ㅣ 功德 닷ㄱ샤 三年을 ⓐ치오시니 [월석8:79]

ㄴ. 부텻 知見으로 衆生을 ⓑ알외오져 ᄒ시며 [월석11:115]

(가) ⓐ와 ⓑ의 뜻을 현대어로 옮기시오. (단, 기본 형태로 쓸 것.)

ⓐ 치오다: (   )
ⓑ 알외다: (   )

(나) ⓐ와 ⓑ의 용언을 형태소 단위로 분석하시오. (단, 어근, 파생 접미사의 형태를 밝히되, 각각 기본 형태로 쓸 것.)

ⓐ 치오- :
  ㉠(   )-+㉡-(   )-+㉢-(   )-

ⓑ 알외- :
  ㉠(   )-+㉡-(   )-+㉢-(   )-

11. 예문 (A)에 실현된 '니르와다'의 단어 형성 방법과 관련하여, (가)와 (나)에 제시된 과제를 해결하시오.

(A)ㄱ. 四面에 블이 ⓐ니러 갏 길히 이볼ᄊᆡ [월천22:4]

ㄴ. 須達이 이 말 듣고 부텻긔 發心을 ⓑ니르와다 언제 새어든 부텨를 가 보ᅀᆞ보려뇨 ᄒ더니 [석상6:10]

(가) ⓐ와 ⓑ의 의미를 현대어로 직역하여 옮기시오.

ⓐ 니러: (   )
ⓑ 니르와다: (   )

(나) 아래의 글에 설정된 ㉠~㉢의 빈칸에 적절한 형태소의 형태를 쓰시오.

ⓑ의 '니르와다'는 어근인 ㉠'(   )'에 파생 접미사인 ㉡'(   )'와/과 ㉢'(   )' 이/가 잇달아 붙어서, 동사의 어간인 '니르완-'을 형성하였다.

㉠(   )   ㉡(   )
㉢(   )

12. 예문 (A)에 실현된 ⓐ의 단어가 형성된 방법과 관련하여, (가)와 (나)에 제시된 과제를 해결하시오. (단, ⓐ와 ⓑ의 의미와 형태를 고려할 것.)

(A)ㄱ. 둘히 손소 줄 마조 자바 터 ⓐ되더니 [석상6:35]

ㄴ. 가ᄋᆫ ⓑ되오 ᅀᆞ는 마리라 [월석9:7]

(가) ⓐ 단어의 기본형을 밝히고, 단어의 품사를 각각 쓰시오.

㉠ 기본형 ─(   )
㉡ 품사   ─(   )

(나) ⓐ의 단어가 ⓑ의 단어에서 파생되었다고 가정할 때에, ⓐ의 단어가 형성된 방법을 한 문장으로 설명하시오.

_____

_____

_____

13. 글 (B)의 내용을 참조하여, 예시 (A)에 제시된 ⓐ~ⓗ의 어근에 피동 접미사인 '-이-, -히-, -기-'가 붙은 피동사의 형태를 빈칸에 쓰시오. (단, 피동사의 기본형으로 쓸 것.)

(A) ⓐ곶다(揷)   ⓑ굴다(磨)

ⓒ닫다(閉)   ⓓ둠다(貯)

ⓔ묶다(束)   ⓕ슶다(烹)

ⓖ앓다(痛)   ⓗ엱다(置)

(B) 15세기 국어의 피동사는 타동사 어근에 피동 접미사가 붙어서 형성되었다. 그런데 피동 접미사인 '-이-, -히-, -기-'는 그것이 붙는 어근의 음운론적 환경에 따라서 구분되어 실현되었다.

ⓐ(   )   ⓑ(   )
ⓒ(   )   ⓓ(   )
ⓔ(   )   ⓕ(   )
ⓖ(   )   ⓗ(   )

14. 예문 (A)에 실현된 ⓐ, ⓑ, ⓒ의 단어가 형성된 방법과 관련하여, (가)와 (나)에 제시된 과제를 해결하시오.

(A) ㄱ. 生死애 ⓐ믜윤 根源을 알오져 홇 딘댄 [능언5:5]

ㄴ. 使는 ⓑ히여 ᄒᆞ논 마리라 [훈언3]

ㄷ. 王이 威嚴이 업서 ᄂᆞ미 소내 ⓒ쥐여 이시며 [월석2:11]

(가) ⓐ, ⓑ, ⓒ의 용언을 어간 부분과 어미 부분으로 구분하여 그 형태를 쓰시오. (단, 변동된 형태는 변동된 대로 쓸 것.)

ⓐ믜윤 : (   )+(   )
ⓑ히여 : (   )+(   )
ⓒ쥐여 : (   )+(   )

(나) ⓐ, ⓑ, ⓒ의 용언에서 어간의 짜임새를 어근과 파생 접사의 형태로 구분하시오. (단, 변동된 형태는 변동된 대로 쓸 것.)

ⓐ(   )+(   )
ⓑ(   )+(   )

ⓒ(   )+(   )

(다) ⓐ, ⓑ, ⓒ의 용언에 실현된 파생 접미사의 기본 형태를 쓰고, 파생 접미사의 기능을 밝히시오.

①기본 형태 : (   )
②기능

_____

_____

(라) ⓐ, ⓑ, ⓒ의 용언에 실현된 파생 접미사가 기본 형태에서 변이 형태로 변동한 조건을 간략히 설명하시오.

ⓐ의 파생 접미사 :

....

....

ⓑ의 접미사 :

....

....

ⓒ의 접미사 :

....

....

15. 예문 (A)에 실현된 ⓐ, ⓑ, ⓒ, ⓓ의 단어가 형성된 방법과 관련하여, (가)~(나)에 제시된 과제를 해결하시오.

(A) ㄱ. 忠心ᄋᆞ로 슬허 눖믈 디니 비 아니 ⓐ골포시며 [월석20:54]

ㄴ. 有情이 … ⓑ믜본 사ᄅᆞ미 일홈 쓰며 얼구를 밍ᄀᆞ라 [석상9:17]

ㄷ. 天下애 ⓒ앗가톤 거시 몸 ᄀᆞᄐᆞ니 업스니이다 [석상11:19]

ㄹ. 歡樂은 ⓓ깃버 즐거볼 씨라 [석상9:34]

(가) 예문 (A)에서 ⓐ, ⓑ, ⓒ, ⓓ에 실현된 용언의 기본형을 쓰시오.

ⓐ (   )   ⓑ (   )

ⓒ (   )   ⓓ (   )

(나) 용언 ⓐ, ⓑ, ⓒ, ⓓ에 실현된 어간의 짜임새를 고려하여, 어간의 형태를 어근과 파생 접사의 형태로 구분하시오. (단, 어근의 형태는 기본 형태로 쓰고, 파생 접사의 형태는 변동된 대로 쓸 것.)

ⓐ : (   )-+-(   )-

ⓑ : (   )-+-(   )-

ⓒ : (   )-+-(   )-

ⓓ : (   )-+-(   )-

16. 예문 (A)에 실현된 '스랑ᄒᆞ디'의 단어가 형성된 방법과 관련하여, (가)와 (나)에 제시된 과제를 해결하시오.

(A) 므ᅀᆞ미 無常을 보면 一切 法이 다 足히
    ⓐ스랑ᄒᆞ디 아니커늘 [법언2:111]

(가) '스랑ᄒᆞ디'를 형태소 단위로 분석하였을 때에, 다음의 빈칸에 들어갈 형태를 쓰시오.

ⓐ 스랑ᄒᆞ디 :
    ㉠ (   ) + ㉡-(   )- +
    ㉢-(   )-+㉣-(   )

(나) 위의 '과제 (가)'에서 ㉡과 ㉢의 빈칸에 들어갈 파생 접미사의 기능과 관련하여, 다음의 빈칸에 들어갈 말을 쓰시오. (단, 빈칸에는 품사의 명칭을 쓸 것.)

① ㉡의 접미사 :
    ⇨㉮ (   )를 ㉯ (   )로 파생

② ㉢의 접미사 :
    ⇨㉰ (   )를 ㉱ (   )로 파생

17. 15세기 국어의 파생법과 관련하여, 글 (A)에 제시된 파생어를 참조하여 글 (B)의 빈칸에 들어갈 말을 쓰시오. (단, 빈칸에는 음운론적 환경을 쓸 것.)

(A) '疑心ᄃᆞᆸ다, 쥬변ᄃᆞᆸ다 ; 새롭다, 겨르롭다 ; 네롭다, 조ᅀᆞ롭다'는 명사 어근에 파생 접미사인 '-ᄃᆞᆸ-', '-롭-', '-롭-' 등이 붙어서 형성된 형용사이다.

(B) 파생 접미사인 '-ᄃᆞᆸ-'은 ㉠ (/)을/를 제외한 ㉡ (   )(으)로 끝나는 어근 뒤에서 실현된다. 반면에 '-롭-'은 ㉢ (/)(이)나 ㉣ (   )(으)로 끝나는 어근 뒤에서 실현된다.

따라서 변이 형태가 교체되는 조건으로 보면, '-ᄃᆞᆸ-'과 '-롭-'은 '음운론적으로 조건된 변이 형태'이다. 그리고 접미사인 '-롭-'은 접미사인 '-롭-'과 수의적으로 교체된다.

㉠ (   )   ㉡ (   )

㉢ (   )   ㉣ (   )

④ **수식언의 파생어**

18. 예문 (A)에 실현된 '모ᄃᆞᆫ'과 '오ᄋᆞᆫ'의 단어가 형성된 방법과 관련하여, 아래의 (가)~(다)에 제시된 과제를 해결하시오.

(A) ㄱ. ᄒᆞᆫ 낱 머릿 터러글 ⓐ모ᄃᆞᆫ 하늘히 언ᄌᆞᄫᅡ [용가91장]
    ㄴ. ⓑ오ᄋᆞᆫ ꞏ뉫ꞏ옛 어느 사ᄅᆞ미 이 맛 아ᄂᆞ 뇨 [영남 하:8]

(가) 예문 (A)에 실현된 ⓐ'모ᄃᆞᆫ(全)'과 ⓑ '오ᄋᆞᆫ(全)'의 품사명을 쓰시오.

ⓐ모든 : (   )

ⓑ오은 : (   )

(나) '모든'과 '오은'을 어근과 파생 접사의 형태로 분석하시오.(단, 어근은 기본 형태로 쓰고, 파생 접사는 변동된 대로 쓸 것.)

ⓐ모든 : ㉠(   )- + ㉡-(   )

ⓑ오은 : ㉠(   )- + ㉡-(   )

(다) '모든'과 '오은'에서 어근의 품사명을 각각 쓰시오.

ⓐ'모든' : (   )

ⓑ'오은' : (   )

(라) '모든'과 '오은'에 실현된 파생 접사의 문법적인 성격을 다음과 같이 설명하였다. 빈칸에 들어갈 문법적인 단위의 명칭을 쓰시오.(단, 학교 문법상의 문법적인 명칭을 상세하게 쓸 것.)

> ⓐ와 ⓑ에 쓰인 파생 접사들은 원래는 ㉠(   )이었는데, '모든'과 '오은'을 형성하는 파생 접미사로 기능이 바뀌었다.

㉠(   )

19. 예문 (A)에 실현된 '훤츨히'와 'ㄱ드기'의 단어가 형성되는 과정과 관련하여, (가)와 (나)에 제시된 과제를 해결하시오.

> (A)ㄱ. 다ᄅᆞᆫ가 疑心ᄒᆞ야 分別ᄒᆞ던 ᄠᅳ디 ⓐ훤츨히 업스리라 [능언2:58]
>
> ㄴ. 倉庫ㅣ ⓑㄱ드기 넘찌고 [석상9:20]
>
> (B) 파생 부사 중에는 제1차적 파생과 제2차적 파생을 거쳐서 형성되는 것이 있다. 결과적 이들 파생 부사는 어근에 서로 다른 기능의 파생 접사가 붙어서 형성된 것이다.

(가) ⓐ의 '훤츨히'와 ⓑ의 'ㄱ드기'의 짜임새를 다음과 같이 분석하였다. 아래의 빈칸에 들어갈 어근과 파생 접사의 형태를 쓰시오.

ⓐ 훤츨히 :

㉠(   )어근 + ㉡(   )접사 + ㉢(   )접사

ⓑ ㄱ드기 :

㉮(   )어근 + ㉯(   )접사 + ㉰(   )접사

(나) 어근의 기능과 관련해서 아래의 ㉠에 들어갈 문법 용어를 쓰시오.

> '훤츨히'와 'ㄱ드기'의 어근은 단독으로 쓰이는 예가 없어서, 어근의 품사나 의미를 결정하기가 어렵다. 이러한 어근을 ㉠'(   ) 어근'이라고 한다.

㉠(   )

(다) 파생 부사인 '훤츨히'와 'ㄱ드기'가 형성되는 과정에서 일어난 음운 변동의 명칭을 10음절 이내로 쓰시오.

① 훤츨히 :

② ㄱ드기 :

20. 예문 (A)에 실현된 ⓐ~ⓒ의 파생 부사가 형성된 방법(단어 형성법)과 관련하여, (가)와 (나)에 제시된 과제를 해결하시오.

> (A)ㄱ. 흔쁴 ᄂᆞ는 나뵈ᄂᆞᆫ ⓐ본ᄃᆡ로 서르 좃고 [두언15:32]
>
> ㄴ. ⓑᄆᆞᆾ내 제 ᄠᅳ들 시러 펴디 몯ᄒᆞᇙ 노미 하니라 [훈언2]

ㄷ. 禮數를 群臣 봄과 ⓒ달이 ㅎ더시니라
[두언24:23]

(가) ⓐ의 '본딕로', ⓑ의 'ᄆᆞᄎᆞᆷ내', ⓒ의 '달이'를 어근의 형태와 파생 접사의 형태로 구분하시오.(단, 어근은 기본 형태로 쓰고, 형태소의 자립성 여부는 고려하지 말 것.)

ⓐ 본딕로 :
ㄱ(   )＋ㄴ(   )

ⓑ ᄆᆞᄎᆞᆷ내 :
ㄱ(   )＋ㄴ(   )＋ㄷ(   )

ⓒ 달이 :
ㄱ(   )＋ㄴ(   )

(나) ⓐ, ⓑ, ⓒ의 단어에서 어근의 품사를 밝히고, 어근에 붙은 파생 접사가 '한정적 접사'인지 '지배적 접사'인지 밝히시오.(단, ㄱ~ㄷ에는 품사의 명칭을 쓰고, ㉮~㉰에는 접사의 유형을 쓸 것.)

ⓐ 본딕로 :
ㄱ(   )—㉮(   ) 접사

ⓑ ᄆᆞᄎᆞᆷ내 :
ㄴ(   )—㉯(   ) 접사

ⓒ 달이 :
ㄷ(   )—㉰(   ) 접사

21. 예문 (A)에 실현된 ⓐ와 ⓑ의 단어가 형성된 방법과 관련하여, (가)~(다)에 제시된 과제를 해결하시오.

(A)ㄱ. 네 사괴ᄂᆞᆫ ᄠᅳᆮ 엇뎨 오히려 ⓐ새로이 ㅎᄂᆞ뇨 [두언9:23]

ㄴ. ⓑ마초아 흥졍바지 舍衛國으로 가리 잇더니 [석상6:15]

(가) ⓐ와 ⓑ를 형태소 단위로 분석하시오.

(단, 어근과 접사는 기본 형태로 쓸 것.)

ⓐ 새로이 :
ㄱ(   )＋ㄴ(   )＋ㄷ(   )

ⓑ 마초아 :
㉮(   )＋㉯(   )＋㉰(   )

(나) '과제 (가)'에서 추출한 ⓐ와 ⓑ 어근의 품사를 쓰시오.

[1] 어근 ⓐ의 품사 : (   )
[2] 어근 ⓑ의 품사 : (   )

(다) '과제 (가)'에서 추출한 파생 접미사의 기능을 간략하게 기술하시오.

[1] 접미사 ㄴ의 기능 : (   )
[2] 접미사 ㄷ의 기능 : (   )
[3] 접미사 ㉯의 기능 : (   )
[4] 접미사 ㉰의 기능 : (   )

22. 예문 (A)에 실현된 '곧'의 단어 형성 방법에 관하여, (가)와 (나)에 제시된 과제를 해결하시오.

(A)ㄱ. 하ᄂᆞᆯ 벼리 눈 ⓐ곧 디니이다 [용가50장]

ㄴ. ᄒᆞᆯ로 二十 里를 녀시ᄂᆞ니 轉輪王이 녀샤미 ⓑ ᄀᆞᆮ시니라 [석상6:23]

(가) ⓐ의 '곧'이 나타내는 의미를 현대어로 옮기고, 품사의 명칭을 쓰시오.

ㄱ 의미 : (   )
ㄴ 품사 : (   )

(나) ⓐ의 '곧'을 어근에 파생 접미사가 붙어서 형성된 단어로 볼 때에, 어근의 기본 형태와 품사를 쓰시오.(단, ⓑ의 의미, 형태, 품사를 감안할 것.)

ㄱ 기본 형태 : (   )
ㄴ 품사 :   (   )

(다) ⓐ의 '근'이 형성된 과정을 ⓑ의 'ᄀ
    튼시니라'와 관련시켜서, 간략히 설명
    하시오.

_____

_____

23. 예문 (A)의 ⓐ와 ⓑ에 실현된 파생 접미사의
    기능과 관련하여, 글 (B)의 빈칸에 들어갈
    말을 쓰시오. (단, ㉠, ㉡, ㉢, ㉣에는 형태소의
    형태를 쓰고, ㉮에는 문법적인 단위(성분절)의
    명칭을 쓸 것.)

┌─────────────────────────────────────┐
│ (A)ㄱ. 그제사 王이 즁님내씌 우브터 아래 ⓐ│
│   니르리 손소 진지ᄒᆞ야 供養ᄒᆞ고   │
│   [석상24:48]   │
│   │
│   ㄴ. 그 가온ᄃᆡ 구룺 氣運이 ᄂᆞᄂ 龍을 ⓑ │
│   조초 잇도다 [두언16:32]   │
│   │
│ (B) 파생 접미사가 굴절 접사처럼 기능하는 │
│   특수한 경우가 있다. 예를 들어서 '니르   │
│   리'는 어근인 ㉠'(   )'에 파생 접미사 │
│   인 ㉡'(   )'이/가 붙었는데, 이때에 어 │
│   근인 ㉠은 주어인 '王'과 부사어인 '우브   │
│   터 아래'에 대하여 서술어로 기능한다.   │
│   │
│   그리고 '조초'는 어근인 ㉢'(   )'에 │
│   파생 접미사인 ㉣'(   )'이/가 붙었는   │
│   데, 이때에 어근인 ㉢은 주어인 '氣運이'   │
│   와 목적어인 '龍을'에 대하여 서술어로   │
│   기능한다.   │
│   │
│   따라서 '니르리'와 '조초'는 통사적인   │
│   특징으로 볼 때에, 문장에서 ㉮(   )   │
│   을/를 형성하는 기능한다.   │
└─────────────────────────────────────┘

㉠(   )   ㉡(   )
㉢(   )   ㉣(   )
㉮(   )

24. 예문 (A)에 실현된 ⓐ, ⓑ, ⓒ, ⓓ의 단어가
    형성된 방식과 관련하여, (가)~(다)에 제시된
    과제를 해결하시오.

┌─────────────────────────────────────┐
│ (A)ㄱ. ⓐ그르 알면 外道ㅣ오 正히 알면 부톄 │
│   시니라 [월석1:51]   │
│   │
│   ㄴ. 흐다가 ⓑᄀᆞᄆᆞ라 비 아니 오ᄂ 짜히 │
│   잇거든 [월석10:84]   │
│   │
│   ㄷ. 묏도ᄌᆞ기 와 주기며 아ᅀᅡ ⓒ거싀 기튼 │
│   거시 업도다 [두언25:37]   │
│   │
│   ㄷ. 玉을 그스며 金을 허리예 ⓓ씌여 님그 │
│   믈 갑습ᄂ 모미로다 [두언23:10]   │
└─────────────────────────────────────┘

(가) ⓐ~ⓓ 단어의 품사를 각각 밝히시오.

    ⓐ 그르 : (   )
    ⓑ ᄀᆞᄆᆞ라 : (   )
    ⓒ 거싀 : (   )
    ⓓ 씌여 : (   )

(나) ⓐ~ⓓ의 단어를 파생어로 처리할 때
    에, 이들 파생어를 형성하는 어근의
    형태와 품사를 각각 쓰시오. (단, 어근
    형태가 의존성을 띨 때에는 붙임표('-')를
    사용하여 표시할 것.)

                어근의 형태   어근의 품사
    ⓐ 그르 : (   ) ― (   )
    ⓑ ᄀᆞᄆᆞ라 : (   ) ― (   )
    ⓒ 거싀 : (   ) ― (   )
    ⓓ 씌여 : (   ) ― (   )

(다) ⓐ~ⓓ의 단어가 어근에 '무형의 파생
    접사'가 실현되어서 형성되었다고 가
    정한다면, 각 단어에 실현된 '무형의
    파생 접사'의 기능을 설명하시오.

    ⓐ (   )
    ⓑ (   )
    ⓒ (   )
    ⓓ (   )

25. 예문 (A)에 실현된 '더'와 '다'의 단어가 형성된 방법과 관련하여, (가)와 (나)에 제시된 과제를 해결하시오. (단, 예문 (B)에 실현된 ⓒ와 ⓓ의 형태와 의미를 참조할 것.)

> (A)ㄱ. 太子ㅣ …須達이ᄃ려 닐오디 金을 ⓐ더 내디 말라 [석상6:26]
>
> ㄴ. 놈이 나아간ᄃᆞᆯ 百姓ᄃᆞᆯ히 놈을 ⓑ다 조ᄎᆞ니 [월천 기11]
>
> (B)ㄱ. 이 法을 流布ᄒᆞ야 너비 ⓒ더으게 ᄒᆞ라 [월석18:15]
>
> ㄴ. 하ᄂᆞᆳ 목수미 ⓓ다ᄋᆞ면 도로 人間애 나아 [석상9:19]

(가) 다음의 빈칸에 들어갈 말을 쓰시오. (단, ㉠과 ㉢에는 용언의 어근이나 어간의 형태를 쓰고, ㉡과 ㉣에는 파생 접미사나 어미의 형태를 쓸 것.)

> ⓐ의 '더'는 어근인 ㉠'( )'에 파생 접미사인 ㉮'( )'이/가 붙어서 형성된 부사이다. 그리고 ⓑ의 '다'는 어근인 ㉡'( )'에 파생 접미사인 ㉯'( )'이/가 붙어서 형성된 부사이다.
>
> 여기서 ㉮와 ㉯는 원래는 용언의 연결 어미였는데, 여기서는 파생 접미사로 기능하였다.

㉠( ) ㉮( )
㉡( ) ㉯( )

(나) '과제 (가)'의 내용을 참조하여, 파생 부사인 '더'와 '다'의 단어가 형성되는 과정에서 공통적으로 일어난 음운의 변동 현상의 명칭을 쓰시오.

( )

⑤ 관계언의 파생어

26. 15세기 국어에서 부사격 조사인 '-ᄭᅴ'와 '-ᄃ려'의 단어 형성 방법과 관련하여, 글 (B)의 빈칸에 들어갈 말을 쓰시오. (단, ㉠~㉢에는 품사의 명칭을 쓰고, ㉣에는 동사의 활용형을 가리키는 명칭을 쓸 것.)

> (A)ㄱ. 阿難과 모든 大衆이 …ⓐ부텨ᄭᅴ 禮數ᄒᆞᅀᆞ와 [능언2:1]
>
> ㄴ. 婆羅門이 그 ⓑ똘ᄃ려 닐ᄋᆞ샤디 [석상6:14]
>
> (B) ⓐ에 실현된 '-ᄭᅴ'와 ⓑ에 실현된 '-ᄃ려'의 품사는 둘 다 ㉠( )이다. 그런데 '-ᄭᅴ'와 '-ᄃ려'는 동일한 품사이지만, 단어의 형성 방법이 서로 다르다. 첫째로 '-ᄭᅴ'는 ㉡( )인 '-ㅅ'에 ㉢( )인 '과'가 붙어서 형성된 부사격 조사이다. 둘째로 '-ᄃ려'는 동사인 '드리다'의 ㉣( )인 'ᄃ려'가 부사격 조사로 파생하였다.

㉠( ) ㉡( )
㉢( ) ㉣( )

27. 예문 (A)에 실현된 ⓐ, ⓑ, ⓒ, ⓓ의 조사가 형성되는 방법과 관련하여, (가)와 (나)에 제시된 과제를 해결하시오.

> (A)ㄱ. ⓐ阿鼻地獄브터 有頂天에 니르시니 [석상13:16]
>
> ㄴ. 世尊이 ⓑ文殊師利ᄃ려 니ᄅᆞ샤디 [석상9:11]
>
> ㄷ. 受苦ᄅᆞᄫᅵ요미 ⓒ地獄두고 더으니 [월석1:21]
>
> ㄹ. 夫人도 목수미 열 ⓓ돌ᄒᆞ고 닐웨 기터 겨샷다 [월석2:13]

(가) 예문 (A)의 ⓐ~ⓓ에 쓰인 조사를 격조사와 접속 조사, 보조사로 하위 분류하시오. (단, 격조사는 기능에 따라서 '주격 조사, 목적격 조사' 등으로 분류하시

오.)

ⓐ 브터 : (　　　　)

ⓑ 드려 : (　　　　)

ⓒ 두고 : (　　　　)

ⓓ ᄒᆞ고 : (　　　　)

(나) 예문 (A)에 쓰인 '-브터, -드려, -두고, -ᄒᆞ고'의 단어를 형태소 단위로 분석하되, 어근과 파생 접사로 구분하시오. (어근과 접사는 기본 형태로 쓸 것.)

	어근	파생 접사
ⓐ 브터 :	㉠(　　) +	㉡(　　)
ⓑ 드려 :	㉢(　　) +	㉣(　　)
ⓒ 두고 :	㉤(　　) +	㉥(　　)
ⓓ ᄒᆞ고 :	㉦(　　) +	㉧(　　)

28. 예문 (A)에 실현된 '-인들'과 '-이드록'의 단어가 형성된 과정과 관련하여, 글 (B)의 빈칸에 들어갈 말을 쓰시오. (단, ㉠과 ㉡에는 품사의 명칭을 쓰되, 특정 품사의 하위 갈래의 명칭을 가능한 구체적으로 쓸 것.)

(A) ㄱ. 四海를 平定ᄒᆞ샤 길 우희 糧食 니저니 ⓐ塞外北狄인들 아니 오리잇가 [용가53장]

ㄴ. 將士를 도와주샤 ⓑ밦듕이드록 자디 아니ᄒᆞ시며 [내훈2 하:38]

(B) ⓐ의 '-인들'과 ⓑ의 '-이드록'은 ㉠(　　)의 어간인 '-이-'에 연결 어미인 '-ㄴ들'과 '-드록'이 붙어서 파생된 ㉡(　　)이다. 이때 '-ㄴ들'과 '-드록'은 원래는 연결 어미였는데, ⓐ와 ⓑ에서는 파생 접사로 기능한 것이다.

㉠(　　　)　㉡(　　　)

⑥ 파생어의 종합 문제

29. (A)의 <현대어의 분석 예시>처럼 (B)에 제시된 ⓐ~ⓣ의 단어의 짜임새를 어근의 형태와 파생 접사의 형태로 구분하시오. (단, 어근과 파생 접사의 형태는 기본 형태로 쓰고, 어근의 품사를 밝힐 것.)

(A) **현대어의 분석 예시**

· 넓히다 :

[넓(어근 : 형용사) + -히(파생 접사)] + -다

· 많이 :

[많(어근 : 형용사) + -이(파생 접사)]

(B) ⓐ 곳답다(香)　　ⓑ 그듸내(汝等)

ⓒ 깃브다(喜)　　ⓓ 깃비(快)

ⓔ 눗가이(賤)　　ⓕ 녀토다(淺)

ⓖ 녇갑다(淺)　　ⓗ 니르받다(起)

ⓘ 달이(異)　　ⓙ 더위잡다(執)

ⓚ 마ᄆᆞᆯ다(燥)　　ⓛ 머추다(止)

ⓜ 비르수(始)　　ⓝ 버히다(斬)

ⓞ 受苦ᄅᆞᄫᅵ　　ⓟ 슬피(哀)

ⓠ ᄲᆞᆯ리(速)　　ⓡ 에굳다(堅)

ⓢ 이바디(宴)　　ⓣ 프성귀(草)

ⓐ 곳답다 :

ⓑ 그듸내 :

ⓒ 깃브다 :

ⓓ 깃비 :

ⓔ 눗가이 :

ⓕ 녀토다 :

ⓖ 녇갑다 :

ⓗ 니르받다 :

ⓘ 달이 :

ⓙ 더위잡다 :

ⓚ 마ᄆᆞᆯ다 :

ⓛ 머추다 :

ⓜ 비르수 :

ⓝ 버히다 :

ⓞ 受苦ᄅᆞᆸ이 :

ⓟ 슬피 :

ⓠ 샐리 :

ⓡ 에굳다 :

ⓢ 이바디 :

ⓣ 프성귀 :

30. (A)의 <현대어의 분석 예시>처럼 (B)에 제시된
단어의 짜임새를 어근과 접사로 분석하시오. 그
리고 분석한 파생 접사를 어휘적 접사와 통사적
접사로 구분하시오. (단, 어근과 파생 접사는 기
본 형태로 쓸 것.)

(A)	<현대어의 분석 예시>
· 줄넘기 :	
[줄(어근 : 명사) + 넘(어근 : 동사) + -기(통사적 접사]	
· 넓히다 :	
[넓(어근 : 형용사) + -히(통사적 접사)] + -다	

(B)
　ⓐ 고비(曲)　　　ⓑ 과굴이(急)
　ⓒ 기동(柱)　　　ⓓ 곪다(竝)
　ⓔ ᄀᆞᆺᄀᆞᆺᄒᆞ다(淨)　ⓕ ᄀᆞᆺ브다(疲)
　ⓖ 남ᄌᆞ기(許與)　ⓗ 두려디(圓)
　ⓘ 므겁다(重)　　ⓙ ᄆᆞᄎᆞᆷ(終)
　ⓚ 브즈런ᄒᆞ다(勤)　ⓛ 세우(强)
　ⓜ 수비(易)　　　ⓝ 아ᄋᆞ로(竝)
　ⓞ 연치다(置)　　ⓟ 저프다(恐)
　ⓠ ᄌᆞ올아비(親)　ⓡ 치뷔(寒)

ⓐ 고비 :

ⓑ 과굴이 :

ⓒ 기동 :

ⓓ 곪다 :

ⓔ ᄀᆞᆺᄀᆞᆺᄒᆞ다 :

ⓕ ᄀᆞᆺ브다 :

ⓖ 남ᄌᆞ기 :

ⓗ 두려디 :

ⓘ 므겁다 :

ⓙ ᄆᆞᄎᆞᆷ :

ⓚ 브즈런ᄒᆞ다 :

ⓛ 세우 :

ⓜ 수비 :

ⓝ 아ᄋᆞ로 :

ⓞ 연치다 :

ⓟ 저프다 :

ⓠ ᄌᆞ올아비 :

ⓡ 치뷔 :

2.3.4. 합성어와 파생어의 겹침

1. 예시 (A)에 제시된 단어 ⓐ, ⓑ의 짜임새와 관련하여, (가)와 (나)에 제시된 과제를 해결하시오.

> (A) ⓐ 모심기 (모내기, 移秧)
>
> ⓑ 고키리 (코끼리, 象)

(가) ⓐ의 '모심기'와 ⓑ의 '고키리'를 어근과 파생 접사로 구분하시오. (단, 아래에 제시된 <현대어의 분석 예시>의 방법을 따라서, 어근과 파생 접사의 형태소를 기본 형태로 쓰고, 어근의 품사를 밝힐 것.)

> <현대어의 분석 예시>
>
> · 줄넘기: [줄(어근: 명사)+넘(어근: 동사)+-기(파생 접사)]

ⓐ 모심기 : [   ]
ⓑ 고키리 : [   ]

(나) '모심기'와 '고키리'의 단어가 형성되는 과정에서, 어근과 파생 접사가 결합할 때에 일어나는 음운 변동의 명칭을 쓰시오.

ⓐ 모심기 : (   )
              (   )
ⓑ 고키리 : (   )

2. 복합어의 짜임새와 관련하여, ①~⑧의 짜임새를 갖춘 복합어를 예시 (A)에서 찾아서, ⓐ~ⓗ의 부호를 쓰시오. (단, 아래의 (B)에 제시된 약어를 참조할 것.)

> (A) ⓐ 녀나믄   ⓑ 죽사리
>
> ⓒ 마ᅀᆞ나믄   ⓓ 아니한
>
> ⓔ 밥머기   ⓕ 일졈그리
>
> ⓖ 믈투기   ⓗ 겹겨비
>
>
> (B) · 명접: 명사 파생 접미사
>
> · 관접: 관형사 파생 접미사
>
> · 부접: 부사 파생 접미사

① { [어근$_{명사}$+어근$_{동사}$]+-이$_{명접}$ }의 짜임
  ― (   )

② { [어근$_{명사}$+어근$_{동사}$]+-기$_{명접}$ }의 짜임
  ― (   )

③ { [어근$_{부사}$+어근$_{형용사}$]+-ㄴ$_{관접}$ }의 짜임
  ― (   )

④ { [어근$_{명사}$+어근$_{동사}$]+-ㄴ$_{관접}$ }의 짜임
  ― (   )

⑤ { [어근$_{수사}$+어근$_{동사}$]+-ㄴ$_{관접}$ }의 짜임
  ― (   )

⑥ { [어근$_{부사}$+어근$_{동사}$]+-이$_{부접}$ }의 짜임
  ― (   )

⑦ { [어근$_{동사}$+어근$_{동사}$]+-이$_{명접}$ }의 짜임
  ― (   )

⑧ { [어근$_{명사}$+어근$_{명사}$]+-이$_{부접}$ }의 짜임
  ― (   )

3. 예시 (A)에 제시된 단어를 (B)의 <현대어의 분석 예시>처럼 어근과 접사의 단위로 분석하고, 어근의 품사를 밝히시오. (단, 어근과 파생 접사는 기본 형태로 쓸 것.)

(A) ⓐ 궂블기   ⓑ 갈쓰기
     ⓒ 겨스사리   ⓓ 근업시
     ⓔ 낫나치   ⓕ 녀름지싀
     ⓖ 놉눗가비   ⓗ 댱가드리
     ⓘ 머리갓기   ⓙ 뫼사리
     ⓚ 므즈미   ⓛ 쓰서리
     ⓜ 일져므리   ⓝ 거름거리
     ⓞ 힛도디

(B) <현대어의 분석 예시>
     · 줄넘기 : {[줄(어근: 명사)+넘(어근: 동사)]+-기(명사 파생 접사}

ⓐ 궂블기 :

ⓑ 갈쓰기 :

ⓒ 겨스사리 :

ⓓ 근업시 :

ⓔ 낫나치 :

ⓕ 녀름지싀 :

ⓖ 놉눗가비 :

ⓗ 댱가드리

ⓘ 머리갓기 :

ⓙ 뫼사리 :

ⓚ 므즈미 :

ⓛ 쓰서리 :

ⓜ 일져므리 :

ⓝ 거름거리 :

ⓞ 힛도디 :

4. 예시 (A)의 복합어가 형성된 방식과 관련하여, 글 (B)의 빈칸에 들어갈 ⓐ~ⓗ의 부호를 쓰시오.

(A) ⓐ 갈쓰기   ⓑ 겨스사리
     ⓒ 고키리   ⓓ 녀름지싀
     ⓔ 아기나히   ⓕ 뫼사리
     ⓖ 므즈미   ⓗ 힛도디

(B) 예시 (A)에 제시된 복합어는 어근₁과 어근₂가 결합하여 합성어를 형성한 다음에, 다시 파생 접미사가 붙어서 명사가 된 단어이다. 이들 단어에 실현된 어근₁과 어근₂는 통사론적으로 다음과 같은 관계에 있다. 곧, ㉠( )의 단어에서는 '주어—서술어'의 관계가, ㉡( )의 단어에서는 '목적어—서술어'의 관계가, ㉢( )의 단어에서는 '부사어—서술어'의 관계가 나타난다.

㉠( )   ㉡( )
㉢( )

5. (A)의 복합어의 짜임새를 (B)와 같이 분석하였다. (B)의 빈칸에 들어갈 형태소를 쓰시오. (단, 변동된 형태소는 기본 형태로 쓰고, 각 형태소의 자립성은 고려하지 말 것.)

(A) ⓐ 우숨우싀   ⓑ 거름거리

(B) ⓐ : {㉠( )+㉡( )+

ㄷ(   )+ㄹ(   )}

ⓑ: {ㄱ(   )+ㄴ(   )+

ㄷ(   )+ㄹ(   )}

ⓐ: ㄱ(   )   ㄴ(   )

ㄷ(   )   ㄹ(   )

ⓑ: ㄱ(   )   ㄴ(   )

ㄷ(   )   ㄹ(   )

2.3.5. 복합어의 음운 변동 현상

① 합성어의 음운 변동 현상

1. 예시 (A)에서 ⓐ~ⓩ는 어근과 어근이 합쳐
   져서 형성된 합성어이다. 이들 합성어가 형
   성되는 과정에서 나타나는 형태의 변동 양
   상을 설명하시오. (단, (B)의 조건과 예시에 따
   라서 기술하시오.)

(A) ⓐ 가막가치   ⓑ 가슴며살다

ⓒ 구르비   ⓓ 나사가다

ⓔ 녀나믄   ⓕ 대밭

ⓖ 대범   ⓗ 됴쿳다

ⓘ 드나들다   ⓙ 드라들다

ⓚ 메밧다   ⓛ 므너흘다

ⓜ 믓결   ⓝ 바룻믈

ⓞ 빗나다   ⓟ 비슬ㅎ

ⓠ 사나올   ⓡ 아라우ㅎ

ⓢ 암둘마기   ⓣ 여닐굽

ⓤ 여나믄   ⓥ 한숨

ⓦ 어버싀

(B) <조건과 예시>

• 아래의 예시에 따라서 음운의 '탈락', '교
체', '축약' 등으로 쓸 것.

① 므쇼:

(분석) [믈-+쇼]

(변동) 탈락: /ㄹ/의 탈락

② 븓질긔다:

(분석) [븥-+질긔-]

(변동) 교체: /ㅌ/→/ㄷ/

③ 수퉑: [수ㅎ+둙]

(변동) 축약: /ㅎ/+/ㄷ/→/ㅌ/

④ 빗곳: [비+(-ㅅ)+곳]

(변동) 교체: /ㅈ/→/ㅅ/

ⓐ 가막가치   [   ]

[   ]

ⓑ 가슴며살다   [   ]

[   ]

ⓒ 구르비   [   ]

[   ]

ⓓ 나사가다   [   ]

[   ]

ⓔ 녀나믄   [   ]

[   ]

ⓕ 대밭   [   ]

[   ]

ⓖ 대범   [   ]

[   ]

ⓗ 됴쿳다   [   ]

[   ]

ⓘ 드나들다   [   ]

[   ]

ⓙ 드라들다   [   ]

[   ]

ⓚ 메밧다   [   ]

[   ]

ⓛ 므너흘다 [   ]

[   ]

ⓜ 믓결 [   ]

ⓝ 바룻믈 [   ]

[   ]

ⓞ 빗나다 [   ]

[   ]

ⓟ 빗슬ㅎ [   ]

[   ]

ⓠ 사나올 [   ]

[   ]

ⓡ 아라우ㅎ [   ]

[   ]

ⓢ 암둘마기 [   ]

[   ]

ⓣ 여닐굽 [   ]

[   ]

ⓤ 여나믄 [   ]

[   ]

ⓥ 한숨 [   ]

[   ]

ⓦ 어버싀 [   ]

[   ]

② 파생어의 음운 변동 현상

2. 예시 (A)에서 ⓐ~ⓛ은는 어근에 파생 접사가 붙어서 형성된 파생어이다. 이들 파생어가 형성되는 과정에서 나타나는 형태의 변동 양상을 설명하시오. (단, (B)의 조건과 예시에 따라서 기술하시오.)

(A) ⓐ ᄀᄃ기(滿)   ⓑ 구믈어리다(遲)

ⓒ 구지람(叱責)   ⓓ 늘애(翼)

ⓔ 더뷔(暑)   ⓕ 븟이다(注)

ⓖ 어려비(難)   ⓗ 처섬(初)

ⓘ ᄆ야지(새끼말)   ⓙ 올이다(登)

ⓚ 웃보다(笑)   ⓛ ᄎ뿔(찹쌀)

(B) <현대어의 분서 예시>

· 겨우내 :

(분석) [겨울(어근)+내(파생 접사)]

(변동) 어근의 끝소리인 /ㄹ/이 탈락함.

· 흘리다 :

(분석) [흐르(어근)+-이(파생 접사)-]-+-다

(변동) 어근의 끝소리인 /ㅡ/이 탈락하고 /ㄹ/이 첨가됨.

ⓐ (분석) :

(변동) :

ⓑ (분석) :

(변동) :

ⓒ (분석) :

(변동) :

ⓓ (분석) :

(변동) :

ⓔ (분석) :

(변동) :

ⓕ (분석) :

(변동) :

ⓖ (분석) :

(변동) :

ⓗ (분석) :

　(변동) :

ⓘ (분석) :

　(변동) :

ⓙ (분석) :

　(변동) :

ⓚ (분석) :

　(변동) :

ⓛ (분석) :

　(변동) :

제3장 문장

3.1. 문장 성분

1. 예문 (A)에 실현된 ⓐ~ⓝ의 문장 성분과 관련하여, (가)와 (나)에 제시된 과제를 해결하시오.

> (A)ㄱ. 王子 기르수온 어미 ⓐ호나 아닐씨 [법언 3:97]
>
> ㄴ. 믈읏 貪欲앳 브리 이 ⓑ블라와 더으니라 [월석10:14]
>
> ㄷ. 山이 草木이 ⓒ軍馬ㅣ 두븽니이다 [용가98장]
>
> ㄹ. 골폰 빅도 브르며 헌 옷도 ⓓ새 굳호리니 [월석8:100]
>
> ㅁ. 내 모미 ⓔ長者ㅣ 怒를 맛나리라 [월석8:98]
>
> ㅂ. ⓕ너도 쏘 이 곧호다 [능언2:23]
>
> ㅅ. 뎌는 호오사 ⓖ사룸 아니가 [내훈2 상:16]
>
> ㅇ. 브야미 ⓗ가칠 므러 [용가7장]
>
> ㅈ. 손밠 가락 수싀예 가치 니서 ⓘ그려긔 발 근투시며 [월석2:40]
>
> ㅊ. ⓙ아소 님하 도람 드르샤 괴오쇼셔 [악궤 정과정]
>
> ㅋ. 우는 ⓚ聖女ㅣ여 슬허 말라 [월석21:21]
>
> ㅌ. 이 世界ㅅ 겨지비 … 蓮 모새 ⓛ곳 다 드릿면 [월석7:61]
>
> ㅍ. 이 지븨 ⓜ사눈 얼우니며 아히며 現在 未來 百千歲 中에 惡趣를 기리 여희리니 [월석21:99]
>
> ㅎ. ⓝ내 … 妻眷 두외얀 디 三年이 몯 차이셔 [석상6:4]

(가) 예문 (A)에 제시된 ⓐ~ⓛ의 문장 성분의 명칭을 각각 쓰시오.

ⓐ (   ) ⓑ (   )
ⓒ (   ) ⓓ (   )
ⓔ (   ) ⓕ (   )
ⓖ (   ) ⓗ (   )
ⓘ (   ) ⓙ (   )
ⓚ (   ) ⓛ (   )
ⓜ (   ) ⓝ (   )

(나) 예문 (A)에 제시된 ⓐ~ⓝ의 문장 성분의 유형과 관련하여, 아래의 글에 제시된 ㉠~㉢의 빈칸에 ⓐ~ⓝ의 부호를 각각 쓰시오.

> 문장 성분은 문장에서 쓰이는 기능에 따라서, '주성분', '부속 성분', '독립 성분'으로 나뉜다. 예문 (A)의 ⓐ~ⓝ에서 ㉠(   )은/는 주성분으로, ㉡(   )은/는 부속 성분으로, ㉢(   )은/는 독립 성분으로 쓰였다.

㉠ (   )
㉡ (   )
㉢ (   )

2. 15세기 국어에서 문장 성분의 재료가 될 수 있는 문법적 단위의 종류와 관련하여, (가)와 (나)에 제시된 과제를 해결하시오.

> (A)ㄱ. 御製는 님금 지스샨 그리라 [훈언1장]
>
> ㄴ. 山이 草木이 軍馬ㅣ 두븽니이다 [용가98장]
>
> (B) 국어에서 '문장 성분'으로 쓰이는 재료에는 '어절(단어), 구, 절' 등이 있다. 대부분

의 문장 성분은 개별 단어나, 단어에 조사가 결합한 어절의 단위로 실현된다. 하지만 어떤 경우에는 구(句)나 절(節)에 조사가 결합하여 특정한 문장 성분으로 쓰일 수가 있다.

(가) 예문 (A)의 (ㄱ)과 (ㄴ)에 실현된 '구(句)'의 형태를 2개 고르고, 각각의 구에 대한 문장 성분의 명칭을 쓰시오.

[1] (ㄱ)의 문장에 실현된 구

· 구의 형태

ㄱ(   )

· 문장 성분의 명칭 :

ㄴ(   )

[2] (ㄴ)의 문장에 실현된 구 :

· 구의 형태 :

ㄱ(   )

· 문장 성분의 명칭 :

ㄴ(   )

(나) 예문 (A)의 (ㄱ)과 (ㄴ)에 실현된 '절(성분절)'의 형태를 쓰고, 그 절에 대한 문장 성분의 명칭을 쓰시오.

[1] 절의 형태 :

ㄱ(   )

[2] 문장 성분의 명칭 :

ㄴ(   )

3. 예문 (A)에 실현된 문장 성분과 관련하여, (가)와 (나)에 제시된 과제를 해결하시오.

(A)ㄱ. 7장 다올 씨 究竟이라 [석상13:41]

ㄴ. 내히 이러 바르래 가느니 [용가2장]

ㄷ. 밧긧 그르메 瑠璃 굳더시니 [월석2:17]

(가) (ㄱ)~(ㄷ)의 문장에서 주어로 쓰인 언

어적 단위를 고르시오. (단, 각 문장에서 주어로 쓰일 수 있는 단위 중에서 '단어, 구, 절' 등을 포함하여, 최대의 언어적 단위로 쓸 것.)

(ㄱ)(   )
(ㄴ)(   )
(ㄷ)(   )

(나) (ㄱ)~(ㄷ)의 문장에서 주격 조사의 형태를 각각 쓰시오. (단, 변동된 형태는 변동된 대로 쓰고, 조사의 자립성 유무는 표기하지 말 것.)

(ㄱ) (   )
(ㄴ) (   )
(ㄷ) (   )

4. 예문 (A)에서 주어가 실현되는 방법과 관련하여, 글 (B)의 빈칸에 들어갈 말을 쓰시오. (단, ㄱ에는 격조사의 하위 유형을 쓰고, ㄴ에는 의미적인 특성에 따른 명사(체언)의 하위 유형을 쓸 것.)

(A)ㄱ. ⓐ有蘇氏라셔 妲己로 紂의 게 드려늘 [내훈 서]

ㄴ. 이틄나래 ⓑ나라해 이셔 도ᄌ기 자최 바다 가아 [월석1:6]

(B) 15세기 국어에서는 일반적으로 주어는 체언이나 체언의 역할을 하는 구나 절에 주격 조사의 변이 형태인 '-이, -ㅣ, -∅' 등이 붙어서 실현된다.

그런데 예문 (A)에는 이러한 일반적인 방법과는 달리, 특수한 방법으로 주어가 실현되었다. 곧, ⓐ에서 주어를 실현하는 '-라셔'는 원래는 ㄱ(   )였는데, (ㄱ)의 문장에서는 주격 조사로 전용되어 쓰였다. 그리고 ⓑ에서 '-애 이셔'는 원래는 부사격 조사인 '-애'와 용언인 '이시다'의 연결형이었는데, (ㄴ)의 문장에서는 '단체'의 뜻을 나타내는

ⓛ( )에 붙어서 그 체언을 주어로 쓰이
게 하였다.

㉠( )　　　　㉡( )

5. 문장 속에서 실현된 주어가 다른 문장 성분
에 형태적으로 영향을 끼치는 경우가 있다.
이와 관련하여, 글 (B)와 (C)의 빈칸에 들어
갈 말을 쓰시오. (단, ㉠~㉢에는 단어나 어미의
기본 형태를 쓸 것.)

(A)ㄱ. 부톄 드르시고 즈개 阿難이 두리시고
　　　　[월석7:9]

　　ㄴ. 나는 弟子 大目犍連이로라 [석상23:82]

(B) (ㄱ)의 문장에서는 주어인 '부텨'가 높임의
대상이므로, 서술어로 쓰인 용언의 활용
형태에 선어말 어미인 ㉠'( )'을/를 실
현하였다. 그리고 이어진 문장 속에서 앞
절의 주어와 동일한 명사인 '부텨'가 뒤절
에서 주어로 되풀이하여 실현되었으므로,
뒤절에 실현된 '부텨'를 ㉡'( )'(으)로
대용하였다.

(C) (ㄴ)의 문장에서는 주어로 표현된 '나'에
상응하여 서술어로 쓰인 용언에 선어말
어미인 ㉢'( )'을/를 실현하였다.

㉠( )　　　　㉡( )
㉢( )

6. 15세기 국어에서 서술어로 쓰일 수 있는 문
법적인 단위와 관련하여, 글 (B)의 ㉠~㉣에
들어갈 말을 쓰시오. (단, 문법적인 단위의 형
태를 쓰되, 각 문법적인 단위의 자립성의 유무
는 표기하지 말 것.)

(A)ㄱ. 다숫 가짓 비치 너희 물 아니가
　　　　[두언8:56]

　　ㄴ. 利養은 … 누모란 분별 아니코 제 몸 샏
　　　　도히 츄미라 [석상13:36]

(B) 예문 (A)이 (ㄱ)의 문장에서는 ㉠'( )'에
ⓛ'( )'이/가 붙어서 서술어로 쓰였다.
그리고 (ㄴ)의 문장에서는 ㉢'( )'에
㉣'( )'이/가 붙어서 서술어로 쓰였다.

㉠ ( )
ⓛ ( )
㉢ ( )
㉣ ( )

7. 예문 (A)에 실현된 ⓐ~ⓓ의 서술어가 요구
하는 명사항의 자릿수와 관련하여, (가)와
(나)에 제시된 과제를 해결하시오.

(A) 훈 菩薩이 王 ⓐ두외야 겨샤 나라훌 아
　 ᅀ ⓑ맛디시고 道理 빈호라 나ᅀ가샤 瞿
　 曇 婆羅門을 ⓒ맛나샤 즈갓 오ᄉ란 ⓓ밧
　 고 瞿曇이 오ᄉᆯ 니브샤[월석1:4]

(가) 예문 (A)에 실현된 ⓐ~ⓓ의 서술어가
취하는 자릿수를 각각 쓰시오.

ⓐ: ( ) 자리 서술어
ⓑ: ( ) 자리 서술어
ⓒ: ( ) 자리 서술어
ⓓ: ( ) 자리 서술어

(나) 예문 (A)에 실현된 ⓐ~ⓓ의 서술어가
필수적으로 요구하는 문장 성분의 형
태와 명칭을 각각 쓰시오. (단, 아래에
제시한 현대어의 <예시>를 참조할 것.)

<예시> 철수가 밥을 먹었다. :
　　⇨ 철수가(주어), 밥을(목적어)

ⓐ: [ ]
ⓑ: [ ]
ⓒ: [ ]
ⓓ: [ ]

8. 15세기 국어에서 문장 성분을 실현하는 방식과 관련하여, 글 (B)의 빈칸에 들어갈 말을 쓰시오. (단, 문장 성분의 명칭을 쓸 것.)

> (A) ㄱ. 어버시 여희ᅀᆞᆸ고 ⓐ눔을 브터 이쇼ᄃᆡ 어ᅀᆡ아ᄃᆞᆯ이 입게 사ᄂᆞ이다 [월천 기142]
>
> ㄴ. ⓑ사ᄅᆞ미 이를 다봇 옮ᄃᆞᆺ 호ᄆᆞᆯ 슬노니 (人事傷蓬轉) [두언7:31]
>
> ㄷ. ⓒ文物을 녜를 스승ᄒᆞ샤미 하니시 (文物多師古) [두언6:24]
>
> ㄹ. 四海를 ⓓ년글 주리여 ᄀᆞᄅᆞ매 비 업거늘 얼우시고 ᄯᅩ 노기시니 [용가20장]

> (B) 15세기 국어에서도 현대 국어와 마찬가지로 이중 목적어가 나타날 수 있었다. 그런데 (A)의 ⓐ~ⓓ에는 비록 목적격 조사가 실현되어 있기는 하지만, ⓐ~ⓓ가 문장의 서술어와 맺는 통사·의미적인 관계로 볼 때에 목적어가 아니라 다른 문장 성분으로 해석된다. 곧, ⓐ는 ㉠(   )로, ⓑ는 ㉡(   )의 문장 성분으로 쓰였으며, ⓒ는 ㉢(   )로, ⓓ는 ㉣(   )의 문장 성분으로 쓰였다.

㉠(   )   ㉡(   )
㉢(   )   ㉣(   )

9. 15세기 국어에 쓰인 문장 성분과 격조사의 기능과 관련하여, 다음의 (가)~(다)에 제시된 과제를 해결하시오.

> (A) 이 世界며 다른 世界옛 ⓐ諸佛…鬼神을 네 ⓑ數를 알리로소니여 모ᄅᆞ리로소니여 [석상11:4]
>
> (B) 『고등학교 문법』(2010)에서는 위 문장에 쓰인 '-올/-을'을 '목적격 조사의 ㉠(   ) 용법'으로 처리하였다.

(가) (A)에 실현된 문장 성분을 국어의 기본 어순에 맞게 다시 배열하여 쓰시오.

(나) (A)에서 ⓐ와 ⓑ의 두 목적어 사이에 나타나는 의미적인 관계를 고려하여, ⓐ에 실현된 '-올'을 다른 격조사로 바꾸어 쓰시오.

(   )

(다) 글 (B)에서 ㉠의 빈칸에 들어갈 문법 용어를 한 단어로 쓰시오.

㉠(   )

10. 예문 (A)에 실현된 관형어와 관련하여, 글 (B)의 빈칸에 들어갈 언어 단위의 형태를 쓰시오.

> (A) ㄱ. 王이 ᄀᆞ장 두리여 沙門의 손ᄃᆡ 사ᄅᆞᆷ 브려 니른대 [월석24:22]
>
> ㄴ. 往生偈를 외오시면 헌 오시 암굴며 [월석8:83]
>
> ㄷ. 廣熾는 너비 光明이 비취닷 ᄠᅳ디오 [월석2:9]
>
> ㄹ. 獄은 사ᄅᆞᆷ 가도는 싸히라 [석상9:8]

> (B) 예문 (A)에는 여러 가지 문법적 단위가 관형어로 실현되었다. 곧, (ㄱ)의 문장에는 ㉮'(   )'에 ㉯'(   )'이/가 결합하여서 관형어로 쓰였고, (ㄴ)의 문장에는 ㉰'(   )'이/가 단독으로 관형어로 쓰였다. (ㄷ)의 문장에는 ㉱'(   )'에 ㉲'(   )'이/가 결합하여서 관형어로 쓰였으며, (ㄹ)의 문장에는 ㉳'(   )'이/가 관형어로 쓰였다.

㉮(   )   ㉯(   )
㉰(   )   ㉱(   )
㉲(   )   ㉳(   )

11. 예문 (A)에 실현된 ⓐ의 형태·통사적인 특징과 관련하여, (가)와 (나)에 제시된 과제를 해결하시오.

> (A) ⓐ내이 어미 爲호야 發혼 廣大誓願을 드르쇼셔 [월석21:57]
>
> (B) ⓐ의 '내이'는 ㉠(   ) 속에 실현되었는데, 형태적으로는 ㉡(   )으로 쓰였지만, 의미적으로는 ㉢(   )으로 쓰인 것이 특징이다.

(가) ⓐ의 '내이'를 아래의 <보기>처럼 형태소 단위로 분석하여, 각 형태소의 품사에 대한 명칭을 쓰시오. (단, 형태소의 자립성 여부는 표시하지 말 것.)

> <보기> 곰이 토끼를 잡았다.
>   ⇨ 토끼(명사) + 를(조사)

· 형태소 분석 : [   ]

(나) 글 (B)에서 설정한 빈칸에 들어갈 말을 쓰시오. (단, ㉠에는 성분절의 명칭을 쓰고, ㉡과 ㉢에는 격의 명칭을 쓸 것.)

㉠(   ) ㉡(   )
㉢(   )

12. 15세기 국어에서 명사와 관형격 조사가 결합된 형태와 관련하여, 글 (B)의 빈칸에 들어갈 형태를 쓰시오.

> (A) ㄱ. 그제 아들들히 各各 ⓐ(아비 + -이)게 닐오디 [월석12:29]
>
>   ㄴ. 諸子ㅣ ⓑ(아비 + -이) 便安히 안준 둘 알오 [법언 2:138]
>
> (B) ⓐ와 ⓑ의 빈칸에는 명사인 '아비(父)'에 관형격 조사인 '-익/-의'가 결합한 형태가 들어간다. 이처럼 체언에 조사를 결합하면 (ㄱ)의 문장에서 ⓐ는 명사와 조사가 결합하여 ㉠'(   )'의 형태로 실현되고, (ㄴ)의 문장에서 ⓑ는 명사와 조사가 결합하여 ㉡'(   )'의 형태로 실현된다.

㉠(   ) ㉡(   )

13. 15세기 국어에서 관형어가 형성되는 방법과 관련하여, 글 (B)에 실현된 ⓐ와 ⓑ의 빈칸에 들어갈 형태를 쓰시오. (단, 관형격 조사가 결합된 형태를 쓸 것.)

> (A) ㄱ. 世尊은 "世界예 못 ⓐ(尊호시다)" 쁘디라 [석상 서:5]
>
>   ㄴ. 죠고맛 빈 ⓑ(투고져) 쁘들 닛디 몯호리로다(扁舟意不忘) [두언15:55]
>
> (B) 15세기 국어에서는 온전한 문장이나 절의 끝에 관형격 조사가 실현되어서 전체 구성이 관형어로 쓰이는 특수한 예가 나타나기도 한다. 이와 같은 방식을 적용하여 예문 (A)의 ⓐ와 ⓑ에 관형격 조사가 결합된 형태를 표현할 수 있다. 곧, ⓐ에는 용언의 종결형에 관형격 조사가 결합된 ㉠'(   )'의 형태가 들어가며, ⓑ에는 용언의 연결형에 관형격 조사가 결합된 ㉡'(   )'의 형태가 들어간다.

㉠(   ) ㉡(   )

14. 예문 (A)에 실현된 부사어와 관련하여, (가)와 (나)에 제시된 과제를 해결하시오.

> (A) ㄱ. 舍利弗이 견츠 업시 우서늘 [석상6:35]
>
>   ㄴ. 王이 … 子息이 아비 본 두시 禮數호더라 [월석20:34]
>
>   ㄷ. 王이 흔 太子룰 흔 夫人곰 맛디샤 [월석1:21]
>
>   ㄹ. 大集은 키 모들 씨니 [석상6:46]

(가) 예문 (A)의 각 문장에서 부사어로 쓰인 말을 찾아서 쓰시오.

(ㄱ) : (   )

(ㄴ) : (   )

(ㄷ) : (   )

(ㄹ) : (   )

(나) '과제 (가)'와 관련하여 부사어를 성립 시키는 문법적인 단위인 ①~④가 들어 있는 문장을 예문 (A)에서 고르시오. (단, 예문 (A)의 '(ㄱ), (ㄴ), (ㄷ), (ㄹ)' 으로 쓰시오.)

① 부사 : [   ]

② 체언 : [   ]

③ 관형절 + 의존 명사 :

          [   ]

④ 부사절 : [   ]

15. 예문 (A)에 실현된 ⓐ~ⓓ의 품사 및 문장 성분과 관련하여, 글 (B)의 빈칸에 들어갈 말을 쓰시오. (단, ㉠와 ㉡의 빈칸에는 문장 성분의 명칭을 쓸 것.)

> (A)ㄱ. 阿育王이 그저긔 臣下둘ⓐ드려 雞雀精 舍애 가 上座耶舍끠 닐오디 [석상24:32]
>
> ㄴ. 그 므슴 사룸ⓑ드려 무로디 究羅帝 이제 어듸 잇ᄂᆞ뇨 [월석9:36]
>
> (*단, 예문 (A)에 실현된 '드려'에는 그 앞 말에 띄어쓰기를 적용하지 않았음.)
>
> (B) '드려'는 문장에서 쓰이는 기능에 따라서 두 가지 문장 성분으로 쓰인다. 곧 예문 (A)에서 ⓐ의 '드려'는 ㉠(   )의 문장 성분으로 쓰였다. 그리고 ⓑ의 '드려'는 그 앞에 실현된 '사룸'과 함께 ㉡(   ) 의 문장 성분으로 쓰였다.

㉠ (   )   ㉡ (   )

16. 예문 (A)에 실현된 독립어의 형태 및 품사와 관련하여, (가)와 (나)에 제시된 과제를 해결 하시오.

> (A)ㄱ. 舍利佛이 술보디 엥 올ᄒᆞ시이다 [석상13:47]
>
> ㄴ. 이 迷人아 오ᄂᆞᆯ록 後에 이 길ᄒᆞᆯ 넓디 말라 [월석21:118]
>
> ㄷ. 아소 님하 도람 드르샤 괴오쇼셔 [악궤 5:14 삼진작]
>
> ㄹ. 그러나 目連아 心意ᄅᆞᆯ 구디 가져 어즈러볼 想ᄋᆞᆯ 니르완디 말라 [월석25:106]

(가) 예문 (A)의 (ㄱ)~(ㄹ)의 문장에서 독립 어로 쓰인 말을 모두 골라서 그 형태 를 쓰시오. (단, (ㄱ)~(ㄹ)의 문장에서 독 립어가 둘 이상 실현될 수도 있음.)

(ㄱ) [   ]

(ㄴ) [   ]

(ㄷ) [   ]

(ㄹ) [   ]

(나) '과제 (가)'와 관련하여 (ㄱ)~(ㄹ)의 문장에서 독립어를 구성하는 단어의 품사를 밝히시오. (단, 기술 방법은 글 (B)의 <현대어 예시>를 참조할 것.)

> (B)   <현대어의 예시>
>
>   · 철수가 영희를 좋아한다.
>
>   ⇨ 철수가: 철수(명사)+-가(주격 조사)

(ㄱ) [   ]

(ㄴ) [   ]

(ㄷ) [   ]

(ㄹ) [   ]

17. 예문 (A)에 실현된 ⓐ~ⓖ에 대한 문장 성분의 명칭을 쓰시오.

> (A)ㄱ. ⓐ죵으란 흰 바ᄫᆞᆯ 주고 ᄆᆞᆯ란 프른 소 ᄅᆞᆯ 호리라 [두언8:23]
>
> ㄴ. 네 도로 머그라 ⓑ아니옷 머그면 네 머리를 버효리라 [월석10:25]

ㄷ. 이 ⓒ각시사 내 얼니논 므스매 맛도다
[석상6:14]

ㄹ. 이 ⓓ보비옷 가져 이시면 有毒호 거시
害호디 몯호며 [월석8:11]

ㅁ. 이런 有情들호 이에서 주그면 ⓔ餓鬼
어나 畜生이어나 드외리니 [석상9:12]

ㅂ. 오직 舍利佛 ⓕ알픽사 브리 업슬씨
[석상6:33]

ㅅ. 驥子는 됴호 아드리니 前年희 말 비홀
제 ⓖ사름과 소늬 姓을 무러 알며
[두언8:47]

ⓐ (   )   ⓑ (   )

ⓒ (   )   ⓓ (   )

ⓔ (   )   ⓕ (   )

ⓖ (   )

18. 15세기 국어에 쓰인 문장 성분의 종류와 관
련하여, (가)와 (나)에 제시된 과제를 해결하
시오.

(A) 내 이룰 爲호야 어엿비 너겨 새로 스믈여
듧 字룰 밍フ노니 [훈언3장]

(B) 신미 기픈 므른 フ모래 아니 그츨씨 내히
이러 바르래 가느니 [용가2장]

(가) 예문 (A)에 실현된 ①~⑨의 문장 성분
에 대하여 그 명칭을 각각 쓰시오.

① 내   (   )

② 이룰   (   )

③ 爲호야   (   )

④ 어엿비   (   )

⑤ 너겨   (   )

⑥ 새로   (   )

⑦ 스믈여듧   (   )

⑧ 字룰   (   )

⑨ 밍フ노니   (   )

(나) 예문 (B)에 실현된 ①~⑫의 문법 단위
에 대한 문장 성분의 명칭을 쓰시오.

① 신미   (   )

② 기픈   (   )

③ 므른   (   )

④ フ모래   (   )

⑤ 아니   (   )

⑥ 그츨씨   (   )

⑦ 내히   (   )

⑧ 이러   (   )

⑨ 바르래   (   )

⑩ 가느니   (   )

⑪ 신미 기픈   (   )

⑫ 신미 기픈 므른(   )

19. 예문 (A)에서 ⓐ~ⓜ이 어떠한 문장 성분으
로 쓰였는지 밝히고, 이들의 문장 성분을 형
성하는 언어적 단위를 분석하시오. (단, (B)에
제시된 <현대 국어의 분석 예시>를 따를 것.)

(A)ㄱ. 光明이 ⓐ힌들두고 더으니 [월석1:26]

ㄴ. 世尊은 ⓑ世界예 못 尊호시닷 뜨디라
[월석1:서5]

ㄷ. 勸進之日에 ⓒ平生ㄱ 뜯 몯 일우시니
[용가12장]

ㄹ. 向公이 ⓓ피 나게 우러 行殿에 쓰리고
[두언25:47]

ㅁ. 나라히 ⓔ느믹 그에 가리이다 [월석2:6]

ㅂ. 道國王과 ⓕ믿 舒國王은 實로 親호 兄
弟니라 [두언8:5]

ㅅ. 菩薩이 ⓖ前生애 지손 罪로 이리 受苦
ᄒ시니라 [월석1:6]

ㅇ. ⓗ聖母하 願ᄒᆞᆫ 드르쇼셔 [월석21:38]

ㅈ. 赤島 ⓘ안행 움흘 至今에 보ᅀᆞᆸᄂᆞ니
[용가5장]

ㅊ. ⓙ불 구피라 펼 ᄊᆞᅀᅵ예 忉利天에 가샤
[월석21:4]

ㅋ. ⓚ아가 반ᄃᆞ기 마조 보리여다 [월석8:101]

ㅌ. ⓛ넷 가히 내 도라오믈 깃거 [두언6:39]

ㅍ. 올ᄒᆞ시다 ⓜ부텨 니ᄅᆞ샨 배여 [금삼 2:63]

(B) < 현대 국어의 분석 예시 >

"철수의 형이 부산에 있는 집에서 오래
살았다."

· 철수의 형이 :

⇨ (주어), (명사구 + 주격 조사)

· 부산에 있는 :

⇨ (관형어), (관형절)

· 집에서 :

⇨ (부사어), (명사 + 부사격 조사)

· 오래 :

⇨ (부사어), (부사)

· 살았다 :

⇨ (서술어), (동사)

	문장 성분	언어적 단위의 분석
ⓐ	( )	( )
ⓑ	( )	( )
ⓒ	( )	( )
ⓓ	( )	( )
ⓔ	( )	( )
ⓕ	( )	( )
ⓖ	( )	( )
ⓗ	( )	( )
ⓘ	( )	( )
ⓙ	( )	( )
ⓚ	( )	( )
ⓛ	( )	( )
ⓜ	( )	( )

3.2. 문장의 짜임새

① 문장의 성립 조건

1. 문장의 성립 조건과 관련하여, (가)와 (나)에 제시된 과제를 해결하시오.

> (A)ㄱ. 부톄 엇던 젼ㅊ로 이리 니ㄹ시ᄂ고
> [법언1:163]
>
> ㄴ. 이 法은 오직 諸佛이ᅀㅏ 아ㄹ시리라
> [석상13:48]

(가) 예문 (ㄱ)과 (ㄴ)이 문장이 될 수 있는 <u>통사론적인 조건</u>을, (ㄱ)과 (ㄴ)에 실현된 언어 형태를 예로 들어서 기술하시오.

    [1] (ㄱ)의 조건 :

    [2] (ㄴ)의 조건 :

(나) (ㄱ)과 (ㄴ)이 문장이 될 수 있는 <u>형태론적인 조건</u>을, (ㄱ)과 (ㄴ)에 실현된 언어 형태를 예로 들어서 기술하시오.

    [1] (ㄱ)의 조건 :

    [2] (ㄴ)의 조건 :

② 이어진 문장

2. 글 (B)의 내용을 읽고, 예문 (A)에 설정된 ㉠과 ㉡의 빈칸에 들어갈 ⓐ~ⓜ의 부호를 쓰시오.

(A)ㄱ. 구루멧 히 블 ⓐ<u>ᄀᆞᆮᄒᆞ나</u> 더운 하늘히 서늘ᄒᆞ도다 [두언6:35]

ㄴ. 두 히 ⓑ<u>도다가</u> 세 히 도ᄃᆞ면 [월석1:48]

ㄷ. 梵王은 왼녁 겨틔 ⓒ<u>셔ᅀᆞᆸ고</u> 帝釋은 올ᄒᆞᆫ녁 겨틔 셔ᅀᆞᆸ고 [금삼 3:18]

ㄹ. 보도 ⓓ<u>몯ᄒᆞ며</u> 듣도 몯거니 므스기 快樂ᄒᆞᄫᆞ리잇고 [석상24:286]

ㅁ. 내 이제 너를 ⓔ<u>노노니</u> ᄠᅳ들 조차 가라 [월석13:19]

ㅂ. 우리ᄂᆞᆫ 罪 지ᅀᆞᆫ ⓕ<u>모미라</u> 하늘해 몯 가노니 [월석21:201]

ㅅ. 狄人ㅅ 이 ⓖ<u>굴외어늘</u> 岐山 올ᄆᆞ샴도 하ᄂᆞᆳ 뜨디시니 [용가4장]

ㅇ. ⓗ<u>오나</u> 가나 다 새지비 兼ᄒᆞ얏도소니 [두언7:16]

ㅈ. 제 ⓘ<u>쓰거나</u> ᄂᆞᆷ 히여 쓰거나 ᄒᆞ고 [석상9:21]

ㅊ. 현 번 ⓙ<u>뛰운ᄃᆞᆯ</u> ᄂᆞ미 오ᄅᆞ리잇가 [용가48장]

ㅋ. ᄯᅡ 아랫 ⓚ<u>獄일ᄊᆡ</u> 地獄이라 [월석1:28]

ㅌ. 子ᄂᆞᆫ ⓛ<u>아ᄃᆞ리오</u> 孫은 孫子이니 [월석1:7]

ㅍ. 鐵蛇鐵狗ㅣ 블 ⓜ<u>ᄲᅡᄒᆞ며</u> 듣녀 [월석21:42]

(B) 이어진 문장은 '대등하게 이어진 문장'과 '종속적으로 이어진 문장'으로 구분된다. 곧, 예문 (A)에서 밑줄 그은 ㉠( )은/는 대등적 연결 어미가 실현되었고, ㉡( )은/는 종속적 연결 어미가 실현되었다. 이처럼 연결 어미의 기능(의미)과 앞절과 뒷절 사이에 발생하는 교호성(交互性) 등을 고려하여서, 대등하게 이어진 문장과 종속적으로 이어진 문장이 결정된다.

㉠ 대등적 연결 어미 :

    ( )

㉡ 종속적 연결 어미 :

    ( )

3. 15세기 국어에서는 이어진 문장의 앞절에 실현된 연결 어미의 종류에 따라서, 뒷절의 문장 종결 방법이 제약될 수가 있었다. 글 (B)의 빈칸에 들어갈 단어나 어미의 형태를 쓰시오.

> (A)ㄱ. 아래 가신 八婇女도 니거시니 므스기 썰보리잇고 [월석8:93]
>
> ㄴ. 스승니미 엇던 사루미시관디 쥬벼느로 이 門울 여르시느니잇고 [월석23:84]
>
> ㄷ. 흔 사룸 勸호야 가 法 듣게 혼 功德도 이러호곤 호몰며 … 말다비 修行호미쭌녀 [월석17:53]
>
> ㄹ. 호나흔 比丘ㅣ 큰 戒를 디녀 잇거든 比丘尼 가 正法을 비호디비 업시우믈 말씨오 [월석10:20]
>
> (B) 이어진 문장에서 앞절에 실현된 연결 어미가 뒷절의 문장 종결법에 제약을 주는 일이 있다. 예를 들어서 예문 (A)에서 (ㄱ)의 문장은 연결 어미인 ㉮'(   )'이/가 선어말 어미인 ㉯'(   )'의 앞에 실현되면, 뒷절의 서술어가 의문형으로 실현됨을 보여 준다. (ㄴ)의 문장은 연결 어미인 '-관디'가 앞절에 쓰이면 이어진 문장의 앞절에는 ㉰'(   )'이/가 실현되고, 뒷절의 서술어는 의문형으로 끝나는 예이다. (ㄷ)의 문장은 앞절에 연결 어미인 '-곤'이 쓰이면 뒷절의 서술어는 의문형으로 끝나는 예인데, 이와 함께 부사인 ㉱'(   )'이/가 어울리기도 한다. (ㄹ)의 문장은 연결 어미인 ㉲'(   )'이/가 앞절에 쓰이면 뒷절에 부정 표현이 실현되는 예이다.

㉮ (   )   ㉯ (   )
㉰ (   )   ㉱ (   )
㉲ (   )

③ 안은 문장

4. 예문 (A)의 각 문장에 실현된 성분절의 명칭을 글 (B)의 빈칸에 쓰시오.

> (A)ㄱ. 므스거시 가져가디 됴홀고 [번노 하:66]
>
> ㄴ. 이 짜해 精舍 이르스 볼 쩨도 이 개아미 이에서 살며 [석상6:37]
>
> ㄷ. 부톄 니르샤디 올타 올타 네 말 フ트니라 [석상9:22]
>
> ㄹ. 이 東山은 남기 됴홀씨 [석상6:24]
>
> ㅁ. 이웃집 브른 바미 깁도록 볼갯도다 [두언7:6]
>
> (B) 주어와 서술어를 갖춘 언어적 단위가 문장 속에서 특정한 문장 성분으로 안겨 있을 수 있는데, 이러한 단위를 '성분절'이라고 한다. (ㄱ)의 문장에는 ㉮(   )이, (ㄴ)에는 ㉯(   )이, (ㄷ)에는 ㉰(   )이, (ㄹ)에는 ㉱(   )이, (ㅁ)에는 ㉲(   )이 각각 성분절로 안겨 있다.

㉮ (   )   ㉯ (   )
㉰ (   )   ㉱ (   )
㉲ (   )

5. 예문 (A)에 실현된 성분절과 관련해서, 아래의 (가)~(다)에 제시된 과제를 해결하시오.

> (A)ㄱ. 般若 기픈 뜨디 이룰 니르신뎌 [반야심경8]
>
> ㄴ. 이에 뻐디면 八萬 四千大劫을 디낼씨 그 中에 상녜 住타 니르시니라 [법언 2:12]
>
> ㄷ. 이 東山은 남기 됴홀씨 [석상6:24]
>
> ㄹ. 畫師ㅣ 이 무숨 업시 비호디 아니호도다 [두언16:35]
>
> ㅁ. 길헤 사룸 濟渡호샤미 그지업더시다 [석상6:39]
>
> (B) 예문 (A)에 실현된 성분절 중에는 그 성분절을 형성하는 문법 형태소가 실현된 것

이 있다. 예를 들어서 (ㄱ)의 문장에는 ㉮ '(　　)'이/가 실현되었으며, (ㄹ)의 문장에는 ㉯ '(　　)'이/가 실현되었으며, (ㅁ)의 문장에는 ㉰ '(　　)'이/가 실현되었다.

(가) 예문 (A)의 (ㄱ)~(ㅁ)에 실현된 성분절의 형태와 성분절의 명칭을 각각 쓰시오.

　[1] (ㄱ)의 형태 : (　　　　　)
　　　　　명칭 : (　　　　　)

　[2] (ㄴ)의 형태 : (　　　　　)
　　　　　명칭 : (　　　　　)

　[3] (ㄷ)의 형태 : (　　　　　)
　　　　　명칭 : (　　　　　)

　[4] (ㄹ)의 형태 : (　　　　　)
　　　　　명칭 : (　　　　　)

　[5] (ㅁ)의 형태 : (　　　　　)
　　　　　명칭 : (　　　　　)

(나) 글 (B)의 ㉮, ㉯, ㉰에 들어갈 전성 어미의 형태와 명칭을 쓰시오. (단, 변동된 형태는 변동된 대로 적을 것.)

어미의 형태	—	어미의 명칭
㉮ (　　　)	— (	)
㉯ (　　　)	— (	)
㉰ (　　　)	— (	)

(다) 예문 (A)에서 (ㄴ)의 문장 속에 안겨 있는 성분절을 현대 국어에서 성분절을 형성하는 방법과 비교하여, 그 차이점을 기술하시오.

6. 15세기 국어에서 명사절이 형성되는 방법과 관련하여, 글 (B)의 빈칸에 들어갈 어미의 형태를 쓰시오. (단, 변동된 형태는 기본 형태로 쓸 것.)

> (A) ㄱ. 내 겨지비라 (고줄) 가져 가디 어려볼 씨 [월석1:13]
>
> 　　ㄴ. 阿難아 사ᄅᆞ미 몸 ᄃᆞ외요미 어렵고 [석상9:28]
>
> 　　ㄷ. 太子ㅣ 글 비호기 始作ᄒᆞ샤 [석상3:8]
>
> 　　ㄹ. 늘근 노미 ᄀᆞ장 즐기ᄃᆞᆯ 몯ᄒᆞ노니 [두언10:21]
>
> (B) 명사절은 주어와 서술어를 갖춘 절이 안은 문장 속에서 명사와 동일하게 기능하는 절이다. 이러한 명사절은 절 속에서 서술어로 쓰이는 말에 명사형 전성 어미가 실현되어서 형성된다. 곧, (A)의 예문 중에서 (ㄱ)에서는 ㉮ '(　　)'이/가, (ㄴ)에서는 ㉯ '(　　)'이/가, (ㄷ)에서는 ㉰ '(　　)'이/가, (ㄹ)에서는 ㉱ '(　　)'이/가 명사형 전성 어미로 쓰였다.

㉮ (　　　)　　㉯ (　　　)
㉰ (　　　)　　㉱ (　　　)

7. 예문 (A)에 제시된 (ㄱ)~(ㅂ)의 문장에 실현된 관형절의 형태를 찾아서 쓰시오.

> (A) ㄱ. 그 지븨셔 차반 밍ᄀᆞᆯ 쏘리 워즈런ᄒᆞ거늘 [월석6:16]
>
> 　　ㄴ. 내 이제 得혼 道理도 三乘을 닐어ᅀᅡ ᄒᆞ리로다 [석상13:58]
>
> 　　ㄷ. 부텻 이베셔 난 아ᄃᆞ리 合掌ᄒᆞᅀᆞ와 [법언1:164]
>
> 　　ㄹ. 須達이 지븨 도라와 ᄣᅥ 무든 옷 닙고 시름ᄒᆞ야 잇더니 [석상6:26]
>
> 　　ㅁ. 王이 … 즉자히 靑衣 ᄃᆞ려 무르샤ᄃᆡ 鹿母夫人이 나흔 고줄 어듸 ᄇᆞ린다 [석상11:32]

ㅂ. 夫人이 또 니루샤디 비욘 아기 비디 또 二千斤ㅅ 金이니이다 [월석8:81]

(ㄱ) ( )

(ㄴ) ( )

(ㄷ) ( )

(ㄹ) ( )

(ㅁ) ( )

(ㅂ) ( )

8. 15세기 국어에 쓰인 관형절의 유형과 관련하여, 글 (B)의 빈칸에 (ㄱ)~(ㅂ)을 쓰시오.(단, 하나의 문장에 관형절이 두 개 이상 실현될 수 있음.)

(A)ㄱ. 諸法이 空 아니니 업스니라 [금언 5:36]

ㄴ. 또 菩薩摩訶薩둘히 … 種種 相貌로 菩薩ㅅ 道理 行ᄒ시논 양도 보며 [석상13:14]

ㄷ. 이는 十方앳 道理 ᄒ가지론 고둘 니르시니라 [석상13:50]

ㄹ. 네 得혼 거슨 滅이 아니니 [법언3:198]

ㅁ. 여러 가짓 相見을 여희신 다스로 한 소리를 圓通ᄒ샤 [월석18:35]

ㅂ. 부톄 아르시논 바룰 다 通達ᄒᄉ와 [법언5:118]

ㅅ. 여슷 大臣이 힘뗘기 왼 둘 제 아라 太子를 새와 믜여ᄒ더라 [월석21:214]

(B) 관형절과 피한정어(체언) 사이에 나타나는 통사적인 관계에 따라서, 관형절을 '관계 관형절'과 '동격 관형절'로 구분할 수 있다. (A)에서 예문 ㉮( )에는 관계 관형절이 안겨 있으며, 예문 ㉯( )에는 동격 관형절이 안겨 있다.

㉮ [ ]

㉯ [ ]

9. 예문 (A)의 '관계 관형절'이 형성된 과정과 관련하여, 글 (B)의 빈칸에 들어갈 예문을 (A)에서 골라서 '(ㄱ)~(ㅂ)'으로 쓰시오.

(A)ㄱ. 窮子ㅣ … 아비 住혼 城에 다드라 [법언2:237]

ㄴ. 布施는 … 제 아논 法으로 늠 ᄀᄅ칠 씨오 [월석2:25]

ㄷ. 地藏菩薩이 … 一切 罪苦 衆生을 度脫ᄒ논 方便ㅅ 이를 닐오리라 [월석21:63]

ㄹ. 衆生이 녜 어드븐 디 이셔 各各 서르 몯 보다가 [월석21:55]

ㅁ. 나랏 菩薩이 듣고져 ᄒ논 法을 自然히 듣디 몯ᄒ면 [월석8:68]

ㅂ. 불휘 기픈 남근 ᄇᄅ매 아니 뮐씨 [용가2장]

(B) '관계 관형절(關係冠形節)'은 관형절 속의 문장 성분 가운데서 중심어(피한정 체언)와 동일한 대상을 표현하는 문장 성분이 생략되면서 형성된 관형절이다. 이러한 관계 관형절은 (A)에서 예문 ㉮( )처럼 주어가 빠져 나갔거나, ㉯( )처럼 목적어가 빠져 나갔거나, ㉰( )처럼 부사어가 빠져 나간 것들이 있다.

㉮ [ ]

㉯ [ ]

㉰ [ ]

10. 예문 (A)에 실현된 관형절의 종류와 관련하여, (가)와 (나)에 제시된 과제를 해결하시오.

(A)ㄱ. 鹿母夫人이 나혼 고줄 어듸 ᄇ리다 [석상11:32]

ㄴ. 부텻 出現ᄒ샤 說法ᄒ시논 뜨들 아ᄉ와 [법언2:156]

ㄷ. 鮮은 곳 주균 듕싱이라 [월석21:124]

ㄹ. 그 쁴 首阤會天이 須達이 버릇 업순 주
를 보고 [석상6:21]

ㅁ. 須達이 깃거 지븨 도라가 精舍 지술 이
를 磨練ᄒ더니 [석상6:26]

ㅂ. ᄒᆞᆫ 암사ᄉᆞ미 와 옷 샏론 므를 먹고
[석상11:25]

ㅅ. 짜ᄒᆞᆯ 從ᄒᆞ야 잇ᄂᆞᆫ 거시 다 네 히믈 브
텟거늘 [월석21:152]

ㅇ. 諸國王과 婆羅門 等이 … 아기 나ᄒᆞᆫ 겨
집들 ᄒᆞᆯ 보고 [월석21:143]

ㅈ. 慈悲ᄂᆞᆫ 衆生ᄋᆞᆯ 便安케 ᄒᆞ시ᄂᆞᆫ 거시어
늘 [석상6:5]

(가) 관형절은 피한정어와의 통사론적 관
계에 따라서 '관계 관형절'과 '동격
관형절'로 구분된다. 예문 (A)에서 관
계 관형절과 동격 관형절이 들어 있
는 문장을 찾아서 '(ㄱ)~(ㅂ)'으로 쓰
시오

[1] '관계 관형절' : [   ]

[2] '동격 관형절' : [   ]

(나) 예문 (A)에서 '관계 관형절'이 있는 문
장에 대하여, 그 관형절이 형성된 방식
을 다음과 같이 정리하였다. 다음의 ①,
②, ③에 해당하는 예문을 찾아서 '
(ㄱ)~(ㅂ)'으로 쓰시오

[1] 주어가 빠져 나간 관계 관형절 :
[   ]

[2] 목적어가 빠져 나간 관계 관형절 :
[   ]

[3] 부사어가 빠져 나간 관계 관형절 :
[   ]

11. 예문 (A)에 실현된 부사절과 관련하여, 아래

에 (가)와 (나)에 제시된 과제를 해결하시오.

(A) ㄱ. 無色界天에 니르리 供養이 ᄉᆞᆫ지 더으
더라 [석상23:22]

ㄴ. 우리 부텨 如來 … 三乘을 크게 여르시
며 [월석 서:7]

ㄷ. 百姓이 져재 가ᄃᆞᆺ 모다 가 [월석2:7]

ㄹ. 이웃집 브른 바미 깁도록 불갯도다
[두언7:6]

(가) 예문 (A)에서 부사절을 찾아서 아래의
빈칸에 쓰시오. (단, 부사절이 형성되는
과정에서 생략된 성분은 쓰지 말 것.)

[1] 문장 (ㄱ)—(   )

[2] 문장 (ㄴ)—(   )

[3] 문장 (ㄷ)—(   )

[4] 문장 (ㄹ)—(   )

(나) 위의 문제 (가)에서 부사절을 성립시
킨 어미나 파생 접사의 형태를 찾아
서 쓰시오.

[1] 문장 (ㄱ)—(   )

[2] 문장 (ㄴ)—(   )

[3] 문장 (ㄷ)—(   )

[4] 문장 (ㄹ)—(   )

12. 예문 (A)에 안겨 있는 성분절의 형태와 명칭
을 아래의 [1]~[4]의 괄호에 쓰시오. (단, 성분
절이 실현된 순서대로 쓰되, 성분절이 형성되는
과정에서 생략된 문장 성분은 쓰지 말 것.)

(A) 일훔난 됴ᄒᆞᆫ 오시 비디 千萬이 ᄊᆞ며
[석상13:22]

성분절의 형태	성분절의 명칭
[1] ( )	─ ( )
[2] ( )	─ ( )
[3] ( )	─ ( )
[4] ( )	─ ( )

13. 15세기 국어에 쓰인 인용절과 관련하여, (가)와 (나)에 제시된 과제를 해결하시오.

> (A) ㄱ. 有情들히 … 제 올호라 ᄒ고 나ᄆᆞᆯ 외다
> ᄒ야 [석상9:14]
>
> ㄴ. 내 노포라 ᄒ릴 맛나ᄃᆞᆫ ᄂᆞ가비 ᄇᆞ리잃
> 報ᄅᆞᆯ 니ᄅᆞ고 [월석21:67]
>
> ㄷ. 사ᄅᆞ미 ᄂᆞᆷᄃᆞ려 닐오ᄃᆡ 經이 이쇼ᄃᆡ 일
> 후미 法華ㅣ니 ᄒᆞᆫᄃᆡ 가 듣져 ᄒ야ᄃᆞᆫ
> [석상19:6]
>
> ㄹ. 如來 샹네 우리ᄅᆞᆯ 아ᄃᆞ리라 니ᄅᆞ시니
> 이다 [월석13:32]
>
> ㅁ. 善宿ㅣ ᄯᅩ 무로ᄃᆡ 네 어느 고ᄃᆡ 난다
> [월석9:36]
>
> ㅂ. ᄇᆞᄅᆞᆷ ᄀᆞ티 션 바회ᄅᆞᆯ 石壁이라 ᄒᄂᆞ니
> 라 [석상9:24]

(가) 예문 (A)의 문장에서 '인용절'의 형태를 찾아 쓰고, 그것이 '직접 인용절'인지 '간접 인용절'인지 밝히시오. (단, 직접 인용절은 '직접'으로 쓰고, 간접 인용절은 '간접'으로 쓸 것.)

인용절의 형태	인용절의 종류
(ㄱ) ( )	─ ( )
(ㄴ) ( )	─ ( )
(ㄷ) ( )	─ ( )
(ㄹ) ( )	─ ( )
(ㅁ) ( )	─ ( )

(나) 예문 (A)에 제시된 간접 인용절을 직접 인용절의 형태로 고치시오. (단, 아래의 답안으로 제시한 표의 줄 수와 '간접 인용절'의 수는 일치하지 않을 수 있음.)

부호	성분절의 형태

3.3. 문법 요소

3.3.1. 종결 표현

① 문장의 종결 방식

1. 예문 (A)에 제시된 (ㄱ)~(ㅌ)의 문장을 종결 기능에 따라서 분류하여, 글 (B)에 제시한 문장의 종결 기능에 해당하는 문장을 넣으시오. (단, (ㄱ)~(ㅌ)로 쓸 것.)

> (A)ㄱ. 姓 글히야 員이 오니 오늘나래 내내 웃보리 [용가16장]
>
> ㄴ. 輪廻도 이러홀쎠 受苦도 이러홀쎠 [월석8:4]
>
> ㄷ. 世尊이 ⋯舍利佛을 須達이 조차 가라 ᄒ시다 [석상6:22]
>
> ㄹ. 父王이 病ᄒ야 겨시니 우리 미처 가 보ᅀᄫ바 ᄆᅀᆞᄆᆞᆯ 훤히 너기시게 ᄒ져라 [월석10:6]
>
> ㅁ. 하ᄂᆞᆯ 뜨들 뉘 모ᄅᆞᅀᄫᆞ리 [용가86장]
>
> ㅂ. 네 엇데 안다 [월석23:74]
>
> ㅅ. 부텻긔 받ᄌᆞᄫᅡ 生生애 내 願을 일티 아니케 ᄒ고라 [석상13:25]
>
> ㅇ. 셴 머리예 비치 업세라 [두언8:70]
>
> ㅈ. 여슷 히를 ᄒ져 [월석7:1-2]
>
> ㅊ. 어긔야 즌 ᄃᆡ를 드ᄃᆡ욜셰라 [악궤 정읍사]
>
> ㅋ. 이 두 사ᄅᆞ미 眞實로 네 항것가 [월석8:94]
>
> ㅌ. 이 뜨들 닛디 마ᄅᆞ쇼셔 [용가110장]

> (B) ① 화자가 청자에게 대답을 요구함.
>
> ② 화자가 청자에게 자신이 아는 정보를 전달함.
>
> ③ 화자가 청자에게 행동을 변화시킬 것을 요구함.
>
> ④ 화자가 청자를 자신의 감정을 표출하는 데에 그침.
>
> ⑤ 화자가 청자에게 자신과 함께 행동

> 을 변화시킬 것을 요구함.

① [　　　　] ② [　　　　]

③ [　　　　] ④ [　　　　]

⑤ [　　　　]

② 평서문

2. 예문 (A)는 '약속(約束)'의 뜻을 나타내는 평서문이다. 이러한 약속의 평서문을 형성하는 문법적 형태소의 특성과 관련하여, (가)와 (나)에 제시된 과제를 해결하시오.

> (A)ㄱ. 그리 ⓐ호마 혼 이리 分明히 아니 ᄒ면 [내훈3:21]
>
> ㄴ. 네 니ᄅᆞ라 내 ⓑ드로마 [번노 상:5]
>
> (B) 내 ᄒ마 命終호라 [월석9:36]

(가) 예문 (B)에 제시된 문장의 형태·통사론적 특성을 참고하여, 예문 (A)에서 밑줄 그은 ⓐ '호마'와 ⓑ '드로마'를 형태소 단위로 분석하시오. (단, 아래의 빈칸에 어간과 어미 형태를 쓰되, 변동된 형태는 기본 형태로 쓸 것.)

ⓐ 호마 :

　　㉠ (　　) + ㉡ (　　) + ㉢ (　　)

ⓑ 드로마 :

　　㉣ (　　) + ㉤ (　　) + ㉥ (　　)

(나) '과제 (가)'에서 ㉡과 ㉤의 빈칸에 들어갈 선어말 어미를 별도로 분석할 수 있는 통사론적인 근거를 설명하시오.

3. 15세기 국어에 나타나는 '리'로 끝나는 평서
문과 관련하여, (가)와 (나)에 제시된 과제를
해결하시오.

> (A)ㄱ. 赤心으로 처섬 보샤 迺終내 赤心이시
> 니 뉘 아니 스랑ᄒᆞᅀᄫᆞ리 [용가78장]
>
> ㄴ. 始終이 ᄀᆞᄐᆞ실씨 功臣이 忠心이니 傳
> 祚萬世예 功이 그츠리잇가 [용가79장]
>
> (B) 가시리 가시리잇고 나ᄂᆞᆫ ᄇᆞ리고 가시리
> 잇고 나ᄂᆞᆫ [악장가사 가시리]
>
> (C) 『고등학교 문법』(2010:300)에서는 예문 (A)
> 와 (B)와 같은 운문에서 '리'로 끝나는 종
> 결 어미를 인정하고, 이러한 '리'를 반말
> 을 표현하는 종결 어미로 처리하였다.
>
> (D) 예문 (A)는 『용비어천가』에 나타난 운문
> 의 문장이고, 예문 (B)는 <악장가사>에 수
> 록된 '가시리'의 노랫말의 일부이다. (A)에
> 서 (ㄱ)과 (ㄴ)의 문장은 동일한 인물(태조
> 이성계)에 대한 내용을 서술하고 있고, 이
> 야기의 서술자(화자)와 독자(청자)가 동일
> 하다. 그리고 (B)의 노랫말도 동일한 구절
> 을 반복하여 표현하고 있다.
>   예문 (A)에서 '스랑ᄒᆞᅀᄫᆞ리'와 '그츠리
> 잇가'의 활용 형태를 비교하고 예문 (B)에
> 서 '가시리'와 '가시리잇고'의 활용 형태
> 를 비교하면, '리'의 문법적인 성격을 글
> (C)의 설명과는 다르게 처리할 수가 있다.

(가) 글 (D)에 제시된 주장이 타당하다고 가
정한다면, 예문 (A)와 (B)에 실현된 '리'
의 원래의 문법적인 명칭을 쓰시오. (단,
어미의 기능을 표현하는 명칭으로 쓸 것.)

(   )

(나) 글 (D)의 주장을 고려할 때에, (A)와
(B)의 예문에서 나타난 문장의 종결
방식을 어떻게 설명하는 것이 합리적
이겠는가?

4. 15세기 국어에 '-읋디니라'의 형태과 관련하
여 (가)와 (나)에 제시된 과제를 해결하시오.

> (A)ㄱ. 너희는 내 말을 믿을지니라. [현대 국어]
>
> ㄴ. ᄯᅩ 반ᄃᆞ기 仔細히 ᄆᆞᅀᆞ물 ⓐ뽏디니라
> [몽언39장]
>
> (B) 현대 국어에서는 예문 (ㄱ)에 쓰인 '-을지
> 니라'를 하나의 종결 어미로 처리한다. 이
> 런 처리 방식에 따라서 15세기 국어에서
> 도 (ㄴ)에서 '뽏디니라'의 '-ㄹㆆ디니라'를 하
> 나의 종결 어미로 처리하는 경우가 있다.
>
> (C) 그러나 ⓑ 15세기 국어에서는 '-읋디니라'
> 를 단일한 종결 어미로 보지 않고 관형절
> 을 안은 명사구의 구성에 서술격 조사가
> 붙어서 활용한 형태로 볼 수 있다.

(가) 글 (C)와 같은 처리 방법을 인정한다
면, 예문 ⓐ의 '뽏디니라'를 다음과
같이 분석할 수 있다. (단, 변동된 형태
소는 기본 형태로 적고, 형태소의 자립성
유무는 표시하지 말 것.)

> <분석 예시> 뽏디니라 :
> ⇨ (쓰)+ ㉠(   ) + (ㄹㆆ)#㉡(   )+
> ㉢(   ) +(니)+ (다)

㉠(   )   ㉡(   )
㉢(   )

(나) '과제 (가)'에서 실행한 형태소의 분석
결과를 참조하여, ⓐ의 '뽏디니라'를
직역하시오.

(   )

③ 의문문

5. 글 (B)는 15세기 국어의 의문문의 유형에 대한 설명이다. 글 (B)의 내용을 참조하여 예문 (A)의 의문문에 설정한 ⓐ~ⓔ의 빈칸에 의문 보조사의 형태를 각각 쓰시오. (단, 변동된 의문 보조사의 형태는 변동된 대로 쓸 것.)

(A) ㄱ. 사ᄒᆞ매 서르 맛나ᄆᆞᆫ 쏘 어느 ⓐ날(_____)
　　 [두언21:16]

　　ㄴ. 이 두 사ᄅᆞ미 眞實로 네 ⓑ항것(_____)
　　 [월석8:94]

　　ㄷ. 이ᄂᆞᆫ 賞가 ⓒ罰(_____) [몽언53]

　　ㄹ. 얻논 藥이 ⓓ므스것(_____) [월석21:215]

　　ㅁ. 이 ᄯᆞ리 너희 ⓔ죵(_____) [월석8:94]

(B) 15세기 국어에서 쓰인 의문문은 형태상으로 구분할 때에, 두 가지 유형의 의문문이 있다. 첫째로 문장의 내용에 대하여 가부(可否)의 판정을 요구하는 의문문과, 둘째로 문장에 실현된 물음말(의문사)에 대한 설명을 요구하는 의문문이 있다.

ⓐ (　　　　)　　　ⓑ (　　　　)
ⓒ (　　　　)　　　ⓓ (　　　　)
ⓔ (　　　　)

6. 15세기 국어에 쓰인 의문문의 유형과 관련하여, 글 (B)의 ㉠~㉢에 들어갈 인칭을 쓰시오. (단, 1인칭은 화자를, 2인칭은 청자를, 3인칭은 화자와 청자 이외의 제3자를 가르킨다.)

(A) ㄱ. 이본 나모와 투구 세 사리 네도 쏘 잇더신가 [용가89장]

　　ㄴ. 뉘 能히 … 妙法蓮華經을 너비 니를꼬
　　 [법언4:134]

　　ㄷ. 이 男子아 엇던 이ᄅᆞᆯ 爲ᄒᆞ야 이 길헤든다 [월석21:118]

(B) 15세기 국어의 의문문에 실현되는 의문형

어미 중에는 어원적으로 관형사형 전성 어미인 '-은/-읈'에 의문 보조사인 '-가, -고, -다'가 붙어서 형성된 것이 있다. 이들 의문 보조사 중에서 '-가'나 '-고'는 주로 문장의 주어가 ㉠(　　　)인칭이나 ㉡(　　　) 인칭일 때에 실현되며, '-다'는 문장의 주어가 ㉢(　　　)인칭일 때에 실현된다.

㉠ (　　　　)　　　㉡ (　　　　　)
㉢ (　　　　)

7. 아래의 글은 15세기 국어에서 의문형 어미의 변이 형태가 형성되는 과정을 설명한 글이다. 예문 (A)를 참조하여 글 (B)의 빈칸에 들어갈 의문형 어미의 변이 형태를 쓰시오. (단, 형태소의 자립성 유무는 표기하지 말 것.)

(A) ㄱ. 아모 사ᄅᆞ미나 이 良醫의 虛妄ᄒᆞᆫ 罪를 能히 니ᄅᆞ려 [월석17:22]

　　ㄴ. 뉘 ᄠᅳᆮ을 굴히야사 (그 ᄯᆞ리) 며늘이 ᄃᆞ외야 오리야 [월천 기36]

　　ㄷ. ᄒᆞ마 주글 내어니 (내) 子孫을 議論ᄒᆞ리여 [두언6:36]

　　ㄹ. ᄒᆞ물며 그듸 ᄒᆞ마 位ㅣ 노ᄑᆞ니 ᄀᆞ올 ᄒᆞ요ᄆᆞᆯ 시러곰 구디 마라리아 [두언22:23]

(B) 15세기 국어의 판정 의문문에서 실현되는 의문형 어미의 기본 형태는 '-가'로 실현된다. 그런데 '-가'는 그것이 쓰이는 환경에 따라서 비기본 형태로 변동될 수 있다. 의문형 어미인 '-가'가 변동하는 양상을 다음과 같이 정리하였다.

첫째, 미래 시제의 선어말 어미인 '-리-'에 의문형 종결 어미인 '-가'가 결합하면, ㉠'(　　　)'의 형태로 실현된다.

둘째, ㉠의 형태에서 모음 충돌을 회피하기 위하여, 반모음인 /j/가 첨가될 수 있다. 이 경우에는 의문형 어미는 양성 모음이 실현된 ㉡'(　　　)'의 형태나 음성 모음이 실현된 ㉢'(　　　)'의 형태로 실현된다.

셋째, ⓒ의 형태에서 '-리-'의 모음 /ㅣ/가 탈락하면, ㄹ '(   )'의 형태로 실현된다.

㉠(   )   ㉡(   )
㉢(   )   ㉣(   )

8. 15세기 국어에 쓰인 의문형 어미와 관련하여, 글 (B)와 글 (C)의 빈칸에 들어갈 말을 각각 쓰시오. (단, 문법적 단위의 명칭이나 문법 기능에 대한 명칭을 쓸 것.)

(A)ㄱ. 네 겨집 그려 ⓐ가던다 [월석7:10]
   ㄴ. 네 信ᄒᆞᄂᆞᆫ다 아니 ⓑ信ᄒᆞᄂᆞᆫ다 [석상9:26]
   ㄷ. 네 엇뎨 ⓒ안다 [월석23:74]
   ㄹ. 네 엇던 혜므로 나ᄅᆞᆯ 免케 ⓓ홇다
      [월석21:56]

(B) 어원적으로 볼 때에, 예문 (A)의 ⓐ~ⓓ에 실현된 의문형 어미는 ㉠(   )인 '-ㄴ/-은'이나 '-ㅭ/-읊'에 ㉡(   )인 '-다'가 결합하여서 형성된 의문형 어미이다.

(C) 예문 (A)에 제시된 의문문에서 ⓐ~ⓓ에 실현된 의문형 어미는 상대 높임의 정도로 보면 모두 ㉮ '(   )체'의 의문형 어미에 해당한다. 그리고 이들 의문형 어미는 '-가'나 '-고'로써 형성된 의문형 어미와는 달리, 문장 속에서 ㉯(   )이/가 실현되는 여부에 관계없이 동일한 형태로 실현되는 것이 특징이다.

㉠(   )   ㉡(   )
㉮(   )   ㉯(   )

9. 15세기 국어에 쓰인 의문문과 관련하여, 글 (B)의 빈칸에 들어갈 말을 쓰시오.

(A)ㄱ. 그듸 엇던 ⓐ사ᄅᆞ민다 [월석10:29]
   ㄴ. 그듸는 어느 저긔 ⓑ도라올다 [두언22:30]
   ㄷ. 엇던 이ᄅᆞᆯ 爲ᄒᆞ야 이 길헤 ⓒ든다
      [월석21:118]

(B) 예문 (A)의 문장에서 ⓐ~ⓒ에 실현된 서술어를 현대어로 옮기면, ⓐ의 '사ᄅᆞ민다'는 ㉠(   )(으)로, ⓑ의 '도라올다'는 ㉡(   )(으)로, ⓒ의 '든다'는 ㉢(   )(으)로 옮길 수 있다.

㉠(   )   ㉡(   )
㉢(   )

10. 15세기 국어에서 쓰인 의문문의 유형과 관련하여, (가)와 (나)에 제시된 과제를 해결하시오.

(A)ㄱ. 聖人 神力을 어느 다 ᄉᆞᆯᄫᆞ리 [용가87장]
   ㄴ. 그딋 아바니미 잇ᄂᆞ닛가 [석상6:14]
   ㄷ. 王곳 업스시면 누를 믿ᄌᆞᄫᆞ리잇고
      [월석7:54]
   ㄹ. 그듸는 엇뎨 精誠을 니즈료 [두언23:4]
   ㅁ. 土木이 빗나믈 구틔여 쇠ᄒᆞ리아
      [두언6:36]
   ㅂ. 님긊 말ᄊᆞ미 긔 아니 올ᄒᆞ시니 [용가39장]
   ㅅ. 네 어드러 가ᄂᆞ니오 [두언8:6]
   ㅇ. 므스글 道ㅣ라 ᄒᆞᄂᆞ니잇고 [월석9:24]
   ㅈ. 슬후미 이어긔 잇디 아니ᄒᆞ니아
      [두언7:14]
   ㅊ. 부텨 授記ᄒᆞ샨 比丘ㅣ 아니 겨시니잇가
      [석상24:3364]
   ㅋ. 엇뎨 겨르리 업스리오 [월석 서:17]
   ㅌ. 엇뎨 부톄라 ᄒᆞᄂᆞ닛가 [석상6:16]

(가) 예문 (A)의 (ㄱ)~(ㅌ)에 제시된 의문문을 상대 높임법의 등분에 따라서 분류하여, 다음 글의 빈칸에 넣으시오. (단, 빈칸에 (ㄱ)~(ㅌ)의 부호를 넣을 것.)

15세기 국어의 상대 높임의 등분은 아주 높임의 'ᄒᆞ쇼셔체'와 예사 높임의 'ᄒᆞ야쎠체', 낮춤의 'ᄒᆞ라체'의 등분으로 설정할 수 있고, 여기에 다시 높임과 낮춤이 중화된 중간 등분으로 '반말체'를 설정할 수 있다. 이러한 기준을 적용하면, (A)의 문장 중에서 ㉠(   )은 'ᄒᆞ쇼셔체'로, ㉡(   )은 'ᄒᆞ야쎠'체로, 그리고 ㉢은 (   ) 'ᄒᆞ라체'로, ㉣(   )은 '반말체'로 분류된다.

㉠ [   ]
㉡ [   ]
㉢ [   ]
㉣ [   ]

(나) 의문문의 유형과 관련하여, 예문 (A)의 문장을 분류하여 ㉠~㉢의 빈칸에 넣으시오. (단, 빈칸에 (ㄱ)~(ㅌ)의 부호를 쓰고, 수사 의문문의 기능은 고려하지 말 것.)

의문문은 '설명 의문문'과 '판정 의문문'으로 구분할 수도 있다. (A)에 제시된 문장 중에서, ㉠(   )의 문장은 설명 의문문이며, ㉡(   )의 문장은 판정 의문문이다. 그런데 (A)의 예문 중에서 ㉢(   )은/는 의문사의 실현 여부와 의문형 어미의 형태가 일치하지 않는 특징이 있다.

㉠ [   ]
㉡ [   ]
㉢ [   ]

11. 15세기 국어에서 쓰인 의문문의 기능에 관련하여, 글 (B)의 빈칸에 들어갈 말을 쓰시오. (단, ㉠에는 의문문의 유형에 대한 명칭을 쓰고, ㉮에는 (ㄱ)~(ㄹ)의 부호를 쓸 것.)

(A)ㄱ. 너희 이 브를 보고 더븐가 너기건마른 [월석10:14]

ㄴ. 네 목수믈 미더 즈랋 時節을 기드리ᄂᆞ다 [석상6:11]

ㄷ. 그디 子息 업더니 므슷 罪오 [월석1:7]

ㄹ. 이 됴흔 藥을 이제 예 뒷노니 너희 먹고 몯 됴ᄒᆞᆯ가 시름 말라 [월석17:20]

(B) 의문문이 독백(獨白)이나 상념(想念)처럼, 듣는 이가 직접적으로 상정되지 않은 발화 상황에 쓰일 수도 있는데, 이러한 의문문을 ㉠'(   )'(이)라고 한다. (A)에 제시된 문장 중에서 ㉡(   )은 ㉠에 해당한다.

㉠(   )   ㉡(   )

④ 명령문

12. 15세기 국어의 명령문에 나타나는 상대 높임법의 등분과 관련하여, 글 (B)의 빈칸에 들어갈 명령형 종결 어미의 형태를 예문 (A)에서 찾아서 쓰시오. (단, 변동된 형태는 기본 형태로 쓸 것.)

(A)ㄱ. 力士ㅣ 내 몸 ᄒᆞ야ᄇᆞ리디 아니케 ᄒᆞ쇼셔 [월석7:37]

ㄴ. 네 바리를 어듸 가 어든다 도로 다가 두어라 [월석7:8]

ㄷ. 내 보아져 ᄒᆞᄂᆞ다 ᄉᆞᆲᄫᅡ쎠 [석상6:14]

ㄹ. 迦尸王이 …(淫女를) 使者 브려 보내오라 ᄒᆞ야늘 [월석7:15]

(B) 명령문은 명령형의 종결 어미로써 실현되는데, 이를 상대 높임법의 등분에 따라서 다음과 같이 구분할 수 있다.

곧, 예문 (A)에 실현된 명령형 어미 중에서 ㉠'(   )'은/는 '낮춤'의 명령형 어미이며, ㉡'(   )'은/는 '예사 높임'의 명령형 어미이다. 그리고 ㉢'(   )'은/는 '아주 높임'의 명령형 어미이며, ㉣'(   )'은/는 낮춤과 높임이 중화된 정도로 높이는 명령형 어미이다.

㉠(   )   ㉡(   )
㉢(   )   ㉣(   )

13. 15세기 국어에서 명령형의 어미가 실현되는 양상과 관련하여, 글 (B)의 빈칸에 들어갈 선어말 어미의 형태를 쓰시오. (단, 변동된 형태는 변동된 대로 쓸 것.)

> (A)ㄱ. 너희둘히 ⓐ힘뻐스라 바미 ᄒᆞ마 半이 어다 [석상23:13]
>
> ㄴ. 너희 반ᄃᆞ기 一心으로 觀世音菩薩ㅅ 일후믈 ⓑ일ᄏᆞᆮᄌᆞ오라 [법언7:57]
>
> ㄷ. 네 願 다히 ⓒᄒᆞ야라 [석상24:14]
>
> (B) 15세기 국어의 명령형의 종결 어미는 선어말 어미 뒤에 붙어서 실현될 수도 있다. 예를 들어서 ⓐ의 '힘뻐스라'는 명령형의 어미가 선어말 어미인 ㉠'(　　)'와/과 ㉡'(　　)'의 뒤에 실현되었다. 그리고 ⓑ의 '일ᄏᆞᆮᄌᆞ오라'는 명령형의 어미가 선어말 어미인 ㉢'(　　)'의 뒤에 실현되었고, ⓒ의 'ᄒᆞ야라'는 명령형의 어미가 ㉣'(　　)'의 뒤에 실현되었다.

㉠(　　　　) 　　㉡(　　　　)
㉢(　　　　) 　　㉣(　　　　)

⑤ 청유문

14. 15세기 국어의 청유문에 실현되는 서술어의 형태와 관련하여, 글 (B)의 빈칸에 들어갈 용언의 활용 형태를 쓰시오.

> (A)ㄱ. 이 劫 일후므란 賢劫이라 ⓐ(ᄒᆞ다) [월석1:40]
>
> ㄴ. 어버ᅀᅵ ᄌᆞ자 이신 저긔 일후믈 ⓐ(一定ᄒᆞ다) [월석8:96]
>
> (B) (A)의 문장이 청유문이 되려면 서술어로 쓰인 용언의 어간인 'ᄒᆞ-'와 '一定ᄒᆞ-'에 청유형의 종결 어미가 실현되어야 한다.
> 만일 ⓐ의 'ᄒᆞ-'에 낮춤의 등분인 청유형 종결 어미가 실현되면, ㉠'(　　)'(이)나 ㉡'(　　)'의 활용 형태가 된다. 그리고

ⓑ의 '一定ᄒᆞ-'에 아주 높임의 등분인 청유형 종결 어미가 실현되면, ㉢'(　　)'의 활용 형태가 된다.

㉠(　　　　) 　　㉡(　　　　)
㉢(　　　　)

⑥ 감탄문

15. 15세기 국어에 실현된 감탄문의 형성 방식과 관련하여, 글 (B)의 빈칸에 들어갈 감탄형 어미의 형태를 쓰시오. (단, 변동된 형태소는 변동된 대로 적을 것.)

> (A)ㄱ. 六祖ㅅ 큰 오은 ᄠᅳ들 보디 몯ᄒᆞᄂᆞ뎌 [육언 서:7]
>
> ㄴ. 太子ㅣ 니르샤ᄃᆡ 됴홀쎠 이ᅀᅡ ᄆᆞᅀᆞ매 훤히 즐겁도다 ᄒᆞ시고 [석상3:20]
>
> (B) 예문 (A)에 실현된 감탄형 종결 어미의 형태를 추출하면 다음과 같다. 곧, (ㄱ)의 문장에는 감탄형 종결 어미인 ㉠'(　　)'이/가 실현되었으며, (ㄴ)의 문장에는 감탄형 종결 어미인 ㉡'(　　)'이/가 실현되었다.

㉠(　　　　) 　　㉡(　　　　)

16. 15세기 국어에서 실현된 감탄문의 형성 방식과 관련하여, (가)와 (나)에 제시된 과제를 해결하시오.

> (A)ㄱ. 내 몬져 ⓐ듣ᄌᆞ오소이다 [석상24:18]
>
> ㄴ. ᄲᆞᆯ 니고미 오라ᄃᆡ 오히려 굴히리 ⓑ업세이다 [육언 상:27]
>
> ㄷ. 이 男子ㅣ 精誠이 至極ᄒᆞᆯ씨 보ᄇᆡ를 아니 ⓒ앗기놋다 [월석1:11]
>
> ㄹ. 넀 興에 아디 몯게라 믈읫 몃 마릿 글를 지스니오 [두언22:16]
>
> (B) 일부 학자들은 15세기 국어에 쓰인 감탄문이 문장의 서술어에 실현된 선어말 어

미에 의해서 형성되기도 했다고 주장한다. 이들은 평서형 종결 어미의 앞에 감동 표현의 선어말 어미를 실현함으로써, 화자의 감정을 표현한다고 주장하였다.

이에 따라서 예문 (A)에서 감탄문을 성립시키는 감동 표현의 선어말 어미의 형태를 추출하면 다음과 같다. 먼저 ⓐ의 '들도소이다'에는 ㉠'(   )'이/가 실현되었으며, ⓑ의 '업세이다'에는 ㉡'(   )'이/가 실현되었다. 그리고 ⓒ의 '앗기놋다'에는 ㉢'(   )'이/가 실현되었으며, 끝으로 ⓓ의 '몬게라'에는 ㉣'(   )'이/가 실현되었다.

(가) 글 (B)의 빈칸에 들어갈 선어말 어미의 형태를 쓰시오. (단, 변동된 형태는 변동된 형태로 적을 것.)

ㄱ (   )　　　　㉡ (   )

ㄷ (   )　　　　㉣ (   )

(나) 글 (B)에서 제기한 주장처럼 감탄문의 성립 방식에 대하여 제기될 수 있는 반론을 제시하시오. (단, 문장 종결법의 일반적 원칙에 근거하여, 반론을 제기할 것.)

....
....
....
....
....

⑦ 종결 표현의 종합 문제

17. 예문 (A)에 제시된 문장을 종결 방식에 따라서 하위 유형으로 분류하고, 각 문장의 종결 방식을 성립시키는 활용 어미(종결 어미나 선어말 어미)나 조사의 형태를 쓰시오. (단, 글 (B)의 <예사>를 참조하고, 변동된 형태는 기본 형태로 쓸 것.)

(A)ㄱ. 오눐나래 내내 웃브리 [용가16장]

ㄴ. 내 보아저 ᄒᆞᄂᆞ다 슬ᄫᅥ쎠 [석상6:14]

ㄷ. 몸과 ᄆᆞ슴괘 便安ᄒᆞ리라 [몽언7]

ㄹ. 귓 ᄀᆞᅀᅢ ᄒᆞ마 물ᄀᆞᆫ 나비 소리를 듣논 ᄃᆞᆺ ᄒᆞ얘라 [두언16:30]

ㅁ. 어누 나라해 가샤 나시리잇고 [월석2:11]

ㅂ. 어셔 도라 니거라 [월석8:101]

ㅅ. 六朝ㅅ 큰 오ᄋᆞᆫ ᄠᅳ들 보디 몯ᄒᆞᄂᆞ뎌 [육언 서:7]

ㅇ. 이 두 사ᄅᆞ미 眞實로 네 항것가 [월석8:94]

ㅈ. 이 ᄠᅳ들 닛디 마ᄅᆞ쇼셔 [용가110]

ㅊ. 出家ᄒᆞᆫ 사ᄅᆞᆫ … 그에 精舍ㅣ 업거니 어드리 가료 [석상6:22]

ㅋ. 힌 이스레 누른 조히 니그니 ᄂᆞ화 주마 호미 일 期約이 잇ᄂᆞ니라 [두언7:39]

ㅌ. 또 닐오ᄃᆡ 여슷 히를 ᄒᆞ져 [월석7:2]

ㅍ. 이 男子아 (네) 엇던 이를 爲ᄒᆞ야 이 길헤 든다 [월석21:118]

ㅎ. 몬져 니ᄅᆞ샨 經을 어루 다 듣ᄌᆞᄫᅡᆺ다 [법언6:82]

(B) <예사>

이 고ᄌᆞ로 香油 밍ᄀᆞᄂᆞ니라 [월석18:53]

【풀이】: (평서문) — (-다)

문장의 유형	형태
(ㄱ): [   ] — [   ]
(ㄴ): [   ] — [   ]
(ㄷ): [   ] — [   ]
(ㄹ): [   ] — [   ]
(ㅁ): [   ] — [   ]
(ㅂ): [   ] — [   ]
(ㅅ): [   ] — [   ]
(ㅇ): [   ] — [   ]
(ㅈ): [   ] — [   ]
(ㅊ): [   ] — [   ]
(ㅋ): [   ] — [   ]

(ㅌ) : [   ] ― [   ]

(ㅍ) : [   ] ― [   ]

(ㅎ) : [   ] ― [   ]

3.3.2. 높임 표현

① 상대 높임 표현

1. 15세기 국어의 상대 높임 표현의 실현 방식과 관련하여, 글 (B)의 빈칸에 들어갈 문장의 번호를 쓰시오. (단, 높임 표현 중에서 '예사 높임'의 등분을 'ᄒ야쎠체'로 명명한다.)

(A) ① 世間ㅅ 드틀을 므슴 만 너기시리 [월천 기125]

② 生生애 내 願을 일티 아니케 ᄒ고라 [월석1:13]

③ 淨土애 ᄒ듸 가 나사이다 [월석8:110]

④ 世世예 妻眷이 ᄃ외져 [석상6:8]

⑤ 聖母하 願ᄒ든 드르쇼셔 [월석21:38]

⑥ 王이 돌해 刻히샤 南郊애 무더 두라 ᄒ시다 [월석2:49]

⑦ 그듸 이 굼긧 개야미 보라 [석상6:36]

⑧ 그딋 아바니미 잇ᄂ닛가 [석상6:14]

⑨ 내 그런 ᄠ들 몰라 ᄒ댕다 [석상24:23]

⑩ 眷屬 ᄃ외ᅀᆞᄫ셔 셜본 일도 이러ᄒᆞᆯ쎠 [석상6:5]

⑪ 내 이제 엇뎨ᄒ야ᅀᅡ 地獄 잇는 싸해 가리잇고 [월석21:25]

⑫ 네 아ᄃ리 孝道ᄒ고 허믈 업스니 어드리 내티료 [월석2:6]

⑬ 시미 기픈 므른 ᄀᄆ래 아니 그츨ᄊᆡ… 바ᄅ래 가ᄂ니 [용가2장]

⑭ 아자비 쇼를 소아 주기이다 [내훈3:49]

(B) 15세기 국어의 상대 높임 표현은 높임의 등분에 따라서 아주 높임의 'ᄒ쇼셔체', 예사 높임의 'ᄒ야쎠체', 낮춤의 'ᄒ라체', 높임과 낮춤의 중간 등급인 '반말'로 분류할 수 있다.

예문 (A)의 문장을 이러한 분류 방법에 따라서 분류하면, ㉠(   )은/는 'ᄒ쇼셔체'이며, ㉡(   )은/는 'ᄒ야쎠체'이며, ㉢(   )은/는 'ᄒ라체'이며, ㉣(   )은/는 '반말'에 해당한다.

㉠ (   ) ㉡ (   )

㉢ (   ) ㉣ (   )

2. 15세기 국어의 상대 높임 표현의 등분과 관련하여, 글 (B)의 빈칸에 들어갈 어말 어미와 선어말 어미를 찾아서 있는 대로 쓰시오. (단, 변동된 형태는 변동된 대로 쓸 것.)

(A) ㄱ. 帝 니ᄅ샤ᄃ 數千잉다 [내훈2 하:61]

ㄴ. 世尊하…이런 고디 업스이다 [능언1:50]

ㄷ. 聖母하 願ᄒ든 드르쇼셔 [월석21:38]

ㄹ. 그 ᄠ들 닐어쎠 [석상6:16-7]

ㅁ. 눖믈 디니 긔 아니 어리니잇가 [월천 기103]

ㅂ. 엇뎨 부톄라 ᄒᄂ닛가 [석상6:16]

(B) 15세기 국어의 상대 높임은 '높임 표현'과 '낮춤 표현'으로 구분할 수 있다. 그리고 '높임 표현'도 듣는 이를 높이는 정도에 따라서 '아주 높임 표현(ᄒ쇼셔체)'과 '예사 높임 표현(ᄒ야쎠체)'으로 다시 구분할 수 있다. 예문 (A)의 문장에서 '아주 높임'의 등분을 표현하는 어미는 ㉠(   )이/가 있으며, 예사 높임의 등분을 표현하는 어미에는 ㉡(   )이/가 있다.

㉠ 아주 높임 : (   )

㉡ 예사 높임 : (   )

3. 15세기 국어의 높임 표현이 실현되는 양상과 관련하여, 글 (B)의 빈칸에 들어갈 용언의 활용 형태를 쓰시오.

(A)須達: 主人이 모솜 차바늘 손소 둘녀 밍フ
      노닛가 太子를 請ᄒᆞᅀᄫᅡ 이바즈보
      려 ᄒᆞ노닛가 大臣을 請ᄒᆞ야 이바도
      려 ᄒᆞ노닛가

護彌: 그리 아닝다

須達: 婚姻 위ᄒᆞ야 아ᅀᄆᆡ 오나둔 이바도
      려 ᄒᆞ노닛가

護彌: 그리 아니라 부텨와 즁과를 請ᄒᆞᅀ
      보려 ᄒᆞ닝다

須達: 엇뎨 부톄라 ᄒᆞ노닛가 그 ᄠᅳ들 ⓐ
      (   )

護彌: 그듸는 아니 듣ᄌᆞᄫᅥ더시닛가 淨飯王
      아ᄃᆞ님 悉達이라 ᄒᆞ샤리 나실 나래
      하ᄂᆞᆯ로서 설흔 두 가짓 祥瑞 ᄂᆞ리며
      …<중략>… 三世옛 이를 아ᄅᆞ실ᄊᆡ
      부톄시다 ᄒᆞᄂᆞ닝다 [석상6:16~6:18]

(B) 위의 대화에서 밑줄 그은 활용 형태를
참조할 때에 '수달(須達)'과 '호미(護彌)'
는 서로를 예사로 높여서 발화하고 있
음을 알 수 있다. 이들의 대화에서 예사
높임의 상대 높임 등분이 그대로 유지
된다고 가정한다면, ⓐ의 빈칸에는 '니
ᄅᆞ다(曰)'의 명령형으로서 ㉠'(   )'의
형태가 실현된다.

㉠ (   )

4. 15세기 국어에서 '상대 높임 표현'을 실현하
는 방식과 관련하여, 용언 'ᄒᆞ다(爲, 曰)'의
활용 형태를 다음 표의 빈칸에 쓰시오. (단,
㉠과 ㉡의 빈칸에는 각각 판정 의문과 설명 의
문의 형태를 것.)

	평서형	의문형	명령형
아주 높임	ᄒᆞᄂᆞ니이다	㉠( ) ㉡( )	ᄒᆞ쇼셔
예사 높임	㉢( )	㉣( )	㉤( )

㉠ (   )   ㉡ (   )
㉢ (   )   ㉣ (   )
㉤ (   )

5. 15세기 국어에서 '상대 높임 표현'을 실현하
는 방식과 관련하여, (가)와 (나)에 제시된
과제를 해결하시오.

(A)ㄱ. 須達: 婚姻 위ᄒᆞ야 아ᅀᄆᆡ 오나둔 이
        바도려 ⓐᄒᆞ노닛가 [석상6:16]

   ㄴ. 護彌: 그리 아니라 부텨와 즁과를 請ᄒᆞ
        ᅀ보려 ⓑᄒᆞ닝다

(B) 예문 (A)는 '수달(須達)'의 질문에 대하여
'호미(護彌)'가 답하는 대화이다. 수달과
호미가 발화한 문장에서 서술어로 쓰인
ⓐ'ᄒᆞ노닛가'와 ⓑ'ᄒᆞ닝다'의 형태와 기
능을 아래의 (가)와 (나)에서 알아 보았다.

(가) ⓐ의 'ᄒᆞ노닛가'와 ⓑ의 'ᄒᆞ닝다'를 형
태소 단위로 분석하였을 때에, 다음
의 빈칸에 들어갈 선어말 어미의 형
태를 각각 쓰시오. (단, 변동된 형태는
기본 형태로 쓸 것.)

ⓐ ᄒᆞ노닛가 :
ᄒᆞ(어간)-+㉠-(   )-+㉡-(   )-
+㉢-(   )-+-니…가

ⓑ ᄒᆞ닝다 :
ᄒᆞ(어간)-+㉮-(   )-+㉯-(   )-
+㉰-(   )-+-다

(나) 위의 (가)에서 ㉠~㉢과 ㉮~㉰의 빈칸
에 들어갈 선어말 어미의 기능을 간략
히 기술하시오.

─────────── ㉠

─────────── ㉡

─────────── ㉢

─────────── ㉮

─────────── ㉯

─────────── ㉰

───────────

6. 글 (B)를 참조하여 예문 (A)의 빈칸 ⓐ에 들어갈 '호다(曰, 謂)'의 활용 형태를 쓰시오. (단, 아래의 글 (B)에 설정한 <활용의 조건>을 지킬 것.)

(A) 브롬 ᄀ티 션 바회를 石壁이라 ⓐ(호다) [석상9:24]

(B) 15세기의 상대 높임 표현의 체계는 '낮춤', '예사 높임', '아주 높임', 그리고 높임과 낮춤이 중화된 '반말'로 이루어진 4등분 체계로 이루어져 있다.

<활용의 조건>
· 문장의 종결 방식에 따른 유형은 평서문으로 할 것.
· 현재 시제의 선어말 어미인 '-ᄂ-'와 원칙 표현의 선어말 어미인 '-니-'를 실현할 것.
· 반말의 형태는 『용비어천가』나 『월인천강지곡』에 나타나는 형태로 쓸 것.

---

① 낮   춤 ─ (   )
② 예사 높임 ─ (   )
③ 아주 높임 ─ (   )
④ 반   말 ─ (   )

7. 글 (B)에 설정한 ㉠과 ㉡의 빈칸에 들어갈 선어말 어미의 형태를 쓰시오. (단, 변동된 형태는 기본 형태로 쓸 것.)

(A) 難頭禾龍王 : 阿闍世王이 부텻 터리를 주실ᄊᆡ 이 塔올 이르ᅀᆞ뱃ᄂᆞ니 내 앗습디 아니호이다 釋迦文佛이 겨싫 저긔 내 부텨끠 말ᄊᆞ믈 ᄒᆞᅀᆞᆸ보ᄃᆡ "涅槃ᄒᆞ신 後에 劫 다ᄋᆞᇙ 時節에 經과 袈裟와 바리와를 내 다 가져다가 이 塔애 녀허 뒷습다가 彌勒이 나거시든 내야 받ᄌᆞᄫᅩ리이다 ᄒᆞᅀᆞᆸ보이다" [석상24:31-2]

阿育王 : 내 그런 ᄠᅳ들 몰라 ⓐ 호댕다

(B) 예문 (A)의 문장은 '난두화용왕(難頭禾龍王)'과 '아육왕(阿育王)'의 대화인데, 이 대화에서 아육왕은 난두화용왕에게 예사로 높여서 발화하였다. 여기서 ⓐ의 '호댕다'는 문장의 주어가 화자일 때에 실현되는 회상의 선어말 어미인 ㉠'(   )'에 '상대 높임'의 선어말 어미인 ㉡'(   )'와/과 평서형의 종결 어미인 '-다'를 이어서 실현한 것이다.

㉠ (   )   ㉡ (   )

8. 글 (B)를 읽고 예문 (A)에서 대화 참여자의 신분과 문맥을 고려하여, 서술어로 쓰인 '소사나다(突出)'의 활용 형태를 ⓐ의 빈칸에 쓰시오. (단, '소사나다'는 과거 시제의 무형의 형태로 표현할 것.)

(A) 그 ᄢᅦ 如來 三昧로셔 나거시늘 彌勒菩薩이 모ᄃᆞᆫ ᄆᆞᅀᆞ미 疑心을 보며 ᄌᆞ개 도 모ᄅᆞ샤 座애셔 니러 부텻 알ᄑᆡ 나ᅀᅡ 드르샤 禮數ᄒᆞᇫᆸ고 合掌ᄒᆞ야 슬ᄫᆞ샤ᄃᆡ 世尊하 엇던 因緣으로 이런 寶塔이 ᄯᅡ해셔 ⓐ(   ) [석상11:17]

(B) 예문 (A)에서 밑줄 친 문장은 '彌勒菩薩(미륵보살)'이 '世尊(세존)'에게 발화한 문

장이다. 여기서 '세존'은 '미륵보살'보다 상위자(上位者)이다.

ⓐ (   )

9. 예문 (A)에서 밑줄 친 문장은 '定自在王(정 자재왕)'이 '世尊(세존)'에게 발화한 것이다. 대화 참여자의 신분과 문맥을 고려하여, ⓐ 의 빈칸에 서술어로 쓰인 '말다(勿)'의 활용 형태를 쓰시오.

> (A) 定自在王이 부텻긔 슬ᄫᅡ샤디, "世尊하 願ᄒᆞᆫ든 分別 ⓐ(   ) 우리 千萬億 菩薩摩訶薩돌히 반ᄃᆞ기 能히 부텻 威神 을 받ᄌᆞᄫᅡ 이 經을 너비 불어 閻浮提예 衆生을 利益ᄒᆞ리이다' [월석21:62]

ⓐ (   )

10. 글 (B)의 내용을 참조하여, 예문 (A)에 제시된 ⓐ의 빈칸에 'ᄃᆞ외다'가 '반말'의 명령형으로 활용한 형태를 쓰시오. (단, 어간과 어미의 음 성적 환경을 고려하여 변동된 형태로 적을 것.)

> (A) 王이 毗奢波蜜多羅ᄅᆞᆯ 블러 니르샤디 "尊者ㅣ 날 위ᄒᆞ야 太子ㅅ 스스이 ⓐ (   )" 蜜多羅ㅣ 슬보디 "그리 ᄒᆞ리 이다" [석상3:7]
>
> (B) 『고등학교 문법』(2010:300)에서는 15세기 국어에 쓰인 상대 높임의 등분으로 '반말' 을 설정하고 있다. 중세 국어의 반말은 아주 낮춤의 'ᄒᆞ라체'와 예사 높임의 'ᄒᆞ 야쎠체'의 사이에 드는 상대 높임의 등분 으로 생각된다.

ⓐ (   )

11. 예문 (A)에서 문맥을 고려하여, 서술어로 쓰 인 동사 '나다(出/生)'의 종결 형태를 ⓐ의 빈칸에 쓰시오. (단, 서술어로 쓰인 '슬ᄫᅡ샤

디'와 부사어로 쓰인 '흔딕'를 고려하여, 활 용 형태를 결정할 것.)

> (A) (鴛鴦)夫人이 여희싫 저긔 大王ᄭᅴ 술ᄫᅧ샤 디 "往生偈ᄅᆞᆯ 외오시면 골픈 빈도 브르 며 헌 옷도 새 ᄀᆞᆮᄒᆞ리니 淨土애 흔딕 가 ⓐ(   )" ᄒᆞ야시ᄂᆞᆯ [월석8:100]

ⓐ (   )

② 주체 높임 표현

12. 15세기 국어의 주체 높임 표현과 관련하여, 문장의 화자가 예문 (A)의 ⓐ-ⓓ에서 선어 말 어미인 '-(으)시-'로써 높여서 대우한 대 상을 찾아 쓰시오.

> (A) 王이 釋種 드리시고 ᄯᅩ 활쏘기를 받더시 니 그 東山애 金붑 銀붑 돌붑 쇠부피 各 各 닐굽곰 잇거늘 調達이와 難陁왜 몬져 쏘니 各各 세콤 ᄢᅦ여디거늘 太子ㅣ 화ᄅᆞᆯ 혀시니 화리 것거디거늘 ⓐ무르샤디 "내 그에 마ᄌᆞᆫ 화리 잇ᄂᆞ니여" 王이 니ᄅᆞ샤디 "우리 祖上애셔 ⓑ쏘더신 화리 ᄀᆞ초아 이쇼ᄃᆡ 이긔여 쏘리 업스니 가져오라" ⓒ ᄒᆞ야시ᄂᆞᆯ 釋種ᄃᆞᆯ히 이긔여 *지ᄒᆞ리 업더 니 太子ㅣ 소ᄂᆞ로 눌러 ⓓ지ᄒᆞ샤 시울 ᄠᅵᆼᄉᆞᆯ 소리 잣 안히 다 들이더라 [석상3:13]
>
>   *지ᄒᆞ다: 차리거나 장치하다. 활시위에 얹 다.
>
> (B) 문장에 등장하는 주체가 '말하는 이(화자)' 보다 상위자인 때에는 선어말 어미 '-(으) 시-'를 문장의 서술어에 실현하여 주체를 높여서 표현할 수 있다. 이때에 '말하는 이(화자)'는 문맥에 등장하는 인물일 수도 있고, 그 글에서 이야기를 이끌어 가는 '서술자'일 수도 있다.

ⓐ (   )   ⓑ (   )
ⓒ (   )   ⓓ (   )

13. 예문 (A)에 실현된 높임 표현과 관련하여, 글 (B)의 빈칸에 들어갈 말을 쓰시오. (단, 예문 (A)에 표현된 대상(체언)을 찾아서 쓸 것.)

> (A) 그 金像이 世尊 ⓐ보숩고 合掌ᄒ야 禮數
> ᄒ시거늘 世尊도 ᄭ르샤 合掌ᄒ시니 虛空
> 애 ⓑ겨신 百千 化佛이 다 合掌ᄒ야 金
> 像 向ᄒ야 ⓒᄭ르시니라 [석상11:13]
>
> (B) 예문 (A)에서 ⓐ'보숩고'에 실현된 '-숩-'
> 은 ㉠'(   )'을/를 높였으며, ⓑ'겨신'은
> ㉡'(   )'을/를 높였으며, ⓒ'ᄭ르시니
> 라'에 실현된 '-ᄋ시-'는 ㉢'(   )'을/를
> 높였다.

㉠(   )   ㉡(   )

㉢(   )

14. 예문 (A)에서 화자가 ⓐ~ⓒ에 실현된 선어말 어미 '-시-'로써 높이는 대상을 쓰시오.

> (A) ㄱ. 이ᄂᆞᆫ 妙法 智力의 ⓐ化ᄒ샨 자최를 나
> 토시니라 [법언5:79]
>
> ㄴ. 五色雲ㅅ 가온ᄃᆡ 瑞相 ⓑ뵈시ᄂᆞᆫ 如來ㅅ긔
> 현맛 衆生이 머리 좃ᄉᆞᄫᅡ뇨 [월석2:48]
>
> ㄷ. 大導師ᄂᆞᆫ ⓒ크신 길 *앗외시ᄂᆞᆫ 스승이
> 라 혼 마리라 [월석9:12]
>
> *앗외다 : 인도하다, 이끌다, 導

ⓐ(   )   ⓑ(   )

ⓒ(   )

15. 예문 (A)에서 ⓐ의 '사ᄆᆞ시니'에 실현된 어미와 관련하여, (가)와 (나)에 제시된 과제를 해결하시오.

> (A) 글워리 經이 아니며 經이 부톄 아니라
> 道理 닐온 거시 이 經이오 道理로 몸 ⓐ
> 사ᄆᆞ시니 이 부톄시니 [월석 서:22]

(가) 예문 (A)에서 ⓐ의 '사ᄆᆞ시니'를 형태

소 단위로 분석하고, 그 형태소의 문법 기능의 명칭을 쓰시오. (단, #은 어절의 경계를 표시하는 부호이며, 무형의 형태소는 표시하지 않았다.)

> · 사ᄆᆞ시니 :
> ⇨삼(爲)+㉠(   )+-ㄴ(관형사형 전
> 성 어미) #㉡(   )

	형태		문법 기능의 명칭
㉠ (	)	—	( )
㉡ (	)	—	( )

(나) 화자가 ⓐ에 실현된 선어말 어미로써 높이는 대상을 예문 (A)에서 찾아서 그 형태를 쓰시오.

㉮(   )

16. 예문 (A)의 빈칸에 들어갈 용언의 활용 형태를 쓰되, ⓐ~ⓓ에 제시된 각각의 형태들이 결합된 형태로 쓰시오. (단, 형태소와 형태소가 결합하는 과정에서 일어나는 변동 현상을 반영할 것.)

> (A) ㄱ. 그 ᄢᅴ 文殊師利 世尊ᄭ긔 ⓐ(   ) [능언2:46]
>
> ㄴ. 내 諸佛 ⓑ(   ) ᄀᆞ티 좃ᄌᆞᄫᅡ 호리라
> [석상13:59]
>
> ㄷ. 千世 우희 미리 ⓒ(   ) 漢水北에 累
> 仁開國ᄒ샤 [용가125장]
>
> ㄹ. 世尊이 世間애 나샤 甚히 ⓓ(   )
> [월석7:14]

ⓐ 숣-+-ᄋ시-+-오ᄃᆡ :
⇨(   )

ⓑ 니ᄅ-+-시-+-옴 :
⇨(   )

ⓒ 定ᄒ-+-시-+-오-+-ㄴ :
⇨(   )

ⓓ 奇特ᄒ-+-시-+-옷-+-다 :
⇨(   )

③ 객체 높임 표현

17. 15세기 국어에 쓰인 '객체 높임 표현'의 기능과 관련하여, (가)와 (나)에 제시된 과제를 해결하시오.

(A) ㄱ. 天子ㅣ 우리 道理란 ᄇᆞ리시고 먼 딋 胡敎를 求ᄒᆞ시ᄂᆞ니 오늘 朝集을 囚ᄒᆞ야 ⓐ연줍져 ᄒᆞ고 [월석2:69]

ㄴ. 妾이 陛下와 가난애 흔ᄃᆡ ⓑ사습다가 이제 富貴예 니르니 驕慢ᄒᆞ며 放縱호미 奢侈예 나며 危亡이 忽微예 니러날가 샹녜 전노이다 [내훈2하:46]

ㄷ. 難頭禾龍王이 親히 나아 닐오ᄃᆡ 阿闍世王이 부텻 터리를 주실ᄊᆡ 이 塔을 이르ᅀᆞᆸ노니 내 ⓒ앗습디 아니호이다 [석상24:31]

ㄹ. 世尊하 ᄀᆞ장 가ᅀᆞ면 長者ᄂᆞᆫ 이 如來시고 우린 다 佛子ㅣ ⓓ곧ᄌᆞ오니 如來ㅣ 샹녜 우릴 니르샤ᄃᆡ 아ᄃᆞ리라 ᄒᆞ시ᄂᆞ니이다 [법언2:227]

(B) 15세기 국어의 객체 높임 표현은 문장에서 ㉠( )나 ㉡( )로 표현되는 대상을 높이는 표현인데, 객체 높임의 선어말 어미나 높임의 어휘로써 실현된다.

예를 들어서 예문 (A)에 실현된 ⓐ의 '연줍져'에서 '-줍-'은 ㉮( )을/를 높였으며, ⓑ의 '사습다가'에서 '-습-'은 ㉯( )을/를 높였다. 그리고 ⓒ의 '앗습디'에서 '-습-'은 ㉰( )을/를 높였으며, ⓓ의 '곧ᄌᆞ오니'에서 '-ᄌᆞ오-'는 ㉱( )을/를 높였다.

(가) 글 (B)에서 ㉠과 ㉡의 빈칸에 문장 성분의 명칭을 쓰시오.

㉠( ) ㉡( )

(나) 글 (B)에서 ㉮~㉱의 빈칸에 높임의 대상을 예문 (A)에서 찾아서 쓰시오.

㉮( ) ㉯( )
㉰( ) ㉱( )

18. 15세기 국어에서 '객체 높임 표현의 선어말 어미'의 형태가 변동하는 양상과 관련하여, 예문 (A)의 ⓐ~ⓕ에 들어갈 활용 형태를 빈칸에 쓰시오. (단, 글 (B)에 설정한 <표기 조건>을 따를 것.)

(A) ㄱ. 婇女ㅣ 하ᄂᆞᆯ 기브로 太子ᄅᆞᆯ ᄢᅴ려 ⓐ (안-) [월석2:43]

ㄴ. 南北엣 두 雙이 어우러 가지 드리워 如來ᄅᆞᆯ ⓑ(둪-) [석상23:18]

ㄷ. 長者ㅣ 아ᄃᆞ리 부텻 相好ㅣ … 莊嚴ᄒᆞ샤ᄆᆞᆯ ⓒ(보-) [월석21:18]

ㄹ. 世尊하 … 나는 부텻 말ᄊᆞᆷ ⓓ(듣-) [월석21:14]

ㅁ. 벼슬 노폰 臣下ㅣ 님그믈 ⓔ(돕-) 百官ᄋᆞᆯ 다ᄉᆞ릴ᄊᆡ [석상9:34]

ㅂ. 이 菩薩ᄃᆞᆯ히 … 녜 업던 이ᄅᆞᆯ ⓕ(얻-) [석상13:32]

(B) <표기 조건>
• 용언의 어간에 객체 높임의 선어말 어미와 연결 어미가 실현된 활용 형태를 쓸 것.
• 어간과 어미가 결합하는 과정에서 변동된 형태는 변동된 대로 적을 것.
• 객체 높임 선어말 어미가 'ㅂ' 불규칙 활용에 따라서 /ㅂ/이 변동한 형태는 /ㅸ/으로 처리할 것.

ⓐ 안(抱)- + -( )- + -아
ⓑ 둪(蔽)- + -( )- + -고
ⓒ 보(見)- + -( )- + -고
ⓓ 듣(聞)- + -( )- + -고
ⓔ 돕(助)- + -( )- + -아
ⓕ 얻(得)- + -( )- + -아

19. 15세기 국어에서 '객체 높임 표현의 선어말 어미'가 나타내는 기능과 관련하여, 글 (B)의 빈칸에 들어갈 말을 쓰시오. (단, ㉠에는 문장 성분의 명칭을 쓰고, ㉡에는 지시 대상(단어)을 쓸 것.)

> (A) 諸佛이 經典을 불어 니루샤 菩薩 無數億萬을 フ르치시니 *梵音이 깁고 微妙ᄒᆞ샤 사루미 즐겨 ⓐ듣ᄌᆞᆸ게 ᄒᆞ시며 [석상3:17]
>
> *梵音(범음) : 부처님의 가르침이다.
>
> (B) 예문 (A)에서 ⓐ의 '듣ᄌᆞᆸ게'에 실현된 '-ᄌᆞᆸ-'이 높이는 대상은, 문장 속에서 ㉠(   )으로 기능하는 ㉡'(   )'이다.

㉠(   )   ㉡(   )

20. 예문 (A)의 ⓐ'보ᅀᆞᆸ게'에 실현된 선어말 어미 '-ᅀᆞᆸ-'이 높이는 대상과 그 대상에 대한 문장 성분의 명칭을 쓰시오.

> (A) 勝鬘이 부텻 功德을 듣ᄌᆞᆸ고 깃거 *偈를 지서 부텨를 기리ᅀᆞᆸ고 願호ᄃᆡ, 부톄 나를 어엿비 너기샤 나를 ⓐ보ᅀᆞᆸ게 ᄒᆞ쇼셔 [석상6:40]
>
> *偈(게) : 부처의 공덕이나 가르침을 찬탄하는 노래 글귀이다.

㉠ 높임의 대상 : (   )
㉡ 문장 성분 : (   )

21. 예문 (A)의 ⓐ～ⓓ에 실현된 '객체 높임 표현의 선어말 어미'의 기능과 관련하여, 글 (B)의 빈칸에 들어갈 단어를 (A)의 예문에서 찾아 쓰시오.

> (A) *閻浮提ㅅ 王 優塡王 波斯匿王 等 一切 大衆이 寶階 미틔 모다 가 머리 ⓐ조ᅀᅡ 부텨를 마ᄍᆞᆸ더니 優塡王이 ⓑ밍ᄀᆞᅀᄫᆞᆫ 金像을 象애 ⓒ싣ᄌᆞᄫᅡ 가 마ᄍᆞᆸ더니

金像이 象 우희 오르락 ᄂᆞ리락 ᄒᆞ샤 生佛이 ᄀᆞᆮᄒᆞ시며 虛空애 거르시니 발 아래셔 곳비 오며 또 **放光ᄒᆞ시더라 [월석21:203]

> *閻浮提(염부제) : 수미산 남쪽에 있다는 대륙으로 인간들이 사는 곳이다.
>
> **放光(방광) : 부처가 광명을 내는 것이다.
>
> (B) ⓐ의 '조ᅀᅡ'에 실현된 '-ᅀᆞᆸ-'으로써 높인 대상은 ㉠'(   )'이며, ⓑ의 '밍ᄀᆞᅀᄫᆞᆫ'에 실현된 '-ᅀᆞᆸ-'으로써 높인 대상은 ㉡'(   )'이다. 그리고 ⓒ의 '싣ᄌᆞᄫᅡ'에 실현된 '-ᄌᆞᆸ-'으로써 높인 대상은 ㉢'(   )'이다.

㉠(   )   ㉡(   )
㉢(   )

④ 간접 높임 표현

22. 15세기 국어의 높임 표현과 관련하여, 글 (B)의 빈칸에 들어갈 말을 쓰시오. (단, ㉠~㉢에는 화자가 높이는 대상의 이름을 쓸 것.)

> (A) 須達이 精舍 다 짓고 王ᄭᅴ 가 술ᄫᅩᄃᆡ 내 世尊 ⓐ위ᄒᆞᅀᆞᄫᅡ 精舍를 ᄒᆞ마 ⓑ짓ᄉᆞᄫᅩ니 王이 부텨를 請ᄒᆞᅀᆞᄫᆞᆸ쇼셔 [석상6:38]
>
> (B) 예문 (A)에서 화자는 ⓐ에 실현된 선어말 어미 '-ᅀᆞᆸ-'으로써 ㉠'(   )'을/를 높였는데, 이렇게 문법적 형태의 기능에 맞는 높임법을 '직접 높임법'이라고 한다. 이와는 달리 ⓑ에서 '-ᅀᆞᆸ-'은 직접적(통사적)으로는 ㉡'(   )'을/를 높였으나, 실제로는 ㉢'(   )'을/를 간접적으로 높였다. 이러한 높임의 방법을 '간접 높임법'이라고 한다.

㉠(   )   ㉡(   )
㉢(   )

23. 15세기 국어에서 나타나는 '높임의 방식'과 관련하여, ⓐ~ⓓ의 서술어에서 나타나는 직접 높임의 대상과 간접 높임의 대상을 찾아

서 차례로 쓰시오. (단, 높임의 대상은 각각 한 단어로 쓸 것.)

(A)ㄱ. 般若 기픈 쁘디 이를 ⓐ니르신뎌 [반야심경언해 8]

ㄴ. 世尊이 … 未來世 衆生이 부텻 마를 머리로 ⓑ받즙게 ᄒ쇼셔 [월석21:84]

ㄷ. 太子ㅅ 모미 傷ᄒ야 命이 머디 ⓒ아니ᄒ시이다 [월석21:218]

ㄹ. 이 東山ᄋᆫ 사아 如來 위ᄒᅀᆞᄫᅡ 精舍ᄅᆞᆯ ⓓ이르ᅀᆞᄫᅡ 지이다 [석상9:35]

(B) 예문 (A)에서 (ㄱ)~(ㄹ)의 문장은 이른바 '간접 높임법'이 적용된 문장이다. 이들 문장에서 선어말 어미인 '-시-'와 '-즙-/-ᅀᆞ-' 으로써 직접적으로 높이는 대상(=서술의 주체나 객체)과 '간접적 높임의 대상'이 다르다.

직접 높임   간접 높임
ⓐ (   ) — (   )
ⓑ (   ) — (   )
ⓒ (   ) — (   )
ⓓ (   ) — (   )

⑤ 어휘적 높임 표현

24. 15세기 국어에서 높임법을 실현하는 방식과 관련하여, 글 (B)의 빈칸에 들어갈 말의 형태를 쓰시오.

(A) 그제ᅀᅡ 王이 즁님내ᄭᅴ 우브터 아래 니르리 손소 진지 ᄒ야 供養ᄒ고… [석상24:49]

(B) 15세기 국어의 높임 표현은 일반적으로 '-으시-, -즙-, -이-' 등과 같은 선어말 어미나, '-으쇼셔, -사이다'와 같은 종결 어미로써 실현된다. 그런데 어떤 경우에는 개별 어휘나 조사 혹은 파생 접사로써 높임 표현이 실현되기도 한다. 곧, 예문 (A)에는 개별 어휘로서는 ㉠(   )이/가 높임 표현을

실현하고 있다. 그리고 파생 접미사로서는 ㉡(   )와/과 ㉢(   )이/가 높임 표현을 실현하고 있으며, 조사로서는 ㉣(   )이/가 높임 표현을 실현하고 있다.

㉠ (   )   ㉡ (   )
㉢ (   )   ㉣ (   )

25. 예문 (A)에 제시된 ⓐ~ⓖ의 높임말(체언)에 대응되는 예삿말을 아래의 빈칸에 쓰시오.

(A)ㄱ. 文王이 ᄒᆞᆫ 번 ⓐ뫼 자셔든 [소언 4:12]

ㄴ. 셔볼 賊臣이 잇고 ᄒᆞᆫ ⓑ부니 天命이실ᄊᆡ 쩌딘 ᄆᆞᆯ ᄒᆞᄂᆞᆯ히 내시니 [용가37장]

ㄷ. ⓒ그듸 엇던 사ᄅᆞ민다 [월석10:29]

ㄹ. ⓓ진지 오를 제 반두시 시그며 더운 졀ᄎᆞ를 솔펴보시며 [소언 4:11]

ㅁ. 淨班王이 깃그샤 부텻 소ᄂᆞᆯ 손소 자ᄇᆞ샤 ⓔᄌᆞ걋 가ᄉᆞ매 다히시고 [월석10:9]

ⓐ (   )   ⓑ (   )
ⓒ (   )   ⓓ (   )
ⓔ (   )

26. 15세기 국어에서 어휘적인 높임 표현으로 쓰인 '마쯔비'의 단어 형성 방법과 관련하여, 글 (B)의 빈칸에 들어갈 말을 쓰시오. (단, 어간이나 어미의 형태를 쓰되, 변동된 형태는 기본 형태로 쓸 것.)

(A) 濟世英主ㅣ 실ᄊᆡ ⓐ마쯔비예 ᄆᆞᅀᆞ믈 놀라니 [용가95장]

(B) ⓐ의 '마쯔비'는 현대어의 '마중(迎)'에 대한 높임의 어휘이다. '마쯔비'는 어근인 ㉠ '(   )'에 선어말 어미인 ㉡ '(   )'이/가 실현된 형태에, 또다시 파생 접미사인 ㉢ '(   )'이/가 붙어서 형성된 단어이다.

㉠ (   )   ㉡ (   )
㉢ (   )   ㉣ (   )

27. 예문 (A)에 실현된 높임 표현에 대하여, (가)와 (나)에 제시된 과제를 해결하시오.

> (A)ㄱ. 諸天 人衆이 一心으로 이대 드러 다 이에 와 無上尊을 ⓐ뵈라[법언3:39]
>
> ㄴ. 婇女ㅣ…太子를 쯰려 안ᅀᅡᇦ 夫人ᄭᅴ ⓑ모셔 오니[월석2:43]
>
> ㄷ. 須達이 깃거 波斯匿王ᄭᅴ 가아 물미 ⓒ엳줍고 천량 만히 시러[석상6:15]
>
> ㄹ. 武王이…文王이 두 번 밥(飯) 좌ᄒᆞ야 시든 ᄯᅩ 두 번 밥(飯) ⓓ좌터시다 [내훈1:41]
>
> ㅁ. 이틄나래 (摩耶夫人이) 王ᄭᅴ 그 ᄭᅮ믈 ⓔ솔ᄫᆞ시ᄂᆞᆯ[월석2:23]
>
> ㅂ. 네 崆峒애 님그믈 ⓕ뫼ᅀᆞ와 ᄃᆞ니던 나리여[두언3:1]
>
> ㅅ. 우리 父母ㅣ (나를) 太子ᄭᅴ ⓖ드리ᅀᆞᄫᆞ시니[석상6:7]
>
> ㅇ. 至極혼 ᄆᆞᅀᆞ무로 西方애 나고져 ᄒᆞᆯ 사ᄅᆞ미 몬져 丈六像이 못 우희 ⓗ겨샤ᄆᆞᆯ 보ᅀᆞᄫᅩᆯ 디니[월석8:44]
>
> ㅈ. 그 ᄯᅳ니미 이 比丘ᄅᆞᆯ 보고 깃거 ⓘ저ᅀᆞᆸ고 請ᄒᆞ야 조흔 座 ᄭᆞᆯ오[석상13:53]
>
> (B) 15세기 국어에서는 주로 선어말 어미인 '-시-'나 '-ᅀᅳᆸ-' 등으로써, 문장의 주체와 객체를 높인다. 그러나 높임의 뜻이 있는 용언 자체로써 주체나 객체를 높이는 표현도 있다. 곧, 예문 (A)에서 ㉠(   )은/는 용언 어휘를 통하여 서술의 주체를 높였으며, ㉡(   )은/는 용언 어휘를 통하여 서술의 객체를 높였다.

(가) 글 (B)에서 ㉠과 ㉡의 빈칸에 들어갈 단어를 예문 (A)에서 골라서 ⓐ~ⓘ로 쓰시오.

㉠ 서술의 주체를 높임 :

(   )

㉡ 서술의 객체를 높임 :

(   )

(나) 예문 (A)에서 밑줄 그은 ⓐ~ⓘ의 서술어가 높이는 대상을 찾아서 쓰시오.

ⓐ(   )   ⓑ(   )

ⓒ(   )   ⓓ(   )

ⓔ(   )   ⓕ(   )

ⓖ(   )   ⓗ(   )

ⓘ(   )

⑥ 높임 표현의 겹침

28. 15세기 국어의 높임 표현과 관련하여, (가)와 (나)의 과제를 해결하시오.

> (A)ㄱ. 우리 世尊이…燃燈佛로셔 毗婆尸佛ㅅ ᄀᆞ장 七萬七千佛을 ⓐ맛나ᅀᆞᄫᆞ시니 이 세찻 *阿僧祇 **劫이라[월석 2:9]
>
> *阿僧祇(아승기) : 항하사(恒河沙)의 만 배가 되는 수의. 즉 1056을 이른다.
>
> **劫(겁) : 어떤 시간의 단위로도 계산할 수 없는 무한히 긴 시간이다. 하늘과 땅이 한 번 개벽한 때에서부터 다음 개벽할 때까지의 동안이라는 뜻이다.
>
> ㄴ. 須達이 舍利弗 더브러 무로ᄃᆡ 世尊이 ᄒᆞᆯ 멋 里를 ⓑ녀시ᄂᆞ니잇고[석상 6:23]
>
> ㄷ. 大王하 나도 如來 겨신 ᄃᆡ를 ⓒ모ᄅᆞᅀᆞᄫᅵ다[월석21:192]
>
> (B) 하나의 문장에 두 가지의 높임 표현이 겹쳐서 실현될 수 있다. 첫째, (ㄱ)의 문장에서는 ⓐ의 서술어를 통하여 ㉠(   )과 ㉡(   )을/를 높여서 표현하였다. 둘째, (ㄴ)의 문장에서는 ⓑ의 서술어를 통하여 ㉢(   )과 ㉣(   )을/를 높여서 표현하였다. 셋째, (ㄷ)의 문장에서는 ⓒ의 서술어를 통하여 ㉤(   )과 ㉥(   )을/를 직접적으로 높였다.

(가) 글 (B)의 빈칸에 들어갈 말을 쓰시오. (단, ㉠~㉫의 빈칸에는 높임의 대상이 되는 체언을 찾아서 쓰되, 높임의 어미가 실현된 순서로 쓸 것.)

㉠ (   )   ㉡ (   )

㉢ (   )   ㉣ (   )

㉤ (   )   ㉫ (   )

(나) 문장 (ㄷ)은 간접 높임 표현이 실현되었는데, 간접 높임의 대상을 찾아서 쓰시오.   (   )

29. 15세기 국어의 높임 표현과 관련하여, 글 (B)의 빈칸에 들어갈 말을 쓰시오. (단, ㉠~㉢에는 선어말 어미의 형태를 쓰되, 변동된 형태소는 변동된 대로 쓸 것. 그리고 ㉮~㉰에는 높임의 대상이 되는 인물의 이름을 쓸 것.)

(A) 그 저긔 闍婆摩羅ㅣ 座애셔 니러나아 부텨끠 솔보디 世尊하 摩耶夫人이 엇던 功德을 닷ᄀ시며 엇던 因緣으로 如來ᄅᆞᆯ ⓐ나쓰ᄫᆞ시니잇고 부톄 니ᄅᆞ샤디 디나건 오란 劫에 毗婆尸如來ㅅ 像法 後에 나라히 이쇼디 일후미 波羅㮮러라 … [석상11:24]

(B) ⓐ의 '나쓰ᄫᆞ시니잇고'에는 ㉠'(   )', ㉡'(   )', ㉢'(   )'와/과 같은 높임 표현의 선어말 어미가 실현되어 있다. 이들 선어말 어미 중에서 ㉠은 ㉮'(   )'을/를 높였으며, ㉡은 ㉯'(   )'을/를 높였으며, 마지막으로 ㉢은 ㉰'(   )'을/를 높였다.

㉠ (   )   ㉡ (   )

㉢ (   )

㉮ (   )   ㉯ (   )

㉰ (   )

30. 15세기 국어에서 높임 표현의 선어말 어미가 높이는 대상과 관련하여, (가)와 (나)에 제시된 과제를 해결하시오.

(A) 부톄 阿難이 ᄃᆞ려 니ᄅᆞ샤디 말라 겨집 出家ᄒᆞ기를 즐기디 말라 …(중략)… 阿難이 부텻긔 다시 솔보디 大愛道ㅣ 善흔 ᄠᅳ디 하시며 부톄 처섬 나거시ᄂᆞᆯ 손소 ⓐ기르ᅀᆞᄫᆞ시니이다   如來 니ᄅᆞ샤디 올ᄒᆞ니라 …<하략>… [월석10:19]

(가) 예문 (A)에서 ⓐ의 '기르ᅀᆞᄫᆞ시니이다'에 실현된 어미를 아래와 같이 같이 형태소 단위로 분석하였다. ㉠~㉤의 빈칸에 들어갈 어미를 쓰시오. (단, 변동된 형태는 변동된 대로 쓰시오. 그리고 과거 시제를 표현하는 무형의 선어말 어미는 분석하지 않는다.)

기르ᅀᆞᄫᆞ시니이다:
⇨ 기르- + ㉠-(   ) + ㉡-(   ) + ㉢-(   ) -(   ) + ㉣-(   ) + ㉤-(   )

㉠ (   )   ㉡ (   )

㉢ (   )   ㉣ (   )

㉤ (   )

(나) '과제 (가)'의 분석에서 ㉠, ㉡, ㉣의 선어말 어미가 높이는 대상을 찾아서 체언의 형태로 쓰시오.

㉠ (   )

㉡ (   )

㉣ (   )

3.3.3. 시간 표현

1. 15세기 국어의 시간 표현과 관련하여, 글 (B)의 빈칸에 들어갈 문장을 (A)에서 찾아서 (ㄱ)~(ㅅ)의 부호로 쓰시오.

(A) ㄱ. 壇經이 … 六祖ㅅ 큰 오온 ᄠᅳ들 보디 몯ᄒᆞᄂᆞ뎌 [육언 서:7]

ㄴ. 그듸 엇던 사ᄅᆞ민다 [월석7:8]

ㄷ. ᄒᆞ마 주글 내어니 子孫ᄋᆞᆯ 議論ᄒᆞ리여
[월석1:7]

ㄹ. 엇던 行業을 지서 惡道애 ᄠᅥ러딘다
[월석21:56]

ㅁ. 네 엇던 혜므로 나ᄅᆞᆯ 免케 ᄒᆞᆶ다
[월석21:55]

ㅂ. 이 이ᄅᆞᆫ 엇던 因緣으로 이런 相이 現ᄒᆞ
고 [법언3:112]

ㅅ. 그 도즈기 菩薩ㅅ 前世生ㅅ 怨讎ㅣ러
라 [월석1:6]

(B) 문장에 나타나는 시제는 발화시(發話時)와
사건시(事件時)의 선후 관계에 따라서 '현
재 시제', '과거 시제', '미래 시제'로 결정
된다.

곧, (A)의 예문 중에서 ㉎( )은/는
사건시가 발화시에 앞서며, ㉏( )은/는
발화시와 사건시가 일치하며, ㉐( )은/
는 사건시가 발화시에 뒤선다.

㉎( )　　㉏( )
㉐( )

2. 글 (B)의 내용을 참조하여, (가)와 (나)의 과
제를 해결하시오.

(A) ㄱ. 네 ⓐ모ᄅᆞ던다 [월석21:195]

ㄴ. 獄ᄋᆞᆫ 罪 ⓑ지ᅀᆞᆫ 사ᄅᆞᆷ 가도ᄂᆞᆫ 싸히니
[월석1:28]

ㄷ. 우리 三寶 恭敬 아니 ⓒᄒᆞᄃᆞᆫ 젼ᄎᆞ로
[월석2:63]

ㄹ. 주거미 닐오ᄃᆡ 내 ᄒᆞ마 ⓓ命終호라
[월석9:36]

ㅁ. 엇던 行業을 지서 惡德애 ⓔᄠᅥ러딘다
[월석21:56]

ㅂ. 우리도 沙羅樹大王ㅅ ⓕ夫人ᄃᆞᆯ히라니
[월석8:100]

(B) 15세기 국어에서 과거를 표현하는 시간
표현은 무형의 형태소인 'Ø'나 회상의
선어말 어미로써 실현된다. 그런데 과거
시제를 표현하는 선어말 어미 중에는 과
거 시제를 표현하는 기능과 함께 또 다른
문법적인 기능을 나타내는 선어말 어미가
있다. 곧, 예문 (A)에 실현된 선어말 어미
인 ㉠( )과/와 ㉡( )은/는 과거
시제를 표현하는 기능과 함께 ㉎( )
를 표현하는 기능을 겸한 것이다.

(가) 예문 (A)의 ⓐ~ⓕ에서 과거 시제를 표
현하는 선어말 어미의 형태를 찾아서
쓰시오. (단, 변동된 형태는 변동된 대로
쓰고, 무형의 형태소는 'Ø'로 쓸 것.)

ⓐ( )　　ⓑ( )
ⓒ( )　　ⓓ( )
ⓔ( )　　ⓕ( )

(나) 글 (B)에 설정된 빈칸 ㉠, ㉡, ㉎에 들
어갈 말을 쓰시오. (단, ㉠과 ㉡에는 선어
말 어미의 형태를 쓰고, ㉎에는 선어말 어미
가 나타내는 문법적인 기능을 쓸 것.)

㉠( )　　㉡( )
㉎( )

3. 15세기 국어에서 시간을 표현하는 방식과
관련하여, (가)와 (나)에 제시된 과제를 해결
하시오.

(A) ᄀᆞᄅᆞᆷ ᄀᆞ새 자거늘 밀므리 사ᄋᆞ리로ᄃᆡ 나
거ᅀᅡ ⓐᄌᆞᄆᆞ니이다 [용가67장]

(가) ⓐ를 현대 국어로 옮기시오.

㉠( )

(나) '과제 (가)'와 관련하여, 중세 국어에
서 과거 시제를 표현하는 방식에 나
타나는 특징을 현대 국어와 비교하여

설명하시오.

(설명) : 서술어가 동사일 때에 과거
시제는

_____

_____

_____

4. 예문 (A)의 ⓐ와 ⓑ를 이용하여 15세기 국어
에서 '회상(回想)의 선어말 어미'가 실현되
는 양상이 현대 국어와 다른 점을 설명하시
오. (단, 회상 표현의 선어말 어미가 실현되는
양상을 주어의 인칭과 관련지어서 현대 국어와
비교하여 설명할 것.)

> (A)ㄱ. 네 아기 조차간 後에 내 지비 이셔 날
> 마다 五百僧齋 ⓐ호다라 [월석23:74]
>
> ㄴ. 네 이 念을 ⓑ뒷던다 아니 뒷던다
> [월석9:35]

(설명)

_____

_____

_____

_____

_____

_____

_____

5. 예문 (A)의 ⓐ와 ⓑ에 실현된 '시간 표현의
선어말 어미'와 관련하여, (가)와 (나)에 제
시된 과제를 해결하시오.

> (A)ㄱ. 내 지비 이싫 저긔 受苦ㅣ ⓐ만타라
> [월석10:23]
>
> ㄴ. 夫人이 머리를 문지시면 病이 다 ⓑ됴
> 터라 [월석2:30]

(가) ⓐ의 '만타라'와 ⓑ의 '됴터라'에서 시

제를 표현하는 선어말 어미의 형태를
추출하여 쓰시오. (단, 변동된 형태는 변
동된 대로 쓸 것.)

ⓐ (   )   ⓑ (   )

(나) ⓐ와 ⓑ에 실현된 시간 표현의 선어
말 어미의 형태가 각각 다르게 실현
된 통사론적인 조건을 설명하시오.

ⓐ

_____

_____

ⓑ

_____

_____

6. 예문 (A)에 실현된 ⓐ~ⓔ의 용언에서 '시간
을 표현하는 선어말 어미'의 형태를 찾아서
쓰시오. (단, 유형(有形)의 선어말 어미는 기본
형태로 쓰고, 무형(無形)의 선어말 어미는 '-Ø'
로 쓸 것.)

> (A)ㄱ. 나는 부텻 ⓐ스랑ㅎ시논 앗이라
> [능언1:88]
>
> ㄴ. 내 오늘 實로 ⓑ無情호라 [월석21:219]
>
> ㄷ. 네 겨지비 ⓒ고ᄫᆞ니여 [월석7:10]
>
> ㄹ. 이 男子ㅣ 精誠이 至極홀씨 보비를 아
> 니 ⓓ앗기놋다 [월석1:11]
>
> ㅁ. 다 如來ㅅ ⓔ威力이론 고둘 아라라
> [석상9:28]

ⓐ (   )   ⓑ (   )

ⓒ (   )   ⓓ (   )

ⓔ (   )

7. 예문 (A)에 실현된 (ㄱ)-(ㅂ)의 문장에서 미
래 시제를 표현하는 형태소(어미)를 분석하
여, 빈칸에 각각 쓰시오. (단, 글 (B)에 제시된

<조건>을 지켜서 쓸 것.)

(A) ㄱ. 내 어느 무슨 무로 如來 涅槃애 드르샤

ㄹ 보ᄉᆞ 팅료 [월석20:32]

ㄴ. 말ᄊᆞᆷ 安定히 ᄒᆞ면 百姓을 便安케 ᄒᆞ

리뎌 [내훈1:7]

ㄷ. 이 法이 甚히 기퍼 能히 信ᄒᆞᅀᆞ오리 젹

도소이다 [법언2:47]

ㄹ. 엇던 幸ᄋᆞ로 아ᄒᆡ들히 빕브르 머글고

[두언15:56]

ㅁ. 如來 큰 神力이 겨샤 ᄂᆞ민 므ᄉᆞᆷᆯ 미리

아르시거니 네 어드리 害ᄒᆞᆯ다 [월석22:70]

ㅂ. 쟝ᄎᆞ 八萬 菩薩와 ᄒᆞᄢᅴ 오시릴ᄊᆡ 몬져

이 祥瑞ᄅᆞᆯ 나토시니라 [월석18:73]

(B)　　　　　　　<조건>

① 관형사형 어미 자체가 시제를 나타낼 때에는 관형사형 어미의 형태를 시제 형태소로 쓸 것.

② 의문문에 실현되는 서술어에서 미래 시제를 나타내는 어미가 다른 어미와 결합된 형태는, 미래 시제를 나타내는 형태소를 의문형 어미와 분리하여 기본 형태로 쓸 것.

③ 각 형태소의 자립성의 유무는 표기하지 말 것.

(ㄱ) (　　　　　)　　　(ㄴ) (　　　　　)

(ㄷ) (　　　　　)　　　(ㄹ) (　　　　　)

(ㅁ) (　　　　　)　　　(ㅂ) (　　　　　)

8. 예문 (A)에 실현된 ⓐ의 '오려다'와 ⓑ의 '마라리아'를 (B)의 <보기>처럼 형태소 단위로 분석하려 한다. ㉠~㉣의 빈칸에 들어갈 선어말 어미의 형태를 쓰시오. (단, 선어말 어미의 결합 양상을 고려할 것.)

(A) ㄱ. 雨障은 비를 마ᄀᆞᆯ 씨니 … ᄒᆞ마 비 ⓐ

오려다 홇 저긔 羅睺阿脩羅王이 두 소

ㄴ로 비와 구룸과 자바 바ᄅᆞᆯ 가온ᄃᆡ

더딜 씨오 [월석10:85]

ㄴ. ᄒᆞᄆᆞᆯ며 그듸 ᄒᆞ마 位ㅣ 노ᄑᆞ니 ᄀᆞ올 ᄒᆞ

요믈 시러곰 구디 ⓑ마라리아 (況子已

高位 爲郡得固辭) [두언22:23]

(B)　　　　　　　<보기>

ⓐ 오려다 :

⇨ 오(어간)+㉠(　　　)+㉡(　　　)+-

다(평서형 종결 어미)

ⓑ 마라리아 :

⇨ 말(어간)+㉢(　　　)+㉣(　　　)+-

아(의문형 종결 어미)

ⓐ : ㉠(　　　　)　㉡(　　　　)

ⓑ : ㉢(　　　　)　㉣(　　　　)

9. 예문 (A)에 실현된 ⓐ~ⓖ의 서술어 중에서, 글 (B)의 빈칸에 들어갈 수 있는 것을 골라서 해당 빈칸에 쓰시오. (단, ⓐ~ⓖ의 부호로 적을 것.)

(A) ㄱ. 너도 ᄯᅩ 이 ⓐᄀᆞᆮᄒᆞ다 [능언2:23]

ㄴ. 舍利佛이 須達이 ⓑ밍ᄀᆞ론 座애 올아

앉거늘 [석상6:30]

ㄷ. 아ᄃᆞᆯ들히 아비 ⓒ주그 듣고 [월석17:21]

ㄹ. 그듸 엇던 ⓓ사ᄅᆞ민다 [월석10:29]

ㅁ. 大王아 네 나히 며친 ᄢᅴ 恒河ㅅ 므를

ⓔ본다 [능언2:8]

ㅂ. 明行足은 ⓕ불ᄀᆞ 힝뎌기 ᄀᆞᄌᆞ실 씨라

[석상9:3]

ㅅ. 네 겨지비 ⓖ고ᄫᆞ니여 [월석7:10]

(B) 문법 형태소의 기능을 체계적으로 설명하기 위하여, 형태(꼴)가 없이 무표적(無標的)으로 실현되는 가상의 형태소를 설정할 수도 있다. 이러한 형태소를 '무형의 형태소'라고 하는데, 흔히 'Ø'로 표기한다. 15세기의 국어에서는 시간 표현을 하는

선어말 어미가 '무형의 형태소'로 실현된 것으로 처리할 수 있다. 예문 (A)에 실현된 ⓐ~ⓖ의 서술어 중에서 ㉠(   )은/는 현재 시제를 표현하는 선어말 어미가 무형의 형태소로 실현된 것으로 간주되며, ㉡(   )은/는 과거 시제를 표현하는 선어말 어미가 무형의 형태소로 실현된 것으로 간주된다.

㉠ 현재 시제 : (   )
㉡ 과거 시제 : (   )

10. 예문 (A)에 실현된 시간 표현과 관련하여, (가)와 (나)에 제시된 과제를 해결하시오.

> (A)ㄱ. 그 쁴 … 五百 사르미 弟子ㅣ 드외아 ⓐ지이다 ᄒᆞ야 銀돈 ᄒᆞᆫ 낟곰 ⓑ받ᄌᆞᆸ니라 [월석1:9]
>
> ㄴ. 無色諸天이 世尊ᄭᅴ ⓒ저ᇫᄉᆞᆸ다 ⓓ혼 말도 이시며 [월석1:36]
>
> ㄷ. 如來 오ᄂᆞᆳ밤 中에 無餘涅般에 ⓔ들리라 [석상13:34]
>
> ㄹ. 馬兵은 ᄆᆞᆯ ⓕ톤 兵이오 [월석1:27]
>
> ㅁ. 劫 일후믄 우흘 브터 ⓖ혜ᄂᆞ니 … 時節ㅅ ᄒᆞᆫ 사ᄅᆞ미 깃거 ⓗ보ᅀᆞᆸ더니라 [월석18:82]
>
> ㅂ. 그 부텻 목수믄 몯 ⓘ혤 ⓙ劫이라 [월석21:129]
>
> ㅅ. 내 ⓚ롱담ᄒᆞ다라 [석상6:24]

(가) ⓐ~ⓚ의 서술어에서 시제와 관련이 있는 어미의 형태를 밝히시오. (단, 무형의 형태소는 'Ø'로 표기하고, 각 형태의 자립성 유무는 표기하지 말 것.)

ⓐ (   )   ⓑ (   )
ⓒ (   )   ⓓ (   )
ⓔ (   )   ⓕ (   )
ⓖ (   )   ⓗ (   )
ⓘ (   )   ⓙ (   )

ⓚ (   )

(나) ⓐ~ⓚ의 서술어가 표현하는 시제를 아래의 기준으로 구분하시오.

[1] 사건시가 발화시보다 선행함 :
(   )

[2] 사건시가 발화시와 일치함 :
(   )

[3] 사건시가 발화시 이후에 일어날 것으로 추정됨 :
(   )

[4] 화자가 과거에 경험한 특정한 시점을 기준으로 사건시를 다시 판단함:
(   )

11. 예문 (A)의 ⓐ~ⓚ에서 시간 표현 선어말 어미의 형태와 그것이 표현하는 시제를 아래의 괄호 안에 쓰시오.(단, 변동된 형태는 기본 형태로 쓰고, 무형의 형태소는 '-Ø'로 쓸 것. 그리고 시제의 유형은 '현재 시제', '과거 시제', '미래 시제'로 쓸 것.)

> (A)ㄱ. 내 … 이런 衆生을 위ᄒᆞ야 大慈悲心을 ⓐ니르와도라 [석상13:57]
>
> ㄴ. 내 ᄒᆞ마 發心호니 엇뎨 住ᄒᆞ며 ⓑ降ᄒᆞ리잇고 [금삼 2:4]
>
> ㄷ. 뉘 닐오ᄃᆡ 어마니미 이에 잇다 ⓒ ᄒᆞ더니잇고 [월석23:82]
>
> ㄹ. 사ᄅᆞᆷ과 사ᄅᆞᆷ ⓓ아닌 것괘 … 샹녜 ⓔ供養ᄒᆞᅀᆞᆸᄂᆞᆫ 야이 다 ⓕ뵈ᄂᆞ다 [석상13:24]
>
> ㅁ. 엇뎨 ⓖ부톄라 ⓗ ᄒᆞᄂᆞ닛가 [석상19:84]
>
> ㅂ. 이 戒ᄂᆞᆫ 諸佛菩薩이 ⓘ修行ᄒᆞ시논 ⓙ 즈릆길히라 [석상9:6]
>
> ㅅ. 이ᄂᆞᆫ 菩薩 ⓚ行ᄒᆞ던 道를 ⓛ니르시니라 [석상13:51]

형태   시제의 유형

ⓐ (   ) − (   )

ⓑ (   ) − (   )

ⓒ (   ) − (   )

ⓓ (   ) − (   )

ⓔ (   ) − (   )

ⓕ (   ) − (   )

ⓖ (   ) − (   )

ⓗ (   ) − (   )

ⓘ (   ) − (   )

ⓙ (   ) − (   )

ⓚ (   ) − (   )

ⓛ (   ) − (   )

12. 15세기에 간행된 『월인천강지곡』과 『월인
석보』에는 어미 '리'로 종결되는 문장이 나
타난다. 이러한 문장에 실현된 어미 '리'의
문법적인 성격과 관련하여, (가)와 (나)에 제
시된 과제를 해결하시오.

(A)ㄱ. 淨飯이 무러시늘 占者ㅣ 줴ᇢᄉᆞᆸ보ᄃᆡ 聖
子ㅣ 나샤 正覺 ⓐ<u>일우시리</u> [월천 기15]

ㄴ. (淨飯)王이 占ᄒᆞᄂᆞᆫ 사ᄅᆞᆷ 블러 무르시
니 다 ᄉᆞᆲ보ᄃᆡ 聖子ㅣ 나샤 輪王이 ᄃᆞ
외시리니 出家ᄒᆞ시면 正覺ᄋᆞᆯ ⓑ<u>일우시
리로소이다</u> [월석2:23]

(B) 예문 (A)에서 (ㄱ)과 (ㄴ)의 문장은 각각
『월인천강지곡』과 『월인석보』에서 발췌
하였다. 이들 문장은 '정반왕(淨飯王)'이
점을 치는 사람인 '점자(占者)'에게 '마야
부인'이 전날 꾼 꿈의 의미를 묻고, 점자
가 정반왕의 질문에 대답하는 동일한 장
면을 표현한 것이다. 여기서 운문인 『월
천강지곡』에서는 점자가 발화한 문장의
서술어를 ⓐ의 '일우시리'로 표현하였다.
반면에 『월인석보』의 산문 부분에서는
서술어를 ⓑ의 '일우시리로소이다'로 표
현하였다.

(가) 『고등학교 문법』(2010:300)에서는 ⓐ의

'일우시리'에 실현된 '리'에 대한 문법
적인 성격을 어떻게 처리하고 있는지
설명하시오.

(설명)

_____

_____

_____

(나) 글 (B)의 내용을 참조하여 ⓐ의 '일우
시리'와 ⓑ의 '일우시리로소이다'를 비
교할 때에, ⓐ의 '일우시리'에 실현된
'-리'의 문법적인 성격을 설명하시오.

(설명)

_____

_____

_____

_____

_____

13. 예문 (A)의 ⓐ~ⓚ에 실현된 '시간 표현의 선
어말 어미'의 형태와 그것이 나타내는 시제
를 (B)에 제시한 <조건>에 따라서 밝히시오.

(A)ㄱ. 世間 衆生이 여러 가짓 모딘 根源을 지
서 한 受苦ㅣ 긋디 ⓐ<u>아니ᄒᆞᆺ다</u>
[월석22:27]

ㄴ. 安樂國이는 아비를 보라 가니 어미도 몯
보아 시르미 더욱 ⓑ<u>깁거다</u> [월석8:10]

ㄷ. 秦 ᄯᅡ해ᄂᆞᆫ 당당이 새 ⓒ<u>ᄃᆞ리어니라</u>
[두언6:11]

ㄹ. 父母하 出家ᄒᆞᆫ 利益을 이제 ᄒᆞ마 ⓓ<u>得
ᄒᆞ과이다</u> [석상11:37]

ㅁ. 그 ᄯᅳᆯ ᄒᆞ닗 時節에 자최마다 蓮花ㅣ ⓔ
<u>나ᄂᆞ니이다</u> [석상11:27]

ㅂ. 내 慈悲力으로 (提婆達多ᄅᆞᆯ) ⓕ<u>濟渡ᄒᆞ
다니라</u> [법언3:196]

ㅅ. 너희들히 므스글 ⓖ보느슨다 [월석10:28]

ㅇ. 이 죠고맛 사르미 제 어듯던 내 ᄠᅳ들 거슬료 당다이 文王ㅅ ⓗ긔거리샷다
[월석22:30] (※ 긔결 : 명령)

ㅈ. 이제 내 모미 毒龍이 害호미 드외면 너 희 一切 衆生이 큰 利益을 ⓘ일흐려다
[월석22:43]

ㅊ. (내) 스믈 히룰 조차 둔녀 훤히 長安애 셔 ⓙ醉ᄒᆞ다소라 [두언16:18]

ㅋ. 구룸 낀 ᄀᆞ르매는 ᄃᆞ빗비치 軒檻애 ⓚ오 ᄅᆞ놋도다 [두언8:25]

(B) <조건>

· 무형의 시제 선어말 어미는 '-Ø'로 표기할 것.

· 변동된 형태는 기본 형태로 쓸 것.

· 시제의 종류는 '과거, 회상, 현재, 미래'로 쓸 것.

형태   시제의 종류

ⓐ (   ) — (   )

ⓑ (   ) — (   )

ⓒ (   ) — (   )

ⓓ (   ) — (   )

ⓔ (   ) — (   )

ⓕ (   ) — (   )

ⓖ (   ) — (   )

ⓗ (   ) — (   )

ⓘ (   ) — (   )

ⓙ (   ) — (   )

ⓚ (   ) — (   )

14. 글 (B)에 제시된 빈칸 ㉠과 ㉡에 예문 (A)에 실현된 ⓐ~ⓕ의 부호를 쓰시오.

(A) ㄱ. 大愛道ㅣ 드르시고 ᄒᆞᆫ 말도 몯 ⓐ호야 잇더시니 [석상6:7]

ㄴ. 平床 우희 옷도 무슴 난 조초 ᄀᆞ라닙고 됴ᄒᆞᆫ 香 ⓑ퓌우고 잇거니 [석상24:26]

ㄷ. 왼녁 피 닫 담고 올ᄒᆞᆫ녁 피 닫 ⓒ다마 두고 닐오ᄃᆡ [월석1:7]

ㄹ. 내 이제 說法호ᇙ 저긔 會中에 오ᇙ ⓓ드리웻노니 [능언3:83]

ㅁ. 前生애 ⓔ둔니다가 後生애 다시 난 모 미 後身이라 [월석1:45]

ㅂ. 難陁ㅣ ᄒᆞᆫ 부체를 다ᄃᆞ니 ᄒᆞᆫ 부체 ⓕ열이곰 ᄒᆞᆯ씨 [월석7:9]

(B) '동작상(動作相, aspect)'은 동사가 표현 하는 움직임이 시간 속에서 어떠한 모 습으로 이루어지는가를 나타내는 문법 적 범주이다.

『고등학교 문법』(2010)에서는 국어에 서 표현되는 동작상으로 '완료상'과 '진행상'을 인정하고 있다. '완료상(完了 相)'은 과거의 어느 시점에서 계속되던 동작이 발화시나 발화시 이전에 끝났음 을 나타내는 동작상이다. 그리고 진행상 (進行相)'은 발화시를 중심으로 어떤 동 작이 일정한 시간 동안 진행되고 있음을 나타내는 동작상이다. 『고등학교 문법』 (2010)에서는 동작상은 본용언에 결합되 는 보조 용언이나 이어진 문장의 선행 절의 끝에 실현되는 연결 어미로써 표 현된다고 하였다.

이러한 견해를 받아들이면 예문 (A)에 제시된 ⓐ~ⓕ 중에서 ㉠(   )은/는 '완료상'을 나타내며, ㉡(   )은/는 '진행상'을 나타낸다.

㉠ 완료상 : (   )

㉡ 진행상 : (   )

14. 15세기 국어에 쓰인 동작상의 유형과 관련하여, (가)와 (나)에 제시된 과제를 해결하시오.

> (A)ㄱ. 須彌山 밧긔 닐굽 山이 ⓐ둘어 잇ᄂᆞ니 [월석1:22]
>
> ㄴ. 耶輸ㅣ … 羅睺羅이 소ᄂᆞᆯ 자바 目連일 맛디시고 ⓑ울며 여희시니라 [석상6:9]
>
> ㄷ. 世尊이 … 볼 ⓒ구피라 펼 ᄊᆞᅀᅵ예 忉利天에 가샤 [월석21:4]
>
> ㄹ. 地獄ᄋᆞᆯ ⓓ븟아 ᄇᆞ려 하ᄂᆞᆯ해 나 勝妙樂ᄋᆞᆯ 受케 ᄒᆞ라 [월석21:181]
>
> ㅁ. 法이 ⓔ펴디여 가미 믈 흘러 녀미 ᄀᆞᆮ틀ᄊᆡ [석상9:21]
>
> ㅂ. 네 내 옷 닙고 내 宮殿에 드러 내 풍류바지 ᄃᆞ리고 됴ᄒᆞᆫ 차반 ⓕ먹고 이쇼ᄃᆡ [석상24:28]
>
> ㅅ. 셔ᄫᅳᆯ 도ᄌᆞ기 드러 님그미 ⓖ나갯더시니 [용가49장]
>
> ㅇ. 말ᄒᆞ며 우숨 ⓗ우ᅀᅳ며셔 주규믈 行ᄒᆞ니 쑴긘 피 긴 긼거리예 ⓘᄀᆞ득ᄒᆞ얫도다 [두언6:39]
>
> ㅈ. 한비 사ᄋᆞ리로ᄃᆡ ⓙ뷔어ᅀᅡ ᄌᆞᄆᆞ니이다 [용가67장]
>
> (B) 예문 (A)에서 밑줄 친 서술어는 '진행상'이나 '완료상'을 나타낸다. 곧, ⓐ~ⓙ 중에서 진행상을 나타내는 것은 ㉠( )이/가 있으며, 완료상을 나타내는 것은 ㉡( )이/가 있다.
>
> (C) 진행상이나 완료상을 실현하는 문법적인 방법(단위)를 기준으로 ⓐ~ⓙ를 분류할 수도 있다. 첫째로 ㉮( )은/는 이어진 문장의 앞절에 실현된 연결 어미로써 동작상이 표현되었다. 둘째로 ㉯( )은/는 본용언과 보조 용언의 구성으로써 동작상이 표현되었다.

(가) 글 (B)에 설정된 ㉠과 ㉡의 빈칸에 ⓐ~ⓙ의 부호를 쓰시오.

㉠ 진행상 ( )

㉡ 완료상 ( )

(나) 글 (C)에 설정된 ㉮와 ㉯의 빈칸에 ⓐ~ⓙ의 부호를 쓰시오.

㉮ 연결 어미로 표현된 동작상 :
( )

㉯ 보조 용언으로 표현된 동작상 :
( )

3.3.4. 태도 표현

① 확인 표현

1. 글 (B)를 참조하여 예문 (A)의 ⓐ~ⓔ에 실현된 '확인 표현의 선어말 어미'의 형태를 각각 쓰시오. (단, 음운론적인 조건으로 변동된 것은 기본 형태로 쓰고, 형태론적인 조건으로 변동된 것은 변동된 형태로 쓸 것.)

> (A)ㄱ. 셜ᄫᅥᆯ써 世界 ⓐ뷔어다 [석상23:18]
>
> ㄴ. 네 … 내 耆闍崛山 中에 가 道理 ⓑ닷가라 [월석23:77]
>
> ㄷ. 모딘 즁ᄉᆡᆼ이 므싀엽도소니 므스므라 바미 ⓒ나오나뇨 [석상6:19]
>
> ㄹ. 닐웻 ᄉᆞᅀᅵ예 네 快樂ᄋᆞᆯ 견칮 ⓓᄒᆞ얀다 [석상24:28]
>
> ㅁ. 우리 오늘 이 구즌 길ᄒᆞᆯ 免ᄒᆞ야 훤히 便安호ᄆᆞᆯ ⓔ得과라 [월석14:77]
>
> (B) '확인 표현'은 심증(心證)과 같은 화자의 '주관적인 믿음'에 바탕을 두고 어떠한 일을 확정적으로 판단함을 나타내는 표현이다. 이러한 확인 표현은 선어말 어미로 표현되는데, 이는 주어의 인칭이나 용언의 유형에 따라서 달리 표현되었다.

ⓐ ( ) ⓑ ( )

ⓒ (　　　　　)　　ⓓ (　　　　　)

ⓔ (　　　　　)

2. 글 (B)의 빈칸에 들어갈 '확인 표현의 선어말
어미'의 형태를 쓰시오. (단, 기본 형태로 쓸 것.)

> (A)ㄱ. 네 願 다히 ⓐ호야라 [석상24:14]
>
> ㄴ. 모다 닐오디 舍利佛이 ⓑ이긔여다
> 　　[월석6:31]
>
> ㄷ. 바미 ᄒᆞ마 ⓒ坐ㅣ어다 [석상23:13]
>
> ㄹ. 오늘 이 寶藏이 自然히 ⓓ니를어다
> 　　[법언2:226]
>
> (B) '확인 표현'의 선어말 어미는 서술어로 쓰
> 인 말의 문법적 특성에 따라서 여러 가
> 지의 형태로 변동되어서 실현되었다. 곧,
> 예문 (A)의 ⓐ와 ⓑ에서는 용언의 어간
> 뒤에서 ㉠'(　　　)'이/가 '-아-/-여-'의 형태
> 로 변동되어서 실현되었다. 그리고 ⓒ와
> ⓓ에서는 어간 뒤에서 ㉡'(　　　)'이/가 '-
> 어-'로 실현되었다.

㉠ (　　　　　)　　㉡ (　　　　　)

3. 예문 (A)에서 ⓐ의 '퓌우ᅀᆞᆸ가니'에 실현된
선어말 어미 '-가-'의 형태 및 기능과 관련
하여, 글 (B)의 빈칸에 들어갈 선어말 어미
의 형태를 쓰시오. (단, 기본 형태로 쓸 것.)

> (A) 閻羅大王이 讚歎ᄒᆞ야 닐오디 됴ᄒᆞ실쎠 됴
> ᄒᆞ실쎠 내 親히 저ᇰ고 솝 ⓐ퓌우ᅀᆞᆸ가니
> 부텻긔 信티 아니ᄒᆞᅀᆞᇦ려 ᄒᆞ고 *牛頭獄
> 卒을 *勅ᄒᆞ야 罪人을 다 노하 하ᄂᆞ래 나
> 게 ᄒᆞ니라 [월석23:89]
>
> *牛頭獄卒(우두옥졸): 소의 머리를 가진
> 　옥졸(獄卒)이다.
>
> *勅(칙)ᄒᆞ다: 지시하다
>
> (B) '퓌우ᅀᆞᆸ가니'는 동사의 어간인 '퓌우-'에 선
> 어말 어미인 '-ᅀᆞᆸ-'과 '-가-'가 실현된 다음

에 다시 연결 어미인 '-니'가 결합된 형태
이다. 여기서 어미 '-가-'는 선어말 어미인
㉠'(　　　)'와/과 선어말 어미인 ㉡'(　　　)'
이/가 나타내는 문법적 기능을 함께 반영
하고 있다.

㉠ (　　　　　)　　㉡ (　　　　　)

4. 15세기 국어에서 용언의 활용 어미가 실현
되는 양상과 관련하여, 글 (B)에 설정된 ㉠~
㉣의 빈칸에 어미의 형태를 쓰시오. (단, 변동
된 형태는 변동된 대로 쓸 것.)

> (A)ㄱ. *諸來 釋迦佛이 즉재 文殊와 **彈指ㅅ
> 스ᅀᅵ예 戒壇애 ⓐ오나시ᄂᆞᆯ 부톄 文殊
> 와 諸來 大衆ᄃᆞ려 니ᄅᆞ샤디 [월석25:40]
>
> ㄴ. 아래 ᄌᆞ조 ⓑ듣ᄌᆞᄫᅡᆫ마ᄅᆞᆫ 즉자히 도로
> 니저 ᄀᆞᆺ블 ᄊᆞᆯ니니 [석상6:11]
>
> *諸來(제래): 여럿이 함께 오다.
>
> **彈指之間(탄지지간): 손가락을 튀길 사
> 　이. 곧, '아주 세월(歲月)이 빠름'을 이
> 　르는 말이다.
>
> (B) 『고등학교 문법』(2010)에서 어미를 처리하
> 는 방법에 따르면, ⓐ의 '오나시ᄂᆞᆯ'은 어간
> 에 선어말 어미인 ㉠'(　　　)'와/과 어말
> 어미인 ㉡'(　　　)'이/가 차례로 실현된 것
> 으로 처리한다. 그리고 ⓑ의 '듣ᄌᆞᄫᅡᆫ마ᄅᆞᆫ'
> 은 어간에 선어말 어미인 ㉢'(　　　)'와/과
> 어말 어미인 ㉣'(　　　)'이/가 차례로 실현
> 된 것으로 처리한다.

㉠ (　　　　　)　　㉡ (　　　　　)

㉢ (　　　　　)　　㉣ (　　　　　)

5. 예문 (A)에서 ⓐ의 '더브르시려뇨'와 ⓑ의
'닐어리로다'의 어미를 (B)처럼 형태소 단위
로 분석하였다. 각 형태소의 형태를 (B)의
빈칸에 쓰시오. (단, 변동된 형태는 기본 형태
를 밝혀서 쓸 것.)

(A)ㄱ. 죵과 물와를 현맨 둘 알리오 어느 누를
　　 ⓐ더브르시려뇨 [월천 기52]

ㄴ. ᄆᆞᅀᆞ미 行ᄒᆞ논 거슬 아디 몯ᄒᆞ시면 說
　 法호미 어려ᄫᅳ니 이 둘헤 ᄉᆞᄆᆞ차 마ᄀᆞ
　 디 업스시니 眞知로 그ᅀᅳ기 化ᄒᆞ시다
　 ⓑ닐이리로디 [월석13:44]

(B) ⓐ더브르시려뇨 :
　 ⇨더블(어간)+ㄱ(　　　)+
　　 ㄴ(　　)+ㄷ(　　)+-뇨

ⓑ닐어리로다 :
　 ⇨니르(어간)+㉮(　　)+
　　 ㉯(　　)+㉰(　　)+-다

ⓐ : ㄱ(　　　　) ㄴ(　　　　　)
　　 ㄷ(　　　　)

ⓑ : ㉮(　　　　) ㉯(　　　　　)
　　 ㉰(　　　　)

② 원칙 표현

6. 15세기 국어에 쓰인 선어말 어미 '-으니-'가
실현된 양상과 관련하여, 글 (B)의 빈칸에
ⓐ~ⓗ의 부호를 쓰시오. (단, 글 (A)의 내용을
참조할 것.)

(A)ㄱ. ㄱ는 엄쏘리니 君ㄷ字 처엄 펴아 나ᄂᆞᆫ
소리 ⓐᄀᆞᄐᆞ니라 [훈언4]

ㄴ. 사ᄅᆞ미 살면 주그미 이실ᄊᆡ 모로매 ⓑ
늙ᄂᆞ니라 [석상11:36]

ㄷ. 내 … 너를 외에 아니 ⓒᄒᆞ노니라
[사법어언해3]

ㄹ. 져근 아ᄃᆞᄅᆞᆯ 어느 ᄢᅴ 보려뇨 (져근 아
ᄃᆞ리) 노폰 ᄀᆞᄋᆞᆯ 이 나래 ⓓ나니라(小
子何時見 高秋此日生) [두언8:49]

ㅁ. 人間도 欲界예 ⓔᄃᆞ니라 [월석1:32]

ㅂ. 네 아비 ᄒᆞ마 ⓕ주그니라 [월석17:21]

ㅅ. 집앳 사ᄅᆞᆷ을 眷屬이라 ⓖᄒᆞᄂᆞ니라

[석상6:5]

(B) 『고등학교 문법』(2010:293)에서는, 15세기 국
어에 쓰인 선어말 어미인 '-으니-'의 기능을
다음과 같이 설명하고 있다. "'-으니-'는 화
자가 객관적인 믿음을 근거로 사태를 불변
적이고 기성적인 것으로 파악하여 그것을
듣는 이에게 알림으로써, 그것에 주의가 집
중되기를 바랄 때에 쓰는 어미이다." 이러
한 견해에 따르면 예문 (A)에 제시된 ⓐ~
ⓗ 중에서 ㉠(　　　)은/는 원칙 표현의 선
어말 어미 '-으니-'가 실현된 예로 볼 수
있다.

반면에 ㉡(　　　)은/는 객관적인 믿음의
근거를 둔 것이 아니라, 화자의 개인적인
판단에 의거하여 사건을 보수적인 태도로
전달하는 데에 그치는 예로 볼 수 있다.
이러한 경우에는 '-니-'와 '-라'를 각각 독
립된 어미로 분석하지 않고 '-니라'를 평
서형의 종결 어미로 처리한다.

㉠(　　　　　　　　　　)
㉡(　　　　　　　　　　)

③ 감동 표현

7. 15세기 국어에 쓰인 '감동 표현의 선어말 어
미'의 형태와 관련하여, 글 (B)에 설정된 ㉠~
㉣의 빈칸에 들어갈 형태를 쓰시오. (단, ㉠~
㉣의 빈칸에는 감동 표현의 선어말 어미의 형태
를 쓰되, 변동된 형태는 기본 형태로 쓸 것.)

(A)ㄱ. 네 오히려 아디 ⓐ몯ᄒᆞ놋다 [능언3:77]

ㄴ. 書生은 ᄒᆞ마 鉛을 ⓑ사기돗다 [두언24:62]

ㄷ. 天龍八部ㅣ 과ᄒᆞ야 녜 업던 ⓒ이리로
다 ᄒᆞ더니 [월석1:14]

ㄹ. 너희들히 … ᄂᆞ외야 므슴 게을이 ⓓ마
라ᄉᆞ라 [석상23:12]

(B) 15세기 국어에서 쓰인 '감동 표현'은 문장
에서 표현하는 일에 대한 화자의 느낌이나

민음과 같은 정감을 나타내는 표현이다.

예문 (A)에 제시된 ⓐ에는 ㉠(　　)이/가, ⓑ에는 ㉡(　　)이/가, ⓒ에는 ㉢(　　)이/가, ⓓ에는 ㉣(　　)이/가 감동 표현의 선어말 어미로 실현되어 있다.

㉠(　　　　)　　㉡(　　　　)

㉢(　　　　)　　㉣(　　　　)

8. 15세기 국어에 실현되는 선어말 어미의 형태 및 기능과 관련하여, 다음의 (가)~(다)에 제시된 과제를 해결하시오.

(A) 世尊이 世間애 나샤 甚히 ⓐ奇特ᄒ샷다 [월석7:14]

(B) 예문 (A)에 제시된 ⓐ의 '奇特ᄒ샷다'를 다음과 같이 분석하였다.

· 奇特ᄒ-+㉠(　　)+㉡(　　)+-다(평서형의 종결 어미)

(C) 글 (B)의 ㉠에 들어갈 선어말 어미는 ㉮ '(　　) 표현'의 선어말 어미이며, ㉡에 들어갈 선어말 어미는 ㉯ '(　　) 표현'의 선어말 어미이다.

(가) 글 (B)에 설정된 빈칸 ㉠과 ㉡에 들어갈 선어말 어미의 형태를 쓰시오. (단, 시제 형태소는 고려하지 말고, 변동된 형태는 기본 형태로 적을 것.)

㉠(　　　　)　㉡(　　　　)

(나) (B)에 설정된 ㉠과 ㉡의 선어말 어미가 결합하여서, 예문 (A)의 ⓐ '奇特ᄒ샷다'로 변동하는 과정을 설명하시오.

(설명)

_____

_____

_____

_____

(다) 글 (C)에 제시된 빈칸 ㉮와 ㉯에 들어갈 선어말 어미의 '기능에 따른 명칭'을 쓰시오.

㉮(　　　　) 표현의 선어말 어미

㉯(　　　　) 표현의 선어말 어미

9. 15세기의 국어에 쓰인 선어말 어미와 관련하여, (가)와 (나)에 제시된 과제를 해결하시오.

(A) 우리들토 울워습논 젼ᄎ로 舍利 얻ᄌ바다가 塔 일어 供養ᄒᅀᅳᄫ려 하야 머리셔 ⓐ오소이다 [석상23:53]

(B) ⓐ의 '오소이다'의 어간과 어미를 다음과 같이 형태소 단위로 분석하였다.

· 오(어간)+-∅(과거 시제 선어말 어미)+㉠(　　)+㉡(　　)+-이(상대 높임 선어말 어미)+-다(평서형 종결 어미)

(가) 글 (B)에 설정한 ㉠과 ㉡의 빈칸에 들어갈 형태를 각각 쓰시오.

㉠(　　　)　㉡(　　　)

(나) 글 (B)의 ㉠와 ㉡에 들어갈 선어말 어미의 명칭을 아래의 ㉮와 ㉯처럼 정하고자 한다. ㉮와 ㉯의 빈칸에 들어갈 말을 쓰시오.

㉮ : (　　　) 표현의 선어말 어미

㉯ : (　　　) 표현의 선어말 어미

10. 15세기 국어에서 선어말 어미가 결합하는 양상과 관련하여, 글 (B)의 빈칸에 들어갈 형태를 쓰시오. (단, 변동된 형태는 기본 형태로 적을 것.)

(A)ㄱ. 부텨 니르시논 解脫을 우리도 得ᄒ야 涅槃애 다ᄃ론가 @ᄒ다소니 오ᄂᆞᆳ날이 ᄠ들 몯 아ᄉᆞᄫᆞ리로다[석상13:43]

ㄴ. 부톄 當來世예 父母 不孝ᄒᆞᆯ 사ᄅᆞᆷ 爲ᄒᆞ샤 大慈悲로 父王ㅅ 棺을 손소 메ᅀᆞᄫᆞ려 ⓑᄒᆞ시ᅀᆞᆺ다 ᄒᆞ고[월석10:12]

(B) 예문 (A)의 ⓐ와 ⓑ의 용언에 실현된 선어말 어미를 다음과 같이 형태소 단위로 분석하였다.

ⓐ ᄒᆞ-+-더-+㉠( )+㉡( )+-니

ⓑ ᄒᆞ-+-시-+㉢( )+㉣( )+-다

ⓐ: ㉠( )   ㉡( )
ⓑ: ㉢( )   ㉣( )

11. 15세기 국어에 쓰인 선어말 어미의 형태와 기능과 관련하여, (가)와 (나)의 가제를 해결하시오.

(A)ㄱ. 곳 디는 時節에 ᄯᅩ 너를 @맛보과라 [두언16:52]

ㄴ. 오직 다른 ᄀᆞ올히 와 잇노니 어딋 ⓑ사ᄅᆞ미아니오[두언8:14]

(B) 하나의 어미 형태가 두 가지의 문법적인 기능을 함께 나타내는 수도 있다. 이러한 경우에는 하나의 어미 형태를 두 개의 형태로 분석하여 표시할 수도 있다. 이에 따라서 예문 (A)의 ⓐ와 ⓑ에 실현된 어미를 형태소 단위로 분석한다면, '-과-'와 '-아-'를 아래와 같이 분석할 수 있다. 아래의 ㉠·㉡과 ㉮·㉯에 들어갈 선어말 어미에 대한 명칭을 쓰시오.

ⓐ: 맛보-+㉠( )+㉡( )+-다(평서형 어미)

ⓑ: 사람+-이(서술격 조사)+㉢( )+㉣( )+-니오(의문형 어미)

(가) 글 (B)의 빈칸에 들어갈 선어말 어미

의 형태를 쓰시오.(단, 시제를 나타내는 선어말 어미는 표기하지 말 것.)

ⓐ: ㉠( )   ㉡( )
ⓑ: ㉢( )   ㉣( )

(나) 글 (B)의 빈칸에 들어갈 선어말 어미의 기능상 명칭을 쓰시오.

ⓐ: ㉠( ) 표현
    ㉡( ) 표현

ⓑ: ㉢( ) 표현
    ㉣( ) 표현

④ 태도 표현의 종합 문제

12. 예문 (A)에 실현된 용언 ⓐ~ⓚ에서 '태도 표현의 선어말 어미'의 기본 형태와 그 종류를 다음의 <조건>에 따라서 밝히시오.

(A)ㄱ. 世間 衆生이 여러 가짓 모딘 根源을 지서 한 受苦ㅣ 긋디 @아니ᄒᆞᆺ다 [월석22:27]

ㄴ. 安樂國이는 아비를 보라 가니 어미도 몯 보아 시르미 더욱 ⓑ깁거다 [월석8:10]

ㄷ. 秦 ᄯᅡ해는 당당이 새 ⓒᄃᆞ리어니라 [두언6:11]

ㄹ. 父母하 出家ᄒᆞᆫ 利益을 이제 ᄒᆞ마 ⓓ得ᄒᆞ과이다[석상11:37]

ㅁ. 그 ᄯᅡᆯ ᄒᆞ닗 時節에 자최마다 蓮花ㅣ ⓔ나ᄂᆞ니이다[석상11:27]

ㅂ. 내 慈悲力으로 (提婆達多ᄅᆞᆯ) ⓕ濟渡ᄒᆞ다니라 [법언3:196]

ㅅ. 너희돌히 므스글 ⓖ보ᄂᆞᆫ다[월석10:28]

ㅇ. 이 죠고맛 사ᄅᆞ미 제 어딋던 내 ᄠᅳ들 거슬료 당다이 文王ㅅ ⓗ그거리샷다 [월석22:30] (※ ᄀᆞ결 : 명령)

ㅈ. 이제 내 모미 毒龍이 害호미 ᄃᆞ외면 너

희 一切 衆生이 큰 利益을 ⓘ일흐려다
[월석22:43]

ㅊ. (내) 스믈 히룰 조차 둔녀 횟히 長安애
셔 ⓙ醉ᄒᆞ다소라 [두언16:18]

ㅋ. 구룸 쩬 ᄀᆞ르매는 돐비치 軒檻애 ⓚ오
르놋도다 [두언8:25]

(B)   <조건>

· 선어말 어미가 변동된 것은 기본 형태로
쓸 것.

· '확인 표현'은 '확인', '원칙 표현'은 '원칙',
'감동 표현'은 '감동'으로 쓸 것.

· 태도 표현의 선어말 어미가 둘 이상 실현
되었을 수도 있음.

형태	기능의 명칭
ⓐ ( ) — ( )	
ⓑ ( ) — ( )	
ⓒ ( ) — ( )	
ⓓ ( ) — ( )	
ⓔ ( ) — ( )	
ⓕ ( ) — ( )	
ⓖ ( ) — ( )	
ⓗ ( ) — ( )	
ⓘ ( ) — ( )	
ⓙ ( ) — ( )	
ⓚ ( ) — ( )	

13. 15세기 국어의 선어말 어미의 형태 및 기능
과 관련하여, (가)와 (나)에 제시된 과제를 해
결하시오.

(A) ᄒᆞ다가 우리 큰 法 즐기ᄂᆞᆫ ᄆᆞᅀᆞ미 잇던댄

부톄 우리 爲ᄒᆞ야 大乘法을 ⓐ니르시리
라ᄉᆞ이다 [월석13:36]

(B) 예문 (A)에서 동사 ⓐ의 어미를 형태소의
단위로 다음과 같이 분석하였다.

(분석) 니르-+-시-+-리-+㉠(   )+
㉡(   )+-이-+-다

(가) 글 (B)에서 ㉠과 ㉡의 빈칸에 들어갈
선어말 어미의 형태를 쓰시오.(단, 변
동된 형태는 기본 형태로 적을 것.)

㉠(   )   ㉡(   )

(나) 글 (B)에서 ㉠과 ㉡의 빈칸에 들어갈
선어말 어미의 기능을 다음의 ㉮와 ㉯
의 빈칸에 쓰시오. (단, 문법적 기능에 대
한 명칭은 『고등학교 문법』(2010)에서 제시
한 용어로 쓸 것.)

㉠에 들어갈 선어말 어미는 ㉮'(   )'을
/를 표현하며, ㉡에 들어갈 선어말 어미
는 ㉯'(   )'을/를 표현한다.

㉮(   )   ㉯(   )

14. 일부 학자들은 15세기 국어에서 감동법의 선
어말 어미가 감탄문을 형성할 수 있다고 주
장한다. 이와 관련하여 글 (B)의 빈칸에 들어
갈 선어말 어미의 형태를 쓰시오.(단, 변동된
형태는 기본 형태로 쓸 것.)

(A)ㄱ. 그듸내 貪心이 하도다 [석상23:46]

ㄴ. 새 그를 어제 브텨 보내돗더라 [두언23:29]

ㄷ. 이 男子ㅣ 精誠이 至極ᄒᆞᆯᄊᆞ 보비를 아
니 앗기놋다 [월석1:11]

ㄹ. 우리돌토 ⋯ 供養ᄒᆞᅀᆞᄫᆞ려 ᄒᆞ야 머리셔
오소이다 [석상23:53]

(B) 15세기 국어에서는 현대 국어와는 달리,
서술어에 선어말 어미를 실현함으로써
감탄문이 성립하는 경우가 있다. 곧, 예문

(A)에 실현된 ㉠'( )', ㉡'( )', ㉢ '( )', ㉣'( )' 등의 선어말 어미 는 그것이 실현된 문장을 감탄문으로 만 드는 특징이 있다. 이와 같은 처리는 문 법적인 형식보다는 문장의 전달 기능에 초점을 두고 종결 방식을 처리한 것이다.

㉠( )   ㉡( )
㉢( )   ㉣( )

3.3.5. 화자 표현과 대상 표현

① 화자 표현

1. 예문 (A)에 실현된 선어말 어미의 기능과 관 련하여, (가)와 (나)에 제시된 과제를 해결하 시오.

> (A)ㄱ. 나는 弟子 ⓐ大目犍連이로라 [월석23:82]
>
> ㄴ. 人人은 ⓑ사룸마대라 [석상 서:6]

(가) 예문 (A)의 문장에서 ⓐ와 ⓑ를 다음 과 같이 형태소 단위로 분석하였을 때에, 아래의 ㉠~㉣에 들어갈 형태 를 각각 쓰시오. (단, 변동된 형태는 기 본 형태로 쓰고, 시제를 나타내는 선어말 어미는 고려하지 말 것.)

> ⓐ: 大目犍連(명사)+㉠-( )+
> ㉡-( )+-다(평서형 종결 어미)
> ⓑ: 사룸(명사)+㉢-( )+
> ㉣-( )+-다(평서형 종결 어미)

ⓐ: ㉠( )   ㉡( )
ⓑ: ㉢( )   ㉣( )

(나) '과제 (가)'의 빈칸 ㉡에 들어갈 선어 말 어미의 기능을 설명하시오. (단, (ㄱ)과 (ㄴ)의 문장에 나타나는 형태·통 사적 특징을 비교어 설명할 것.)

(설명)

_____
_____
_____

2. 글 (B)의 내용을 참조하여, 글 (C)의 빈칸에 들어갈 선어말 어미가 나타내는 기능의 명 칭을 쓰시오.

> (A) 나는 *齋米룰 求ᄒᆞ야 온 디 아니라 大王 올 보ᅀᆞᄫᆞ라 :오이 ·다 [월석8:90]
>
> *齋米(재미): 승려나 사찰에 보시로 주는 쌀이다.
>
> (B) 15세기 국어에서는 성조(聲調)가 실현되었 는데, 성조는 글자의 옆에 방점(傍點)을 찍어서 표기하였다. 예들 들어서 동사 '오 다(來)'와 '가다(行)'는 ' ·오-'나 ' ·가-'처 럼 어간이 거성(去聲)으로 표기되는 것이 원칙이었다. 그런데 예문 (A)에는 ' :오 이 ·다'의 어간에 나타나는 성조가 상성 (上聲)으로 바뀌어서 표기되었다. 이를 감 안하면, ' :오이 ·다에는 특정한 문법적인 기능을 가진 '무형의 형태소'가 존재함을 알 수 있다.
>
> (C) 예문 (A)에 실현된 ' :오이다'의 어미를 다 음과 같이 형태소 단위로 분석하였다.
>
> · 오(어간)+-Ø(㉠)+-Ø(과거 시제의 선어말 어미)+-이(상대 높임의 선어말 어미)+-다(평서형의 종결 어미)

㉠( ) 표현의 선어말 어미

3. 예문 (A)의 ⓐ와 ⓑ에 실현된 어미와 관련하 여, (가)와 (나)에 제시된 과제를 해결하시오.

> (A)ㄱ. 越姬 (王씌) 솔오딕 네 妾이 비록 이베 니르디 아니ᄒᆞ나 ᄆᆞᅀᆞ매 ᄒᆞ마 ⓐ許호 이다 [내훈2상:26]
>
> ㄴ. 그 저긔 모댓ᄂᆞᆫ 大衆이 닐오딕 一切 衆 生이 다 解脫을 得과뎌 ⓑ願ᄒᆞ노이다

(가) 예문 (A)의 ⓐ와 ⓑ를 형태소 단위로 분석할 때에, ㉠~㉣의 빈칸에 들어갈 어미의 형태를 차례로 쓰시오. (단, 무형의 시제 형태소는 'Ø'로 표기하고, 변동된 형태는 기본 형태로 쓸 것.)

ⓐ 許ᄒ-+㉠( )+㉡( )+-이-+-다
ⓑ 願ᄒ-+㉢( )+㉣( )+-이-+-다

ⓐ: ㉠( ) ㉡( )
ⓑ: ㉢( ) ㉣( )

(나) '과제 (가)'에서 ㉡과 ㉣에 공통적으로 들어갈 선어말 어미가 실현된 이유를 설명하시오.

(설명)

4. 예문 (A)의 ⓐ~ⓘ에 실현된 어미를 아래의 (B)처럼 형태소 단위로 분석했을 때에, (B)의 빈칸에 들어갈 어미의 형태를 쓰시오. (단, 글 (C)에 제시된 <조건>에 따를 것.)

(A)ㄱ. 나는 … 눔 더브러 ᄃ토들 ⓐ아니ᄒ노이다 [석상11:34]

ㄴ. 나는 渡頭ㅅ 몰애예 ⓑ자다라 [금삼 4:5]

ㄷ. 우리 무른 스싀로 두루 브터 ᄃ녀 世上ㅅ 이레 제여곰 ⓒ艱難ᄒ소라 [두언15:51]

ㄹ. 瞿曇이 무리 尊卑 업서 五百 弟子ㅣ 各各 ⓓ第一이로라 일ᄏᆞᄂᆞ니 [월석21:199]

ㅁ. 부텨 니ᄅ시논 解脫ᄋᆞᆯ 우리도 得ᄒ야 涅槃애 ᄃᆞ다론가 ⓔᄒ다소니 [석상13:43]

ㅂ. 내 이제 죠고맛 疑心 이리 이셔 世尊ᄭᅴ

ⓕ묻ᄌᆞᆸ노니 願ᄒᆞᆫ돈 世尊이 慈悲ᄒᆞ샤 날 爲ᄒᆞᅣ 펴 니ᄅᆞ쇼셔 [월석21:115]

ㅅ. 어딋 늘근 한아비 와셔 그를 ⓖ짓ᄂᆞ니오 [두언14:17]

ㅇ. 우리 오ᄂᆞᆯ 이 구즌 길ᄒᆞᆯ 免ᄒᆞᅣ 훤히 便安ᄒᆞ몰 ⓗ得과라 [월석14:77]

ㅈ. 내 아랫 네 ⓘ버디라니 부텻 法 듣ᄌᆞᆸ온 德으로 하ᄂᆞᆯ해 나아 門神이 ᄃᆞ외야 잇노니 [석상6:19]

(B) 예문 (A)의 ⓐ~ⓘ를 아래와 같이 형태소 단위로 분석하였을 때에, 빈칸에 들어갈 형태를 쓰시오.

ⓐ아니ᄒ-+( )+( )+-이-+-다
ⓑ자-+( )+( )+-다
ⓒ艱難ᄒ-+( )+( )+-다
ⓓ弟一+-이-+-Ø+( )+( )
ⓔᄒ-+-더-+( )+( )+-니
ⓕ묻-+-ᄌᆞᆸ-+( )+( )+-니
ⓖ짓-+-Ø+( )+( )+-니오
ⓗ得ᄒ-+-Ø+( )+( )+-다
ⓘ벋+-이-+( )+( )+-니

(C)   <조건>
• 변동된 형태는 기본 형태로 쓸 것.
• 하나의 형태가 두 가지 문법적인 기능을 나타낼 때에는, 기능별로 형태를 나누어서 쓸 것.
• 시제를 표현하는 무형의 형태소는 'Ø'로 표기하였다.

ⓐ: ( ) + ( )
ⓑ: ( ) + ( )
ⓒ: ( ) + ( )
ⓓ: ( ) + ( )
ⓔ: ( ) + ( )

ⓕ : (   ) + (   )

ⓖ : (   ) + (   )

ⓗ : (   ) + (   )

ⓘ : (   ) + (   )

5. 아래의 글 (B)와 글 (C)의 빈칸에 들어갈 말을 쓰시오.(단, 글 (B)의 ㄱ과 ㄴ에는 선어말 어미의 형태를 변동된 대로 쓰고, 글 (C)의 ㉮~㉰에는 문법 기능의 명칭을 쓸 것.)

> (A)ㄱ. 우리도 沙羅樹大王ㅅ ⓐ夫人둘히라니
> 　　　 [월석8:100]
>
> 　 ㄴ. 나는 내 어미 *나혼 *ㄱ외롤 ⓑ뒷가니
> 　　　 이 ᄒᆞ야 므슴 ᄒᆞ료[영남 상:31]
>
> 　　　 *낳다 : 피륙을 짜다
> 　　　 *ㄱ외 : 고의, 남자의 여름 홑바지
>
> (B) 예문 (A)의 ⓐ와 ⓑ에서 선어말 어미의 형태를 추출하면, ⓐ에서는 ㄱ‘(　　　)’을/를, ⓑ에서는 ㄴ‘(　　　)’을/를 추출할 수 있다.
>
> (C) 하나의 선어말 어미가 두 가지의 문법적인 기능을 나타낼 수가 있다. 곧, 글 (B)의 빈칸 ㄱ에 들어갈 어미는 ㉮(　　　)을/를 나타내는 기능과 ㉯(　　　)을/를 나타내는 기능을 겸하였다. 그리고 빈칸 ㄴ에 들어갈 어미는 ㉰(　　　)을/를 나타내는 기능과 ㉱(　　　)을/를 나타내는 기능을 겸하였다.

(B) ㄱ(　　　　　)　　ㄴ(　　　　　)

(C) ㉮(　　　　)　　㉯(　　　　)
　　 ㉰(　　　　)　　㉱(　　　　)

6. 예문 (A)에 실현된 선어말 어미의 형태 및 기능과 관련하여, (가)와 (나)에 제시된 과제를 해결하시오.

> (A)ㄱ. 이 男子ㅣ 精誠이 至極홀씨 보비를 아니 ⓐ앗기놋다[월석1:11]
>
> 　 ㄴ. 우리도 이 偈를 좃ᄌᆞᄫᅡ ⓑ외오노소라
> 　　　 [월석8:100]
>
> (B) ⓐ와 ⓑ의 용언에 실현된 어미의 형태를 비교하여, ⓑ에 실현된 신어밀 어미를 형태소 단위로 다음과 같이 분석하였다.
>
> 　 ⓑ : 외오-+ㄱ(　　　)+ㄴ(　　　)+
> 　　　 ㄷ(　　　)+-다

(가) 글 (B)에서 ㄱ, ㄴ, ㄷ의 빈칸에 들어갈 선어말 어미의 형태를 쓰시오.(단, 변동된 형태소는 기본 형태로 적을 것.)

　　 ㄱ(　　　　　)　　ㄴ(　　　　　)
　　 ㄷ(　　　　　)

(나) 글 (B)에서 ㄱ, ㄴ, ㄷ의 빈칸에 들어갈 선어말 어미가 나타내는 기능적인 명칭을 쓰시오.

　　 ㄱ(　　　) 표현의 선어말 어미
　　 ㄴ(　　　) 표현의 선어말 어미
　　 ㄷ(　　　) 표현의 선어말 어미

7. 예문 (A)에 실현된 ‘ᄒᆞ노닛가’와 ‘ᄒᆞ놓다’의 활용 형태와 관련하여, (가)와 (나)에 제시된 과제를 해결하시오.

> (A) 須達이 護彌 지븨 니거늘 護彌 깃거 나아 迎逢ᄒᆞ야 지븨 드려 재더니 그 지븨셔 차반 밍글 쏘리 워즈런ᄒᆞ거늘 須達이 護彌ᄃᆞ려 무로ᄃᆡ “主人이 므슴 차바늘 손소 듣녀 밍ᄀᆞ노닛가 太子를 請ᄒᆞᅀᆞᄫᅡ 이받ᄌᆞᄫᆞ려 ⓐᄒᆞ노닛가 大臣을 請ᄒᆞ야 이바도려 ᄒᆞ노닛가” 護彌 닐오ᄃᆡ “그리 아닝다” 須達이 ᄯᅩ 무로ᄃᆡ “婚姻 위ᄒᆞ야 아ᅀᆞ미 오나ᄃᆞᆫ 이바도려 ᄒᆞ노닛가” 護彌 닐오ᄃᆡ “그리 아니라 부텨와 즁과를 請ᄒᆞᅀᆞ보려

ⓑ ᄒᆞ뇡다" [석상6:16]

(가) 용언 ⓐ에 실현된 어미를 다음과 같이 형태소 단위로 분석하였을 때에, 제기될 수 있는 통사론적인 문제점을 설명하시오.

> ᄒᆞ(어간)+-ᄂᆞ(현재 시제 표현의 선어말 어미)+-오(화자 표현의 선어말 어미)+-ㅅ(상대 높임 표현의 선어말 어미)+-니…가(의문형 종결 어미)

(설명)
_____
_____
_____
_____
_____

(나) 예문 (A)에 실현된 ⓑ의 활용 어미를 다음과 같이 형태소 단위로 분석하였을 때에, ㉠과 ㉡의 빈칸에 들어갈 어미의 형태를 쓰시오. (단, 변동된 형태는 기본 형태로 쓸 것.)

> ⓑ ᄒᆞ(어간)+㉠( )+㉡( )+-ᅌᅵ -+-다

㉠ ( )   ㉡ ( )

② 대상 표현

8. 15세기 국어에 쓰인 관계 관형절의 구조와 관련하여, 글 (B)와 글 (C)의 빈칸에 들어갈 문장 성분의 명칭을 각각 쓰시오.

> (A)ㄱ. ᄒᆞᆫ 암사ᄉᆞ미 와 옷 ⓐ샌론 므를 먹고 [석상11:25]
>
> ㄴ. 부텻 道理로 衆生 ⓑ濟渡ᄒᆞ시ᄂᆞ 사ᄅᆞᆷ 菩薩이시다 ᄒᆞᄂᆞ니라 [월석1:5]

ㄷ. 내 成佛ᄒᆞ야 나랏 菩薩이 ⓒ듣고져 ᄒᆞ논 法을 自然히 듣디 몯ᄒᆞ면 正覺 일우디 아니호리이다 [월석8:68]

(B) 대상 표현의 선어말 어미인 '-오-/-우-'가 실현되는 양상은 관계 관형절의 유형과 관련되어 있다. 첫째, 관형절의 수식을 받는 중심어(피한정어)가 관형절 속의 서술어에 대하여 ㉠( )의 통사적 관계를 맺고 있을 때에는, 반드시 '-오-/-우-'가 실현된다. 둘째, ㉡( )의 통사적인 관계를 맺고 있을 때에는, 관형절 속의 서술어에 선어말 어미 '-오-/-우-'가 수의적으로 실현된다. 셋째, ㉢( )의 통사적인 관계에 있을 때에는, 관형절 속의 서술어에 선어말 어미 '-오-/-우-'가 실현되지 않는다.

(C) 예문 (A)에 제시된 ⓐ의 '샌론'은 그 중심어(피한정어)에 대하여 ㉮( )로 기능하며, ⓑ의 '濟渡ᄒᆞ시ᄂᆞ'은 ㉯( )로 기능하며, ⓒ의 'ᄒᆞ논'은 ㉰( )로 기능했다.

(B) ㉠ ( )   ㉡ ( )
   ㉢ ( )

(C) ㉮ ( )   ㉯ ( )
   ㉰ ( )

9. 15세기 국어에 쓰였던 선어말 어미의 형태 및 기능과 관련하여, (가)와 (나)에 제시된 과제를 해결하시오.

> (A) 上大人이라 닐오ᄆᆞᆫ 世예셔 孔聖을 ⓐ일ᄏᆞ줍논 마리니 [금삼4:11]

(가) 예문 (A)에 실현된 ⓐ의 '일ᄏᆞ줍논'을 형태소 단위로 다음과 같이 분석할 때에, 빈칸에 들어갈 선어말 어미의 형태를 쓰시오.

> ⓐ일ᄏᆞ(칭찬하다)+-ᄌᆞᆸ-+㉠( )+

ⓛ-( ) + -ㄴ

　　　　㉠(　　　　　)　　㉡(　　　　　)

(나) '과제 (가)'에서 ㉠의 빈칸에 들어갈 선어
　　말 어미에 대한 설명으로서, 다음 글상
　　자 속의 ㉮와 ㉯에 들어갈 말을 쓰시오.
　　(단, ㉮에는 체언의 형태를, ㉯에는 문장
　　성분의 명칭을 쓸 것.)

> 위의 예문 (A)에서 관형절의 피한정어인
> ㉮ '(　　　　)'이/가 관형절 속의 서술어에
> 대하여 ㉯(　　　)로 기능하므로, ㉡의 선
> 어말 어미가 실현되었다.

　　　　㉮(　　　　)　　㉯(　　　　)

10. 15세기 국어에 실현된 선어말 어미의 형태
　　및 성립 조건과 관련하여, (가)와 (나)에 제
　　시된 과제를 해결하시오.

> (A) 이 사름도 ᄯᅩ *善根因緣을 ⓐ심곤 젼ᄎ로
> 　　無量 百千萬億 諸佛을 맛나ᅀᆞᄫᅡ 供養 恭
> 　　敬ᄒᆞ며 [석상13:36]
>
> 　　*善根因緣(선근인연) : 좋은 과보를 낳게
> 　　하는 착한 일로 맺어진 인연(因緣)이다.
>
> (B) 예문 (A)에 실현된 용언 ⓐ를 다음과 같이
> 　　형태소 단위로 분석하였다.
>
> 　　　ⓐ: ㉠(　　　) + ㉡(　　　) + -ㄴ

(가) 글 (B)에 설정된 ㉠과 ㉡의 빈칸에 들
　　어갈 어간과 선어말 어미의 형태를 각
　　각 쓰시오. (단, 변동된 형태는 기본 형
　　태로 쓸 것.)

　　　　㉠(　　　　)　　㉡(　　　　)

(나) 다음은 글 (B)의 ㉡에 들어갈 선어말
　　어미가 실현되는 통사론적인 조건을
　　설명한 글이다. 빈칸 ㉮에 들어갈 관
　　형절의 하위 유형에 대한 명칭을 쓰

시오.

> 글 (B)에서 ㉡에 들어갈 선어말 어미는
> ㉮ '(　　) 관형절' 속의 서술어로 쓰인
> 용언에서 수의적으로 실현된 것이다.

　　　　㉮(　　　　)

11. 예문 (A)의 ⓐ~ⓙ에 실현된 선어말 어미 '-
　　오-/-우-'와 관련하여, (가)와 (나)에 제시된 과
　　제를 해결하시오.

> (A)ㄱ. 八婇女의 ⓐ기론 찻므리 모자를씨
> 　　　　[월석8:92]
>
> 　　ㄴ. 우리 닐오ᄃᆡ 本來 ⓑ求ᄒᆞ논 ᄆᆞᄉᆞᆷ 업다
> 　　　　이다 ᄒᆞ노니 [월석13:37]
>
> 　　ㄷ. 舍利佛이 須達ᄋᆡ ⓒ밍ᄀᆞᆫ 座애 올아
> 　　　　앉거늘 [석상6:30]
>
> 　　ㄹ. 淨飯王이 깃그샤 부텻 소늘 손소 자ᄇᆞ
> 　　　　샤 ᄌᆞ걋 가ᄉᆞ매 다히시고 ⓓ누본 자리
> 　　　　예 겨샤 [월석10:9]
>
> 　　ㅁ. ᄆᆞᅀᆞ매 부텨를 ⓔᄉᆞ랑ᄒᆞᅀᆞᄫᆞᆫ 젼ᄎ로
> 　　　　나를 出家케 ᄒᆞ시니 [능언1:86]
>
> 　　ㅂ. 부텻 出現ᄒᆞ샤 ⓕ說法ᄒᆞ시논 ᄠᅳ들 아
> 　　　　ᅀᆞ와 便安ᄒᆞ 利益을 求케 ᄒᆞ시니라
> 　　　　[법언2:156]
>
> 　　ㅅ. 부톄 道場애 안ᄌᆞ샤 ⓖ得ᄒᆞ샨 妙法을
> 　　　　닐오려 ᄒᆞ시는가 [석상13:25]
>
> 　　ㅇ. 어린 百姓이 니르고져 ⓗ홇 배 이셔도
> 　　　　ᄆᆞᄎᆞ내 제 ᄠᅳ들 시러 펴디 몯홇 노미
> 　　　　하니라 [훈언2]
>
> 　　ㅈ. ᄒᆞᆫ 암사ᄉᆞ미 와 옷 ⓘ샌론 므를 먹고
> 　　　　[석상11:25]
>
> 　　ㅊ. 이 내 아ᄃᆞ리라 내 ⓙ나호니 [법언2:222]
>
> 　　ㅋ. 이ᄂᆞᆫ 十方앳 道理ᄅᆞᆯ ⓚᄒᆞᆫ가지론 고ᄃᆞᆯ 니
> 　　　　르시니라 [석상13:50]

(가) 아래의 글상자에 제시된 빈칸에 예문
　　(A)의 ⓐ~ⓙ를 쓰시오.

예문 (A)에서 관형절의 서술어로 쓰인 ⓐ~ⓕ에는 선어말 어미인 '-오-/-우-'가 실현되어 있다. 이들 '-오-/-우-' 중에서 '관계 관형절'에 실현된 것으로는 ㉠( )이/가 있으며, '동격 관형절'에 실현된 것으로는 ㉡( )이/가 있다. 이러한 선어말 어미 '-오-/-우-'를 '대상 표현의 선어말 어미'라고 한다.

㉠( ) ㉡( )

(나) 아래의 글상자에 제시된 빈칸에 예문 (A)의 ⓐ~ⓙ를 쓰시오.

관계 관형절은 그 뒤에 실현된 중심어(피한정어)와 일정한 통사적인 관계를 맺고 있는데, '목적어-서술어'나 '부사어-서술어'의 관계를 맺고 있을 때에는 관계 관형절의 서술어에 '-오-/-우-'가 실현된다. 첫째로 예문 (A)에서 ㉮( )에 실현된 '-오-/-우-'는 관형절이 수식하는 중심어(피한정어)가 관형절 속의 서술어와 '목적어-서술어'의 관계를 맺고 있다. 둘째로 ㉯( )에 실현된 '-오-/-우-'는 관형절의 중심어가 관형절 속의 서술어와 '부사어-서술어'의 관계를 맺고 있다.

㉮( ) ㉯( )

12. 예문 (A)의 ⓐ에 실현된 선어말 어미의 형태 및 성립 조건과 관련하여, (가)와 (나)에 제시된 과제를 해결하시오.

(A) 부톄 時節이 다둗디 ⓐ몬혼 둘 아른샤 請 바드시고 줌줌ᄒ야 안자 겨시니라 [월석14:22]

(가) 예문 (A)에서 ⓐ의 '몬혼'에 실현된 어미를 형태소 단위로 분석할 때에, ㉠의 빈칸에 들어갈 선어말 어미의 형태를 쓰시오.(단, 무형의 형태소로 표현되는 시제 표현의 선어말 어미는

표시하지 않음.)

ⓐ 몬ᄒ-+㉠( )+-ㄴ

㉠( )

(나) '과제 (가)'에서 ㉠의 빈칸에 들어갈 선어말 어미가 실현된 통사론적인 조건을 다음과 같이 설명할 때에, ㉮~㉰의 빈칸에 들어갈 말을 각각 쓰시오. (단, 아래에 제시한 <조건>을 지킬 것.)

예문 (A)에서 관형절인 ㉮'( )'이/가 그것의 피한정어인 ㉯'( )'에 대해서 ㉰( )의 통사·의미적인 관계를 형성한다. 이러한 통사·의미적인 관계에 따라서 예문 (A)에서는 관형절 속의 서술어에 ㉠의 선어말 어미가 실현되었다.

< 조건 >

㉮의 빈칸에는 ㉠의 선어말 어미가 실현되지 않은 관형절의 형태를 쓸 것.

㉯의 빈칸에는 관형절의 피한정어(=체언)의 형태를 쓸 것.

㉰의 빈칸에는 관형절과 중심어의 관계를 나타내는 문법 용어를 쓸 것.

㉮ ( ) ㉯ ( )
㉰ ( )

13. 예문 (A)에서 밑줄 친 ⓐ에 실현된 선어말 어미의 문법적인 기능을 고려하여서, 글 (B)의 빈칸에 들어갈 선어말 어미의 형태를 쓰시오. (단, 변동된 형태는 기본 형태로 쓸 것.)

(A) 이 道士ㅣ 精誠이 ⓐ至極ᄒ단 디면 하ᄂᆞ히 당다이 이 피를 사름 두외에 ᄒ시리라 [월석1:7]

(B) 15세기 국어에서는 하나의 어미가 두 가지의 문법적인 기능을 수행하는 수 있다. 곧, 예문 (A)에서 용언 ⓐ에 실현된 선어

말 어미인 '-다-'는 ㉠( ) 표현의 기능과 ㉡( ) 표현의 기능을 겸하고 있다. 이러한 사실을 감안하면, 용언 ⓐ는 아래와 같이 형태소 단위로 분석할 수 있다.

ⓐ至極ㅎ-+㉮( )+㉯( )+-ㄴ

㉠( ) ㉡( )
㉮( ) ㉯( )

14. 예문 (A)에 실현된 ⓐ~ⓓ의 활용 양상과 관련하여, (가)와 (나)에 제시된 과제를 해결하시오.

(A)ㄱ. 大地와 山河왜 다 내 ⓐ지수니라
　　　[영남 상:68]
ㄴ. 如來 ⓑ보내샤니 아니면 能히 몯ㅎ리라 [법언4:83]
ㄷ. 阿難 羅雲이 … ㅎ마 한 사ᄅ미 보며 ⓒ아노니로ᄃᆡ[법언4:49]
ㄹ. 彌勒이 釋迦牟尼ㅅ ⓓ授記ㅎ샤니라 [법언5:102]

(가) 예문 (A)에 실현된 ⓐ~ⓓ의 활용 형태를 다음과 같이 형태소 단위로 분석하였다. 빈칸에 들어갈 선어말 어미의 형태를 쓰시오. (단, 변동된 형태는 기본 형태로 쓸 것. '의명'은 '의존 명사'이며, #은 어절의 경계를 표시한다.)

ⓐ짓+( )+( )#이(의명)+-아+-다
ⓑ보내-+( )+( )+( )#이(의명)+-이
ⓒ알-+( )+( )+( )#이(의명)+-이-+-오ᄃᆡ
ⓓ授記ㅎ-+( )+( )+( )#이(의명)+-이-+-다

ⓐ: ( ) + ( )
ⓑ: ( ) + ( ) + ( )
ⓒ: ( ) + ( ) + ( )

ⓓ: ( ) + ( ) + ( )

(나) 예문 (A)에 실현된 ⓐ~ⓓ의 용언을 현대어로 직역하여 옮기시오. (단, 어미나 조사가 무형의 형태소나 변이 형태로 실현된 것을 직역에 반영할 것.)

ⓐ 지수니라
( )

ⓑ 보내샤니
( )

ⓒ 아노니로ᄃᆡ
( )

ⓓ 授記ㅎ샤니라
( )

3.3.6. 피동 표현

1. 15세기 국어에서 실현된 피동 표현과 관련하여, 글 (A)의 빈칸에 들어갈 말을 쓰시오. (단, ㉠~㉢에는 파생 접미사를 쓰고, ㉮에는 보조적 연결 어미와 보조 용언의 형태를 쓸 것.)

(A) 피동문은 그 서술어가 형성되는 방법에 따라서 '파생적 피동문'과 '통사적 피동문'으로 나뉜다.
　　첫째, '파생적 피동문'은 피동사를 서술어로 실현해서 형성되는 피동문이다. 15세기 국어에서 쓰였던 피동사는 능동사(타동사)인 어근에 ㉠'( ) ㉡( ), ㉢( )' 등의 피동 접미사가 붙어서 파생된다. 둘째, '통사적 피동문'은 본용언의 어간에 보조적 연결 어미인 ㉮'( )'와/-과 보조 용언인 ㉯'( )'이/가 붙어서 실현되는 피동문이다.

㉠( ) ㉡( )
㉢( )

㉮ (   )   ㉯ (   )

2. 능동문과 피동문의 형태·통사론적인 대응 관계를 고려하여, (A)의 '능동문'을 '파생적 피동문'으로 고치고 (B)의 능동문을 '통사적 피동문'으로 고치려고 한다. 아래 예문의 ㉠과 ㉡에 들어갈 문장을 쓰시오. (단, 피동문의 서술어에 실현되는 활용 형태는 능동문의 활용 형태대로 쓸 것.)

> (A) · 능동문 : "나랏 法이 有情을 자바"
>
> · 파생적 피동문 : "有情이 ㉠(   )"
>
> (B) · 능동문 : "부르미 竹筍을 것고"
>
> · 통사적 피동문 : "竹筍이 ㉡(   )"
>
> * '것고'는 '것다(꺾다, 折)'가 활용한 형태이다.

㉠ (   )

㉡ (   )

3. 15세기 국어의에서 피동 표현이 실현되는 양상과 관련하여, (가)~(다)에 제시된 과제를 해결하시오.

> (A) ① 七寶 ㅣ 이러 싸 우희 차 두피고
>   [월석8:18]
>
>   ② 有情들히 … 모딘 즁싱 들여 橫死홀씨오 [월석9:58]
>
>   ③ 衆生이 글본 鑊 소배 드러 므리 솟글허 숢기더니 [월석23:81]
>
>   ④ 有情이 나랏 法에 자피여 [석상9:8]
>
>   ⑤ 東門으로 허위여 드르면 東門이 도로 다티고 [월석23:80]
>
>   ⑥ 그윗 것과 아랫 거시 제여곰 이 싸해 브터셔 즈겨 저저 하ᄂᆞᆯ ᄀᆞ모리 업도다 [두언7:36]
>
>   ⑦ 늦가오닌 … 못 우묵흔 ᄃᆡ 듭기놋다 [두언16:66]

⑧ 발 드듫 저긔 金剛摩尼花 ㅣ ·切예 ᄀᆞᄃᆞ기 절이ᄂᆞ니 [월석8:36]

⑨ 밠바당 그미 싸해 반ᄃᆞ기 바키시며 [월석2:57]

⑩ ᄇᆞᄅᆞ미 아니 닐면 믈 담ᄭᅩᆺ 거시 업스릴씨 [월석1:39]

(가) ①~⑩의 문장에서 피동사를 찾아서, 그 기본형을 쓰시오.

①(   ) ②(   )
③(   ) ④(   )
⑤(   ) ⑥(   )
⑦(   ) ⑧(   )
⑨(   ) ⑩(   )

(나) ①~⑩의 문장에 쓰인 피동사에서 파생 접미사의 형태를 쓰시오. (단, 변동된 형태는 기본 형태로 쓸 것.)

①(   ) ②(   )
③(   ) ④(   )
⑤(   ) ⑥(   )
⑦(   ) ⑧(   )
⑨(   ) ⑩(   )

(다) ①~⑩의 문장에 쓰인 파생적 피동사를 '-아/-어 디다'에 의한 통사적 피동 표현으로 바꾸시오. (단, '-아/-어 디다'에 의한 통사적 피동 동사에 파생적 피동사의 활용 형태를 그대로 반영할 것.)

①(   ) ②(   )
③(   ) ④(   )
⑤(   ) ⑥(   )
⑦(   ) ⑧(   )
⑨(   ) ⑩(   )

4. 다음의 ⓐ~ⓙ에 제시된 능동사에 피동의 파생 접사를 실현하여, ⓐ~ⓙ의 능동사를 피동사로 만드시오.

ⓐ 누르다(壓) ― (　　　　　　)

ⓑ 담다(貯) ― (　　　　　　)

ⓒ 듣다(聞) ― (　　　　　　)

ⓓ 들다(擧) ― (　　　　　　)

ⓔ 막다(防) ― (　　　　　　)

ⓕ 묶다(束) ― (　　　　　　)

ⓖ 브르다(召) ― (　　　　　　)

ⓗ 솖다(烹) ― (　　　　　　)

ⓘ 엱다(置) ― (　　　　　　)

ⓙ 열다(開) ― (　　　　　　)

ⓚ 잡다(執) ― (　　　　　　)

ⓛ 좇다(從) ― (　　　　　　)

ⓙ 웆다(執) ― (　　　　　　)

ⓚ 민다(縛) ― (　　　　　　)

5. 예문 (A)의 피동 표현과 관련하여, (가)와 (나)에 제시된 과제를 해결하시오.

> (A)ㄱ. 내 아도리 네 아도리 게 나라홀 ⓐ아
>   이리니 [월석2:5]
>
> ㄴ. 싸 우히 七寶애 ⓑ두피고 [월석8:18]
>
> ㄷ. *崐崙과 *虞泉괘 믈 바래…ⓒ블이니
>   라 [두언17:10]
>
> ㄹ. *畢凌이 가시예 ⓓ쁴여 [능언6:78]
>
> ㅁ. 衆生이 *覺體…*無明ㅅ 대가리예 ⓔ
>   뽀일씩 [월석14:7]
>
> ㅂ. 사르미 게 比丘ㅣ ⓕ조치여 [석상19:31]
>
> ㅅ. 王이 … 느미 소내 ⓖ쥐여 [월석2:11]
>
> ㅇ. 有情이 나랏 法에 ⓗ자피여 [월석9:25]
>
> *崐崙(곤륜) : 중국 전설상의 높은 산. 중국의 서
>   쪽에 있으며, 옥(玉)이 난다고 한다.
>
> *虞泉(우천) : 중국의 지명이다.
>
> *畢凌(필릉) : 인명이다.

> *覺體(각체) : 깨달음을 얻은 존재이다.
>
> *無明(무명) : 잘못된 의견이나 집착 때문에 진리를
>   깨닫지 못하는 마음의 상태를 이른다.

(가) 예문 (A)에 제시된 (ㄱ)~(ㅇ)의 피동
    문을 능동문으로 전환하시오.

(ㄱ) _____

(ㄴ) _____

(ㄷ) _____

(ㄹ) _____

(ㅁ) _____

(ㅂ) _____

(ㅅ) _____

(ㅇ) _____

(나) 예문 (A)에 제시된 ⓐ~ⓗ의 파생적
    피동사를 '-아/어 디다'에 의한 통사적
    피동 동사로 바꾸시오. (단, 파생적 피동
    사가 활용한 형태를 '-아/어 디다'에 의한
    통사적 피동 동사에 그대로 반영할 것.)

ⓐ (　　　　　　　　　　)

ⓑ (　　　　　　　　　　)

ⓒ (　　　　　　　　　　)

ⓓ (　　　　　　　　　　)

ⓔ (　　　　　　　　　　)

ⓕ (　　　　　　　　　　)

ⓖ (　　　　　　　　　　)

ⓗ (　　　　　　　　　　)

3.3.7. 사동 표현

1. 15세기 국어에서 실현되는 사동 표현과 관련하여, 글 (A)의 빈칸에 들어갈 말을 쓰시오. (단, ㉠~㉢에는 파생 접미사를 쓰고, ㉮에는 보조적 연결 어미와 보조 용언의 형태를 쓸 것.)

> (A) 문장의 주체가 자기 스스로 하는 동작을 '주동(主動)'이라고 하고, 주체가 남으로 하여금 어떤 일을 하도록 시키는 동작을 '사동(使動)'이라고 한다.
>
> (B) '파생적 사동문'은 서술어로 쓰이는 용언의 어근에 사동 접미사가 붙어서 파생된 사동사에 의해서 실현되는 사동문이다. 15세기 국어의 사동사는 주동사의 어근에 사동 접미사인 '-이-, -히-, ㉠(   ); -오-/-우-, -호-/-후- ㉡(   ); ㉢(   )' 등이 붙어서 파생된다. 그리고 '통사적 사동문(統辭的 使動文)'은 주동사의 어간에 보조적 연결 어미인 ㉮(   )와/-과 보조 용언인 '(   )'이/가 붙어서 실현된 사동문이다.

㉠ (   )   ㉡ (   )
㉢ (   )
㉮ (   )   ㉯ (   )

2. 주동문과 사동문의 형태·통사론적인 대응 관계를 고려하여, 예문 (A)의 '주동문'을 '파생적 사동문'으로, 예문 (B)의 주동문을 '통사적 사동문'으로 고치려고 한다. ㉠과 ㉡의 빈칸에 들어갈 용언의 활용 형태를 쓰시오. (단, 사동문에서 실현되는 서술어의 활용 형태는 능동문의 활용 형태를 그대로 적용할 것.)

> (A) · 주동문 :
>   "아히 훤히 등어리 긁고"
> · 파생적 사동문 :
>   "내 아히로 훤히 등어리 ㉠(   )" [두언15:4]

> (B) · 주동문 :
>   "느미 어싀아드리 여희느나"
> · 통사적 사동문 :
>   "太子ㅣ 느미 어싀아드를 ㉡(   )" [석상6:5]
>   *사동주인 '太子'는 문장을 발화한 사람(화자)보다 상위자임.

㉠ (   )   ㉡ (   )

3. 15세기 국어에서 사동 표현이 실현되는 양상과 관련하여, (가)~(나)에 제시된 과제를 해결하시오.

> (A)① *威化振旅ᄒᆞ시ᄂᆞ로 興望이 다 몯ᄌᆞᄫᆞ나 至忠이실ᄊᆡ 中興主를 셰시니 [용가11장]
>
> ② *西天ㄷ 字앳 經을 … 우리 나랏 말로 옮겨 써 펴면 [월석 서:23]
>
> ③ 王이… 比丘란 노피 안치시고 王은 ᄂᆞᆺ가ᄫᆡ 안ᄌᆞ샤 [월석8:90-1]
>
> ④ 一切 諸龍 實行力 젼ᄎᆞ로 能히 ᄲᆞ리 비를 ᄂᆞ리와 저지라 [월석10:101]
>
> ⑤ ᄀᆞᄅᆞ매 비 업거늘 얼우시고 ᄯᅩ 노기시니 [용가20장]
>
> ⑥ 부톄 阿難일 시기샤 羅睺羅이 머리 갓기시니 [석상6:10]
>
> ⑦ 善慧 比丘ㅣ … 轉輪王이 ᄃᆞ외야 四天下를 다ᄉᆞ리시다가 [월석1:19]
>
> ⑧ 請으로 온 예와 싸호샤 투구 아니 밧기시면 나랏 小民을 사ᄅᆞ시리잇가 [용가52장]
>
> ⑨ 如來 소늘 내 모매 다히샤 나를 便安케 ᄒᆞ쇼셔 [월석10:8]
>
> ⑩ 石壁에 므를 올이샤 도ᄌᆞᄀᆞᆯ 다 자브시니 현 번 ᄲᅱ운ᄃᆞᆯ 느미 오ᄅᆞ리잇가 [용가48장]
>
> ⑪ 슴은 對ᄒᆞ야 서르 ᄧᅡᆨ 마촐 ᄊᆡ니 [월석 서:7]
>
> ⑫ 去羅ᄂᆞ 너븐 엇게니 바ᄅᆞᆳ 믈을 솟고ᄂᆞ니라 [법언1:51]
>
> ⑬ 衆生들히 ᄆᆞᅀᆞ믈 오울와 ᄒᆞᆫ 고대 고ᄌᆞ

기 머거 [월석8:5]

⑭ 禮義를 앗기샤 兵馬를 머추어시니 [용가54장]

⑮ 그러나 舍利弗아 이제 또 譬喩로 이 쁘들 다시 불교리니 [월석12:20]

*威化振旅(위화진려): 위화도에서 군대를 거두어 개선한 것이다.

*西天(서천): 인도(印度)의 옛 이름이다.

(가) ①~⑮의 문장에서 '파생적 피동문'을 형성하는 사동사를 찾아서, 그 기본형을 쓰시오. (단, 하나의 문장에 사동사가 두 번 실현되는 경우도 있음.)

①(   ) ②(   )
③(   ) ④(   )
⑤(   ) ⑥(   )
⑦(   ) ⑧(   )
⑨(   ) ⑩(   )
⑪(   ) ⑫(   )
⑬(   ) ⑭(   )
⑮(   )

(나) 위의 '과제 (가)'에서 찾아 낸 사동사에서 '사동의 파생 접미사'의 형태를 추출하시오. (단, 변동된 형태는 기본 형태로 쓸 것.)

①(   ) ②(   )
③(   ) ④(   )
⑤(   ) ⑥(   )
⑦(   ) ⑧(   )
⑨(   ) ⑩(   )
⑪(   ) ⑫(   )
⑬(   ) ⑭(   )
⑮(   )

4. 예문 (A)에서 ⓐ~ⓓ의 사동사가 형성된 방법과 관련하여, (가)~(다)에 제시된 과제를 해결하시오.

(A) ㄱ. 明帝 佛法을 더욱 恭敬ᄒ샤 城 밧긔 닐굽 뎔 ⓐ일어 즁 ⓑ살이시고 [월석2:77]

ㄴ. 우리와 衆生이 다 佛道를 ⓒ일워 지이다 [법언3:126]

ㄷ. (어미) 能히 子息의 善惡을 아ᄂ니 제 주기고져 ᄒ며 사르고져 호ᄆ로 드르라 [내훈3:20]

(가) 예문 (A)에 제시된 용언 ⓐ, ⓑ, ⓒ, ⓓ의 기본형을 밝히시오. (어간의 기본 형태에 어미인 '-다'를 실현하여 표기할 것.)

ⓐ 일어: (   )
ⓑ 살이시고: (   )
ⓒ 일워: (   )
ⓓ 사르고져: (   )

(나) ⓐ~ⓓ에 실현된 동사의 어간을 어근과 파생 접미사로 구분하여, 아래의 빈칸에 그 형태를 쓰시오. (단, 변동된 형태는 기본 형태로 적을 것.)

ⓐ 일어: [(   )-+-(   )-]
ⓑ 살이시고: [(   )-+-(   )-]
ⓒ 일워: [(   )-+-(   )-]
ⓓ 사르고져: [(   )-+-(   )-]

(다) ⓐ~ⓓ에 실현된 동사의 기본형의 의미를 현대어로 각각 기술하시오. (단, ⓐ와 ⓒ, 그리고 ⓑ와 ⓓ의 의미적 차이를 고려할 것.)

ⓐ (   ) ⓑ (   )
ⓒ (   ) ⓓ (   )

5. 예문 (A)에 제시된 '사동문과 주동문의 대응 관계'를 참조하여, 예문 (B)의 밑줄 친 사동문을 주동문으로 바꾸어 쓰시오 (단, 밑줄 친 부분만 전환하고, 주동문의 서술어는 기본형으로

쓸 것.)

(A) · 사동문: 王이 호 太子를 호 夫人곰 맛디샤

· 주동문: 호 夫人곰 호 太子를 맞다

(B)ㄱ. 한비를 아니 그치샤 날므를 외오시니
　　　[용가68장]

ㄴ. 舍利 供養ᄒᆞᆸ던 사ᄅᆞ미 얼ᇰ며 디새
　　며 흙ㄱ로 塔을 이르ᄉᆞᆸ거나 [석상13:15]

ㄷ. ᄇᆞᄅᆞ미 수를 씌오ᄂᆞ니 [두언15:26]

ㄹ. 호 ᄆᆞ리 곳다온 ᄃᆡ 빗룰 도ᄅᆞ놋다
　　　[두언15:29]

ㅁ. 나랏 小民을 사ᄅᆞ시리잇가 [용가52장]

ㅂ. 明帝… 城 안해 세 뎔 일어 숭 살이시
　　니라 [월석2:77]

ㅅ. 바ᄅᆞ래 비 업거늘 (바ᄅᆞᆯ) 녀토시고
　　　[용가20장]

ㅇ. 法을 닐어 沙彌ᄅᆞᆯ 들이니 [월천 기184]

ㅈ. 부톄 神足을 나토샤 [월석25:32]

ㅊ. 鸚鵡ㅣ 그 穀食을 주ᅀᅥ 어ᅀᅴ를 머기거
　　늘 [월석2:12]

ㅋ. 이 네 天下ᄅᆞᆯ 金輪王은 다 다ᄉᆞ리시고
　　　[월석1:25]

ㅌ. 轉輪은 술위를 그우릴 씨니 [월석1:19]

ㅍ. 衆生들히 ᄆᆞᅀᆞᄆᆞᆯ 오올와 [월석8:5]

ㅎ. 太子ㅣ 道理 일우샤 [용가41장]

(ㄱ) ＿＿＿＿＿＿＿＿＿＿＿＿＿＿＿

(ㄴ) ＿＿＿＿＿＿＿＿＿＿＿＿＿＿＿

(ㄷ) ＿＿＿＿＿＿＿＿＿＿＿＿＿＿＿

(ㄹ) ＿＿＿＿＿＿＿＿＿＿＿＿＿＿＿

(ㅁ) ＿＿＿＿＿＿＿＿＿＿＿＿＿＿＿

(ㅂ) ＿＿＿＿＿＿＿＿＿＿＿＿＿＿＿

(ㅅ) ＿＿＿＿＿＿＿＿＿＿＿＿＿＿＿

(ㅇ) ＿＿＿＿＿＿＿＿＿＿＿＿＿＿＿

(ㅈ) ＿＿＿＿＿＿＿＿＿＿＿＿＿＿＿

(ㅊ) ＿＿＿＿＿＿＿＿＿＿＿＿＿＿＿

(ㅋ) ＿＿＿＿＿＿＿＿＿＿＿＿＿＿＿

(ㅌ) ＿＿＿＿＿＿＿＿＿＿＿＿＿＿＿

(ㅍ) ＿＿＿＿＿＿＿＿＿＿＿＿＿＿＿

(ㅎ) ＿＿＿＿＿＿＿＿＿＿＿＿＿＿＿

6. 예문 (A)에 제시된 '파생적 사동문과 통사적
사동문의 대응 관계'를 참조하여, 예문 (B)
에서 밑줄 친 파생적 사동문을 통사적 사동
문으로 바꾸어 쓰시오. (단, 밑줄 그은 부분만
전환하고, 통사적 사동문에 실현되는 활용 어미
의 형태를 파생적 사동문에 실현된 것과 일치시
킬 것.)

(A) · 파생적 사동문:

　　王이 호 太子를 호 夫人곰 맛디샤

· 통사적 주동문:

　　호 夫人곰 호 太子를 맞게 ᄒᆞ샤

(B)ㄱ. (太祖ㅣ) 石壁에 ᄆᆞᆯ 올이샤 [용가48장]

ㄴ. 伐羅ᄂᆞᆫ 닐오매 너븐 엇게니 바룘므를
　　숫고ᄂᆞ니라 [법언1:51]

ㄷ. 이 부텨… 多寶ᄅᆞᆯ 因ᄒᆞ샤 한 사ᄅᆞᄆᆞᆯ 힘
　　씌우시니라 [법언4:136]

ㄹ. 딮동 세 무슬 어더 씌로 어울워 미야
　　ᄆᆞ레 ᄠᅴ오고 [월석8:99]

ㅁ. 바ᄅᆞ래 비 업거늘 (하ᄂᆞᆯ히 바ᄅᆞᆯ) 녀
　　토시고 또 기피시니 [용가20장]

ㅂ. 사ᄅᆞ미 얼ᇰ며 디새며 흙ㄱ로 塔을 이
　　르ᄉᆞᆸ거나 [석상13:51]

ㅅ. ᄂᆞᄆᆞᆫ (李穡을) 주규려 커늘 [용가77장]

ㅇ. 阿彌陀佛ㅅ 變化로 法音을 <u>너피실씨</u>
　　[월석7:58]

ㅈ. 하늘히 무슨물 <u>뮈우시니</u> [용가102장]

ㅊ. 우리 마룰쇼셔 무슨물 <u>누기쇼셔</u>
　　[월석10:18]

(ㄱ)　..

(ㄴ)　..
　　..

(ㄷ)　..

(ㄹ)　..

(ㅁ)　..

(ㅂ)　..

(ㅅ)　..

(ㅇ)　..

(ㅈ)　..
　　..

(ㅊ)　..
　　..

7. 글 (B)는 15세기 국어의 사동사에 나타나는
의미적인 특징을 설명한 글이다. 글 (B)의
빈칸에 들어갈 사동사를 예문 (A)에서 찾아
서 ⓐ~ⓖ로 쓰시오.

(A)ㄱ. 明帝 佛法을 더욱 恭敬ᄒ샤 城 밧긔 닐
굽 뎔 일어 줌 ⓐ<u>살이시고</u> [월석2:77]

ㄴ. 바ᄅ래 비 업거늘 (하늘히 바ᄅᆞᆯ) ⓑ
<u>녀토시고</u> [용가20장]

ㄷ. 善男子 善女人이 … 種種ㄱ 香 ⓒ<u>퓌우</u>
고 [석상9:22]

ㄹ. 阿彌陀佛ㅅ 變化로 法音을 ⓓ<u>너피실씨</u>
　　[월석7:58]

ㅁ. 아히로 훤히 둥어리 ⓔ<u>글키고</u> [두언15:4]

ㅂ. *鸚鵡ㅣ 그 穀食을 주서 어싀ᄅᆞᆯ ⓕ<u>머</u>
<u>기거늘</u> [월석2:12]

ㅅ. 護彌 깃거 나아 (須達ᄋᆞᆯ) *迎逢ᄒ야 지
븨 드려 ⓖ<u>재더니</u> [석상6:15]

　*鸚鵡(앵무) : 앵무새이다.
　*迎逢(영봉) : 높은 사람을 맞이하여 만나
　　는 것이다. `

(B) '사동(使動)'은 사동주가 피사동주의 행위
에 관계하는 정도에 따라서 크게 두 가지
유형으로 나뉠 수 있다. 사동의 유형을 이
와 같이 구분하는 것은 피사동주의 의미
적인 특징과 밀접하게 관련되어 있다.
　첫째는 사동주가 피사동주에게 강제성을
띠어서 피사동주의 행위를 구속하거나, 혹
은 피사동주의 행위를 허용하는 경우이다.
예문 (A)의 ⓐ~ⓖ 중에서 이러한 사동의
뜻을 나타내는 사동사는 ㉠(　　) 등이다.
둘째는 시킴을 받는 대상(피사동주)의 행
위를 구속하거나 허용하는 뜻을 나타내지
않고, 오직 어근에 타동성(他動性)만 부여
하는 경우이다. ⓐ~ⓖ 중에서 이에 해당
하는 사동사는 ㉡(　　) 등이다.

㉠ (　　　　)　　　㉡ (　　　　　)

3.3.8. 부정 표현

1. 15세기 국어에서 실현된 부정 표현과 관련
하여, 글 (B)~(D)의 빈칸에 들어갈 말을 쓰시
오. (단, ㉠~㉣과 ㉫에는 부정문의 유형상의 명
칭을 쓸 것. 그리고 ㉭에는 보조적 연결 어미와
보조 용언의 형태를 쓰되, 보조 용언은 기본형
으로 쓸 것.)

(A) '부정문(否定文)'은 긍정문에 부정을 나타내는 요소가 쓰여서, 문장에서 표현된 내용의 전체 또는 일부를 부정하는 문장이다. 15세기 국어에서 쓰였던 부정문은 다음과 같은 유형으로 구분할 수 있다.

(B) 첫째, 부정문은 의미나 기능에 따라서 하위 유형을 구분할 수가 있다. '몯'이나 '-디 몯ᄒ다'로 실현되는 ㉠'(   ) 부정문'과 '아니'나 '-디 아니ᄒ다'로 실현되는 ㉡ '(   ) 부정문'으로 나누어진다.

(C) 둘째, 부정문은 문법적인 형식에 따라서 하위 유형을 구분할 수가 있다. '아니'나 '몯'과 같은 부사를 실현하여 이루어진 부정문을 ㉢'(   ) 부정문'이라고 하고, 본용언에 '-디 아니ᄒ다'나 '-디 몯ᄒ다'와 같은 보조 용언이 붙어서 이루어진 부정문을 ㉣'(   ) 부정문'이라고 한다.

(D) 셋째, 명령문이나 청유문의 부정문에서는 '-디 아니ᄒ다' 대신에 ㉤'(   )'의 형태로 실현된다. 이처럼 명령문에서 실현되는 부정문은 특별히 ㉥'(   )'의 뜻(기능)를 나타낸다.

(B) : ㉠(   )   ㉡(   )

(C) : ㉢(   )   ㉣(   )

(D) : ㉤(   )   ㉥(   )

2. 15세기 국어에 실현된 부정문의 유형과 관련하여, 글 (B)의 빈칸에 들어갈 문장의 번호를 ①~⑨로 쓰시오.

(A)① 勸進之日에 平生ㄱ ᄠᅳᆮ 몯 일우시니 [용가12장]

② 나도 現在 未來 一切 衆生을 시름 아니 ᄒ오리라 [월석21:130]

③ 머리 셰ᄃ록 서르 ᄇᆞ리디 마져 ᄒ더라

[두언16:18]

④ 부텻 니ᄅᆞ샨 經엣 기픈 ᄠᅳ들 아디 몯ᄒ며 [석상9:13]

⑤ 부톄 ᄌᆞ로 니ᄅᆞ샤도 從ᄒᅀᆸ디 아니ᄒ더니 [석상6:10]

⑥ 불휘 기픈 남ᄀᆞᆫ ᄇᆞᄅᆞ매 아니 뮐씨 [용가2장]

⑦ 王師ㅣ 東郡 아ᅀᆞ몰 알외디 몯ᄒ야시니 [두언7:3]

⑧ 九重에 드르샤 太平을 누리싫 제 이 ᄠᅳ들 닛디 마ᄅᆞ쇼셔 [용가110장]

⑨ 無量無邊 有情이 내 法 中에 修行ᄒ리 잇거든 다 이저디디 아니ᄒᆫ 警戒ᄅᆞᆯ 得ᄒ며 [석상9:6]

(B) '부정문(否定文)'은 문장 속에 실현되는 부정의 요소의 기능과 문법적 형식에 따라서 몇 가지 유형으로 나눌 수가 있다.

첫째, 기능에 따라서 부정문을 분류할 수 있다. 곧, 예문 (A)에 제시된 문장 중에서 ㉠(   )의 문장은 '단순 부정'이나 '의지 부정'의 뜻을 나타내며, ㉡(   )의 문장은 '능력 부정'의 뜻을, ㉢(   )의 문장은 '금지'의 뜻을 나타낸다.

둘째, 문법적인 형식에 따라서 부정문을 분류할 수 있다. 곧, ㉮(   )의 문장은 '긴 부정문'이며, ㉯(   )의 문장은 '짧은 부정문'이다.

㉠(   )   ㉡(   )

㉢(   )

㉮(   )   ㉯(   )

3. 15세기 국어에서 부정문이 실현된 방법과 관련하여, 글 (B)의 빈칸에 들어갈 말을 쓰시오.

(A)ㄱ. (淨飯王이 부텻) 소늘 가ᄉᆞ매 다혀 겨샤ᄃᆡ 목수믈 ⓐ머믈우들 몯ᄒ시니 [월석10:15]

ㄴ. 치마옛 아기를 싸디오 소는로 얻다가
ⓑ어드란 몯고 어분 아기를 조쳐 디오
[월석10:24]

(B) 15세기 국어에서 쓰였던 부정문(否定文)의 일반적인 형식을 고려할 때에, 예문 (A)에 제시된 (ㄱ)과 (ㄴ)의 부정문은 그 형식이 매우 특이하다. 이러한 점을 고려하여 (ㄱ)과 (ㄴ)의 문장에서 서술어로 쓰인 동사 ⓐ와 ⓑ를 아래의 형식에 맞추어서 어간과 어미로 분석하시오.

ⓐ머믈우들 : ㉠(   )+㉡-(   )
ⓑ어드란 : ㉢(   )+㉣-(   )

ⓐ : ㉠(   ) ㉡(   )
ⓑ : ㉢(   ) ㉣(   )

4. 15세기 국어에서 쓰인 부정 표현이 실현되는 방법과 관련하여, (가)~(나)에 제시된 과제를 해결하시오.

(A) *玉女寶는 … 슬히 지도 ⓐ여위도 아니ᄒᆞ니라 [월석1:26]

*玉女寶(옥녀보) : 전륜왕(轉輪王)이 나타날 때에 세상에 나타나는 일곱 가지 보배 중의 하나이다.

(B) 예문 (A)에 제시된 부정문은 15세기 부정문에서 나타나는 일반적인 형식을 갖추지 않았다. 김철수 교사는 (A)에 제시된 부정문의 형식을 일반적인 부정문의 형식에 맞추어서 학생들에게 이해시키려고 한다.

(가) 김철수 교사는 서술어로 쓰인 용언 ⓐ를 아래와 같이 형태소 단위로 분석하여 설명하였다. ㉠과 ㉡의 빈칸에 들어갈 형태소의 형태를 쓰시오.

ⓐ여위도 :
· 여위-+㉠-(   )+㉡-(   )

㉠(   ) ㉡(   )

(나) '문제 (가)'에서 ㉠과 ㉡의 빈칸에 들어갈 어미의 문법적인 명칭을 구체적으로 쓰시오.

㉠의 명칭 (   )
㉡의 명칭 (   )

(다) '과제 (가)'와 '과제 (나)'의 내용을 참조하여, 예문 (A)의 부정문이 형성되는 과정을 간략히 설명하시오.

_____
_____
_____

5. 15세기 국어에서 '말다'로 실현되는 부정문과 관련하여, 글 (B)의 빈칸에 들어갈 '보조적 연결 어미'의 형태를 예문 (A)에서 찾아서 쓰시오. (단, ㉡과 ㉢에 들어갈 연결 어미의 형태는 순서가 바뀔 수 있음.)

(A)ㄱ. 너희 … 이 여러가짓 業으로 衆生을 迷惑게 말라 [월석21:68]

ㄴ. 너희 브즈러니 지서 게으르디 말라
[법언2:209]

ㄷ. 너희 天人들히 하 슬허 말라 [석상23:8]

(B) 15세기 국어에서 '말다'로 실현되는 부정 명령문에는 일반적으로 ㉠'(   )'이/가 쓰였다. 그러나 ㉠의 보조적 연결 어미 이외에도 ㉡'(   )'(이)나 ㉢'(   )'의 보조적 연결 어미도 부정 표현의 명령문에 쓰이는 예도 있었다.

㉠(   ) ㉡(   )
㉢(   )

6. 15세기 국어에서 부정문을 실현하는 방법과 관련하여, 글 (C)의 빈칸에 들어갈 말을 쓰시오.

(A)ㄱ. 너희 두리여 <u>말라</u> [월석4:54]

　　ㄴ. 머리 셰ᄃ록 서르 ᄇ리디 <u>마져</u> [두언16:18]

(B)ㄱ. 말라 말라 다시 ⓐ<u>니르디</u> 마라ᄊ ᄒ리
　　니 [석상13:44]

　　ㄴ. (내) ··· ᄂ미 ᄠ들 ⓑ<u>거스디</u> 마오져 ᄒ
　　노이다 [월석20:63]

(C) '말다'에 의한 부정문은 일반적으로 예문
　　(A)처럼 명령문이나 청유문에 실현된다.
　　그러나 예문 (B)처럼 명령문이나 청유문
　　이 아닌 경우에도 '말다'에 의한 부정문
　　이 성립된다. 곧, 예문 (B)에서 (ㄱ)의 ⓐ
　　처럼 ㉠'(　　)'의 뜻을 나타내거나, ⓑ처
　　럼 ㉡'(　　)'의 뜻을 나타내는 경우에는,
　　화용론적으로 '금지'의 뜻을 나타내는 것
　　으로 볼 수 있다. 그러므로 (B)의 예문은
　　문장을 종결하는 방식으로 보면 명령문
　　이나 청유문이 아니지만, 기능상으로는
　　명령문이나 청유문과 유사하므로 보조
　　용언인 '말다'가 부정문의 서술어로 쓰일
　　수 있다.

㉠ (　　　　) 　　　㉡ (　　　　　)

제4장 어휘와 의미

1. 예문 (A)는 『석보상절』의 3권 10장에 수록된 글이다. 글 (B)dml 밑줄 친 ㉠과 ㉡에 해당하는 단어를 예문 (A)에서 찾아tj 쓰시오.

> (A) 須達이 이 말 듣고 부텻긔 發心을 니르와다 언제 새어든 부텨를 가 보ᅀᆞᄫᆞ려뇨 ᄒᆞ더니 精誠이 고ᄌᆞᆨᄒᆞ니 밤누니 번ᄒᆞ거늘 길흘 ᄎᆞ자 부텻긔로 가ᇈ 저긔 城門애 내드라 하ᄂᆞᆯ 祭ᄒᆞ던 싸ᄒᆞᆯ 보고 절ᄒᆞ다가 忽然히 부텨 向ᄒᆞᆫ ᄆᆞᅀᆞ믈 니즈니 누니 도로 어듭거늘 제 너교ᄃᆡ 바믹 가다가 귓것과 모딘 즁ᄉᆡᆼ이 므싀엽도소니 므스므라 바믹 나오나뇨 ᄒᆞ야 뉘으처 도로 오려 ᄒᆞ더니
>
> (B) 중세 국어와 근대 국어에서 한자어의 쓰임이 확대되어 일상 생활에서 널리 사용되자, 언중들은 일부 한자어를 고유어로 잘못 아는 경우도 있었다. ㉠이렇게 고유어로 인식된 한자어의 어휘는 한자로 적지 않고 한글로 적는 것이 보통이었다. 그리고 한글로만 적는 어휘들 중에는 ㉡어휘가 나타내는 의미까지 바뀐 결과로, 원래의 한자어와는 관련이 없이 고유어화한 단어도 있었다.

㉠(   ) ㉡(   )

2. 국어 어휘의 의미 변화와 관련하여, 글 (B)의 ㉠~㉣에 들어갈 말을 쓰시오.(단, ㉠과 ㉡에는 어휘의 의미를 쓸 것.)

> (A) 중세 국어에서 근대 국어 시기로 이행함에 따라서, 특정한 한자어 어휘의 의미가 바뀌어서 원래의 한자어와는 관련이 없이 다른 뜻으로 쓰인 단어도 있다.

> (B) 예를 들어서 중세 국어에서는 '분별(分別)'이 ㉠'(   )'의 뜻과 ㉡'(   )'의 뜻으로 두루 쓰였으나, 근대 국어 이후에는 ㉠의 뜻으로만 쓰였다.

㉠(   ) ㉡(   )

3. 국어 어휘의 의미가 변화하는 양상과 관련하여, 글 (B)의 ㉠~㉢에 들어갈 단어를 예시 (A)에서 찾아서 쓰시오.(단, 각 빈칸에 복수의 단어가 들어갈 수 있음.)

> (A) 艱難(간난), 겨레, 分別(분별), 쓰다/ᄊᆞ다, 어리다, 얼굴, 힘
>
> (B) 중세 국어와 현대 국어에 나타나는 어휘의 의미를 비교할 때에, 고유어에서 일어난 의미 변화는 '의미의 교체', '의미의 축소', '의미의 확대'의 세 가지 유형으로 나누어진다.
>
> 첫째, '의미의 교체'는 단어가 나타내는 특정한 의미가 다른 의미로 단순하게 교체된 것이다. 위의 예시 (A)에서 의미가 교체된 예로는 ㉠'(   )'이/가 있다.
>
> 둘째, '의미의 축소'는 두 가지의 의미를 나타내던 단어가 하나의 의미를 잃어버리고 나머지 의미로만 쓰여서, 결과적으로 의미가 축소된 것이다. 위의 예시 (A)에서의미가 축소된 예로는 ㉡(   )이/가 있다.
>
> 셋째, '의미의 확대'는 특정한 단어의 의미가 변화하여, 단어의 지시 범위가 원래의 범위보다 넓어지는 것이다. 위의 예시 (A)에서 의미가 확대된 예는 ㉢'(   )'이/가 있다.

ㄱ : _____

ㄴ : _____

ㄷ : _____

로서 ㉢‘(　　　)’의 뜻으로 썼다. 그런데 이 단어는 현대 국어에서 ‘이바지’로 형태가 바뀌어서 ㉣‘(　　　)’의 뜻으로 쓰이고 있다.

ㄱ (　　　　　)　　　ㄴ (　　　　　)
ㄷ (　　　　　)　　　ㄹ (　　　　　)

4. 국어 어휘의 의미 변화와 관련하여, 글 (B)의 ㉠~㉢에 들어갈 말을 쓰시오. (단, ㉠과 ㉡에는 ⓐ와 ⓑ의 ‘빋’이 나타내는 의미를 현대어로 한 단어로 쓰시오. 그리고 ㉢에는 ‘문제 2’의 글 (B)에서 제시한 ‘의미 변화의 유형’을 나타내는 단어를 쓸 것.)

(A)ㄱ. 일홈난 됴흔 오시 ⓐ비디 千萬이 쓰며 [석상13:22]

　　ㄴ. 네 내 목수믈 지며 내 네 ⓑ비들 가파 [능언4:31]

(B) 15세기 국어에서 ‘빋’은 예문 (A)의 ⓐ처럼 ㉠‘(　　　)’의 뜻을 나타내기도 하고, ⓑ처럼 ㉡‘(　　　)’의 뜻을 나타내기도 하여 다의적으로 쓰였다. 그러나 현대 국어에서 ‘빚’은 ㉡의 뜻으로만 쓰여서, 15세기 국어에 비해서 의미가 ㉢‘(　　　)’되었다.

ㄱ (　　　　　)　　　ㄴ (　　　　　)
ㄷ (　　　　　)

5. 국어 어휘의 의미 변화와 관련하여, 글 (B)의 ㉠~㉣에 들어갈 말을 쓰시오. (단, ㉠에는 ‘어근’의 형태를 쓰고 ㉡에는 파생 접사의 형태를 쓰시오. 그리고 ㉢과 ㉣에는 어휘의 의미를 쓸 것.)

(A) 물근 ⓐ이바디를 마져 니르고져 컨마른 [두언7:25]

(B) 예문 (A)에서 ‘이바디’는 15세기 국어에서는, 동사 어근인 ㉠‘(　　　)-’에 파생 접미사인 ㉡‘(　　　)’이/가 붙어서 형성된 명사

6. 국어 어휘의 의미 변화와 관련하여, 글 (C)의 ㉮~㉱에 들어갈 단어를 쓰시오. (단, 각각 두 음절로 된 한자어로 쓰시오.)

(A)ㄱ. 八分 흔 字ㅣ 비디 百金이 쓰니[두언16:16]

　　ㄴ. 빗 갑슨 쓰던가 디던가[번노상9]

(B) 價値 갑쓰다[동유 하26]

(C) 중세 국어에서 ‘쓰다/〤다’는 예문 (A)의 (ㄱ)처럼 ㉮‘(　　　)’의 뜻으로 쓰이거나, (ㄴ)처럼 ㉯‘(　　　)’의 뜻으로 쓰였다. 그리고 18세기의 문헌인 『동문유해』에서도 ‘갑쓰다’가 예문 (B)처럼 ㉰‘(　　　)’의 뜻을 나타내었다.

　　이러한 점을 감안하면 ‘쓰다’가 현대 국어처럼 ㉱‘(　　　)’의 뜻을 나타낸 것은 19세기 이후인 것으로 추정된다.(이기문 1998:230)

㉮ (　　　　　)　　　㉯ (　　　　　)
㉰ (　　　　　)　　　㉱ (　　　　　)

7. 국어 어휘의 의미 변화와 관련하여, 글 (B)의 ㉠~㉡에 들어갈 말을 쓰시오. (단, ㉠에는 ⓐ의 ‘힘’이 나타내는 의미를 현대어로 쓰고, ㉡에는 의미 변화의 유형을 나타내는 단어를 쓸 것.)

(A)ㄱ. 사스미 ⓐ힘을 므레 둠가[구간 6:10]

　　ㄴ. 力士는 ⓑ힘센 사르미라[월석 2:6]

(B) ‘힘’은 15세기에는 ⓐ처럼 구체성을 띤 ㉠‘(　　　)’의 뜻으로 쓰이거나 ⓑ처럼 추상적인 ‘힘(力)’의 뜻으로 두루 쓰였다. 그런

데 현대 국어에서는 '힘'이 ㉠의 뜻으로는 쓰이지 않고 '힘(力)'의 뜻으로만 쓰이므로 단어의 의미가 ㉡'(   )'되었다.

㉠ (   )   ㉡ (   )

8. 중세 국어에 쓰인 단어 '즛'의 의미 변화와 관련하여, 글 (B)의 ㉠, ㉡과 ㉮에 들어갈 말을 쓰시오. (단, ㉠과 ㉡에는 '즛'이 나타내는 의미를 현대어로 각각 쓰고, ㉮에는 '즛'이 변화한 현대어의 형태를 쓸 것.)

(A)ㄱ. 容은 즈싀오 顔은 모야히라 [석상 20:14]

ㄴ. 엊그제 션왕이 아니 겨시다고 이 즈술 ᄒᆞ며 [한만5:482]

(B) '즛'은 중세와 근대 국어에서 ⓐ와 ⓑ처럼 ㉠'(   )이'나 ㉡'(   )'의 두 가지 뜻으로 쓰였다. 그러나 현대 국어에서는 '즛'의 형태가 ㉮'(   )'으로 바뀌고, 그 의미도 ㉡'(   )'의 뜻으로만 쓰였다. 따라서 중세와 근대 국어의 '즛'의 의미는 근대 국어에 와서 축소되었다.

㉠ (   )   ㉡ (   )
㉮ (   )

9. 다음은 한자어 '衆生'의 형태와 의미가 변화한 양상에 대한 글이다. 국어 어휘의 의미 변화와 관련하여, (B)의 ㉠, ㉡과 ㉮에 들어갈 말을 쓰시오. (단, ㉠과 ㉡에는 단어의 의미를 현대어로 쓰고, ㉮에는 단어의 형태를 쓸 것.)

(A)ㄱ. 法化ᄂᆞᆫ 부톄 큰 法으로 ⓐ衆生ᄋᆞᆯ 濟渡 ᄒᆞ샤 사오나ᄫᆞᆫ 사ᄅᆞ미 어딜에 ᄃᆞ욀 씨라 [석상3:2]

ㄴ. 비록 사ᄅᆞ미 무레 사니고도 ⓐ즁ᄉᆡᆼ 마도 몯호이다 [석상6:5]

(B) 15세기 국어에서는 ⓐ처럼 '衆生'이 한자로 표기되면 ㉠'(   )'의 뜻을 나타내었

다. 반면에 ⓑ의 '즁ᄉᆡᆼ'처럼 한글로 표기되면 ㉡'(   )'의 뜻을 나타내었다. 그러다가 15세기 말의 시기가 되면 '즁ᄉᆡᆼ'은 ㉢'(   )'으로 형태가 바뀌었다. 근대 국어를 거쳐서 현대 국어에 오면 이들 단어가 다른 형태로 분화되어서, 두 단어의 형태와 의미가 확실하게 구분된다.

㉠ (   )   ㉡ (   )
㉢ (   )

10. 다음은 근대 국어에 쓰인 한자어인 '人情(인정), 放送(방송), 發明(발명)'의 의미가 변화한 양상을 설명한 글이다. 이들 어휘의 의미 변화와 관련하여, 아래의 ㉠~㉢에 들어갈 말을 쓰시오.

근대 국어나 개화기의 국어에서는 각종 소설류의 작품에서 '人情, 放送, 發明' 등의 한자어가 새로 쓰였는데, 이들 한자어는 현대 국어의 뜻과는 다른 뜻을 나타내었다.

첫째, '人情'은 근대 국어나 개화기의 국어에서 ㉠'(   )'의 뜻을 나타내다가, 현대 국어에서는 '남을 동정하는 따뜻한 마음'의 뜻을 나타내고 있다. 둘째, '放送'은 ㉡'(   )'의 뜻을 나타내다가, 현대 국어에서는 '음성이나 영상을 전파로 내보내는 일'의 뜻을 나타내고 있다. 셋째, '發明'은 ㉢'(   )'의 뜻을 나타내다가 현대 국어에서는 '아직까지 없던 기술이나 물건을 새로 생각하여 만들어 냄'의 뜻을 나타내고 있다.

㉠ (   )   ㉡ (   )
㉢ (   )

11. 다음은 '겨레'의 의미가 변화한 양상을 설명한 글이다. 이와 관련하여 글 (B)의 ㉠~㉢에 들어갈 말을 쓰시오. (단, ㉠과 ㉡에는 단어의 의미를 현대어로 쓰고, ㉮에는 의미 변화의 유형을 나타내는 단어를 쓸 것.)

(A) ㄱ. 그 시절 녯 가문과 오란 ⓐ겨레들히
　　　　다 能히 이 곧디 몯ᄒ더라[소언6:132]

　　　ㄴ. 우리는 단군의 피를 이어받은 한 겨레
　　　　이다[현대 국어]

(B) 중세 국어에서 ⓐ의 '겨레'는 ㉠'(　　　)'
　　의 뜻을 나타내었다. 그런데 현대 국어에
　　서 ⓑ의 '겨레'는 ㉡'(　　　)'의 뜻으로 쓰
　　인다. 결국 '겨레'가 나타내는 의미가 ㉠
　　의 뜻에서 ㉡의 뜻으로 ㉮'(　　　)'된 것
　　이다.

㉠ (　　　　　)　　　　㉡ (　　　　　)

㉮ (　　　　　)

문헌별 종합 문제 **2**부

1. 용비어천가

1. 『용비어천가』의 제2장에 수록된 글에 대하여, (가)~(라)에 제시된 과제를 해결하시오.

> (A) 불휘 기픈 ⓐ<u>남ᄀᆞᆫ</u> ᄇᆞᄅᆞ매 ⓑ<u>아니</u> 뮐ㅆᅵ
> 곶 됴코 여름 하ᄂᆞ니
> (B) ᄉᆡ미 기픈 므른 ⓒ<u>ᄀᆞ마래</u> 아니 그츨ㅆᅵ 내
> 히 ①<u>이러</u> ⓓ<u>바ᄅᆞ래</u> 가ᄂᆞ니

(가) '모음 조화' 현상과 관련하여, 다음 글의 빈칸에 들어갈 말을 쓰시오.

> 15세기의 국어에서는 체언에 조사가 결합하거나 용언의 어간에 어미가 결합될 때에는, 양성 모음은 양성 모음끼리 음성 모음은 음성 모음끼리 결합하였다.
>
> 곧, 예문 (A)와 (B)에서 ㉠'(   )', ㉡'(   )', ㉢'(   )', ㉣'(   )', ㉤'(   )'은/는 체언과 조사가 결합하면서 모음 조화가 이루어졌다. 그리고 ㉥'(   )'은/는 어간과 어미가 결합하면서 모음 조화가 이루어졌다.

㉠ (   )   ㉡ (   )
㉢ (   )   ㉣ (   )
㉤ (   )

(나) 체언과 조사의 형태가 변동하는 현상과 관련하여, 다음 글의 ㉠과 ㉡에 들어갈 형태소를 쓰시오. (단, 변동된 형태는 기본 형태로 바꾸어서 쓸 것.)

> 예문 (A)에서 ⓐ의 '남ᄀᆞᆫ'을 형태소 단위로 분석하면 ㉠'(   )'와/과 ㉡'(   )'(으)로 분석된다.

㉠ (   )   ㉡ (   )

(다) 부정문의 두 가지 형식과 관련하여, 다음 글의 ㉠에 들어갈 형태를 두 어절로 쓰시오.

> 예문 (A)에서 '짧은 부정문'의 형식인 ⓑ의 '아니 뮐씨'를 긴 부정문의 형식으로 바꾸면 ㉠'(   )'이/가 된다.

㉠ (   )

(라) 사동사를 형성하는 방법과 관련하여, 다음 글의 ㉠~㉣에 들어갈 말을 쓰시오. (단, ㉡과 ㉣의 빈칸에 들어갈 사동사는 기본형으로 쓸 것.)

> 예문 (A)에서 ① '이러'의 어근인 '일-'에 사동 접미사가 붙어서 두 가지 형태의 사동사가 형성될 수 있다.
>
> 첫째로 '일다'의 어근인 '일-'에 사동 접미사인 ㉠'(   )'이/가 붙어서 형성된 사동사인 ㉡'(   )'이/가 있는데, 이 사동사는 '성취(成就)'의 뜻을 나타내었다.
>
> 둘째로 '일-'에 사동 접미사인 ㉢'(   )'이/가 붙어서 형성된 사동사인 ㉣'(   )'이/가 있는데, 이 사동사는 '건립(建立)'의 뜻을 나타내었다.

㉠ (   )   ㉡ (   )
㉢ (   )   ㉣ (   )

2. 『용비어천가』의 제19장에 수록된 글에 대하여, (가)~(라)에 제시된 과제를 해결하시오.

> (A) 구든 城을 ⓐ<u>모ᄅᆞ샤</u> 갇 길히 ⓑ<u>이더시니</u>
> 셴 ⓒ<u>하나비ᄅᆞᆯ</u> 하ᄂᆞᆯ히 브리시니
> (B) 쇠 한 도ᄌᆞᄀᆞᆯ 모ᄅᆞ샤 ⓓ<u>:보리·라</u> 기드리시니 셴 할미ᄅᆞᆯ 하ᄂᆞᆯ히 보내시니

(가) ⓐ의 '모ᄅᆞ샤'가 활용하는 방식과 관련하여, 다음 글의 빈칸에 들어갈 말을 쓰시오. (단, ㉠과 ㉡에는 어미의 기본 형태를 쓰고, ㉢에는 어미가 변동된 형태를 쓸 것. 그리고 ㉮에는 음운 변동의 유형을 표현하는 명칭을 쓸 것.)

예문 (A)에 실현된 ⓐ의 '모르샤'는 '모르다'의 어간인 '모르-'에 선어말 어미인 ㉠'(   )'이/가 실현되었다. 그리고 이어서 어말 어미인 ㉡'(   )'이/가 실현되었다. 이러한 활용 과정에서 ㉠의 형태가 ㉢'(   )'(으)로 변동하고 ㉡의 형태는 ㉮'(   )'하였다.

㉠(   )   ㉡(   )
㉢(   )   ㉮(   )

(나) ⓑ의 '입더시니'를 현대 국어로 직역하여 옮기고, 현대 국어의 형태소 실현 방식과 비교하여 그 차이점을 기술하시오.(단, '입다'는 '괴롭다(苦)'나 '아득하다(迷)'의 뜻을 나타낸다.)

㉠ 직역 (   )
㉡ 차이점 기술

....

....

....

(다) 예문 (A)에서 ⓒ의 '하나비'가 형성된 조어법과 관련하여, 다음 글의 빈칸에 들어갈 말을 쓰시오. (단, ㉠·㉡에는 형태소의 형태를 쓸 것. 그리고 ㉮에는 어근의 배열 방식에 따라서 구분한 합성어의 유형을 쓸 것.)

'하나비'는 용언의 어간인 ㉠'(   )'와/과 체언인 ㉡'(   )'이/가 결합하여 형성된 합성어이다. 그리고 어근과 어근이 결합하는 과정에서 앞 어근의 어간에 어말 어미인 ㉢'(   )'이/가 실현되었다. '하나비'가 형성된 과정을 감안하면, '하나비'는 ㉮'(   ) 합성어'로 분류된다.

㉠(   )   ㉡(   )

㉢(   )   ㉮(   )

(라) 예문 (A)에서 ⓓ의 '보리라'에서 어간의 성조(聲調)에 변화가 생겼다.

15세기 국어에서는 문법 형태소의 기능이 성조의 변화로써 실현되는 수도 있다. 예를 들어서 15세기 국어에서 '보다(見)'에서 어간인 '보-'에는 일반적으로 거성의 성조가 실현된다. 그런데 예문 (A)에서 ⓓ의 ':보리·라'에는 '보-'에 방점이 두 개 찍혀서 상성으로 실현되었다.

위 글에 기술한 내용을 참조하여 동사인 '보리라'를 형태소 단위로 분석하였다. 아래의 ㉠에 들어갈 '선어말 어미'의 형태와 명칭을 쓰시오.

<분석>
· 보(어간) + ㉠( ) + -리- + -라

① 형태 : (   )
② 명칭 : (   )

3. 『용비어천가』의 제30장에 수록된 글에 대하여, (가)~(다)에 제시된 과제를 해결하시오.

(A) ⓐ뒤혜는 모딘 도죽 ⓑ알픽는 어드본 길헤 업던 번게를 하늘히 ⓒ불기시니

(B) 뒤혜는 모딘 즘싱 알픽는 기픈 모새 열븐 어르믈 하늘히 ⓓ구티시니 [용가 30장]

(가) ⓐ의 '뒤혜는'과 ⓑ의 '알픽는'을 형태소 단위로 분석하고, 각 형태소의 품사를 쓰시오. (단, 아래의 분석 방법을 따를 것.)

<예시> 철수가 영희를 좋아한다.
⇨ 철수(명사) + -가(주격 조사)

ⓐ 뒤혜는 : [   ]
ⓑ 알픽는 : [   ]

(나) ⓒ의 '불기시니'와 ⓓ의 '구티시니'를

현대어로 직역하여 옮기시오.

ⓒ 불기시니 : (   )

ⓓ 구티시니 : (   )

(다) ⓒ의 '불기시니'와 ⓓ의 '구티시니'에 실현된 어미 '니'의 기능을 설명하시오. (단, 『고등학교 문법』(2010)에서 설정한 종결 어미 체계와 높임법 체계에 따라서 설명하시오.)

_____

_____

_____

4. 『용비어천가』의 제34장에 수록된 글에 대하여, (가)~(다)에 제시된 과제를 해결하시오.

> (A)   城 높고 드리 ⓐ업건마른 하늘히 도팅실씩 ⓑ물 톤 자히 느리시니이다

(가) 예문 (A)의 문장을 현대 국어로 직역하여 옮기시오. (단, 생략된 격조사를 복원하여서 옮길 것.)

_____

_____

_____

(나) ⓐ의 '업건마른'을 <예시>에서 제시한 방법으로 형태소 단위로 분석하시오. (단, 어간의 형태는 기본 형태로 쓸 것.)

> <예시> 철수가 밥을 먹었더라.
> ⇨ 먹었더라: 먹-+-었-+-더-+-라

ⓐ 업건마른: (   )

(다) ⓑ의 '물 톤 자히'에 나타나는 형태·통사·의미론적인 특성과 관련하여, 다음 글의 빈칸에 들어갈 말을 쓰시

오. (단, ㉠에는 선어말 어미의 형태를 쓰고, ㉡에는 통사·의미론적 관계를 설명하는 문법 용어를 쓰시오.)

> 예문 (A)에 실현된 ⓐ의 '톤'은 '트다'의 어간인 '트-'에 관형사형 전성 어미인 '-ㄴ'이 붙어서 활용한 형태이다. 여기서 '트-'와 '-ㄴ'의 사이에 선어말 어미인 ㉠'(   )'이/가 실현되었다. ㉠의 선어말 어미는 관형절인 '물 톤'이 피한정어인 '자히'와 ㉡(   )의 관계에 있기 때문에 실현된 것이다.

㉠ (   )   ㉡ (   )

5. 『용비어천가』의 제48장에 수록된 글에 대하여, (가)~(다)에 제시된 과제를 해결하시오.

> (A) 굴허에 무를 디내샤 도즈기 다 도라가니 ㅿ 길 ⓐ노핀돌 ⓑ년기 디나리잇가
>
> (B) 石壁에 무를 ⓒ올이샤 도즈글 다 자부시니 현 번 뛰운돌 느미 오른리잇가

(가) ⓐ의 '노핀돌'의 문법적인 성격과 관련하여, 다음 글의 빈칸에 들어갈 말을 쓰시오. (단, ㉠과 ㉡에는 언어 단위의 형태를 쓰고, ㉮와 ㉯에는 품사의 명칭을 쓸 것.)

> ⓐ의 '노핀돌'은 체언인 ㉠'(   )'에 ㉡'(   )'이/가 결합한 형태이다. 여기서 ㉠의 품사는 ㉮(   )이며 ㉡의 품사는 ㉯(   )이다.

㉠ (   )   ㉡ (   )
㉮ (   )   ㉯ (   )

(나) 위의 과제 (가)의 ⓐ '노핀돌'에서 추출한 체언 ㉠의 단어 형성 과정을 다음과 같이 기술하였다. ㉮와 ㉯의 빈칸에 들어갈 형태를 쓰시오.

⊙은/는 어근인 ㉮ '(　　　)'에 접미사인 ㉯ '(　　　)'이/가 붙어서 형성된 명사이다.

㉮ (　　　)　　㉯ (　　　)

(다) ⓑ의 '년기'의 형태와 관련하여, 다음 글의 빈칸에 들어갈 말을 쓰시오. (단, ⊙과 ⓛ에는 체언의 형태를 쓰되, 기본 형태로 쓸 것.)

ⓑ의 '년기'는 체언인 ⊙ '(　　　)'에 조사인 ⓛ '(　　　)'이/가 결합한 형태이다. 곧 ⊙의 체언과 ⓛ의 조사가 결합하는 과정에서 체언인 ⊙의 형태에서 ㉮(　/　)의 음소가 탈락하고 ㉯(　/　)의 음소가 첨가되었다.

⊙ (　　　)　　ⓛ (　　　)
㉮ (　　　)　　㉯ (　　　)

(라) ⓒ의 '올이샤'를 형태소 단위로 분석하시오. (단, 변동된 형태는 기본 형태로 쓸 것. 단, ⊙과 ⓛ은 어간을 형성하는 형태이고, ⓒ과 ㉣은 어미의 형태이다.)

올이샤: [⊙(　　　)+ⓛ(　　　)]+ ⓒ(　　　)+㉣(　　　)

⊙ (　　　)　　ⓛ (　　　)
ⓒ (　　　)　　㉣ (　　　)

6. 『용비어천가』의 제52장에 수록된 글에 대하여, (가)~(다)에 제시된 과제를 해결하시오.

(A) 請 드른 *다대와 노니샤 *바늘 아니 마치시면 어비아두리 ⓐ사루시리잇가
(B) 請으로 온 예와 싸호샤 투구 아니 밧기시면 나랏 小民을 ⓑ사루시리잇가
*다대: 달단, 타타르 족
*바늘: 바늘(針)

(가) ⓐ와 ⓑ에 실현된 '사루시리잇가'의

기본형을 각각 밝히시오.

ⓐ (　　　)　　ⓑ (　　　)

(나) 위의 문제에서 추출한 ⓑ의 어간 부분을 형태소 단위로 분석하시오.

ⓑ (　　　)

(다) ⓐ와 ⓑ에 실현된 '사루시리잇가'의 뜻을 각각 현대어로 옮기시오.

ⓐ (　　　)　　ⓑ (　　　)

7. 『용비어천가』의 제110장에 수록된 글에 대하여, (가)~(나)에 제시된 과제를 해결하시오.

(A) 四祖ㅣ 便安히 몯 겨샤 현 고들 ⓐ올마시뇨 몇 ⓑ間(　　) 지븨 사루시리잇고
(B) 九重에 드르샤 太平을 누리싫 제 이 뜨들 ⓒ(　　　)

(가) ⓐ의 '올마시뇨'를 현대 국어로 직역하여 옮기시오.

ⓐ (　　　)

(나) ⓑ의 빈칸에 들어갈 관형격 조사의 형태를 쓰시오. (단, 『용비어천가』와 『훈민정음 언해본』에서 원칙적으로 쓰였던 관형격 조사의 형태를 쓰시오.)

ⓑ (　　　)

(다) ⓒ의 빈칸에 본용언인 '닞다(忘)'와 보조 용언인 '말다(勿)'가 이어진 형태를 쓰시오. (단, 본용언인 '닞-'은 '팔종성가족용(八終聲可足用)'의 규정을 적용하여 표기하고, 종결 어미는 아주 높임 등분의 명령형으로 쓸 것.)

ⓒ (　　　)

2. 훈민정음 언해본

1. 『훈민정음 언해본』의 '어제서(御製序)'와 관련하여, (가)~(바)에 제시된 과제를 해결하시오.

> (A) 나랏 말쓰미 中國에 달아 文字와로 서르 스못디 아니홀씨 이런 젼ᄎ로 어린 百姓이 니르고져 ⓐ홇 배 이셔도 ᄆᆞᄎᆞᆷ내 ⓑ제 ᄠᅳ들 시러 펴디 몯홇 노미 하니라 내 이ᄅᆞᆯ 爲ᄒᆞ야 어엿비 너겨 새로 스믈 여듧 字를 ⓒ밍ᄀᆞ노니 사름마다 ⓓ히여 수비 니겨 날로 뿌메 便安킈 ᄒᆞ고져 홇 ᄯᆞᄅᆞ미니라

(가) 예문 (A)에 실현된 문장에서 주어로 쓰인 '문장 성분'과 '주격 조사'의 형태를 찾아서 쓰시오. (단, 1어절의 단위로 쓰고, 변동된 형태는 변동된 대로 쓸 것.)

　　① 주어 :

　　② 주격 조사 :
　　　　(　　　　　　　　　)

(나) 예문 (A)에 실현된 의존 명사를 모두 찾아서 그 형태를 쓰시오.

　　　　(　　　　　　　　　)

(다) 예문 (A)에 쓰인 부사를 모두 찾아서 순서대로 쓰시오.

　　㉠(　　　　) ㉡(　　　　)
　　㉢(　　　　) ㉣(　　　　)
　　㉤(　　　　) ㉥(　　　　)
　　㉦(　　　　)

(라) 위의 '과제 (다)'에서 추출한 부사의 '단어 형성법'과 관련하여, 다음의 빈칸에 들어갈 부사를 쓰시오.

> 예문 (A)의 문장에 나타난 부사는 '단어 형성법'을 기준으로 다음과 같이 분류할 수 있다.
>
> 첫째로 ㉠'(　　　)'은/는 단일어인 부사이다. 둘째로 ㉡'(　　　)'와/과 ㉢'(　　　)'은/는 명사 어근에, ㉣'(　　　)'은/는 동사 어근에, ㉤'(　　　)'와/과 ㉥'(　　　)'은/는 형용사 어근에 파생 접미사가 붙어서 형성된 부사이다. 셋째로 ㉦'(　　　)'은/는 동사 어근에서 파생된 명사에 다시 부사 파생 접미사가 붙어서 형성된 부사다

　　㉠(　　　　) ㉡(　　　　)
　　㉢(　　　　) ㉣(　　　　)
　　㉤(　　　　) ㉥(　　　　)
　　㉦(　　　　)

(마) ⓐ의 '홇'과 ⓒ의 '밍ᄀᆞ노니'를 형태소 단위로 분석할 때에, 아래의 빈칸에 들어갈 형태소의 형태를 쓰시오. (단, 변동된 형태는 기본 형태로 쓸 것.)

> ⓐ 홇 :
> 　㉠(　　　)+㉡(　　　)+㉢(　)
>
> ⓒ 밍ᄀᆞ노니 :
> 　㉮(　　　)+㉯(　　　)+㉰(　　)+㉱(　　)

　　ⓐ : ㉠(　　　) ㉡(　　　)
　　　　㉢(　　　)
　　ⓑ : ㉮(　　　) ㉯(　　　)
　　　　㉰(　　　) ㉱(　　　)

(바) ⓑ의 '제'와 관련하여 다음 글의 빈칸에 들어갈 형태를 쓰시오. (단, ㉮에는 예문 (b)에 설정된 빈칸에 들어갈 말을 쓰되, 체언과 조사가 결합된 형태로 쓸 것.)

> (a) ⓑ의 '제'는 ㉠(　　　)와/과 ㉡(　　　)의 두 가지 형태소로 분석할 수 있다. 여

기서 ㉠은 낮춤의 대상을 대용할 때에 쓰이는데, 만일 ㉠ 대신에 높임의 대상을 대용할 때에는, 다음의 <예시>처럼 ㉮( )의 형태로 실현된다.

(b) 釋迦ᄂᆞᆫ ㉮( ) ᄆᆞᅀᆞ미 다 닉디 몯ᄒᆞ샤도 弟子ᄃᆞᆯ히 ᄆᆞᅀᆞᆷ 다 닉고[월석1:51]

㉠ ( ) ㉡ ( )
㉮ ( )

(사) ㉢의 '히여'의 형태와 관련하여 다음 물음에 답하시오.

[1] '히여'를 형태소 단위로 분석하시오.(단, 변동된 형태는 기본 형태로 쓸 것.)

· 히여 : ㉠( )+㉡( )+㉢( )

㉠ ( ) ㉡ ( )
㉢ ( )

[2] '문제 [1]'에서 ㉡과 ㉢의 빈칸에 들어갈 형태소의 명칭을 각각 쓰시오.(문법적인 기능을 반영한 명칭을 쓸 것.)

㉡ ( ) ㉢ ( )

2. 다음은 『훈민정음 언해본』에 기술된 '훈민정음 글자의 운용법'에 관한 설명이다. 아래에 제시된 (가)~(다)에 제시된 과제를 해결하시오.

(A) ㄱ. 乃냉終즁ⓐ( ) 소리ᄂᆞᆫ 다시 첫 소리를 ᄡᅳᄂᆞ니라

ㄴ. ㅇ를 입시울쏘리 아래 니서 쓰면 입시울 가ᄇᆡ야ᄫᆞᆯ 소리 ⓑᄃᆞ외ᄂᆞ니라

ㄷ. 첫 소리ᄅᆞᆯ 어울워 ᄡᅮᇙ ⓒ디면 글바 ᄡᅳ라 乃냉終즁ⓐ( ) 소리도 ᄒᆞᆫ가지라

ㄹ. ·와 ㅡ와 ㅗ와 ㅜ와 ㅛ와 ㅠ와란 첫소리 아래 브텨 쓰고 ㅣ와 ㅏ와 ㅓ와 ㅑ와 ㅕ와란 ⓓ올ᄒᆞᆫ녀긔 브텨 ᄡᅳ라

(가) 예문 (A)의 (ㄱ)~(ㄹ)의 문장에 해당하는 훈민정음 글자 운영 방식에 대한 명칭을 세 음절의 단어로 쓰시오.(단, '○○법'의 형식으로 쓸 것.)

(ㄱ) ( ) (ㄴ) ( )
(ㄷ) ( ) (ㄹ) ( )

(나) (ㄱ)과 (ㄴ)의 문장에 설정한 ⓐ의 빈칸에 들어갈 관형격 조사(사잇소리 표기 글자)의 형태를 쓰시오.(단, 『용비어천가』나 『훈민정음 언해본』에 쓰인 원칙론적인 사잇소리의 표기 글자를 쓸 것.)

ⓐ ( )

(다) (ㄴ)의 문장에서 서술어 ⓑ에 호응하는 주어를 찾아 쓰시오.

( )

(라) ⓒ와 ⓓ의 단어를 아래와 같이 형태소의 단위로 분석하려고 한다. 빈칸에 들어갈 형태소의 형태를 쓰시오.(단, 변동된 형태는 기본 형태로 쓸 것.)

ⓒ디면 :
㉠( )+㉡( )+-면

ⓓ올ᄒᆞᆫ녀긔 :
㉢[( )+㉣( )+㉤( )]+-의

3. 다음은 『훈민정음 언해본』에서 '사성(四聲)'과 '방점(傍點)'에 관하여 기술한 내용이다. 아래에 제시된 (가)~(다)에 제시된 과제를 해결하시오.

(A) 믈읫 字ᄍᆞᆼㅣ 모로매 어우러ᅀᅡ 소리 이ᄂᆞ니 왼녀긔 ᄒᆞᆫ 點뎜을 더으면 ㉠( ) 노ᄑᆞᆫ 소리오 點뎜이 ㉡( ) 上썅聲셩이오

點뎜이 업스면 平뼝聲셩이오 入십聲셩은
點뎜 더우믄 ㉢(   ) 샌ᄅ니라

(가) 예문 (A)의 빈칸 ㉠에 들어갈 부사를
15세기 중세 국어로 쓰시오.

㉠(   )

(나) 15세기 국어에서 쓰인 '방점의 표기
방법'과 문맥을 고려하여, 예문 (A)의
빈칸 ㉡에 들어갈 말을 쓰시오. (단,
수사와 서술격 조사 '-이다'의 연결형이
결합된 형태로 쓸 것.)

㉡(   )

(다) ㉢의 빈칸에 아래와 같이 '흔가지'와
'-이-'와 '-오ᄃ'가 결합된 형태를 쓰시
오. (단, 각각의 형태소가 결합하는 과정
에서 일어나는 변동 현상을 반영하여, 변
동된 형태로 쓸 것.)

> · 흔가지 + -이- + -오ᄃ ⇨ (   )

㉢(   )

4. 『훈민정음 언해본』의 내용과 관련하여, (
가)~(나)에 제시된 과제를 해결하시오.

> (A) 中國 소리옛 니쏘리는 ⓐ齒頭와 正齒왜
> 글히요미 잇ᄂ니 ㅈㅊㅉㅅㅆ 字는 齒
> 頭ㅅ 소리예 쓰고 【이 소리는 우리 나랏
> 소리예서 열보니 혓그티 웃닛 머리예 ⓑ
> 다ᄯ니라】 ㅈㅊㅉㅅㅆ 字는 正齒ㅅ 소
> 리예 쓰ᄂ니 【이 소리는 우리 나랏 소리
> 예셔 두터보니 혓 그티 아랫 닛므유메 다
> ᄯ니라】 엄과 혀와 입시울와 목소리옛
> 字는 中國 소리예 通히 쓰ᄂ니라

(가) ⓐ에 쓰인 '齒頭와 正齒왜 글히요미'
의 문법 구조와 관련하여, 다음 글의
빈칸에 들어갈 말을 쓰시오. (단, ㉠에

는 격조사의 유형을 쓰고, ㉮와 ㉯에
는 ⓐ의 명사절을 현대 국어로 옮겨
쓰시오.)

> ⓐ 15세기 국어에서 격조사 '-이/-ㅣ'는 주
> 격 조사, 보격 조사, 관형격 조사, 부
> 사격 조사 등으로 쓰인다.
>
> ⓑ ⓐ에서 '글히다'는 목적어를 취하는
> 타동사이므로, 명사구인 '齒頭와 正
> 齒'와 동사인 '글히다'는 '주어-서술
> 어'의 통사론적 관계를 맺지 못한다.
> 따라서 '齒頭와 正齒왜'에 실현된 '-
> ㅣ'는 ㉠(   ) 조사로 처리된다.
>
> ⓒ 위와 같은 형태·통사적인 특징을 감
> 안하여 '齒頭와 正齒왜 글히요미'를 문
> 법적인 형태대로 직역하면 ㉮(   )
> (으)로 옮겨야 한다. 그러나 타동사인
> '글히다'가 명사절 속에서 서술어로 쓰
> 인 것을 감안하면, ㉯(   )(으)로 의
> 역하여 옮기는 것이 자연스럽다.

㉠(   )
㉮(   )
㉯(   )

(나) ⓑ의 '다ᄯ니라'의 형태 변동과 관련
하여, [2] '다ᄯ니라'에 일어난 음운
변동과 관련해서, 아래의 빈칸에 들
어갈 말을 쓰시오. (단, ㉮-㉰의 빈칸에
는 어간의 형태를 쓰고, ㉠과 ㉡의 빈칸
에는 음운 변동의 명칭을 쓸 것.)

> ⓑ의 '다ᄯ니라'의 어간과 어미는 다음
> 과 같이 형태소 단위로 분석할 수 있다.
> (단, 변동된 형태는 기본 형태로 분석하
> 였음.)
>
> ⇨ 닿- + -ᄂ- + -니- + -다
>
> ⓑ의 '다ᄯ니라'는 어간인 '닿-'에 선어

말 어미인 '-느-'가 결합하는 과정에서, 다음과 같이 두 차례의 변동 현상이 차례로 일어난 것으로 처리할 수가 있다.

(닳-) → ㉮(   ) → ㉯(   )

첫째로 어간의 기본 형태인 '닳-'에 첫 번째 변동 규칙인 ㉠(   )이/가 적용되어서, 어간의 형태가 ㉮로 변동했다. 둘째로 어간이 변동된 형태인 ㉮에 두 번째 변동 규칙인 (   )이/가 적용되어서 어간의 형태가 ㉡으로 변동했다.

㉠ (   )   ㉡ (   )

3. 석보상절

1. 『석보상절』의 3권 10장에 수록된 글과 관련하여, (가)와 (나)에 제시된 과제를 해결하시오.

> (A) 王이 니른샤뒤 ⓐ엇더뇨 ᄯ리사 太子ㅅ 妃子ㅣ 두외려뇨 太子ㅣ 金으로 겨지븨 양ᄌ를 밍ᄀᆞᆯ시고 겨지븨 德을 쓰샤 이 ᄀᆞᆮ호야사 ⓑ妃子를 사모리라 ᄒ시니 王이 左右 梵志를 브리샤 두루 가 어드라 ᄒ시니
>
> *妃子(호자) : 후궁(後宮)이다.
>
> *梵志(범지) : 바라문이 스승에게 가서 수학(修學)하는 기간으로 보통 여덟 살부터 열여섯 살까지, 또는 열한 살부터 스물두 살까지이다.

(가) ⓐ '엇더뇨'의 형태 및 의미와 관련하여, 다음 물음에 답하시오.

    [1] '엇더뇨'를 다음과 같이 형태소 단위로 분석했을 때에, ㉠~㉢에 들어갈 말을 쓰시오. (단, 변동된 형태는 기본 형태로 쓸 것. #는 어절의 경계를 나타내고 - 은 의존 형식을 나타낸다..)

> ㉠(   )#㉡(   )+㉢-(   )

      ㉠ (   )   ㉡ (   )
      ㉢ (   )

    [2] ⓐ '엇더뇨'의 의미를 현대어로 옮기시오. (단, 직역하여 옮길 것.)

      (   )

(나) ⓑ의 '妃子를'에 실현된 조사 '-를'의 기능과 관련하여, 다음 글의 빈칸에 들어갈 말을 쓰시오.

> 『고등학교 문법』(2010)에 따르면, ⓑ에서 '妃子를'은 목적격 조사인 '-를'이 실현되어 있기 때문에 목적어로 처리한다.

> 그러나 '妃子'가 서술어인 '사모리라'와 맺는 통사 · 의미적인 관련성을 감안하면, 실제로 '妃子'는 ㉠(   )의 문장 성분으로 처리되어야 합당하다. 이처럼 명사항과 서술어의 통사 · 의미적인 관련성을 감안한다면, ⓑ의 '妃子' 뒤에는 '-를' 대신에 ㉡'(   )'이/가 실현되는 것이 원칙이다. 곧, ⓑ에는 목적격 조사인 '-를'이 강조 용법으로 문장에 실현된 것인데, 『고등학교 문법』(2010)에서는 '-를'이 나타내는 이러한 기능을 목적격 조사의 ㉢'(   )적 용법'으로 간주한다.

    ㉠ (   )   ㉡ (   )
    ㉢ (   )

2. 『석보상절』의 6권 3장에 수록된 글과 관련하여, (가)~(라)에 제시된 과제를 해결하시오.

> (A) 目連이 耶輸ㅅ 宮의 가 보니 門을 다 ᄌ무고 ㉮유무 ⓐ드룷 사ᄅᆞᆷ도 업거늘 즉자히 神通力으로 樓 우희 ᄂ라 올아 耶輸ㅅ 알ᄑᆡ 가 셔니 耶輸ㅣ 보시고 ⓑ호녀ᄀᆞ론 ㉯분별ᄒ시고 호녀ᄀᆞ론 깃거 구쳐 니러 절ᄒ시고 안ᄌ쇼셔 ᄒ시고 世尊ㅅ 安否 ⓒ묻( )고 니른샤뒤 ⓓ므스므라 오시니잇고 [석상6:3]

(가) 예문 (A)에서 ㉮~㉯의 단어를 현대어로 직역하여 옮기시오.

    ㉮(   )   ㉯(   )

(나) ⓐ와 ⓑ의 어절을 형태소 단위로 분석하시오. (단, 변동된 형태는 기본 형태로 쓸 것. 그리고 [ ]은 단어 형성(조어)의 단위를 나타낸다.)

    ⓐ 드룷 :

      [㉠(   )-+㉡-(   )-]-+
        ㉢-(   )-+㉣-(   )

ⓑ ㅎ녀ㄱ론 :

[㉠(   ) + ㉡(   )] +

㉢ -(   ) + ㉣ -(   )

(다) 문맥과 음운론적인 환경을 고려하여, ⓒ의 빈칸에 들어갈 '선어말 어미'의 형태를 쓰시오.

ⓒ (   )

(라) ⓓ의 '므스므라'의 형태와 품사와 관련하여, 다음 글의 빈칸에 들어갈 말을 쓰시오. (단, ㉠에는 어근의 형태를 쓰고, ㉡에는 파생 접사의 형태를 쓰고, ㉮에는 품사의 명칭을 쓸 것.)

> ⓓ의 '므스므라'는 어근인 ㉠'(   )'에 파생 접사인 ㉡'(   )'이 붙어서 형성된 ㉮(   )이다.

㉠ (   )   ㉡ (   )

㉮ (   )

3. 『석보상절』의 6권 5장에 수록된 글과 관련하여, (가)와 (나)에 제시된 과제를 해결하시오.

> (A) 나는 어버싀 여희오 ᄂᆞ미 ⓐ<u>그에</u> 브터 사로ᄃᆡ 우리 어싀아ᄃᆞ리 외롭고 입게 ᄃᆞ외야 人生 즐거ᄫᅳᆫ ᄠᅳ디 업고 ⓑ<u>주구믈</u> 기드리노니 목수미 므거ᄫᅳᆫ 거실ᄊᆡ 손소 죽디 몯ᄒᆞ야 셟고 애ᄫᆞᆮᄫᅳᆫ ᄠᅳ들 머거 갓가ᄉᆞ로 사니노니 비록 사ᄅᆞ미 무레 사니고도 즁ᄉᆡᇰ 마도 몯호이다 셜ᄫᆞᆫ 人生이 어딋던 이 ᄀᆞᄐᆞ니 이시리잇고 [석상6:5]

(가) 다음은 예문 (A)에 실현된 파생 부사의 형성 방법에 관한 설명이다. 빈칸에 들어갈 파생 부사를 예문 (A)에서 찾아 쓰시오.

> 예문 (A)에서 ㉠'(   )'와/과 ㉡'(   )' 은/는 명사 어근에서 파생된 부사이며,

둘째로 ㉢'(   )'은/는 부사 어근에서 파생된 부사이다.

㉠ (   )   ㉡ (   )

㉢ (   )

(나) 주격 조사와 부사격 조사의 변이 형태와 관련하여, ㉠과 ㉡의 빈칸에 들어갈 말을 쓰시오.

> (a) 주어는 일반적으로 체언이나 체언의 역할을 하는 구나 절에 주격 조사가 붙어서 실현된다. 그런데 15세기 국어에서는 특정한 음운론적 환경에서 체언에 주격 조사의 '무형의 변이 형태'가 붙어서 주어가 성립될 수도 있다. 곧, 예문 (A)에서 ㉠(   )은/는 주격 조사의 '무형의 변이 형태'가 실현되어서 성립된 주어이다.
>
> (b) 부사어도 주어와 마찬가지로 체언에 무형의 변이 형태인 부사격 조사가 실현되어서 성립하는 수가 있다. 곧, 예문 (A)의 예문에 실현된 부사어 중에서 ㉡(   )은/는 체언에 '비교'의 뜻을 나타내는 부사격 조사의 '무형의 변이 형태'가 실현되어서 성립된 것이다.

㉠ (   )   ㉡ (   )

(다) 예문 (A)에서 ⓐ의 '그에'와 ⓑ의 '주굼'에 대한 품사의 명칭을 쓰시오.

ⓐ 그에 : (   )

ⓑ 주굼 : (   )

4. 『석보상절』의 6권 16장에 수록된 글과 관련하여, (가)~(라)에 제시된 과제를 해결하시오.

> (A) 須達이 護彌 지븨 니거늘 護彌 깃거 나아 迎逢ᄒᆞ야 지븨 드려 재더니 그 지븨

서 차반 밍글 쏘리 워즈런ᄒ거늘 須達이 護彌ᄃ려 무로ᄃᆡ 主人이 ⓐ<u>므슴</u> 차바ᄂᆞᆯ 손소 ᄃᆞᆯ녀 ⓑ<u>밍ᄀ노닛가</u> 太子ᄅᆞᆯ 請ᄒᄉᆞᄫᅡ ㉮( ) ᄒ노닛가 大臣을 請하야 이바도려 ᄒ노닛가 護彌 닐오ᄃᆡ 그리 ⓒ<u>아 닝다</u> 須達이 ᄯᅩ 무로ᄃᆡ 婚姻 위하야 아ᅀᆞ미 오나ᄃᆞᆫ 이바도려 ᄒ노닛가 護彌 닐 오ᄃᆡ 그리 아니라 부텨와 즁과ᄅᆞᆯ 請ᄒᄉᆞᄫᅩ려 ㉯( )

*迎逢(영봉) : 높은 사람을 맞이하여 만나는 것이다.

(가) ⓐ에 쓰인 '므슴'의 품사와 관련하여, 빈칸에 들어갈 품사의 명칭을 쓰시오.

> 15세기 국어에서 '므슴'은 ㉠( ), ㉡( ), ㉢( ) 등의 세 가지 품사로 통용되는 단어이다. 그런데 예문 (A)에서, ⓐ의 '므슴'은 화자의 의도나 문맥에 따라서 ㉮( )나 ㉯( )의 품사로 쓰인 것으로 볼 수 있다.

㉠( )　㉡( )
㉢( )
㉮( )　㉯( )

(나) 15세기 중세 국어에서 선어말 어미인 '-오-'의 기능에 관련하여, 다음의 [1]과 [2]의 과제를 수행하시오.

> (a) 예문 (A)의 ⓑ'밍ᄀ노닛가'는 다음과 같이 형태소 단위로 분석할 수 있다.
>
> ・밍ᄀᆯ-+㉠( )+-오-+㉡( )+-니…가
>
> (b) 15세기 국어에서는 문장에 표현된 주어가 그 문장을 발화한 사람(화자)일 때에는, 용언의 종결형이나 연결형으로 실현된 서술어에 선어말 어미인 '-오-/-우-'가 실현되었다. (1인칭법, 화자 표현법)

[1] 글 (a)에 제시된 ㉠과 ㉡의 빈칸에 들어갈 선어말 어미의 형태를 쓰시오. (단, 변동된 형태는 기본 형태로 쓸 것.)

㉠( )　㉡( )

[2] 글 (a)에 기술된 내용이 참(眞)이라고 가정할 때에, ⓑ'밍ᄀ노닛가'에 실현된 선어말 어미 '-오-'의 기능에 대하여 제기될 수 있는 문제를 설명하시오. (단, 글 (b)의 내용과 관련하여 기술할 것.)

_____
_____
_____
_____

(다) 다음 글상자의 내용을 참조하여, 빈칸 ㉠에 들어갈 동사 '이받다(= 공양하다, 대접하다)'의 활용 형태를 쓰시오. (단, 높임의 등분에 따른 용언의 활용 방식을 고려할 것.)

> '수달'의 이야기가 실린 『석보상절』 6권의 내용을 볼 때에, 예문 (A)에 등장하는 '주인(主人)', '태자(太子)', '대신(大臣)'의 신분 관계를 다음과 같이 설정할 수 있다.
>
> <신분 관계>
> ① '태자(太子)'는 '주인(主人)'이나 '대신(大臣)'보다 상위자(上位者)이다.
> ② '주인'은 '대신'과 동등한 신분이다.
>
> 위의 신분 관계와 문맥을 고려하면, 예문 (A)의 빈칸 ㉮에 들어갈 용언인 '이받다'는 '㉠( )'의 활용 형태로 표현되어야 한다.

㉠( )

(라) 예문 (A)에서 '수달(須達)'이 발화한 '밍가노닛가'와 '호미(護彌)'가 발화한 '아닝다'의 활용 형태를 참조하여, ㉯의 빈칸에 보조 용언인 'ᄒᆞ다(曰, 謂)'의 활용 형태를 쓰시오. (단, 문장의 주체와 말하는 이(화자)의 관계를 고려할 것.)

㉯ (   )

5. 『석보상절』의 6권 19장에 수록된 글과 관련하여, (가)~(마)에 제시된 과제를 해결하시오.

(A) 須達이 이 말 듣고 부텻긔 發心을 ⓐ니ᄅᆞ와다 언제 ⓑ새어든 부텨를 가 ⓒ보ᅀᆞᆸ보려뇨 ᄒᆞ더니 精誠이 ㉮고죽ᄒᆞ니 밤누니 ㉯번ᄒᆞ거늘 길흘 ᄎᆞ자 부텻긔로 가논 저기 城門애 내드라 하ᄂᆞᆯ 祭ᄒᆞ던 싸홀 보고 절ᄒᆞ다가 忽然히 부텨 向ᄒᆞᆫ ᄆᆞᅀᆞ믈 니즈니 누니 도로 어듭거늘 제 너교ᄃᆡ 바미 가다가 귓것과 모딘 ㉰즁ᄉᆡᆼ이 ⓓ므ᅴ엽도소니 ㉱므스므라 바미 ⓔ나오나뇨 ᄒᆞ야 뉘으처 도로 오려 ᄒᆞ더니

(가) ⓐ의 '니ᄅᆞ와다'의 짜임새와 관련하여, 다음에 제시된 과제를 해결하시오.

  [1] '니ᄅᆞ와다'에서 용언의 기본형을 쓰시오. (   )

  [2] '니ᄅᆞ와다'의 어간을 형태소 단위로 분석하여, 아래에 설정한 ㉠~㉢의 빈칸에 들어갈 형태를 각각 쓰시오.

  [㉠(   )+ ㉡(   )+ ㉢(   )]

  ㉠ (   )   ㉡ (   )
  ㉢ (   )

  [3] 위의 '문제 [2]'에서 ㉡의 문법적인 기능과 명칭을 쓰시오.

(나) ⓑ의 '새어든'에 적용된 음운 변동의 명칭을 쓰고, 그러한 음운 변동이 일어나게 된 조건과 결과를 설명하시오.

  ① 음운 변동의 명칭 : (   )
  ② 음운 변동의 조건과 결과 :

(다) ⓒ의 '보ᅀᆞᆸ보려뇨'와 ⓓ의 '므ᅴ엽도소니'에 공통적으로 실현된 어미의 형태와 기능을 밝히시오.

  ① 어미의 형태 : (   )
  ② 어미의 기능 :

(라) ⓔ의 '나오나뇨'에 나타나는 불규칙 활용의 양상을 설명하시오.

(마) ㉮~㉱의 단어를 현대어로 옮기시오.(활용 형태의 의미를 번역에 반영할 것.)

  ㉮고죽ᄒᆞ니 : (   )
  ㉯번ᄒᆞ거늘 : (   )
  ㉰즁ᄉᆡᆼ   : (   )
  ㉱므스므라 : (   )

6. 『석보상절』의 11권 26장에 수록된 글과 관련하여, (가)~(바)에 제시된 과제를 해결하시오.

(A) 波羅㮈王이 한 사룸 더블오 그 뫼해 ①山行 가샤 北堀애 仙人 잇ᄂ 딕 가 보시니 蓮花ㅣ 堀을 둘어 ㉮ᄂᆞ러니 ⓐ냇거늘 大王이 ㉯과ᄒᆞ샤 讚嘆ᄒᆞ샤ᄃᆡ 됴ᄒᆞ써 됴ᄒᆞ쎠 大德 大仙이 福德이 노ᄑᆞ샤 ⓑ이러ᄒᆞ샷다 ᄒᆞ야시ᄂᆞᆯ 仙人이 王ᄭᅴ 술보ᄃᆡ 大王하 아ᄅᆞ쇼셔 이 蓮花ᄂᆞ ⓒ내인 어디로미 아니니이다 王이 니ᄅᆞ샤ᄃᆡ 大師 ᄒᆞ샨 일 아니면 뉘 혼 거시잇고 仙人이 술보ᄃᆡ 大王하 이 南堀ㅅ 仙人이 ᄒᆞᆫ ᄯᆞ를 ⓓ길어 내니 양ᄌᆡ 端正ᄒᆞ야 世間애 쉽디 몯ᄒᆞ니 그 ᄠᆞᆯ ㉲ᄒᆞᇙ 時節에 자최마다 蓮花ㅣ 나ᄂᆞ니이다

(가) ①에 실현된 '山行'의 어휘와 관련하여, 다음 글의 빈칸에 들어갈 말을 쓰시오.

①의 '山行'은 편찬자들이 순우리말인 어휘를 한자말인 것으로 잘못 알고, 한자로 표기한 것으로 보인다. 곧, ①의 '山行'을 문맥에 맞게 15세기에 쓰인 순우리말 어휘로 교체하면, ㉠'(   )'으로 표현해야 하는데, ㉠의 어휘에 대응되는 현대어의 어휘는 ㉡'(   )'이다.

㉠ (   )   ㉡ (   )

(나) ㉮~㉲에 실현된 어휘의 뜻을 현대어로 옮기시오. (단, 용언은 활용 형태의 뜻을 반영할 것.)

㉮ (   )
㉯ (   )
㉲ (   )

(다) ⓐ의 '냇거늘'을 형태소 단위로 분석하였을 때에, 아래에 설정한 ㉠~㉣의 빈칸에 들어갈 형태를 쓰시오. (단, 변동된 형태는 기본 형태로 쓰고, #은 어절의 경계를 나타낸다.)

냇거늘 : ㉠(   )+㉡(   )#
         ㉢(   )+㉣(   )

㉠ (   )   ㉡ (   )
㉢ (   )   ㉣ (   )

(라) ⓑ의 '이러ᄒᆞ샷다'를 형태소 단위로 분석하였을 때에, 아래에 설정한 ㉠~㉣의 빈칸에 들어갈 형태를 쓰시오. (단, 변동된 형태는 기본 형태로 쓰고, 무형의 시제 형태소는 표기하지 말 것.)

이러ᄒᆞ샷다 : 이러ᄒᆞ(어간)+㉠(   )
            +㉡(   )+-다

㉠ (   )   ㉡ (   )
㉢ (   )

(마) ⓒ의 '내인'의 형태가 실현된 양상과 관련하여 다음 글의 빈칸에 들어갈 말을 쓰시오. (단, 글 (a)의 ㉠에는 문법적인 단위의 명칭을 쓰고, ㉡에는 문장 성분의 명칭을 쓸 것. 그리고 글 (b)의 ㉮와 ㉯에는 조사의 형태를 쓸 것.)

(a) ⓒ의 '내인'는 관형절 속에서 의미상으로 ㉠(   )(으)로 쓰이는 말이 관형어의 형태로 실현된 특수한 예이다.
(b) 여기서 ⓒ의 '내인'는 체언인 '나'에 ㉮'(   )'와/과 ㉯'(   )'이/가 겹쳐서 실현된 형태이다.

㉠ (   )
㉮ (   )   ㉯ (   )

(바) ⓓ의 '길어'의 단어 형성 방법 및 활용 양상과 관련하여, 다음 글의 빈칸에 들어갈 말의 형태를 쓰시오.

'길어'에서는 어근인 ㉠'(　　)'에 파생
접미사인 ㉡'(　　)'가 붙어서 동사의 어
간인 ㉢'(　　)'이/가 형성된 형태이다.
그리고 이렇게 형성된 어간 ㉢에 연결 어
미인 '-아/-어'가 붙어서 활용한 형태이다.

㉠(　　　　) 　　㉡(　　　　)

㉢(　　　　)

7. 『석보상절』의 11권 28장에 수록된 글과 관
련하여, (가)~(다)에 제시된 과제를 해결하
시오.

(A) 王이 드르시고 즉자히 南堀애 가샤 뎌 仙
人을 보샤 禮數하시고 니ᄅᆞ샤ᄃᆡ ᄯᆞ를 ⓐ
두겨시다 듣고 婚姻을 求하노이다 仙人이
ᄉᆞᆲ보ᄃᆡ 내 흔 ᄯᆞ를 ⓑ(　　　) 져머 어
리오 아히 ⓒᄢᅳ브터 深山애 이셔 사ᄅᆞ미
이리 설우르고 플옷 닙고 나못 여름 먹ᄂᆞ
니 王이 므슴 호려 져주시ᄂᆞ니잇고

*南堀(남굴) : 남쪽에 위치한 동굴.

*禮數(예수) : 주인과 손님이 서로 만나 인사함.

(가) 아래 글 ⓐ의 내용을 참조하여, 예문
(A)에 있는 ⓑ의 빈칸에 본용언인 '두
다'와 보조 용언인 '이시-+-오ᄃᆡ'가 결
합한 형태를 쓰시오.(단, 글 ⓑ에 제시
된 <조건>을 지킬 것.)

ⓐ 15세기 국어에서는 본용언과 본용언과
보조 용언이 이어지는 과정에서 두
단어가 축약되는 경우가 있다. 예를
들어서 예문 (A)에서 ⓐ의 '두겨시다'
는 본용언인 '두-(置)'와 주체 높임의
뜻을 나타내는 보조 용언인 '겨시-'가
결합하여 줄어지는 과정에서, 보조적
연결 어미인 '-어'가 탈락한 형태이다.

ⓑ <조건>
① 본용언인 '두-'와 보조 용언인 '이

시-'가 축약된 형태를 쓸 것.

② '이시-'에 연결 어미인 '-오ᄃᆡ'가 붙
어서 활용한 형태로 쓸 것.

③ '이시-'에는 선어말 어미를 실현하
지 말 것.

ⓑ(　　　　　　　)

(나) ⓒ의 'ᄢᅳ브터'의 짜임과 관련하여, 글
ⓑ의 빈칸에 들어갈 말을 쓰시오.(단,
각 단어의 형태는 기본 형태로 쓸 것.)

ⓐ ㄱ. 이 ᄢᅴ 부텻 나히 닐흔 ᄒᆞ나히러시
니 [석상13:1]

ㄴ. 오래 안자셔 곳다온 ᄢᅳᆯ 앗ᄭᅵ노라
[두언23:32]

ㄷ. 밤낫 여슷 ᄢᅵ로 뎌 藥師瑠璃光如來
를 저ᅀᆞᄫᅡ 供養하ᅀᆞᆸ고 [석상6:32]

ⓑ 예문 ⓐ에서 밑줄 그은 말의 형태를
감안하면, 예문 (A)에 실현된 ⓒ의 'ᄢᅳ
브터'는 다음과 같이 분석되는 것으로
보아야 한다. 곧, 'ᄢᅳ브터'는 명사인
㉠(　　)에 부사격 조사인 ㉡(　　)
이/가 결합한 뒤에, 다시 보조사인 ㉢
(　　)이/가 실현되었다. 이렇게 명사
에 조사가 결합하는 과정에서 명사의
형태에서 ㉣(　/　)의 음소가 탈락하
였다.

㉠(　　　　) 　　㉡(　　　　)

㉢(　　　　) 　　㉣(　　　　)

4. 월인천강지곡

1. 『월인천강지곡』의 '其二'에 수록된 글과 관련하여, (가)~(다)에 제시된 과제를 해결하시오.

(A)ㄱ. 世尊ㅅ 일 ⓐ술보리니 萬里外ㅅ 일이시나 눈에 ⓑ보논가 ⓒ너기ᅀᆞᆸ쇼셔

ㄴ. 世尊ㅅ 말 술보리니 千載上ㅅ 말이시나 귀예 듣논가 너기ᅀᆞᆸ쇼셔

(가) 『월인천강지곡』에는 동시대에 간행된 문헌에 쓰인 일반적인 표기법과 다른 표기법을 시도하였다.

[1] 예문 (A)에서 그러한 표기법이 적용된 표현(어절)을 찾아서 모두 쓰시오.

(   )

[2] 위의 문제 [1]에서 확인된 '표기법의 특징'이 실현되는 음운론적인 조건을 기술하시오.

(나) 예문 (A)에서 ⓐ의 '술보리니'와 ⓑ의 '보논가'를 형태소 단위로 분석하였을 때에, 다음의 빈칸에 들어갈 형태를 쓰시오. (단, 변동된 형태는 기본 형태로 쓸 것.)

ⓐ 술보리니 :

㉠ (   )+㉡-(   )+

㉢-(   )+㉣-(   )

ⓑ 보논가

㉮ (   )+㉯-(   )+

㉰-(   )+㉱-(   )

ⓐ : ㉠ (   ) ㉡ (   )

㉢ (   ) ㉣ (   )

ⓑ : ㉮ (   ) ㉯ (   )

㉰ (   ) ㉱ (   )

(다) 위의 '과제 (나)'에서 ㉡과 ㉰에 들어갈 선어말 어미의 기능과 관련하여, 다음의 빈칸에 들어갈 말을 쓰시오.

ⓐ '과제 (나)'에서 ㉡의 빈칸에 실현될 선어말 어미는 어간인 '솗다'의 행위가 ①(   )의 행위임을 나타낸다.

ⓑ ⓒ의 '너기ᅀᆞᆸ쇼셔'를 고려하면, ㉰의 빈칸에 실현될 선어말 어미는 어간인 '보다'의 행위가 실제로는 ②(   )의 행위임을 나타낸다.

---

① (   )   ② (   )

2. 『월인천강지곡』의 '其四'에 수록된 글과 관련하여, (가)~(다)에 제시된 과제를 해결하시오.

(A)ㄱ. 兄님을 모롤씨 발자쵤 ㉮바다 남기 ⓐ뻬여 性命을 ㉯ᄆᆞᆾ시니

ㄴ. 子息 업스실씨 ㉰몸앳 필 뫼화 그르세 담아 남녀를 ⓑ내ᅀᆞᄫᆞ니

(가) ㉮~㉰에 실현된 어휘의 뜻을 현대 국어로 옮기시오. (단, 용언은 활용된 형태의 뜻과 기능을 반영하여 직역하여 옮길 것.)

㉮ (   )

㉯ (   )

㉰ (   )

(나) ⓐ의 '뻬여'의 문법적인 특성과 관련하여, 아래의 글 ⓑ와 글 ⓒ의 빈칸에

들어갈 말을 쓰시오. (단, ㉠~㉣에는 <u>통사적인 특성에 따른 동사의 하위 유형에 대한 명칭 쓰고, ㉤에는 '빼여'</u>를 현대 국어로 직역하여 옮길 것.)

(a) ㄱ. 沸星 도둛 제 白象을 ᄐ시니 힛 光明을 ①<u>뻬시니이다</u> [월천 기14]

ㄴ. 쇠리예 구스리 ②<u>뻬오</u> 히미 常例ㅅ 一百象두고 세며 [월석1:28]

(b) 예문 (a)에 표현된 ①의 '뻬시니이다'는 ㉠( )이며, ②의 '뻬오'는 ㉡( )이다. ①과 ②의 '뻬다'에 나타나는 통사론적인 특성을 감안할 때에, '뻬다'는 ㉢( )로 처리된다.

㉠( )   ㉡( )
㉢( )

(다) 예문 (A)에서 ⓑ의 '내ᅀᅵ 봇니'를 형태소 단위로 분석로 분석할 때에, 다음의 빈칸에 들어갈 형태소를 쓰시오.

- 내ᅀᅵ봇니 : [㉠( )+㉡-( )]+ ㉢-( )+㉣-( )

<조건>

① [   ]는 단어 형성법의 단위이다.
② 변동된 형태소는 변동된 대로 쓰고, 무형의 시제 형태소는 'Ø'로 표시할것.)

㉠( )   ㉡( )
㉢( )   ㉣( )

3. 『월인천강지곡』의 '其十'에 수록된 글과 관련하여, (가)~(나)에 제시된 과제를 해결하시오.

(A) ㄱ. 衆生이 ᄃᆞ톨써 不等王을 ⓐ<u>셰ᅀᅡ봇니</u> 瞿曇氏 그 姓이시니

ㄴ. 겨지비 ⓑ<u>하라ᄂᆞᆯ</u> 尼樓ㅣ 나가시니 釋迦氏 ⓒ<u>일로</u> 나시니

(가) ⓐ의 '셰ᅀᅡ봇니'와 ⓑ의 '하라ᄂᆞᆯ'의 기본형을 추출하고, 기본형의 뜻을 현대어로 직역하여 옮기시오.

기본형   현대어
ⓐ ( ) ─ ( )
ⓑ ( ) ─ ( )

(나) ⓒ의 '일로'를 형태소 단위로 분석하고, 형태소의 결합에서 나타나는 음운 변동의 명칭을 쓰시오. (단, 변동된 형태는 기본 형태로 쓸 것.)

[1] 형태소 단위로 분석 :

㉠( )+㉡-( )

[2] 변동 현상의 명칭 :

( )

4. 아래 예문 (A)는 『월인천강지곡』의 其二十三의 내용으로서, <u>'태자(=석가모니)'가 탄생했을 때에 일어난 일을 노래한 것이다.</u> 이와 관련하여 (가)~(다)에 제시된 과제를 해결하시오. (단, <참고>에 기술된 내용을 고려할 것.)

(A) ㄱ. 婇女ㅣ (太子를) 기베 ⓐ<u>안ᅀᆞᄫᅡ</u> 어마닒긔 ⓑ<u>오ᇫ더니</u> 大神들히 ⓒ<u>뫼시ᅀᅡ 봇니</u>

ㄴ. 靑衣 긔별을 ⓓ<u>ᄉᆞᆲ바ᄂᆞᆯ</u> ⓔ<u>아바님</u> 깃그시니 宗親들ᄒᆞᆯ 드려가시니

<참고>
*婇女(채녀) : 궁녀.
*太子(태자) : 석가모니가 출가하기 전에 가졌던 신분이다.
*깁 : 비단(錦)의 한 종류이다.
*어마님 : 마야부인(석가모니의 어머니).
*靑衣(청의) : 신분이 낮은 사람.
*아바님 : 정반왕(석가모니의 아버지).

*宗親(종친) : 임금의 친족으로서 촌수가 가까운 자.

(가) 예문에서 (ㄱ)의 문장을 현대 국어로 직역하여 옮기시오.

....

....

(나) 화자가 ⓐ‘안ᄉ바’, ⓑ의 ‘오ᅀᆞᆸ더니’, ⓓ 의 ‘솔ᄫᅡᄂᆞᆯ’의 용언을 통해서 높여서 대 우한 대상을 각각 쓰시오.

ⓐ 안ᄉ바 : (   )

ⓑ 오ᅀᆞᆸ더니 : (   )

ⓓ 솔ᄫᅡᄂᆞᆯ : (   )

(다) ⓑ의 ‘뫼시ᅀᆞᄫᆞ니’의 형태 및 기능과 관련하여, 빈칸에 들어갈 말을 쓰시 오. (단, ㉡에는 높임법에서 높임의 대상 을 나타내는 문법 용어를 쓰고, ㉢에는 예문 (A)에 나타난 인물의 명칭을 쓸 것.)

ⓒ의 ‘뫼시ᅀᆞᄫᆞ니’에서 어간의 형태는 ㉠‘(   )’인데, 이 단어에는 그 자체로 문장에서 ㉡(   )로 표현된 대상을 높 이는 기능을 한다. 따라서 문맥을 감안 하면 ‘뫼시ᅀᆞᄫᆞ니’는 ㉢‘(   )’을/를 높 였다.

㉠ (   )   ㉡ (   )

㉢ (   )

(라) 아래의 글은 ⓔ의 ‘아바님’과 같은 단 어가 파생된 방법에 대한 글이다. 아 래의 글을 참조할 때에, ㉠과 ㉡의 빈 칸에 들어갈 파생어의 형태를 쓰시오.

15세기 국어에서 ‘아비(父)’와 ‘어미 (母)’, 그리고 ‘아자비(叔父)’와 ‘아자미 (叔母)’ 등에 존칭의 파생 접미사인 ‘- 님’이 붙어서, 높임의 뜻을 나타내는 새

단어가 파생될 수 있다.

이 경우에 ‘아자비’는 ㉠‘(   )’의 형 태로, ‘아자미’는 ㉡‘(   )’의 형태로 높임의 뜻을 나타내는 파생어가 된다.

㉠ (   )   ㉡ (   )

5. 『월인천강지곡』의 ‘其百二十’과 ‘其百二十 一’에 수록된 내용과 관련하여, (가)~(라)에 제시된 과제를 해결하시오.

(A) ㄱ. 오ᄉ 를 ⓐ빗이샤ᄃᆡ 七寶로 ᄭᅮ미실ᄊᆡ 고 ᄫᆞ시고 쳔쳔ᄒᆞ더시니

ㄴ. 마리ᄅᆞᆯ 갓ᄀᆞ시고 누비옷 니브샤 붓그 료미 엇뎨 ⓑ업스신가

(B) ㄱ. 므슴ᄋᆞ란 아니 닷고 오ᄉ로 빗오ᄆᆞᆯ ⓒ 이ᄅᆞᆯᄯᅡ ⓓ붓그리다니

ㄴ. 현마 七寶로 ᄭᅮ며도 됴타 ᄒᆞ리잇가 法 엣 오시ᅀᅡ 眞實ㅅ 오시니

(C) 위의 예문 (A)와 (B)는 석가모니가 성불(成 佛)하고 난 뒤 그 아버지인 정반왕(淨飯 王)에게 돌아와서 두 사람이 나눈 대화이 다. 글 (A)는 정반왕이 한 말인데, 여기서 정반왕은 석가모니의 모습이 옛날과 많이 달라졌다고 하였다. 그리고 글 (B)는 석가 모니가 정반왕에게 대답한 말인데, 자신 이 정신의 안정과 해탈을 추구하여 물질 에 대한 욕심을 완전히 버렸다고 하였다.

(가) 예문 (A)에 실현된 ⓐ‘빗이샤ᄃᆡ’의 단 어 형성 방법과 활용 양상과 관련하여, 다음 글의 빈칸에 들어갈 말을 쓰시오. (단, ㉠~㉡의 빈칸에는 어근과 파생 접사 의 기본 형태를 쓰고, ㉢의 빈칸에는 국 어의 음소를 쓸 것. 그리고 ㉮와 ㉯의 빈 칸에는 어미를 기본 형태로 쓸 것.)

ⓐ ‘빗이샤ᄃᆡ’는 동사 어근인 ㉠‘(   )’ 에 ㉡‘(   )’이/가 붙어서 형성된

파생 동사이다. 이처럼 어근과 파생 접미사가 결합하여 파생 동사가 형성되는 과정에서 ©(/)이/가 탈락했다.

(b) '빋이샤딕'에서 어미 부분을 형태소 단위로 분석하면, 선어말 어미인 ㉮ '( )'와/과 어말 어미인 ㉯'( )'(으)로 분석할 수 있다.

(c) 위에서 수행한 형태소 분석 결과를 참조하여 '빋이샤딕'를 현대 국어로 직역하면, ⓐ'( )'로 옮길 수 있다.

(a): ㉠( ) ㉡( )
   ㉢( )

(b): ㉮( ) ㉯( )

(c): ⓐ( )

(나) 예문 (A)의 (ㄴ) 문장에 나타난 통사적인 환경을 고려할 때에, ⓑ의 '업스신가'는 일반적으로 실현되어야 할 의문형 종결 어미의 활용 방식과는 다른 방식으로 활용하였다. 이와 관련하여 다음에 제시된 과제를 해결하시오.

[1] (ㄴ) 문장의 통사론적 환경을 고려할 때에, ⓑ의 '없다'가 취해야 할 원칙적인 활용 형태를 고쳐 쓰시오. (단, 의문형 어미의 형태를 수정할 것.)

㉮( )

[2] (ㄴ)의 문장에서 의문형 어미가 ⓑ의 '업스신가'의 형태로 실현된 이유를 '의문문의 기능'과 관련지어서 설명하시오.

일반적으로 의문문은 그 기능으로 보아서 '판정 의문문', '설명 의문문', '수사 의

문문'으로 하위 유형을 나눌 수 있다. 그런데 15세기의 중세 국어에서는 의문문에 ㉠( )이/가 실현되어 있더라도, 수사 의문문의 기능을 발휘할 때에는 의문문의 서술어에 실현되는 의문형 종결 어미가 ㉡'( )'의 형태로 실현되지 않고, ㉢'( )'(으)로 실현될 수 있다.

(다) ⓓ의 '이롤사'를 형태소 단위로 분석하고, 각 형태소의 품사를 쓰시오. (단, 조사는 '격조사', '접속 조사', '보조사'로 구분하여 쓸 것.)

ⓓ이롤사 :
㉠( )+ ㉡( )+ ㉢( )

형 태   품 사
㉠( ) — ( )
㉡( ) — ( )
㉢( ) — ( )

(라) ⓒ의 '붓그리다니'에서 선어말 어미인 '-다-'가 나타내는 두 가지의 문법적인 기능을 기술하시오.

① _____
_____

② _____
_____

6. 예문 (a)는 『월인천강지곡』의 '其百二十三'에 수록된 내용인데, 이는 석가모니가 아버지인 '정반왕'과 나눈 대화이다. (가)~(마)에 제시된 과제를 해결하시오.

(A)ㄱ. *三時殿 수미고 婇女ㅣ ⓐ조쫍더니 深谷深山애 언마 ⓑ저프거시뇨

ㄴ. 주굼 사로물 더라 시름이 업거니 저픈 쁘디 ⓒ어느 이시리잇고

*三時殿(삼시전): 석가모니의 태자 시절에, 부왕이 석가모니를 위하여 철에 따라서 각각 적합하게 만들어 놓은 세 궁전이다. 인도에서는 일 년을 세 철로 나눈다.

*婇女(채녀): 궁녀의 계급. 또는 그 계급의 궁녀이다.

(가) ⓐ의 '조쫍더니'의 활용 형태와 의미에 관하여, 다음 글의 빈칸에 들어갈 말을 쓰시오.(단, 어간과 어미 중에서 변동된 형태는 기본 형태로 쓸 것.)

'조쫍더니'는 어간인 ㉠'(   )'에 어미인 ㉡'(   )'와/과 ㉢'(   )'이/가 붙어서 활용한 형태이다. 이러한 형태를 고려하여 '조쫍더니'를 현대 국어로 직역하여 옮기면 ㉮'(   )'이/가 된다.

㉠(   )   ㉡(   )
㉢(   )   ㉮(   )

(나) ⓑ의 '저프거시뇨'의 짜임새와 관련하여, 다음 글의 빈칸에 들어갈 말을 쓰시오. (단, ㉢의 빈칸에는 파생 접사의 기능상의 유형을 쓸 것.)

(a) '저프거시뇨'의 어간이 형성되는 양상을 보면, 어근인 ㉠'(   )'에 파생 접미사인 ㉡'(   )'이/가 붙어서 형성된 파생어이다.

(b) 여기서 ㉡의 파생 접미사가 어근의 문법적인 성격을 변화시키는 기능이 있는가를 기준으로 판단하면, ㉡의 파생 접사는 ㉢'(   )적 접사'에 해당한다.

㉠(   )   ㉡(   )
㉢(   )

(다) 15세기 국어에서는 체언에 조사가 결합하거나 어간에 어미가 결합할 때에는, 대체로 '모음 조화 현상'이 지켜졌다. 그런데 (A)에 제시된 (ㄱ)과 (ㄴ)의 문장에서 모음 조화 현상에 어긋나게 실현된 어절이 있는데, 그 어절을 찾아서 모음 조화 규칙에 맞게 고쳐서 쓰시오.

(   )

(라) ⓒ의 '어느'의 품사를 쓰고, 문맥에 맞게 현대 국어로 직역하여 옮기시오.

[1] 품사 : (   )
[2] 직역 : (   )

7. 아래 예문 (A)는 『월인천강지곡』의 '其一百六十二'에 수록된 내용이다. 곧, (A)는 석가모니의 제자인 '사리불(舍利佛)'과 외도인(外道人)인 '노도차(勞度差)'가 신력(神力)으로 대결을 벌이는 장면을 묘사한 글이다. 아래 (가)~(다)에서 제시한 과제를 해결하시오.

(A)ㄱ. 한 쇼롤 내니 몸 크고 다리 크고 두 샐이 갈 ⓐ굴 ⓑ놀칼고

ㄴ. ⓒ소리코 짜 *허위여 드리드라 오더니 獅子ㅣ 나아 자바 다 머그니

*굴 : 같이
*놀칼고: 날카롭고
*소리코: 소리치고
*허위다: 허비다. 손톱이나 날카로운 물건 따위로 긁어 파다.

(가) 예문 (A)에 표현된 (ㄱ)의 문장을 현대 국어로 직역하여 옮기시오.(단, 문장에서 생략된 격조사는 문맥에 맞게 복원하여 쓸 것.)

_____

_____

(나) 다음은 ⓐ'굴'의 단어 형성 방법에 대한 내용이다. 다음의 과제 [1]~[3]을 해

결하시오.

[1] ⓐ에 쓰인 '근'의 품사와 의미를 쓰시오.

　　　㉠(　　　　)　㉡(　　　　)

[2] ⓐ에 쓰인 파생어 '근'에서 어근의 기본 형태와 품사를 각각 쓰시오.

　　　㉠기본 형태 :　(　　　　　)
　　　㉡품사　　 :　(　　　　　)

[3] ⓐ에 쓰인 '근'의 단어가 형성된 과정을 설명하시오.

　　　···

　　　···

　　　···

(다) ⓑ에 실현된 '늘캄고'의 단어 형성 방법과 관련하여, 다음의 과제 [1]~[3]을 해결하시오.

[1] '늘캄고'를 다음과 같이 형태소 단위로 분석하였을 때에, ㉠과 ㉡에 들어갈 형태를 쓰시오. (단, 변동된 형태는 기본 형태로 쓸 것. 그리고 [　]는 단어 형성법의 단위이다.)

> ⓑ늘캄고 : [㉠(　　　)+㉡-(　　　)-] + -고

　　　㉠(　　　　)　㉡(　　　　)

[2] 위의 (다)-[1]에서 ㉠의 빈칸에 들어갈 말에 대한 품사의 명칭을 쓰시오.

　　　　　(　　　　　　　)

[3] 위의 ㉠과 ㉡의 형태가 결합하는 과정에서 일어난 음운 변동의 명칭을 쓰시오. (　　　　　　)

(라) ⓒ에 실현된 '소리코'의 형태와 관련하여, 다음 빈칸에 들어갈 말을 쓰시

오. (단, ㉣에는 음운 변동의 이름을 구체적으로 적으시오.)

> ⓑ의 '소리코'는 어간의 형태인 ㉠(　　　)에 어미의 형태인 ㉡(　　　)이/가 붙어서 활용한 형태이다. 이와 같이 활용하는 과정에서 어간의 끝 음소인 ㉢(/　/)이/가 수의적으로 탈락하고, 어간의 음소와 어미가 음소 사이에 ㉣(　　　)의 음운 변동이 일어났다.

　　　㉠(　　　　)　㉡(　　　　)
　　　㉢(　　　　)　㉣(　　　　)

5. 월인석보

1. 『월인석보』의 1권 4장에 수록된 내용과 관련하여, (가)와 (나)에 제시된 과제를 해결하시오.

> (A) 녯 阿僧祇 劫 時節에 ⓐ<u>혼 菩薩이 王 ᄃᆞ외야 겨샤 나라ᄒᆞᆯ 아ᅀᆞ 맛디시고</u> 道理 빈호라 나아가샤 瞿曇 婆羅門을 맛나샤 ⓑ<u>ᄌᆞ걍</u> 오ᄉᆞ란 밧고 瞿曇ᄋᆡ 오ᄉᆞᆯ 니브샤 深山애 드러 果實와 믈와 좌시고 坐禪ᄒᆞ시다가 나라해 빌머그라 오시니 다 몰라보ᅀᆞᆸ더니 小瞿曇이라 ᄒᆞ더라

(가) 예문 (A)에서 사동문인 "혼 菩薩이… 나라ᄒᆞᆯ 아ᅀᆞ 맛디시고"에 대응되는 주동문을 <현대어 예시>처럼 설정하려고 한다. (단, 서술어로 쓰인 용언의 형태는 변동된 대로 적을 것.)

> <현대어 예시>
>
> 사동문: 할머니가 아이에게 빵을 먹이셨다.
>
> 주동문: 아이가 빵을 먹었다.

- 사동문: "혼 菩薩이 … 나라ᄒᆞᆯ 아ᅀᆞ 맛디시고"

- 주동문:

    ....

    ....

(나) ⓑ의 'ᄌᆞ걍'가 대용하는 대상과 'ᄌᆞ걍'에 대응되는 낮춤 표현을 쓰시오.

    ① 'ᄌᆞ걍'의 대용 대상:

      (　　　　　　)

    ② 'ᄌᆞ걍'에 대응하는 낮춤 표현:

      (　　　　　　)

2. 『월인석보』의 1권 6장에 수록된 내용과 관련하여, (가)~(마)에 제시된 과제를 해결하

시오.

> (A) ⓐ<u>이틄나래</u> ⓑ<u>나라해 이셔</u> 자최 바다 가아 그 菩薩을 자바 남기 모믈 ㉮<u>쎼ᅀᆞᄫᅡ</u> ⓒ<u>뒷더니</u> 大瞿曇이 天眼ᄋᆞ로 보고 虛空애 ᄂᆞ라 와 ㉯<u>묻ᄌᆞᄫᅩᄃᆡ</u> 그듸 子息 업더니 므슷 罪오 菩薩이 對答ᄒᆞ샤ᄃᆡ ᄒᆞ마 주글 ⓓ<u>내어니</u> 子孫을 議論ᄒᆞ리여

(가) ⓐ의 '이틄날'의 형태가 통시적으로 변화하는 과정을 다음과 같이 가정했다. 다음의 빈칸에 들어갈 형태를 쓰시오.(단, 'A>B'는 A의 형태가 B의 형태로 변화하였음을 나타낸다.)

> 이틄날 > ㉠(　　　) > 이튿날

    ㉠(　　　　　　)

(나) ⓑ의 '나라해 이셔'를 문맥을 고려하여서, 현대 국어로 직역하여 옮기시오.

    (　　　　　　　　　)

(다) ⓒ의 '뒷더니'의 형태가 변화하는 과정과 관련하여, 다음 글에 설정된 빈칸에 들어갈 말의 형태를 쓰시오. (단, ㉠에는 '뒷더니'의 원래의 형태를 추정해서 쓰고, ㉡에는 '뒷더니'에서 모음이 탈락한 형태를 쓸 것.)

> ⓒ의 '뒷더니'는 보조 용언인 '두다'와 '잇다'가 겹쳐서 실현된 형태이다. 이렇게 두 보조 용언이 어지는 과정에서 축약 현상이 일어났다. '뒷더니'에서 일어난 통시적인 변화 과정을 다음과 같이 설정할 수 있다.
>
> ㉠(　　　) > 뒷더니 >㉡(　　　)

    ㉠(　　　)　　㉡(　　　)

(라) ㉮의 '쎼ᅀᆞᄫᅡ'와 ㉯의 '묻ᄌᆞᄫᅩᄃᆡ'에 실현된 '-ᅀᆞ-'과 '-ᄌᆞ-'으로써 높이는 대

상과 관련하여, 다음 글의 빈칸에 들
어갈 말을 쓰시오.

> ㉮의 '뼈ㅅ바'에 실현된 '-ᅀᆞᆸ-'은 직접적으
> 로는 ㉠'(　　　)'을/를 높였는데, 이를 통
> 해서 간접적으로 ㉡'(　　　)'을/를 높였다.
> 그리고 ㉰의 '묻ᄌᆞᆸ더니'에 실현된 '-ᄌᆞᆸ-'은
> ㉢'(　　　)'을/를 높였다.

(마) ⓓ의 '내어니'를 다음과 같이 형태소
단위로 분석하였을 때에, ㉠과 ㉡의
빈칸에 들어갈 형태를 쓰시오.(단, 변
동된 형태는 기본 형태로 쓸 것.)

> - 내어니 :
> 　나(체언)+㉠(　　　)+㉡(　　　)+-니

㉠(　　　　　)　　㉡(　　　　　)

3. 『월인석보』의 2권 37장에 수록된 내용과 관
련하여, (가)~(다)에 제시된 과제를 해결하
시오.

> (A) 菩薩이 ᄀᆞᆺ 나샤 ㉮자ᄇᆞ리 업시 四方애
> 닐굽 ㉯거름곰 거르시니 自然히 蓮花ㅣ
> 나아 바ᄅᆞᆯ ㉰받ᄌᆞᆸ더라 올ᄒᆞᆫ소ᄂᆞ로 하ᄂᆞᆯ
> ᄀᆞᄅᆞ치시며 ⓐ왼소ᄂᆞ로 ᄯᅡ ᄀᆞᄅᆞ치시고
> 獅子 목소리로 니ᄅᆞ샤ᄃᆡ 하ᄂᆞᆯ 우콰 하ᄂᆞᆯ
> 아래 나 ᄲᅮᆫ 尊호라 三界 다 受苦ᄅᆞᄫᆡ니
> 내 便安케 호리라 ᄒᆞ시니 즉자히 天地 ㉱
> ᄀᆞ장 震動ᄒᆞ고 三千 大千 나라히 다 ᄀᆞ
> 장 ᄇᆞᆰ더라
>
> *獅子(사자) : 사자. 고양이과 맹수의 이름이다.

(가) 예시 (A)에 실현된 관형절과 부사절
을 찾아서 각각 쓰시오.(각각 1개)

　① 관형절 :

②부사절 :

(나) ⓐ의 '왼소ᄂᆞ로'를 형태소 단위로 분석
할 때에, 다음의 빈칸에 들어갈 형태
를 쓰시오.(단, [　]은 단어 형성법에
서 분석하는 문법적인 단위이다.)

> ⓐ왼소ᄂᆞ로 :
> 　[㉠(　　　)+㉡(　　　)+㉢(　　　)] +
> 　㉣(　　　)

㉠(　　　　　)　　㉡(　　　　　)
㉢(　　　　　)　　㉣(　　　　　)

(다) ㉮~㉱를 현대 국어로 직역하여 옮기
시오.

㉮(　　　　　　　　　)
㉯(　　　　　　　　　)
㉰(　　　　　　　　　)
㉱(　　　　　　　　　)

4. 『월인석보』의 8권 8장에 수록된 내용과 관
련하여, (가)~(다)에 제시된 과제를 해결하
시오.

> (A) 夫人이 ᄯᅩ 니ᄅᆞ샤ᄃᆡ ⓐ빈욘 ⓑ아기 ⓒ
> 비디 ᄯᅩ 二千斤ㅅ 金이니이다
>
> *斤(근) : 무게의 단위이다.

(가) 예문 (A)의 문장을 현대 국어로 직역
하여 옮기시오.

(나) ⓐ의 '빈욘'에 실현된 선어말 어미의
형태 및 기능과 관련하여, 다음 글의
빈칸에 들어갈 말을 쓰시오.(단, ㉠에
는 선어말 어미의 형태를 쓰되, 변동된

형태는 기본 형태로 쓸 것.)

> ⓐ의 '비윤'에는 선어말 어미인 ㉠'(　　)'
> 이/가 실현되어 있다. 이 선어말 어미는 관
> 형절의 수식을 받는 중심어(피한정어)가 관
> 형절 속의 서술어에 대하여, ㉡(　　)의
> 문장 성분으로 기능하고 있음을 나타낸다.

　　　㉠ (　　　　) 　　　㉡ (　　　　)

(다) 아래의 글은 ⓑ의 '아기'에 실현된 두
　　 형태소의 형태와 그것이 결합하는 과
　　 정에서 일어나는 변동 현상과 관련한
　　 글이다. 아래 글의 빈칸에 들어갈 말
　　 을 쓰시오. (단, ㉠과 ㉡에는 명사와 조
　　 사의 기본 형태를 쓰고, ㉲에는 의미적인
　　 특성으로 분류한 명사의 유형을 쓸 것.)

> ⓑ의 '아기'는 명사인 ㉠'(　　)'에 조사
> 인 ㉡'(　　)'이/가 실현된 형태이다. 이
> 처럼 명사와 조사가 결합하는 과정에서
> 명사의 기본 형태에 실현된 ㉲(　/　)의
> 음소가 탈락하였는데, 이러한 현상은 명
> 사가 ㉴(　　)의 명사인 경우에 잘 나타
> 난다.

　　　㉠ (　　　　) 　　　㉡ (　　　　)
　　　㉢ (　　　　) 　　　㉣ (　　　　)

(라) ⓒ의 '비다'를 다음과 같이 형태소
　　 단위로 분석하고, ㉲에 들어갈 말의
　　 뜻을 현대어로 기술하시오.

　　　㉲(　　　) + ㉳ -(　　　　)

5. 『월인석보』의 8권 93장에 수록된 내용과 관
　 련하여, (가)~(다)에 제시된 과제를 해결하
　 시오.

> (A) 이튿날 아ᄎ미 길 나아가싫 時節에 鴛鴦
> 　　 夫人(원앙부인)이 울며 比丘(비구)ᄭᅴ 닐오
> 　　 딕 王과 중님과는 남편 *氣韻(기운)이실씨

길흘 ㉠(　　　) 아니커시니와 나는 宮中
에 이싫 제 두서 거르메셔 너무 ㉡아니
걷다니 오ᄂᆞᆳ날 두 나랏 ᄉᆞᅀᅵ예 *허튀동
긴 ᄀᆞ티 븟고 바리 ⓐ알ᄑᆞᆯ씨 길흘 몯 ⓑ
녀리로소이다 이 ᄯᅡ히 ⓒ어드메잇고

　*比丘(비구) : 출가한 남자 승려이다.
　* 氣韻(기운) : 글이나 글씨, 그림 따위에서 표
　　 현된 풍격과 정취이다.
　*허튀동 : 사람의 '다리'의 아랫동강이 부분이다.

(가) ㉠의 빈칸에 동사인 'ᄀᆞᆺ다(= 힘겨워하
　　 다, 疲勞)'의 활용 형태를 본용언과
　　 보조 용언의 형식으로 쓰시오. (단, 변
　　 동된 형태는 변동된 대로 표기할 것.)

　　　㉠ (　　　　　　　)

(나) ㉡에 실현된 '짧은 부정문'을 '긴 부
　　 정문'으로 바꾸시오. (단, '걷다니'에 실
　　 현된 어미의 형태를 긴 부정문에도 그대
　　 로 실현할 것.)

　　　㉡ (　　　　　　)

(다) ⓐ~ⓒ에 실현된 서술어를 다음과 같
　　 이 분석하였을 때에, 빈칸에 들어갈
　　 형태를 쓰시오. (단, [　]은 단어 형성
　　 법의 단위이다. 변동된 형태는 기본 형태
　　 로 쓰고, 종결형에 쓰인 무형의 현재 시
　　 제의 형태소는 '-Ø'로 표시할 것.)

> ⓐ알ᄑᆞᆯ씨 :
> 　[㉠(　　)+㉡-(　　)]+㉢-(　　)
> ⓑ녀리로소이다 :
> 　㉠(　　)+㉡-(　　)+㉢-(　　)+
> 　㉣-(　　)+-다
> ⓒ어드메잇고
> 　㉠(　　) +㉡-(　　)+㉢-(　　)+
> 　㉣-(　　)

　ⓐ : ㉠(　　　　) 　　㉡(　　　　)
　　　㉢(　　　　)

ⓑ : ㉠(   )   ㉡(   )

      ㉢(   )   ㉣(   )

ⓒ : ㉠(   )   ㉡(   )

      ㉢(   )   ㉣(   )

6. 『월인석보』의 13권 6장에 수록된 내용과 관련하여, (가)~(바)에 제시된 과제를 해결하시오.

> (A) 흔 사르미 나히 져머셔 아비 부리고 逃亡ᄒᆞ야 가 다른 나라해 오래 이셔 열 히 스믈 히 쉰 히예 니르더니 …(중략)… 아비 每常 아ᄃᆞᆯ룰 ᄉᆞᆷᄒᆞ디 아ᄃᆞᆯ와 여희연 디 ⓐ쉬나믄 ⓑ히어다 호ᄃᆡ ᄂᆞ뎌려 이런 이ᄅᆞᆯ 닔간도 니르디 아니ᄒᆞ고 오직 제 ⓒᄉᆞ랑ᄒᆞ야 ᄆᆞᅀᆞ매 ⓓ뉘읏브며 애완ᄇᆞᆯ 머거 제 ᄉᆞᆷᄒᆞ디 늙고 쳔랴이 만ᄒᆞ야 金銀 珍寶ㅣ 倉庫애 ᄀᆞᄃᆞᆨᄒᆞ야 ⓔ넚듀ᄃᆡ 子息이 업수니 ᄒᆞᄅᆞᆺ 아ᄎᆞ미 주그면 쳔랴ᄋᆞᆯ 일허 ⓔ맛듏 싸히 업스리로다 ᄒᆞ야 브즈러니 每常 아ᄃᆞᆯ룰 싱각ᄒᆞ야 또 너교ᄃᆡ ᄒᆞ다가 아ᄃᆞᆯ를 어더 쳔랴ᄋᆞᆯ 맛디면 훤히 快樂ᄒᆞ야 ᄂᆞ외야 ⓕ分別 업스리로다 ᄒᆞ더니
>
> *쉬나믄 : 쉰남은
> *뉘읏브며 : 후회스러우며
> *넚듀ᄃᆡ : 넘치되
> *맛듏 : 맡길

(가) 예문 (A)에서 인용절을 모두 찾아서, 그 인용절에 실현된 첫 어절과 끝 어절을 쓰시오.

(나) ⓐ의 '쉬나믄'과 ⓓ의 '뉘읏브며'의 단어 형성 방법과 관련하여, 다음과 같이 형태소의 단위로 분석하였다. 빈칸

에 들어갈 형태를 쓰시오. (단, [ ]은 단어 형성법의 단위이다. 변동된 형태는 기본 형태로 쓸 것.)

> ⓐ쉬나믄 :
>
>   [㉠(   )+㉡(   )+㉢-(   )]
>
> ⓓ뉘읏브며 :
>
>   [㉮(   )+㉯-(   )-]-+-며

ⓐ : ㉠(   )   ㉡(   )

      ㉢(   )

ⓓ : ㉮(   )   ㉯(   )

(다) ⓑ의 '히어다'에는 선어말 어미인 '-어-'가 실현되었다. '-어-'의 형태가 실현되는 조건과 관련하여, 다음 글의 빈칸에 들어갈 말을 쓰시오. (단, ㉠에는 단어의 기존 형태나 문법적인 명칭을 쓰고, ㉢에는 국어의 음소를 쓸 것.)

> ⓑ의 '-어-'는 ㉠(   )'의 어간 뒤에 실현되었다. 어간의 문법적인 특징을 고려하면 선어말 어미인 '-어-'의 기본 형태는 ㉡'-(   )-'이었다고 추정할 수 있다. 곧, ⓑ의 '-어-'는 ㉡의 기본 형태에서 ㉢(/   /)의 음소가 탈락된 형태로 처리한다.

㉠(   )   ㉡(   )

㉢(   )

(라) 예문 (A)의 어휘 중에는 그 의미가 현대 국어와 달리 쓰이는 것이 있다. 이와 관련하여 아래 글의 빈칸에 들어갈 말을 쓰시오.

> 위의 예문에서 ⓒ의 'ᄉᆞ랑ᄒᆞ다'는 15세기 국어에서는 ㉠'(   )'와/과 ㉡'(   )'의 두 가지 뜻으로 쓰였다. 그리고 ⓕ'分別'은 15세기 국어에서는 ㉮'(   )'와/과 ㉯'(   )'의 두 가지 뜻으로 쓰였다.

ⓒ : ㉠(   ) ㉡(   )

ⓕ : ㉠(   ) ㉡(   )

(마) ⓓ의 '넙듀되'와 ⓔ의 '맛둟'의 단어가 형성된 방법(단어 형성법)과 관련하여, 다음 글의 빈칸에 들어갈 말을 쓰시오. (단, ㉠~㉣에는 어근이나 파생 접사의 형태를 쓰고, ㉮와 ㉯에는 파생 접사가 발휘하는 기능상의 유형을 쓸 것.)

ⓐ ⓓ의 '넙듀되'는 어근인 ㉠(   )'에 파생 접미사인 ㉡'(   )'이/가 붙어서 형성된 파생어이다. 그리고 ⓓ의 '맛둟'은 어근인 ㉢'(   )'에 파생 접미사인 ㉣'(   )'이/가 붙어서 형성된 파생어이다.

ⓑ 파생 접사는 어근의 문법적 성격을 바꿀 수 있는 것과 어근의 문법적 성격을 바꾸지 못하는 것이 있다. 이런 기능을 기준으로 ㉡과 ㉣의 빈칸에 들어갈 파생 접사의 유형을 구분할 수 있다. 곧, ㉡은 ㉮'(   )적 접사'에 해당하며, ㉣은 ㉯'(   )적 접사'에 해당한다.

(a) : ㉠(   ) ㉡(   )
　　㉢(   ) ㉣(   )

(b) : ㉮(   ) ㉯(   )

7. 『월인석보』의 23권 73장에 수록된 내용과 관련하여, (가)~(다)에 제시된 과제를 해결하시오.

(A) 羅卜이 一千 *貫ㅅ 도느로 三年을 흥정ᄒᆞ야 三千 貫이 두외이늘 ㉮믿나래 도라와 제 지블 즐게 남ᄌᆞ기 두고 ㉯잣 西ㅅ녁 버드나모 미틔 쉬더니 *益利ᄅᆞᆯ 몬져 보내야 ⓐ어믜 손ᄃᆡ 닐오ᄃᆡ 어마니미 善事ᄅᆞᆯ ᄒᆞ시단 ⓑ디면 내 이 도ᄂᆞᆯ 가져가 어마니ᄆᆞᆯ 供養ᄒᆞᅀᆞᆸ고 ㉰ᄒᆞ다가 모딘 業

지ᅀᅳ시단 디면 내 이 도ᄂᆞ로 어마님 爲ᄒᆞ야 布施호리이다 ᄒᆞ야늘

*貫(관) : 무게의 단위를 나타내는 의존 명사이다. 한 관은 한 근의 열 배로 3.75kg에 해당한다.

*益利(익리) : 羅卜(나복)이 부리던 하인이다.

*善事(선사) : 착한 일. 또는 좋은 일이다.

(가) 예문 (A)에서 ㉮~㉰의 표현을 현대 국어로 직역하여 옮기시오.

㉮ :
_____
_____

㉯ :
_____

㉰ :
_____

(나) 예문 (A)에 실현된 ⓐ~ⓑ를 다음과 같이 형태소 단위로 분석하였을 때에, 빈칸에 들어갈 말을 쓰시오. (단, 변동된 형태는 기본 형태로 쓸 것. 그리고 #은 어절의 경계를 나타낸다.)

ⓐ어믜 손ᄃᆡ :
　　㉠(   )+㉡-(   )#손ᄃᆡ

ⓑ디면　　 :
　　㉠(   )+㉡-(   )-+-면

ⓐ : ㉠(   )　 ㉡(   )
ⓑ : ㉠(   )　 ㉡(   )

(다) 예문 (A)에 실현된 의존 명사의 형태를 모두 찾아서, 다음의 ①~③과 같이 분류하시오. (단, 복합어에서 어근으로 실현된 의명 명사도 포함시키고, 같은 형태가 여러 번 실현된 것은 한 번만 쓸 것. 그리고 변동된 형태는 기본 형태로 쓸 것.)

[1] 보편성 의존 명사 :

(   )

[2] 부사어성 의존 명사 :

( )

[3] 단위성 의존 명사 :

( )

8. 『월인석보』의 23권 75장에 수록된 내용과 관련하여, (가)~(다)에 제시된 과제를 해결하시오.

(A) 羅ㅏ이 그 말 듣고 ㉮모물 싸해 ㅂ득텨 디니 터럭 ⓐ구무마다 피 흐르더니 싸해 ⓑ것ㅁ르주거 오래 잇거늘 그 어미 아들 마즈라 나와 아ㄷ를 보니 싸해 디엣거늘 아ㄷ리 소늘 자바 닐오ㄷ 네 내 盟誓 드르라 ㅎ고 닐오ㄷ 그룸므리 넙고 커 우희 흐를 믈겨리 잇ㄴ니 사름 일우린 젹고 ㉯사름 ㅎ야ㅂ리린 하도다 나옷 너 나간 後에 너 爲ㅎ야 날마다 五百 僧齋 ㉰아니 ㅎ단 디면 지븨 도라가 큰 病을 어더 닐웨 ⓒ몯 디나셔 주거 阿鼻大地獄애 드로리라

*五百僧齋(오백승재) : 오백 명의 승려를 집에 불러, 제사를 지내기 전에 하는 공양이다.
*阿鼻大地獄(아비지옥) : 팔열 지옥(八熱地獄)의 하나이다.

(가) 예문 (A)에서 ㉮~㉰의 표현을 현대 국어로 직역하여 옮기시오. (단, 문맥에 생략된 격조사를 복원하여 옮길 것.)

㉮ :
_____

㉯ :
_____

㉰ :
_____

(나) ⓐ의 '구무마다'에서 일어나는 체언의 형태 변동 양상과 관련하여, 다음의 빈칸에 들어갈 말을 쓰시오. (단, 체언

에 조사가 결합한 형태를 쓸 것.)

(a) '구무마다'는 체언인 '구무'에 보조사인 '-마다'가 실현되었다. '구무마다'가 문장의 서술어인 '흐르더니'와 맺는 통사적인 관계를 감안하면, '구무마다'는 ㉠( )의 문장 성분으로 쓰였다.

(b) 만일 '구무'에 보조사인 '-마다' 대신에 격조사를 실현한다면, '-의셔'로 표현될 가능성이 있다. 이처럼 '구무'에 '-의셔'가 결합하면, ㉡'( )'의 형태로 실현되는 것이 일반적이다.

㉠( ) ㉡( )

(다) ⓑ에 실현된 '것ㅁ르주거'의 단어가 형성된 방법과 관련하여, 다음의 빈칸에 들어갈 말을 쓰시오.

ⓑ의 '것ㅁ르주거'는 어근인 ㉠'( )'에 파생 접사인 ㉡'( )'이/가 붙어서 형성 되었는데, '것ㅁ르주거'는 ㉮의 '( )'의 뜻을 나타낸다.

㉠( ) ㉡( )
㉮( )

(라) ⓒ에 실현된 '몯 디나셔'를 긴 부정문의 형식으로 표현하시오.

( )

6. 두시언해

1. 『두시언해』 초간본(1481)의 6권 2장에 수록된 내용과 관련하여, (가)~(바)에 제시된 과제를 해결하시오.

> **玉華宮**
>
> (A) ⓐ<u>고온</u> 사르미 누른 흘기 두외니 ⓑ( ) 粉黛를 비러 쓰던 ⓒ<u>거시쭌녀</u>
>
> 그 時節에 金輿를 侍衛ᄒ던 녯 거슨 ᄒ올로 ⓓ<u>잇ᄂ닌</u> 돌 ᄆ리로다
>
> 시름 오매 프를 ⓔ<u>지즐</u> 안자서 횐히 놀애 ⓕ<u>블로니</u> 눐므리 소내 ᄀ득ᄒ도다
>
> 어른어른 녀는 깁 ᄉ시예 뉘 이 나ᄒ 기리 살 ⓖ<u>사름( )</u>
>
> (B) 美人爲黃土　況乃粉黛假
>
> 當時侍金輿　故物獨石馬
>
> 憂來藉草坐　浩歌淚盈把
>
> ~~冉冉~~征途間　誰是長年者
>
> * 玉華宮(옥화궁) : 이 시는 두보가 당 태종(唐太宗) 때에 지은 퇴락한 옛 궁전을 보고 인생의 무상함을 느껴 읊은 것이다.
> * 粉黛(분대) : 분을 바른 얼굴과 먹으로 그린 눈썹이다. 화장한 여인들의 모습을 비유했다.
> * 金輿(금여) : 예전에 임금이 타던 수레이다.
> * 侍衛(시위) : 임금이나 어떤 모임의 우두머리를 모시어 호위하는 것이다.

(가) ⓐ의 '고온'을 15세기 중반의 세종 시절에 실현되었던 이전 형태로 바꾸어 쓰시오.

　　　ⓐ( )

(나) ⓒ의 '거시쭌녀'에 필수적으로 호응하는 부사의 형태를 ⓑ의 빈칸에 쓰시오.

　　　ⓑ( )

(다) ⓓ의 '잇ᄂ닌'을 형태소 단위로 분석하였을 때에, 다음의 빈칸에 들어갈 형태를 각각 쓰시오. (단, 변동된 형태는 변동된 대로 쓸 것. 그리고 #은 어절의 경계를 나타낸다.)

> ⓓ 잇ᄂ닌 :
>
> 　잇-+㉠-( )+㉡-( )#㉢( )+㉣( )

㉠( )　　㉡( )
㉢( )　　㉣( )

(라) ⓔ에 실현된 '지즐'의 단어 형성 방법과 관련하여, 다음 글의 빈칸에 들어갈 말을 쓰시오. (단, ㉠에는 어근의 형태를 쓰고, ㉡에는 품사의 명칭을 쓸 것.)

> '지즐'은 어근인 ㉠'( )'에 무형의 파생 접미사가 붙어서 형성된 ㉡( )이다. 이처럼 어근에 무형의 파생 접미사가 붙어서 실현되는 단어 형성 방법을 ㉢( )(이)라고 한다.

㉠( )　　㉡( )
㉢( )

(마) ⓕ의 '블로니'의 활용 형태와 관련하여, 다음 글의 빈칸에 들어갈 말을 쓰시오.

> '블로니'의 기본형은 '브르다'인데, 이는 어간인 ㉠'( )'에 선어말 어미인 ㉡'-( )'와/과 어말 어미인 ㉢'-( )'이/가 붙어서 활용한 형태이다.

㉠( )　　㉡( )
㉢( )

(바) 한문 원문과 언해문의 문맥을 고려하여, ⓖ의 빈칸에 들어갈 보조사의 형태를 쓰시오.

ⓖ(   )

2. 『두시언해』 초간본의 7권 3장의 내용과 관련하여, (가)~(마)에 제시된 과제를 해결하시오.

江村

(A) 믈군 ᄀᆞᄅᆞᆷ 흔 고비 ᄆᆞᄋᆞᆶ ᄋᆞᆯ아 흐르ᄂᆞ
니 긴 ⓐ녀릆 江村애 일마다 幽深ᄒᆞ도다

ⓑ절로 가며 절로 오ᄂᆞᆫ 집 우흿 ⓒ져
비오 서르 親ᄒᆞ며 서르 ⓓ갓갑ᄂᆞᆫ 믌
가온딧 ᄀᆞᆯ며기로다

늘근 겨지븐 죠ᄒᆡ를 그려 쟝긔파ᄂᆞᆯ 밍ᄀᆞᆯ
어늘 져믄 아ᄃᆞᆯ 바ᄂᆞᆯ 두드려 고기
ⓔ낫ᄀᆞᆯ ⓕ낙슬 밍ᄀᆞᄂᆞ다

한 病에 얻고져 ᄒᆞᄂᆞᆫ 바ᄂᆞᆫ 오직 藥物이
니 져구맛 모미 이 밧긔 다시 므스글 求
ᄒᆞ리오

(B) 清江一曲抱村流   長夏江村事事幽

　　　自去自來梁上燕   相親相近水中鷗

　　　老妻畫紙爲棋局   稚子敲針作釣鉤

　　　多病所須唯藥物   微軀此外更何求

*幽深(유심) : 그윽하고 깊다.

(가) ㉑의 '녀름'의 의미와 관련하여, 다음 글의 빈칸에 들어갈 말을 쓰시오. (단, ㉢에는 어휘 사이의 의미 관계를 나타내는 용어를 쓸 것.)

15세기의 중세 국어에서 '녀름'은 ⓐ처럼 ㉠'(   )'의 뜻을 나타내는 '녀름₁'과, 이와는 별도로 ㉡'(   )'의 뜻을 나타내는 '녀름₂'가 각각 쓰였다. 그런데 '녀름₁'과 '녀름₂'의 형태가 의미적인 관련성이 있는 것으로 판단한다면, '녀름₁'과 '녀름₂'는 의미적으로 ㉢'(   ) 관계'를 맺고 있는 것이다.

㉠(   )   ㉡(   )

㉢(   )

(나) ⓑ에 실현된 '절로'의 단어가 형성된 방법과 관련하여, 다음 글의 빈칸에 들어갈 말을 쓰시오. (단, ㉠과 ㉡에는 각 형태소의 기본 형태를 쓰고, ㉑와 ㉡에는 품사의 명칭을 쓸 것. 그리고 ㉢에는 개별 음소를 쓸 것.)

(a) ⓑ의 '절로'는 대명사 어근인 ㉠(   )에 파생 접사인 ㉡(   )이/가 붙어서 형성된 단어이다.

(b) 여기서 ㉡의 본디 품사는 ㉑(   )이었는데, ⓑ의 '절로'에서는 어근인 대명사의 품사를 ㉡(   )(으)로 파생하는 기능을 한다.

(c) 그리고 '절로'는 어근과 접사가 결합하는 과정에서 ㉢(/   /)의 음소가 첨가되었다.

(a): ㉠(   )   ㉡(   )

(b): ㉑(   )   ㉡(   )

(c): ㉢(   )

(다) ⓒ의 '져비오'에 나타난 음운 변동의 명칭을 한 단어로 쓰고, '져비오'에서 음운 변동이 일어난 조건과 결과를 설명하시오.

[1] 변동의 명칭 : (   )

[2] 변동의 조건과 결과 :

　　①변동의 조건

　　②변동의 결과

(라) ⓓ의 '갓갑ᄂᆞᆫ'을 아래와 같이 형태소 단위로 분석하였을 때에, 다음의

[1]과 [2]에 제시된 과제를 해결하시오. (단, '#'은 어절의 경계를 나타낸다.)

<분석> 갓갑느닌 :

　ㄱ(　　　)-+ㄴ-(　　　)+ㄷ-(　　　)
　#ㄹ(　　　)+ㅁ-(　　　)

[1] 위의 <분석>에서 ㄱ~ㅁ의 빈칸에 들어갈 형태를 쓰시오. (단, 변동된 형태는 변동된 대로 쓸 것.)

　ㄱ(　　　)　ㄴ(　　　)
　ㄷ(　　　)　ㄹ(　　　)
　ㅁ(　　　)

[2] 위의 '문제 [1]'에서 ㄱ의 빈칸에 들어갈 단어의 뜻과 품사를 쓰고, 그렇게 판단한 형태론적인 근거를 쓰시오. (단, 품사의 명칭은 『고등학교 문법』(2010)에서 설정한 9품사의 명칭으로 쓸 것.)

　① 의미 : (　　　　　　　)
　② 품사 : (　　　　　　　)
　③ 근거 :
　　...
　　...

(마) ⓔ의 '낫글'과 ⓕ의 '낙술'의 형태와 관련하여, 다음 글의 빈칸에 들어갈 말을 쓰시오. (단, 아래의 예문 (a)에서 밑줄 친 '낫구믈'의 형태를 참조할 것.)

(a) 錦水에서 고기 낫구믈 時로 와 보딕
　　　[두언24:21]

(b) 예문 (A)의 '낫글'과 '낙술'은 다음과 같이 형태소 난위로 분석된다.
　　· 낫글 : ㄱ(　　　)+ㄴ-(　　　)
　　· 낙술 : ㄷ(　　　)+ㄹ-(　　　)

(c) 어간인 ㄱ과 체언인 ㄷ의 사이에서 나타나는 형태 · 의미적인 유사성을 감

안하면, 어간인 ㄱ과 체언인 ㄷ에 공통적으로 실현되는 어근의 형태를 ㉮ '(　　　)'(으)로 설정할 가능성이 있다.

(b) : ㄱ(　　　)　ㄴ(　　　)
　　　ㄷ(　　　)　ㄹ(　　　)

(c) : ㉮(　　　)

3. 『두시언해』 초간본의 7권 66장에 수록된 내용과 관련하여, (가)~(다)에 제시된 과제를 해결하시오.

村夜

(A) 蕭蕭흔 ᄇ롮 빗 ⓐ나조히
　　ᄀ롮 그테 사ᄅ미 녀디 아니ᄒᄂ다
　　ᄆ슲 밧핫 소리ᄂ 비 오ᄂ 밧긔셔 쌘ᄅ고
　　이웃짓 브른 바미 깁ᄃ록 ⓑ볼갯도다

(B) 蕭蕭風色暮　　江頭人不行
　　村舂雨外急　　隣火夜深明

*蕭蕭(소소) : 바람이나 빗소리 따위가 쓸쓸하다.

(가) ⓐ의 '나조히'를 형태소 단위로 분석할 때에, 다음의 빈칸에 들어갈 형태를 쓰시오.

ⓐ 나조히 : ㄱ(　　　)+ㄴ-(　　　)

　ㄱ(　　　)　ㄴ(　　　)

(나) 예문 (A)에서 체언과 관형격 조사가 결합하는 과정에서, 체언의 기본 형태가 변동된 어절을 찾아서 모두 쓰시오.

　(　　　　　　　　　)

(다) ⓑ의 '볼갯도다'의 형태가 통시적으로 변화하는 과정을 아래의 글상자의 내용으로 기술했다. 글상자에 설정된 ㄱ과 ㄴ의 빈칸에 들어갈 어형을 쓰시오. (단, ㄱ에는 본용언과 보조 용언이 구

분된 형태를 쓰고, ⓛ에는 본용언과 보조
용언이 축약된 형태를 쓸 것. 그리고 '밝
았도다'는 현대어의 표기법으로 적은 것
이다.)

> ㉠(   ) > 불ᄀᆡᆺ도다 > ⓛ(   ) >
> > 밝았도다

㉠(   )   ⓛ(   )

4. 『두시언해』 초간본의 10권 17장에 수록된
내용과 관련하여, (가)~(라)에 제시된 과제
를 해결하시오.

> 絶句二數
>
> (A) 긴 ᄒᆡ예 ᄀᆞᄅᆞᆷ과 뫼쾌 빗나니
>   ᄇᆞᆺᄇᆞᄅᆞᆷ애 곳과 플왜 ⓐ곳답도다
>   ᄒᆞᆰ기 노ᄀᆞ니 져비 ᄂᆞ오
>   몰애 더우니 鴛鴦이 ⓑᄌᆞ오놋다
>   遲日江山麗   春風花草香
>   泥融飛燕子   沙暖睡鴛鴦
>
> (B) ᄀᆞᄅᆞ미 ᄑᆞᄅᆞ니 새 더욱 ᄒᆡ오
>   뫼히 퍼러ᄒᆞ니
>   곳 비치 블븓ᄂᆞᆫ 듯도다
>   옰 보미 본ᄃᆡᆫ ᄯᅩ 디나가ᄂᆞ니
>   어느 나리 이 도라갈 ⓒᄒᆡ(   )
>   江碧鳥逾白   山靑花欲燃
>   今春看又過   何日是歸年

(가) 15세기 국어에서 나타나는 'ㆁ' 글자
의 음가와 관련하여, 다음의 글의 빈
칸에 들어갈 말을 쓰시오. (단, ㉠~㉢
은 작품에 실현된 순서로 쓰고, ㉮에는
'ㆁ' 글자의 음가에 대한 명칭을 한글로
쓰고, ㉯에는 국제 음성 부호로 쓸 것.)

> (a) 15세기 국어에서는 'ㆁ'은 대체로 음
>   가가 없는 글자로 쓰였는데, 일부의

예를 보면 'ㆁ'을 무음가의 글자로 볼
수 없는 예들도 있다. 곧, 'ㆁ'이 /ㄹ/, /
ㅿ/, /ㅣ/, /j/와 그에 뒤따르는 모음 사
이에서 실현될 때에는 무음가의 글자
로 보기 어렵다.(『고등학교 문법』
2010:282)

(b) 작품 (A)에 표현된 ㉠(   ), ⓛ(   ),
    ㉢(   )의 어절은 이러한 음가를 나타
    내는 'ㆁ' 글자가 실현된 예이다. 이들
    어절에 쓰인 'ㆁ'의 음가는 ㉮(   )(으)
    로서, 국제 음성 부호(I.P.A)로 표기하면
    ㉯([   ])로 표기한다.

㉠(   )   ⓛ(   )
㉢(   )
㉮(   )   ㉯(   )

(나) ⓐ의 '곳답도다'와 ⓑ의 'ᄌᆞ오놋다'에
서 문법적으로 동일하게 기능을 하는
선어말 어미의 형태를 찾아서 각각
쓰시오. (단, 변동된 형태는 기본 형태
로 쓸 것.)

ⓐ(   )   ⓑ(   )

(다) 작품 (B)의 한시(漢詩)에는 강조 용법으
로 쓰인 특정한 한자가 있다. 한시에서
강조 용법의 한자를 직역하여 표현한
단어를 작품 (B)의 언해문에서 찾아서
쓰시오.

(   )

(라) 한문 원문을 참조하여, ⓒ에 설정된 빈
칸에 들어갈 형태소의 형태를 쓰시오.
(단, 변동된 형태는 변동된 대로 쓸 것.)

ⓒ(   )

5. 『두시언해』 초간본의 25권 26장에 수록된
내용과 관련하여, (가)~(라)에 제시된 과제

를 해결하시오.

```
              寓居同谷縣

(A)  나그내 나그내 字ㅣ 子美니
     셴 머리예 어즈러운 터리 드리여 귀예
     ⓐ(      )
     히마다 도토왐 주수믈 나볼 조차 ⓑ둔뇨니
     하늘히 칩고 히 져근 ⓒ묏곬 소기로다
     中原에 音書ㅣ 업서 도라가믈 得디 몯호니
     ⓓ손바리 어러 쁘고 갓과 솔쾌 주겟라
     슬프다 첫 놀애 블로매 놀애 ᄒ마 슬프니
     슬픈 ᄇᄅ미 날 爲ᄒ야 하늘로브터 오ᄂ다

(B)  有客有客字子美      白頭亂髮垂過耳
     歲拾橡栗隨狙公      天寒日暮山谷裏
     中原無書歸不得      手脚凍皴皮肉死
     嗚呼一歌兮歌已哀    悲風爲我從天來
```

(가) 본용언인 '디나다'와 보조 용언인 '잇
    도다'가 축약된 형태로서, 작품 (A)에
    있는 ⓐ의 빈칸에 들어갈 말을 쓰시
    오. (단, 본용언와 보조 용언의 축약되는
    통시적인 과정을 고려하여, ⓐ에 들어갈
    말을 쓸 것.)

    ```
    디나 잇도다 > 디냇도다 > ⓐ(        )
    ```

    ⓐ(   )

(나) ⓑ의 '둔뇨니'와 관련하여, 다음에 제
    시된 과제를 해결하시오.

    [1] '둔뇨니'를 다음과 같이 형태소 단위
        로 분석하였을 때에, ㉠~㉢에 들어
        갈 형태를 쓰시오. (단, 변동된 형태는
        기본 형태로 쓸 것. [   ]은 단어 형
        성법의 단위를 나타낸다.)

    ```
    * 둔뇨니 :
    [㉠(    )+㉡(    )]+㉢(    )+-니
    ```

㉠(   )   ㉡(   )
㉢(   )

[2] 위의 '문제 [1]'에서 ㉢에 들어갈 형
    태소의 기능을 간략히 서술하시오.

    _____
    _____

[3] 위의 '문제 [1]'에서 ㉠과 ㉡의 형
    태소가 결합하는 과정에서 일어난
    음운 변동의 명칭을 쓰시오.

    (   )

(다) ⓒ의 '묏곬'의 형태와 관련하여, 다음
    글의 빈칸에 들어갈 말을 쓰시오. (단,
    글 (a)의 ㉠과 ㉡에는 어근의 기본 형태로
    쓰고, (b)의 ㉮와 ㉯에는 표기나 문법적
    단위를 나타내는 용어를 쓸 것.)

    (a) '묏곬은 ㉠'(   )'와/과 ㉡'(   )'의
        두 어근이 결합하여서 형성된 합성
        명사인데, 합성어가 형성되는 과정에
        서 어근 ㉠의 종성인 ㉢(/ /)의 음
        소가 탈락하였다.
    (b) 15세기 국어에서 실현되었던 'ㅅ'은
        두 가지의 기능을 한다. 곧, '묏곬'에
        실현된 두 개의 'ㅅ' 중에서 합성어
        의 어근과 어근 사이에 실현된 'ㅅ'
        은 ㉮(   )의 기능을 하며, 합성 명
        사의 뒤에 실현된 'ㅅ'은 ㉯(   )의
        기능을 한다.

    (a): ㉠(   )   ㉡(   )
         ㉢(   )
    (b): ㉮(   )   ㉯(   )

(라) ⓓ에 밑줄 친 부분을 독립된 문장으로
    가정하고, 다음 물음에 답하시오.

    [1] 문장 ⓓ를 현대 국어로 직역하여
        옮기시오.

[2] 문장 ⓒ에서 '주게라'에 실현된 어미 '-게-'의 문법적인 기능과 관련하여, 글 아래의 글에 설정된 ㉠~㉢의 빈칸에 들어갈 말을 쓰시오. (단, ㉠과 ㉡에는 종결 방식에 따른 문장의 유형을 쓰고, ㉮에는 '-게-'가 나타내는 의미나 기능을 쓰시오.)

> ⓓ의 문장에는 종결 어미인 '-라'가 실현되었다. 그러므로 문장의 종결 형식으로 보면 ⓓ의 문장은 ㉠'(   )'으로 처리되어야 한다. 그러나 문장 ⓓ에는 서술어에 ㉮(   )의 뜻을 나타내는 선어말 어미인 '-게-'가 실현되었다. 일부 학자들은 '-게-'가 표현하는 문법적 기능에 주목하여 ⓓ의 문장을 ㉡'(   )문'으로 처리하기도 한다.

㉠(   )   ㉡(   )
㉮(   )

6. 『두시언해』 초간본의 16권 52장에 수록된 내용과 관련하여, (가)~(다)에 제시된 과제를 해결하시오.

> **江南逢李龜年**
>
> (A) 岐王人 집 안해 샹녜 ⓐ보다니
>   崔九의 집 알픠 몃 디윌 ⓑ드러뇨
>   正히 이 江南애 風景이 됴ᄒ니
>   곳 디ᄂᆞᆫ 時節에 ᄯᅩ 너를 ⓒ맛보과라
>
> (B) 岐王宅裏尋常見   崔九堂前幾度聞
>   正時江南好風景   洛花時節又逢君

(가) ⓐ에 실현된 '보다니'의 활용 형태를 고려하여, ⓑ의 '드러뇨'의 활용 형태를 문법 규칙에 맞게 수정하고 '드러

뇨'를 현대 국어로 직역하여 옮기시오. (단, 동일한 텍스트에 나타나는 문법 요소의 일치 현상을 고려할 것.)

㉠: 수정된 ⓑ의 활용 형태 :
    (   )
㉡ : ⓑ의 현대어 직역 :
    (   )

(나) ⓒ의 '맛보과라'의 어미와 관련하여, 다음 글의 빈칸에 들어갈 말을 쓰시오. (단, ㉠의 빈칸에는 문장으로 기술할 것.)

> '맛보과라'에서 선어말 어미인 '-과-'는 문법적으로 두 가지 기능을 한다. 곧, '-과-'는 ㉠(   )을/를 표현하는 기능과 ㉡(   )을/를 표현하는 기능을 함께 담당하고 있다.

㉠ :
_____
_____

㉡ :
_____
_____

7. 다음은 1632년에 간행된 『두시언해』 중간본의 3권 25장에 수록된 내용이다. 이와 관련하여 (가)~(마)에 제시된 과제를 해결하시오.

> **遣義**
>
> (A) 가지예셔 우는 곳고리는 갓가이 잇고
>   믌ⓐ ᄀᆞ인 ①ᄯᅥᆺᄂᆞᆫ 골며기는 가ᄇᆡ얍도다
>   ᄒᆞᆫ 길헨 미햇 고지 뎻고
>   외로온 ⓑᄆᆞᄋᆞᆯ힌 봄 므리 나섯다
>   늘근 나해 기장ᄋᆞ로 술 비주믈 ㉮뵈야고
>   ᄀᆞᄂᆞᆫ비옌 ㉯가ᄉᆞ야 橙子를 옮겨 ②심교라
>   漸漸 사괴야 노는 사ᄅᆞ미 그추믈 ③깃노니
>   幽隱히 사로매 일후믈 ⓒᄡᅳ디 아니ᄒᆞ노라
>
> (B) 囀枝黃鳥近   泛渚白鷗輕

一徑野花落　孤村春水生

衰年催釀黍　細雨更移橙

漸喜交遊絶　幽居不用名

(가) ⓐ의 'ᄀᆞᄋᆡ', ⓑ의 'ᄆᆞᄋᆞᆯ헌', ⓒ의 '쓰다'가 1481년에 간행된 초간본에 표기되었을 형태를 추정하여 쓰시오.

ⓐ (　　　　　)　　ⓑ (　　　　　)

ⓒ (　　　　　)

(나) ㉮의 '뵈야고'를 현대 국어로 직역하여 옮기시오.

㉮ (　　　　　)

(다) ㉯의 '가ᄉᆞ야'에 대한 품사의 명칭을 쓰고, 그 뜻을 현대 국어로 직역하여 옮기시오.

㉠ 품사의 명칭 : (　　　　　)

㉡ 현대어 직역 : (　　　　　)

(라) ①~③의 용언에서 어간의 형태를 추출하여 쓰고, ①~③의 기본형을 현대어로 직역하여 옮기시오. (단, 어간의 형태가 변동된 것은 기본 형태로 쓸 것.)

①펏ᄂᆞᆫ :　형태 (　　　　　)

　　　　　직역 (　　　　　)

②심교라 :　형태 (　　　　　)

　　　　　직역 (　　　　　)

③깃노니 :　형태 (　　　　　)

　　　　　직역 (　　　　　)

8. 『두시언해』 중간본(1632)의 10권 6장에 수록된 내용과 관련하여, (가)~(라)에 제시된 과제를 해결하시오.

春望

(A)　나라히 破亡ᄒᆞ니 뫼와 ᄀᆞ름 쓴 잇고

　　잣 앉 보ᄆᆡ 플와 나모 쓴 ⓐ기펫도다

時節을 感嘆ᄒᆞ니 고지 눈믈를 ᄲᅳ리게 코

ⓑ여희여슈믈 슬호니 새 ⓒ ᄆᆞᄋᆞ믈 놀래노다

烽火ㅣ 석 ᄃᆞᆯ를 ⓓ니어시니

지빗 音書는 萬金이 ⓔᄊᆞ도다

셴 머리를 긁구니 ᄯᅩ ⓕ뎌르니

다 빈혀를 이긔디 몯홀 ᄃᆞᆺ ᄒᆞ도다

(B)　國破山河在　城春草木深

感時花濺淚　恨別鳥驚心

烽火連三月　家書抵萬金

白頭搔更短　渾欲不勝簪

(가) 예문 (A)에서 활용 형태를 잘못 표기한 용언을 찾아서, 올바른 활용 형태로 고쳐서 쓰시오.

(　　　　　)

(나) 위의 예문 (A)의 ⓐ의 '기펫도다'와 ⓑ의 '여희여슈믈'의 활용 양상과 관련하여, 다음의 글 (a)의 빈칸에 들어갈 형태를 쓰시오. (단, 변동된 형태는 변동된 대로 쓸 것.)

(a) ⓐ의 '기펫도다'와 ⓑ의 '여희여슈믈'은 15세기 중엽의 중세 국어에서는 ㉮본용언과 보조 용언이 결합된 형태였다. 그런데 15세기 후반 이후부터 차차로 본용언과 보조 용언의 형태가 하나의 어형으로 축약되었다.

(b) 근대 국어의 시기인 17~19세기에는 '기펫도다'와 '여희여슈믈'에 실현된 ㉠ '(　　　)'와과 ㉡ '(　　　)'의 형태는 '완료 지속'의 동작상이나 '과거 시제'의 뜻을 나타내는 선어말 어미로 굳어졌다.

[1] ㉮에 해당하는 본용언과 보조 용언의 형태를 각각 쓰시오. (단, 본용언

과 보조 용언의 형태는 띄어 쓸 것.)

	본용언	보조 용언
ⓐ (	) + (	)
ⓑ (	) + (	)

[2] 글 (b)의 빈칸에 들어갈 선어말 어미의 형태를 쓰시오.

㉠ (　　　)　㉡ (　　　)

(다) ⓒ의 '모ᄋᆞ물'과 ⓓ의 '니어시니'가 『두시언해』의 초간본(1481년 간행)에 쓰인 형태로 바꾸어 쓰시오.

ⓒ 모ᄋᆞ물 : (　　　　)

ⓓ 니어시니: (　　　　)

(라) ⓓ의 'ᄉᆞ도다'와 ⓔ의 '뎌르니'를 각각 현대 국어로 직역하여 옮기시오.

ⓔ ᄉᆞ도다 : (　　　　)

ⓕ 뎌르니 : (　　　　)

모범 정답

『중세 국어 서답형 문제집』의 '모범 정답 및 해설'과 '주해 자료'를 PDF 문서로 제작하여, '학교 문법 교실(http://scammar.com)'과 이 책의 뒤 표지에 넣은 'QR코드'를 통해서 온라인으로 배포합니다. '모범 정답 및 풀이'에는 각 문항에 대한 모범 정답과 정답의 근거를 【해설】의 형식으로 덧붙였으며, '주해 자료'에는 문제집에서 인용한 중세 국어의 예문을 현대 국어로 옮기고 예문을 형태소 단위로 분석하였습니다.

제1부 영역별 기본 문제의 모범 정답

제1장 문자와 음운

1.1. 문자

1.1.1. 『훈민정음 해례본』의 체제

1. ㉠(종성법 / 終聲法)　　㉡(부서법 / 附書法)

2. ㉠(제자해 / 制字解)　　㉡(합자해 / 合字解)　　㉢(용자례 / 用字例)

3. ㉠(월인석보 / 月印釋譜)

4. (가) ㉠(쾌)　　㉡(뀨)　　㉢(볋)
　　(나) ㉮(퀭)　　㉯(끃)　　㉰(뼗)
　　(다) ⓐ동국정운식 한자음

5. ㉠(치두음 / 齒頭音)　　　　㉡(정치음 / 正齒音)

1.1.2. 『훈민정음 해례본』의 내용

① 『훈민정음 해례본』의 '예의편'

1. (A) ㉠(ㄲ), ㉡(ㄸ), ㉢(ㅃ), ㉣(ㅉ), ㉤(ㅆ), ㉥(ㆅ)
　　(B) ㉮(전탁 / 全濁)　　㉯(각자 병서 / 各自竝書)

2. ㉠(ㆆ), (ㆅ), (ㅎ), (ㅇ)　　㉡(ㄹ)　　㉢(ㅿ)

3. (A) ㉠(·)　　㉡(ㅡ)　　㉢(ㅣ)
　　(B) ㉠(ㅗ)　　㉡(ㅏ)　　㉢(ㅜ)　　㉣(ㅓ)
　　(C) ㉠(ㅛ)　　㉡(ㅑ)　　㉢(ㅠ)　　㉣(ㅕ)

4. ⓐ(구축 / 口蹙)　　　　ⓑ(구장 / 口張)

5. (가) 초성 글자의 분류 :

　　　[1]　①아음 : (ㄱ, ㄲ, ㅋ, ㆁ)　　②설음 : (ㄷ, ㄸ, ㅌ, ㅌ)
　　　　　③순음 : (ㄷ, ㄸ, ㅌ, ㄴ)　　④치음 : (ㅈ, ㅉ, ㅊ, ㅅ, ㅆ)
　　　　　⑤후음 : (ㆆ, ㆅ, ㅎ, ㅇ)　　⑥반설 : (ㄹ)
　　　　　⑦반치 : (ㅿ)

[2] ① 전청 : (ㄱ, ㄷ, ㅂ, ㅈ, ㅅ, ㆆ)　　② 차청 : (ㅋ, ㅌ, ㅍ, ㅊ, ㅎ)

③ 전탁 : (ㄲ, ㄸ, ㅃ, ㅉ, ㅆ, ㆅ)　　④ 불청불탁 : (ㆁ, ㄴ, ㅁ, ㄹ, ㅿ)

(나) 중성 글자의 분류 :

[1] ① 상형 : (·, ㅡ, ㅣ)　　② 초출 : (ㅗ, ㅏ, ㅜ, ㅓ)

③ 재출 : (ㅛ, ㅑ, ㅠ, ㅕ)

[2] ① 양성 : (·, ㅗ, ㅏ, ㅛ, ㅑ)　　② 음성 : (ㅡ, ㅣ, ㅜ, ㅓ, ㅠ, ㅕ)

[3] ① 구축 : (ㅗ, ㅜ, ㅛ, ㅠ)　　② 구장 : (ㅏ, ㅓ, ㅑ, ㅕ)

6. ㉠(연서법 / 連書法)　　㉡(병서법 / 竝書法)　　㉢(성음법 / 成音法)

㉣(부서법 / 附書法)　　㉤(사성법 / 四聲法)

7. ① 종성(終聲)은 초성(初聲)을 다시 쓴다.

② 'ㅇ'을 입술소리(脣音)의 아래에 이어 쓰면 '입술 가벼운 소리(脣輕音)'가 된다.

③ 초성을 합쳐서 사용(合用)하려면 나란히 쓴다. 종성도 같다.

④ '·, ㅡ, ㅗ, ㅜ, ㅛ, ㅠ'는 초성의 아래에 붙여 쓰고(附書), 'ㅣ, ㅏ, ㅓ, ㅑ, ㅕ'는 (초성의) 오른쪽에 붙여 쓴다.

⑤ 무릇 글자는 반드시 합쳐져야 소리(音)를 이룬다.

⑥ 왼쪽에 한 점(點)을 찍으면 거성(去聲)이요, 둘이면 상성(上聲)이요, (점이) 없으면 평성(平聲)이다. 입성(入聲)은 점을 찍는 것은 같으나 촉급(促急)하다.

②『훈민정음 해례본』의 '해례편'

〈 제자해 〉

1. ㉠(음양 / 陰陽)　　㉡(오행 / 五行)

2. ⓐ(象)　　ⓑ(形)

3. ㉠(가획 / 加劃)　　㉡(합성 / 合成)

4. 초성(자음)의 글자는 그것을 발음할 때의 발음 기관의 모양을 본떠서 'ㄱ, ㄴ, ㅁ, ㅅ, ㅇ'을 만들었다. 그리고 중성(모음)의 글자는 '하늘, 땅, 사람'의 '삼재(三才)'의 모양을 추상적으로 본떠서 만들었다.

5. ㉠(발음 기관)　　㉡(삼재/三才)

〈 초성해 〉

6. (가) ㉠(ㄱ)　　㉡(ㄴ)　　㉢(ㅁ)　　㉣(ㅅ)　　㉤(ㅇ)

(나) ㉠(ㄴ)　　㉡(ㅁ)　　㉢(ㅇ)

(다) ㉮(불청불탁 / 不淸不濁)

(라) ㉠(ㆁ)　　㉡(ㅿ)　　㉮(이체 / 異體)

(마) 'ㆁ'과 'ㅿ'의 글자는 쓰이는 빈도가 적었는데, 이러한 특성을 감안하여 'ㆁ'과 'ㅿ'의 글자

를 상형 글자로 정하지 않았다.

7. ㉠(순음 / 脣音)   ㉡(아음 / 牙音)   ㉢(설음 / 舌音)㉣(치음 / 齒音)   ㉤(후음 / 喉音)

8. ⓐ(ㆁ)   ⓑ(ㅌ)   ⓒ(ㄹ)   ⓓ(ㅍ)   ⓔ(ㅈ)   ⓕ(ㅿ)
   ⓖ(ㅇ)   ⓗ(ㆆ)

9. ㉠(ㄴ)   ㉡(ㅁ)   ㉢(ㅇ)   ㉣(ㄱ)   ㉤(ㅅ)

10. (가) ⓐ(ㅋ)   ⓑ(ㆁ)   ⓒ(ㄸ)   ⓓ(ㅂ)   ⓔ(ㅊ)   ⓕ(ㆆ)   ⓖ(ㆅ)
       ⓗ(ㄹ)   ⓘ(ㅿ)

    (나) ㉠ 전청 : (예사소리 / 軟音)   ㉡ 차청 : (거센소리 / 激音)
       ㉢ 전탁 : (된소리 / 硬音)   ㉣ 불청불탁 : (울림소리 / 響音)

    (다) '문제 5'의 초성의 소리 체계에는 전탁의 /ㄲ, ㄸ, ㅃ, ㅉ, ㅆ, ㆅ/의 소리가 포함되어서 23자
       가 제시되었다. 반면에 '문제 3'의 초성의 기본 글자 체계에는 'ㄲ, ㄸ, ㅃ, ㅉ, ㅆ, ㆅ'의 글
       자는 제외되어서 17자의 글자 체계를 이루었다.(이들 글자는 '각자 병서'의 글자로 처리되
       었다.)

11. ㉠(ㄲ)   ㉡(ㄸ)   ㉢(ㅃ)   ㉣(ㆆ)   ㉮(동국정운식 한자음)

12. ㉠(음절)   ㉡(유성 후두 마찰음 / 후두 유성 마찰음)   ㉢(불청불탁)

13. ㉠(ㆁ)   ㉡(ㄹ)   ㉢(ㅿ)   ㉮(이체 / 異體)

14. ㉠ (상형 / 象形)   ㉡(가획 / 加劃)

15. (가) ⓐ(ㄲ)   ⓑ(ㄸ)   ⓒ(ㅃ)   ⓓ(ㅉ)   ⓔ(ㅆ)   ⓕ(ㆅ)
    (나) ㉠ (ㆅ)

16. ㉠(ㅆ)   ㉡(ㆅ)

17. (가) ⓐ(ㅸ, ㅱ, ㅹ, ㆄ)
    (나) ⓐ(ㅸ)   ⓑ(/β/)
    (다) 'ㅸ'은 유성음과 유성음 사이에서만 실현된다.
    (라) ㉮(ㅱ)

18. ㉠(ㆁ)   ㉡(ㅒ)

19. ㉠(설음 / 舌音)   ㉡(치음 / 齒音)   ㉢(반설(음) / 半舌(音))   ㉣(반치(음) / 半齒(音))

20. ㉠(17)   ㉡(23)   ㉮(동국정운 / 東國正韻)

21. ㉠(ㆁ)   ㉡(ㅿ)   ㉢(ㆆ)
    ㉮(ㅈ)   ㉯(ㅊ)   ㉰(ㅇ)

22. ㉠(ㆁ)   ㉡(16)   ㉢(16)

23. ㉠(입성 / 入聲)   ㉡(이영보래 / 以影補來)

24. ㉠(/ㅅ/)　　　㉡(사잇소리)　　㉢(관형격 조사)

25. ㉠(불청불탁 / 不清不濁)　　　㉡(ɦ)

26. ㉠(치음 / 齒音)　　㉡(혀끝/치조/치경)　　㉢(/ts/)

27. ㉠(ㆆ)　　　㉡(ㅸ)

〈 중성해 〉

28. ㉠(합성 / 合成)　　㉡(합용 / 合用)

29. ㉠(초출자 / 初出字)　　㉡(재출자 / 再出字)

30. ㉠(단모음/ 單母音)　　㉡(이중 모음 / 二重母音)

31. ㉠(ㅗ)　　　㉡(ㅏ)　　　㉢(ㅜ)　　　㉣(ㅓ)

32. ㉠(후설 저모음)　　㉡(/ʌ/)

33. |·|: 　㉠ 설축(舌縮)　　　㉡ 성심(聲深)　　　㉢ 후설 모음(後舌母音)

　　|ㅡ|: 　㉮ 설소축(舌小縮)　　㉯ 불심불천(不深不淺)　㉰ 중설 모음(中舌母音)

　　|ㅣ|: 　ⓐ 설불축(舌不縮)　　ⓑ 성천(聲淺)　　ⓒ 전설 모음(前舌母音)

34. ㉠(/ㅡ/)　　　㉡(/ㅏ/)

35. ⓐ(/ㅗ/)　　　ⓑ(/ㅏ/)　　　ⓒ(/ㅜ/)　　　ⓓ(/ㅓ/)

36. ⓐ[ㅛ]　　　ⓑ[ㅗ]　　　ⓒ[ㅏ]　　　ⓓ[ㅑ]

　　ⓔ[ㅠ]　　　ⓕ[ㅜ]　　　ⓖ[ㅓ]　　　ⓗ[ㅕ]

37. (가) ⓐ(·)　　　ⓑ(ㅣ)　　　ⓒ(ㅡ)

　　(나) ⓐ(ㅏ)　　　ⓑ(ㅗ)　　　ⓒ(ㅓ)　　　ⓒ(ㅜ)

　　(다) ⓐ(ㅑ)　　　ⓑ(ㅛ)　　　ⓒ(ㅋ)　　　ⓓ(ㅠ)

38. ㉠(초성 / 初聲)　㉡(중성 / 中聲)　㉢(종성 / 終聲)

　　㉮(음소 글자 / 음소 문자)

39. ㉠(ㅗ), (ㅏ), (ㅜ), (ㅓ)

　　㉡(ㅛ), (ㅑ), (ㅠ), (ㅋ)

　　㉢(ㅘ), (ㅝ), (ㆇ), (ㆊ)

40. ㉠(·)　　　㉡(ㅣ)　　　㉢(ㅡ)　　　㉣(ㅣ)

41. ①(·ㅣ, ㅓ)　　②(ㅚ, ㅐ, ㅟ, ㅔ)　　③(ㅘ, ㅝ)　　④(ㆉ, ㅒ, ㆌ, ㅖ)

　　⑤(ㆇ, ㆊ)　　⑥(ㅙ, ㅞ)　　⑦(ㆈ, ㆋ)

42. ㉠(·ㅣ, ㅓ, ㅚ, ㅐ, ㅟ, ㅔ, ㆉ, ㅒ, ㆌ, ㅖ)

　　㉡(ㅙ, ㅞ, ㆈ, ㆋ)

43. ㉠(ㅘ, ㆇ, ㅝ, ㆊ, ㆎ, ㅢ, ㅚ, ㅐ, ㅟ, ㅔ, ㆉ, ㅒ, ㆌ, ㅖ)
㉡(ㅙ, ㅞ, ㆈ, ㆋ)

44. ㉠ / ʌj / ㉡ / ɨj / ㉢ / oj / ㉣ / aj / ㉤ / uj / ㉥ / əj /
㉮ / joj / ㉯ / jaj / ㉰ /juj/ ㉱ / jəj / ㉲ / waj / ㉳ / wəj /

〈 종성해 〉

45. ㉠(종성부용초성 / 終聲復用初聲)

46. ㉠ (강, 각, 갇, 갑, 갓, 갖, 갗, 갘, 같, 갚, 갛)

47. ㉠(용비어천가 / 龍飛御天歌)
㉡(월인천강지곡 / 月印千江之曲)
㉮(ㄱ, ㄴ, ㄷ, ㄹ, ㅁ, ㅂ, ㅅ, ㆁ)

48. ⓐ(곶비) ⓑ(빛나시니이다) ⓒ(깁고) ⓓ(낟) ⓔ(나랏 일훔)

49. ⓐ(빗곶) ⓑ(엿의갗)

50. ⓐ(낯과) ⓑ(앉거늘) ⓒ(곶) ⓓ(놓습고) ⓔ(곶비) ⓕ(높고)
ⓖ(밭) ⓗ(좇거늘) ⓘ(딮동) ⓙ(깊고) ⓚ(낮) ⓛ(아ᇫ이)
ⓜ(손ᄋᆞ로) ⓝ(안아) ⓞ(숢을) ⓟ(담아)

51. ⓐ(ㄱ) ⓑ(ㄴ) ⓒ(ㅂ) ⓓ(△) ⓔ(ㆆ)

52. ㉠(/ㄷ/) ㉡(ㆆ) ㉢(ㅭ)

53. ㉠(ㆆ) ㉡(ㄹ) ㉢(입성 / 入聲)

54. ㉠(16) ㉡(16)

〈 합자해 〉

55. (가) ⓐ (ㆍ, ㅡ, ㅗ, ㅜ, ㅛ, ㅠ) ⓑ(ㅣ, ㅓ, ㅏ, ㅕ, ㅑ)
(나) (成音)

56. ㉠(병서 / 竝書) ㉡(연서 / 連書)

57. ㉠(ㄲ, ㄸ, ㅃ, ㅉ, ㅆ, ㆅ, ㆀ, ㅥ) ㉡(ㆀ) ㉢(ㅥ)

58. (B) ㉠(ㄲ) ㉡(ㄸ) ㉢(ㅃ) ㉣(ㅉ) ㉤(ㅆ)

59. (가) ①(ㅳ) ②(ㅷ) ③(ㅶ) ④(ㅄ)
(나) ①(ㅺ) ②(ㅻ) ③(ㅼ) ④(ㅽ)
(다) ①(ㅴ) ②(ㅵ)

60. (가) ①(/ pts /) ②(/sk/) ③(/pst/)
(나) ①(/ ps /) ②(/t'/) ③(/pk'/)

(다) ①(ᄭ)-(ㄲ)　②(ᄯ)-(ㄸ)　③(ᄲ)-(ㅃ)
(라) ㉠(ㅼ)　㉡(/sn/)

61. ㉠(ᄇᆞᆲ-+-디) ㉡(쉽-+-디) ㉢(/pt/)

62. ㉠(조ᄡᆞᆯ/ᄎᆞᄡᆞᆯ) ㉮(ㅷ)　㉯(ᄧ)

63. ⓐ(성음법/成音法)

64. ㉠(ⓓ)　㉡(ⓒ)　㉢(ⓑ)　㉣(ⓐ)
㉮(ⓖ)　㉯(ⓗ)　㉰(ⓔ)　㉱(ⓕ)

65. ㉠(ⓔ)　㉡(ⓒ)　㉢(ⓕ)
㉮(ⓓ)　㉯(ⓑ)　㉰(ⓐ)

66. ㉠(ⓒ)　㉡(ⓐ)　㉢(ⓑ)

67. ⓐ(安而和)　ⓑ(和而擧)　ⓒ(擧而壯)　ⓓ(促而塞)

68. ㉠(촉급/促急)㉮(/ㄱ/)　㉯(/ㄷ/)　㉰(/ㅂ/)

69. ㉠(반설 중음/半舌重音)㉡(반설 경음/半舌輕音)　㉮(ᄛ)

70. '훈민정음'을 창제한 이들은 언어 현실에서 쓰이지 않았지만 'ᄀᆝ'와 'ᄀᆜ'와 같은 실험적인 글자를 만들었다. 'ᄀᆝ'나 'ᄀᆜ'와 같은 글자를 통하여 훈민정음이 조선의 국어나 한자의 표준 발음을 적는 데에 쓸 뿐만 아니라, 특수한 계층어나 지역 방언의 말소리도 다 적을 수 있는 실용적인 문자 체계라는 점을 과시하였다.

71. ㉠ (부:톄)　㉢ (다:리)

1.1.3. 훈민정음의 표기법

1. ㉠(ㅅ)　㉡(ㅿ , ㄱ , ㄷ , ㅂ , ㅸ , ㆆ)

2. ①(ㄱ)　②(ㅂ)　③(ㆆ)　④(ㅿ)　⑤(ㅸ)　⑥(ㄷ)　⑦(ㆆ)　⑧(ㅿ)

3. ㉠(ㄹ)　㉡(ㅿ)

4. ㉠(음소적/음소주의) ㉡(형태 음소적/형태 음소주의)

5. ㉠(ㄴ)　㉡(ㅁ)　㉢(ㄹ)　㉣(ㆁ)　㉤(ㅿ)
㉮(ㄴ)　㉯(ㅁ)

6. ㉠(낫과) ㉡(낟과) ㉮(좃거늘)　㉯(놉거늘)

7. ㉠(ㄹ)　㉡(ㅭ)　㉢(이영보래/ 以影補來)　㉣(싫)

1.1.4. 『훈몽자회』의 '범례'

1. ㉠(반절 / 半切)　㉡(ㆆ)

2. (가)　㉠(초성종성통용팔자 / 初聲終聲通用八字)

　　　　㉡(초성독용팔자 / 初聲獨用八字)

　　　　㉢(중성독용십일자 / 中聲獨用十一字)

　　(나)　㉠초성 자모 : (ㄱ, ㄴ, ㄷ, ㄹ, ㅁ, ㅂ, ㅅ, ㆁ)

　　　　㉡초성 자모 : (ㅋ, ㅌ, ㅍ, ㅈ, ㅊ, ㅿ, ㅇ, ㅎ)

　　　　㉢중성 자모 : (ㅏ, ㅑ, ㅓ, ㅕ, ㅗ, ㅛ, ㅜ, ㅠ, ㅡ, ㅣ, ㆍ)

3. 예를 들어서 '초성종성통용팔자'인 'ㅂ' 글자의 명칭을 '非邑(비읍)'처럼 두 음절의 글자로써 정했는데, 이는 이들 글자가 초성과 종성에서 다 쓰였기 때문이다. (곧, '非(비)'는 초성으로 쓰인 'ㅂ' 글자의 음가를 반영하였고, '邑(읍)'은 종성으로 쓰인 'ㅂ' 글자의 음가를 반영하였다.) 반면에 '초성독용팔자'인 'ㅍ'은 초성으로만 쓰이므로, '皮'처럼 한 음절의 한자로 이름을 정했다. 이때에 '皮(피)'는 초성으로 쓰인 'ㅍ' 글자의 음가를 반영하였다.

4. ㉠(귿)　　㉡(옷)　　㉢(키)

5. ㉠(초성종성통용)　　㉡(초성독용)

　　㉮(아음)　㉯(설음)　㉰(순음)　㉱(치음)　㉲(후음)

6. 『훈민정음 해례본』에서는 입성에 대한 방점은 따로 규정하지 않았다. (따라서 입성 중에서 거성적 입성은 방점을 1개, 상성적 입성에는 점을 2개 찍었고, 평성적 입성에는 점을 찍지 않았다.) 반면에 『훈몽자회』의 '범례'에서는 입성에 한 점을 찍게 한 것이 다르다.

1.2. 음운

1.2.1. 음운과 음절의 체계

1. (가) ㉠(아음, 牙音)　　㉡(설음, 舌音)　　㉢(순음, 脣音)

　　　　㉣(치음, 齒音)　　㉤(반설음, 半舌音)　　㉥(반치음, 半齒音)

　　(나) ㉮(전청, 全淸)　　㉯(차청, 次淸)　　㉰(전탁, 全濁)

　　　　㉱(불청불탁, 不淸不濁)

2. (가) ⓐ(ㆁ)　ⓑ(ㄸ)　ⓒ(ㅍ)　ⓓ(ㅅ)　ⓔ(ㆆ)　ⓕ(ㆅ)

　　(나) ㉠(ㄹ)　㉡(ㅿ)

3. (가) ㉮(예사소리/平音)　㉠(ㄱ), (ㄷ), (ㅂ), (ㅈ), (ㅅ), (ㆆ)

　　(나) ㉯(거센소리/激音)　㉡(ㅋ), (ㅌ), (ㅍ), (ㅊ), (ㅎ)

　　(다) ㉰(울림소리/有聲音)　㉢(ㆁ), (ㄴ), (ㅁ), (ㅇ), (ㄹ), (ㅿ)

　　(라) ㉱(된소리/硬音)　㉣(ㄲ), (ㄸ), (ㅃ), (ㅉ), (ㅆ), (ㆅ)

4. ㉠(연구개 비음) ㉡(후두 폐쇄음) ㉢(치조 유성 마찰음/유성 치조 마찰음)
   ㉮(15) ㉯(15) ㉰(16)

5. ㉠(노래) ㉡(아니어늘) ㉢(뮈유다) ⓐ(/ɦ/)

6. (가) ㉠(/ㅂ/) ㉡(쁠) ㉢(ㅂ)
   (나) ㉠(ㅅ) ㉡(ㅆ)

7. (가) ㉠ㅈ(/tɕ/) ㉡ㅿ(/z/) ㉢ㅇ(/ŋ/) ㉣ㆆ([ˀ])
   (나) ㉠ㅉ(/tɕʼ/) ㉡ㆅ(/ɕʼ/)
   (다) ㉠ㅸ(/β/)

8. ㉠(평파열음화) ㉮(ㅅ) ㉯(ㄷ)

9. (가) (ㅣ, ㅡ, ㅓ, ㅏ, ㅜ, ㅑ, ·)
   (나) ⓐ(ㅣ) ⓑ(×) ⓒ(ㅡ) ⓓ(ㅜ)
       ⓔ(×) ⓕ(×) ⓖ(ㅓ) ⓗ(ㅗ)
       ⓘ(×) ⓙ(×) ⓚ(ㅏ) ⓛ(·)

10. (가) ㉠(ㅕ) ㉡(ㅘ) ㉢(ㅐ) ㉣(ㅚ)
    (나) ㉠(ㅒ) ㉡(ㅛ) ㉢(ㅙ) ㉣(ㅔ)

11. ㉠(/ㅿ/) ㉡(/ㄹ/)

1.2.2. 음운의 변동

1. ㉠(·), (ㅏ), (ㅗ), (ㅑ), (ㅕ)
   ㉡(ㅡ), (ㅓ), (ㅜ), (ㅕ), (ㅠ)
   ㉢(ㅣ)

2. ⓐ(닿-) ⓑ(닫-) ⓒ(단-)
   ㉠(평파열음화) ㉡(비음화)

3. ㉠(/ㅍ/) ㉡(/ㅸ/) ㉢(/ㅂ/)

4. (가) ㉠용언의 관형사형 어미인 '-을'의 뒤에 실현되는 예사소리의 초성이 된소리로 교체될 수 있다.
   (나) ㉡/ㅎ/으로 끝나는 용언의 어간에 객체 높임의 선어말 어미인 '-습-'이나 '-줍- 붙어서 활용할 때에, /ㅅ/과 /ㅈ/이 된소리인 /ㅆ/과 /ㅉ/으로 교체될 수 있다.
   (다) ㉢합성 명사 속의 체언(어근)과 체언(어근) 사이에서 사잇소리가 날 때에는, 뒤에 실현되는 체언의 초성이 된소리로 교체될 수 있다.

5. ⓐ(-고) ⓑ(-오) ⓒ(-가) ⓓ(-아)

6. ⓐ(/ㄹ/) ⓑ(/ㅅ/)

7. ⓐ(바룻믈) ⓑ(맛느니) ⓒ(좃는)

8. (가) ㉠(갈)　　　㉡(냇물)　　　㉢(마져)　　㉣(두님)

　　(나) ㉠(갈ㅎ/갏)　㉡(내ㅎ/냏)　　㉢(맗-)　　㉣(둟)

9. (가) (ⓐ, ⓒ, ⓓ, ⓕ)

　　(나) (ⓑ, ⓔ)

　　(다) ㉠(용언의 활용 / 어간과 어미의 결합)

　　　　㉡(복합어 구성 / 어근과 어근이나 어근과 접사의 결합)

10. (가) ㉠어간(더으-)　㉡어미(-어)

　　(나) ㉠체언(쯰)　　㉡조사(-이)

　　(다) (모음 탈락/음운 탈락)

11. (가) ㉠(니르-) + ㉡(-시-) + ㉢(-오딕)

　　(나) '-시-'와 '-오딕'가 결합하는 과정에서 '-시-'에 반모음인 /j/가 첨가되어 '-샤'로 변동되고, '-오딕'의 모음 /ㅗ/가 탈락한다.

12. (가) ① 곳고릭 : ㉠(곳고리) + ㉡(-의)

　　　　② 아가　: ㉢(아기)　+ ㉣(-아)

　　(나) 끝 음절이 /ㅣ/로 끝나는 유정 명사의 뒤에 관형격 조사인 '-의'나 호격 조사인 '-아'가 결합할 때에, 유정 명사의 끝 모음 /ㅣ/가 탈락한다.

13. ㉠(모음)　　　㉡(자음)　　　㉢(매개 모음)

14. ⓐ(일로)　　　ⓑ(날와)　　　ⓒ(날두려)

15. (가) ⓐ(뷔예)　　ⓑ(굴히야)

　　(나) ㉠(/j/)　　㉡(첨가)

16. (가) ⓐ(ㄴ)　　　ⓑ(오)　　　ⓒ(이)

　　(나) ㉠(/·/ 탈락)　㉡(/j/ 첨가 / 모음 동화)　　　㉢(/ㅣ/ 탈락)

17. (가) ㉠(불무)　　㉡(/ㅜ/)　　㉢(/ㄱ/)

　　(나) ㉠(흐르)　　㉡(/·/)　　㉢(/ㄹ/)

　　(다) ㉠(ㄹ르)　　㉡(/·/)　　㉢(/ㅇ/)

18. (가) ㉠(시므다)　㉡(/ㅡ/)　　㉢(/ㄱ/)

　　(나) ㉠(모르다)　㉡(/·/)　　㉢(/ㄹ/)

　　(다) ㉠(비스다)　㉡(/ㅡ/)　　㉢(/ㅇ/)

19. ⓐ(스랑호딕)　　ⓑ(사랑ㅎ요딕)

20. (가) ㉠(흐거늘)　　　　㉡(/·/ 탈락 / 모음 탈락)

　　(나) ㉠(ㄹ득ㅎ거시늘)　㉡(/ㅎ/ 탈락 / 음절 탈락)

21. ㉠(만ㅎ-)　　㉡(/·/ 탈락)　　㉢(자음 축약)

22. ⓐ(무여)　　　ⓑ(굴ㅎ요딕)　　ⓒ(부유미)

23. ⓐ (마고져)   ⓑ (마와뎌)

24. ㉠ (거성)   ㉡ (평성)   ㉢ (상성)   ㉣ (평성)   ㉤ (상성)
㉥ (평성)   ㉦ (거성)   ㉧ (상성)

25. (가) ① 평파열음화   ② /ㆍ/ 탈락
③ 자음 축약   ④ /ㅎ/ 탈락
⑤ /ㅜ/ 탈락과 /ㄱ/ 첨가   ⑥ 된소리되기
⑦ 모음 축약   ⑧ /ㅡ/의 탈락과 /ㄱ/의 첨가
⑨ /ㅎ/ 탈락   ⑩ /ㄱ/이 /ɦ/으로 교체, /ㄹ/의 탈락

(나) ① 반모음 /j/의 첨가   ② /ㄹ/의 탈락, 평파열음화
③ 평파열음화, 된소리되기, 된소리되기   ④ /ㆍ/ 탈락과 /ㄹ/ 첨가
⑤ 자음군 단순화   ⑥ /ㄱ/이 /ɦ/으로 교체
⑦ 자음 축약, 모음 축약   ⑧ 평파열음화
⑨ 자음군 단순화   ⑩ 자음군 단순화

(다) ① /ㆍ/ 탈락   ② 모음 축약
③ /ㆍ/ 탈락, 평파열음화, 비음화   ④ /ㅗ/ 탈락, /j/ 첨가
⑤ /ㆍ/ 탈락   ⑥ 자음군 단순화
⑦ /ㅣ/ 탈락   ⑧ /ㅣ/ 탈락
⑨ /ㅡ/ 탈락, /ㄹ/ 첨가   ⑩ /ㆍ/ 탈락, /ɦ/ 첨가

(라) ① /ㄹ/ 첨가   ② /ㄱ/이 /ɦ/으로 교체
③ /ㅎ/ 탈락   ④ /ㆍ/ 탈락, /ㄹ/ 첨가, /ㄱ/이 /ɦ/으로 교체
⑤ 평파열음화, 비음화   ⑥ /ㆍ/ 탈락, 자음 축약
⑦ /ㄱ/의 /ɦ/으로 교체   ⑧ 자음 축약
⑨ /ㆍ/ 탈락, 자음 축약   ⑩ 된소리되기

(마) ① /ㄹ/ 탈락   ② /ㆍ/ 탈락, /ɦ/의 첨가
③ /ㅡ/ 탈락, /ㄱ/ 첨가   ④ 자음 축약
⑤ /ㅡ/ 탈락, /ɦ/의 첨가   ⑥ 평파열음화
⑦ /ㅗ/ 탈락, /ㄱ/ 첨가   ⑧ /ㅣ/ 탈락, /j/ 첨가
⑨ 자음 축약   ⑩ 평파열음화, 비음화, /ㄷ/이 /ㄹ/로 교체

제2장 단어

2.1. 형태소와 단어

1. (가) ① 안해 : (안ㅎ)+(-애)

　　　 ② 자싫 : (자-)+(-시-) +(-ㅭ)

　　　 ③ 한비 : (하-)+(-ㄴ)+(비)

　　　 ④ 사ᄋᆞ리로딕 : (사올)+(-이-)+(-로딕)

　　(나) ① 자립−실질 형태소 : (안ㅎ, 비, 사올)

　　　 ② 의존−실질 형태소 : (자-, 하-)

　　　 ③ 의존−형식 형태소 : (-애, -시-, -ㅭ, -ㄴ, -이-, -로딕)

2. (가) ①

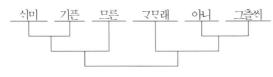

　　　 ②

　　(나) [1] 절 : ㉠(식미 기픈 므른 ᄀᆞᄆᆞ래 아니 그츨씨)−(이어진 문장의 앞절)

　　　　　 ㉡(내히 이러 바ᄅᆞ래 가ᄂᆞ니)　　　　−(이어진 문장의 뒷절)

　　　　　 ㉢(식미 기픈)　　　　　　　　　　−(관형절)

　　　　　 ㉣(내히 이러)　　　　　　　　　　−(이어진 문장의 앞절)

　　　　　 ㉤((내히) 바ᄅᆞ래 가ᄂᆞ니)　　　　−(이어진 문장의 뒷절)

　　　 [2] 구 : ㉠(식미 기픈 믈)　　　　　　　−(명사구)

　　　　　 ㉡(아니 그츨씨)　　　　　　　　　−(동사구)

　　　　　 ㉢(ᄀᆞᄆᆞ래 아니 그츨씨)　　　　　−(동사구)

　　　　　 ㉣(바ᄅᆞ래 가ᄂᆞ니)　　　　　　　−(동사구)

　　　 [3] 어절 : 식미, 기픈, 므른, ᄀᆞᄆᆞ래, 아니, 그츨씨, 내히, 이러, 바ᄅᆞ래, 가ᄂᆞ니

　　　 [4] 단어 : 심(명사), -이(조사), 기픈(형용사), 믈(명사), -은(조사), ᄀᆞ믈(명사), -애(조사), 아니(부사), 그츨씨(동사), 내ㅎ(명사), -이(조사), 이러(동사), 바룰(명사), -애(조사), 가ᄂᆞ니(동사)

　　(다) ① 내히 : 내ㅎ, -이

　　　 ② 이러 : 일-, -어

　　　 ③ 바ᄅᆞ래 : 바롤, -애

　　　 ④ 가ᄂᆞ니 : 가-, -ᄂᆞ-, -니

(라) ① 자립 형태소: 내ㅎ, 바룰
　　② 의존 형태소: -이, 일-, -어, -애, 가-, -ᄂᆞ-, -니
　　③ 실질 형태소: 내ㅎ, 일-, 바룰, 가-
　　④ 형식 형태소: -이, -어, -애, -ᄂᆞ-, -니

3. (가) ㉠(건너셨습니다)
　　(나) ㉡(무형의 형태소)

4. ㉠(-고)　　㉡(-ᄂᆞ-)　　㉢(-니)　　㉣(-음)

5. (가) ㉠(옳-)　　㉡(-이)　　㉢(넘-)　　㉣(-우)
　　(나) ㉠(용언 / 동사)　　㉡(무형)　　㉢(부사)

6. (가) ① 조사: (-ㅣ, -룰, -를)
　　② 어미: (-야, -어, -ㄴ-, -오-, -니)
　　(나) ① 爲ᄒᆞ야:　　ⓐ(-ᄒᆞ-)　　㉠(동사)
　　② 어엿비:　　ⓑ(-이)　　㉡(부사)
　　③ 새로:　　ⓒ(-로)　　㉢(부사)

7. ㉠(-이)　　㉡(-ㅣ)　　㉢(-∅)　　㉣(니-)
　　㉮(음운론적)　　㉯(형태론적)

2.2. 품사

2.2.1. 품사의 분류

1. ㉠(기능 / 형태)　　㉡(형태 / 기능)　　㉢(의미)

2. ㉠(서술어)　　㉮(의미)　　㉯(형태)

3. (B)　㉠(-ᄂᆞ-)
　　㉮(동사)　　㉯(형용사)
　　(C)　①(가까워지는 것은)　　②(가까우니라)

4. ㉠(업수미)　　㉡(ᄠᅳᆮ)　　㉮(부사)　　㉯(관형사)

5. (가) ① 나라(명사) + -ㅅ(조사), ② 말ᄊᆞᆷ(명사) # -이(조사), ③ 中國(명사) # -에(조사), ④ 달아(형용사), ⑤ 文字(명사) # -와로(조사), ⑥ 서르(부사), ⑦ ᄉᆞᄆᆞᆺ디(동사), ⑧ 아니ᄒᆞᆯ씨(동사)

　　(나) ① 이런(관형사) ② 젼ᄎᆞ(명사) # -로(조사) ③ 어린(형용사), ④ 百姓(명사) # -이(조사), ⑤ 니르고져(동사), ⑥ ᄒᆞᇙ(동사) ⑦ 배(명사) # -ㅣ(조사), ⑧ 이셔도(동사)

　　(다) ① ᄆᆞᄎᆞ매(부사), ② 제(대명사) # -ㅣ(조사), ③ ᄠᅳᆮ(명사) # -을(조사) ④ 시러(부사), ⑤ 펴디(동사), ⑥ 몯ᇙ(동사), ⑦ 놈(명사) # -이(조사), ⑧ ᄒᆞ니라(형용사)

　　(라) ① 나(대명사) # -ㅣ(조사), ② 이(대명사) # -룰(조사), ③ 爲ᄒᆞ야(동사) ④ 어엿비(부사) ⑤ 너겨

(동사), ⑥ 새로(부사), ⑦ 스믈(관형사) ⑧ 여듧(관형사) ⑨ 字(명사) # -롤(조사) ⑩ 밍ᄀ노니(동사)

(마) ① 사롬(명사) # -마다(조사), ② 히여(동사) ③ 수비(부사) ④ 니겨(동사) ⑤ 날로(부사) ⑥ 뿜(동사) #에(조사) ⑦ 便安킈(형용사) ⑧ ᄒ고져(동사) ⑨ 홇(동사) ⑩ ᄯᄅᆞᆷ(명사) # -이니라(조사)

6. ㉠(관형사)   ㉡(부사)   ㉢(감탄사)   ㉣(명사)

7. ㉠(체언 / 명사) ㉡(용언)   ㉢(부사)

2.2.2. 체언

① 체언의 특징과 체언 형태의 변동

1. ⓐ(관형어)   ⓑ(목적어)   ⓒ(주어)   ⓓ(서술어)   ⓔ(보어)   ⓕ(부사어)

2. ①(어버시, 눔, 그에, 어시아들, 人生, 뜯)
   ②(나, 우리)

3. ㉠(/ㄱ/)   ㉡(/ㄷ/)

4. ㉠(남ᄀ)   ㉡(남기)   ㉢(남ᄀ로)
   ㉮(불무 / 붊) ㉯(녀느 / 녆) ㉰(구무 / 굶)

5. ㉠(놀ᄋ)   ㉡(놀올)   ㉢(놀이)

6. ㉠(홀ᄅ)   ㉡(홀리다)   ㉢(홀른)

7. ㉠(앗이)   ㉡(앗익)

8. ㉠(아비)   ㉡(어믜)   ㉢(늘그늬)   ㉣(아가)   ㉮(유정 / 有情)

9. ㉠(ᄢᅴ + -의)
   ㉡('ᄢᅴ'는 명사인 'ᄢᅳ(때, 時)'에 위치를 나타내는 부사격 조사인 '-의'가 결합하는 과정에서, 명사의 끝 모음인 /ㅡ/가 탈락하였다.)

10. (가) 체언으로 된 어근인 '안'과 '밖'이 합쳐서 합성어가 되면, 합성어의 두 어근 사이에 /ㅎ/이 첨가되어서 각각 '안팎'으로 실현된다. 그런데 현대어의 공시적인 관점에서는 이들 합성어에 /ㅎ/이 첨가되는 이유를 설명할 수 없으므로, '안팎'에서 일어난 변동은 불규칙한 변동으로 처리한다.

   (나) 현대어의 '안'의 형태는 15세기 국어에서는 '안ㅎ'이 었다. 따라서 '안ㅎ'과 '밖'이 합쳐져서 합성어가 될 때에는 '안팎'으로 실현되었다. 그런데 현대어에서는 합성어인 '안팎'의 형태는 그대로 유지되었지만, '안ㅎ'은 /ㅎ/이 탈락하여 각각 '안'으로 형태가 바뀌었다. 그 결과 현대어에서는 '안'과 '밖'이 결합하여 합성어가 될 때에 '안팎'으로 실현되는 것이다.

② 명 사

1. ㉠(海東, 慶興)　　㉡(바, 자히)

2. ㉠(阿難이)　　　㉡(-이)

3. ① 보편성 의존 명사 ： [(ㄷ)의 '바', (ㄴ)의 '닷' (ㅈ)의 '놈']
   ② 주어성 의존 명사 ： [(ㄱ)의 '슻', (ㅇ)의 '디']
   ③ 부사어성 의존 명사： [(ㄹ)의 '거긔', (ㅁ)의 '다비', (ㅊ)의 '자히']
   ④ 단위성 의존 명사 ： [(ㅂ)의 '셤', (ㅅ)의 '낱', (ㅋ)의 '홉', (ㅌ)의 '디위']

4. (가) ⓐ 뜨니라： ㉠(뜨) + ㉡(-이-) + ㉢(-니-) + ㉣(-다)
       ⓑ 디　 ： ㉠(뜨) + ㉡(-이)
       ③ 씨　 ： ㉠(스) + ㉡(-이)
       ④ 씨라 ： ㉠(스) + ㉡(-이-) + ㉢(-다)

   (나) 의존 명사인 '뜨'와 '스'의 뒤에 주격 조사인 '-이'와 서술격 조사인 '-이다'가 실현되었을 때에, '뜨'와 '스'의 모음(중성)인 / · /가 탈락하였다.

5. (가) ㉠(ᄀ장)　　㉡(손딕)　　㉢(이)　　㉣(게)
   (나) ㉠(ᄀ장)　　㉡(이)
   (다) ㉠(손딕)　　㉡(게)

6. ㉠(뜨)　　　㉡(-이)　　　㉮(보편성)　　㉯(부사어성)

7. ㉠(셤)　　　㉡(가지)　　㉢(되)　　㉮(디위)　　㉯(낟/낱)

③ 대명사

1. (가) ① (뎡어긔, 이어긔)　② (긔어긔)　③ (그)　④ (누)
       ⑤ (므슥)　　　　⑥ (아모)　　⑦ (우리, 뎌)　⑧ (우리)
       ⑨ (이에, 뎌에)　⑩ (즈갸)　　⑪ (어드메)　⑫ (아모것)
       ⑬ (아모딕)　　　⑭ (어느)　　⑮ (너희)　　⑯ (현마)

   (나) ㉠ (없음)　　　㉡ (없음)　　　㉢ (뎌)　　㉣ (누)
       ㉤ (아모)　　　　㉥ (즈갸)
       ㉮ (우리)　　　　㉯ (너희)　　　㉰ (없음)　　㉱ (없음)
       ㉲ (없음)　　　　㉳ (없음)

   (다) ㉠ (이)　　㉡ (그)　㉢ (없음)　　㉣ (므슥, 어느, 현마)　㉤ (아모것)
       ㉮ (이어긔, 이에)　㉯ (그어긔)　㉰ (뎡어긔, 뎌에)　　㉱ (어드메)
       ㉲ (아모딕)

2. ㉠ (거성)　　㉡ (상성)　　㉢ (거성)　　㉣ (상성)

3. ㉠ (한 / 1)　　㉡ (두 / 2)　　㉢ (두 / 2)　　㉣ (한 / 1)　　㉤ (두 / 2)

4. ㉠ (주어)　　㉡ (저)　　㉢ (ᄌᆞᄀᆑ)

5. ㉠ (이)　　㉡ (그)　　㉢ (뎌)

6. ㉠ (날와)　　㉡ (눌와)　　㉢ (날로)　　㉣ (눌로)

④ 수 사

1. ㉠ (다ᄉᆞᆺ)　　㉡ (-차히)　　㉢ (다ᄉᆞᆺ차히)

2. (가) ① (그듸내)　　— (-내)　　　　② (저희)　　　　　　— (-희)
　　　　③ (너희ᄃᆞᆶ) — (-희, -ᄃᆞᆶ)　　④ (門ᄃᆞᆶ)　　　　　— (-ᄃᆞᆶ)
　　　　⑤ (너희)　　— (-희)　　　　⑥ (어마님내, 누의님내) — (-내)
　　　　⑦ (우리)　　　— (-∅)　　　⑧ (우리ᄃᆞᆶ)　　　　— (-∅, -ᄃᆞᆶ)

　　(나) ('-내')

　　(다) (보충법 / 補充法)

3. (가) (관형사)

　　(나) (현행의 『고등학교 문법』(2010)에서는 '품사의 통용'을 설정하고, 수량(數量)을 나타내는 말을 그 기능에 따라서 수사와 관형사로 구분한다. 곧, 그 뒤에 체언이 실현되면 '수 관형사'로 처리하며, 그 앞에 관형어 없이 단독으로 실현되면 수사로 처리한다. 이러한 처리 방식에 따르면 '스믈 여듧'은 체언인 '字'을 수식하고 있으므로, '관형사'로 처리하여야 한다.)

2.2.3. 관계언

① 조사의 특징과 하위 유형

1. (가) (-ㅣ, -ᄅᆞᆯ, -를, -마다, -에, -이니라)

　　(나) (파생 접미사)

2. (가) 볏(벼+-ㅅ), 時節에(時節+-에), 菩薩이(菩薩+-이), 나라ᄒᆞᆯ(나라ㅎ+-ᄋᆞᆯ), 婆羅門을(婆羅門+-을), ᄌᆞ갯(ᄌᆞᄀᆑ+-ㅅ), 瞿曇이(瞿曇+-이), 오ᄉᆞᆯ(옷+-ᄋᆞᆯ), 深山애(深山+-애), 나라해(나라ㅎ+-애), 小瞿曇이라(小瞿曇+-이라)

　　(나) -ㅅ(관형격 조사), -에(부사격 조사), -이(주격 조사), -ᄋᆞᆯ(목적격 조사), -을(목적격 조사), -ㅅ(관형격 조사), -이(관형격 조사), -ᄋᆞᆯ(목적격 조사), -애(부사격 조사), -애(부사격 조사), -이라(서술격 조사)

　　(다) 果實와(果實+-와), 믈와(믈+-와)

　　(라) 오ᄉᆞ란(옷+-ᄋᆞ란)

② **격조사**

1. ⓐ(쁟) + (-이라) ⓑ(스) + (-이라)   ⓒ(소리) + (-∅라)

2. ㉠(-이)   ㉡(-∅)   ㉢(-ㅣ)
   ㉮(음운론적 변이 형태)

3. (-ㅅ : 관형격 조사), (-∅ : 주격 조사), (-ㅣ : 주격 조사), (-욜 : 목적격 조사)
   (-에 : 부사격 조사)

4. ⓐ(긔벼를)   ⓑ(나라홀)   ⓒ(法을)   ⓓ(太子를)
   ⓔ(가칠)   ⓕ(位ㄹ)

5. (가) ⓐ(仙人이)   ⓑ(軍馬ㅣ)   ⓒ(일히)   ⓓ(벼스리)   ⓔ(가지)
   (나) ①(-이 : 앞 체언의 끝소리가 자음일 때에 실현된다.)
       ②(-ㅣ : 앞 체언의 끝소리가 /ㅣ/, /j/ 이외의 모음일 때에 실현된다.)
       ③(-∅ : 앞 체언의 끝소리가 /ㅣ/, /j/일 때에 실현된다.)

6. ㉠(할미)   ㉡(그려긔)

7. ㉠(무정 명사)   ㉡(유정 명사)   ㉢(유성음)

8. ㉠(관형절)   ㉮(주어)   ㉡(명사절)   ㉯(주어)

9. (가) ⓐ(-예)   ⓑ(-에)   ⓒ(-애)
   (나) ⓐ : (앞 체언에 실현된 끝 음절의 중성이 /ㅣ/나 /j/일 때)
       ⓑ : (앞 체언에 실현된 끝 음절의 중성이 '음성 모음'일 때)
       ⓒ : (앞 체언에 실현된 끝 음절의 중성이 '양성 모음'일 때)

10. ㉠(ⓑ, ⓓ)   ㉡(ⓐ, ⓒ, ⓔ)

11. ㉠(유정 체언/유정 명사)   ㉡(무정 체언/무정 명사)

12. ㉠(-아/-야)   ㉡(-이여/-ㅣ여/-여)   ㉢(-하)

13. (가) ⓐ(-아)   ⓑ(-아/-야)   ⓒ(-아/-야)
    (나) 15세기 국어에서 호격 조사인 '-아'는 자음이나 모음으로 끝나는 체언 뒤에 두루 실현되지
        만, '-야'는 모음으로 끝나는 체언에만 실현된다. 반면에 현대 국어에서는 호격 조사인 '-아'
        는 자음으로 끝나는 체언 뒤에만 실현되고, '-야'는 모음으로 끝나는 체언에만 실현된다.

14. ⓐ(-이여)   ⓑ(-ㅣ여)   ⓒ(-여)

③ 접속 조사

1. ⓐ (-와) : 종성의 /ㄹ/ 뒤에서는 '-와'로 실현되었다.

　　ⓑ (-왜) : 모음의 뒤에서 '-와'로 실현되고 주격 조사 '-ㅣ'와 결합한 형태이다.

　　ⓒ (-콰) : '짜ㅎ'과 '-과'가 결합하여 '짜콰'로 실현된 형태이다.

　　ⓓ (-괘) : 자음의 뒤에서 '-과'로 실현되고 주격 주사인 '-ㅣ'와 결합한 형태이다.

　　ⓔ (-와로) : 모음의 뒤에서 '-와'로 실현되고 부사격 조사인 '-로'와 결합한 형태이다.

2. ㉠ (부사격)　　　㉡ (접속)

　　㉮ (비교)　　　㉯ (명사구/체언구)

④ 보조사

1. ⓐ (자음/모음)　ⓑ (모음/자음)　ⓒ (양성 / 음성)　ⓓ (음성 / 양성)

　　㉠ (음운론적)　　㉡ (수의적/임의적)

2. ⓐ : ᄀᄅ치- + -(ᄂ) + -(ㄴ) # (이) + -(ᄂ)

　　ⓑ : 니를- + -(이) + -(ᄂ)

　　ⓒ : 이시- + -(어) + -(ᄂ)

3. ㉠ (보조적 연결 어미 / 연결 어미)　　　　㉡ (-디)

4. (가) ⓐ (부텨+-ㅣ-+-ᄉ) ⓑ (닙+-으란) ⓒ (잡-+-아+-다가) ⓓ (다시+-곰)

　　(나) ⓐ (조사)　　　　ⓑ (명사)　　　ⓒ (용언의 연결형) ⓓ (부사)

5. (가) ㉠ 유형 : (ⓑ, ⓔ)　　㉡ 유형 : (ⓐ, ⓒ, ⓓ, ⓕ)

　　(나) ㉠ 유형 : (체언)　　㉡ 유형 : ('부사' 혹은 '용언의 연결형')

6. ⓐ (ᄒ믈며)

7. ⓐ (-가)　　ⓑ (-오)　　ⓒ (-고)　　　ⓓ (-가)　　ⓔ (-아)

8. (가) ㄱ. 얻는 藥이 무엇<u>인가</u>　　　(현대 국어의 번역)

　　　　ㄴ. 이 ᄯ리 너희의 종<u>인가</u>　　(현대 국어의 번역)

　　(나) 첫째, 15세기 국어에서는 '므스것고'나 '종가'처럼 체언에 의문 보조사인 '-고'와 '-가'가 직접
　　　　붙어서 실현된다. 둘째, 15세기 국어에서는 '설명 의문문'에서는 '-고'가 쓰이고 '판정 의문
　　　　문'에서는 '-가'가 쓰여서 의문문의 형태가 구분된다.

9. ㉠ (부사어) ㉡ (주어)　　㉢ (목적어)　㉮ (보조사)

⑤ 조사의 겹침

1. (ㄱ) [가슴과애]　　― [-과(접속 조사) + -애(부사격 조사)]

(ㄴ) [님과논]　　　—[-과(접속 조사)+-논(보조사)]

(ㄷ) [부텨왜사]　　—[-와(접속 조사)+-ㅣ(주격 조사)+-사(보조사)]

(ㄹ) [法엣]　　　　—[-에(부사격 조사)+-ㅅ(관조)]

　　　[오시사]　　　—[-이(주격 조사)+-사(보조사)]

(ㅁ) [나라해션]　　—[-애(부사격 조사)+-셔(보조사)+-ㄴ(보조사)]

(ㅂ) [德괘]　　　　—[-과(접속 조사)+-ㅣ(주격 조사)]

(ㅅ) [아즈마닚긔와]—[-씌(부사격 조사)+-와(접속 조사)]

(ㅇ) [中國애션]　　—[-애(부사격 조사)+-셔(보조사)+-ㄴ(보조사)]

(ㅈ) [ᄀ쇄다가]　　—[-애(부사격 조사)+-다가(보조사)]

(ㅊ) [싸쾌여]　　　—[-과(접속 조사)+-ㅣ여(호격 조사)]

(ㅋ) [오늘왜]　　　—[-와(접속 조사)+-ㅣ(주격 조사)]

2.　(ㄱ) [두고사]　　　—[두(어간)-+-고(연결 어미)+-사(보조사)]

　　(ㄴ) [빈호다가도]　—[빈호(어간)-+-다가(연결 어미)+-도(보조사)]

　　(ㄷ) [니르러논]　　—[니를(어간)-+-어(연결 어미)+-논(보조사)]

　　(ㄹ) [救ᄒ티옷]　　—[救ᄒ(어간)-+-디(연결 어미)+-옷(보조사)]

　　(ㅁ) [브리고브터]　—[브리(어간)-+-고(연결 어미)+-브터(보조사)]

　　(ㅂ) [가져다가]　　—[가지(어간)-+-어(연결 어미)+-다가(보조사)]

　　(ㅅ) [우러곰]　　　—[울(어간)-+-어(연결 어미)+-곰(보조사)]

⑥ 조사의 특수 용법과 음운 변동

1.　㉠(명사절)　　　㉡(관형절)　　　㉮(유정 명사)
　　ⓐ(轉輪王이)　　ⓑ(父母ㅣ)　　　ⓒ(부톄)

2.　㉠(-마른)　　　　㉡(종결 보조사)

3.　ⓐ(안좀과)　　　ⓑ(겨지비)　　　ⓒ(고매)

4.　(가) ㉠(씌)　　　㉡(-의)
　　(나) ㉠(명사)　　　㉡(조사)
　　(다) (/ᅳ/ 탈락)

2.2.4. 용언

① 용언의 특징

1.　(가) ① 달아 : 다ᄅ(어간)-+-아(어미)　　② 스묫디 : 스뭇(어간)-+-디(어미)

　　　　③ 아니홀씨 : 아니ᄒ(어간)-+-ㄹ씨(어미)　④ 어린 : 어리(어간)-+-ㄴ(어미)

　　　　⑤ 니르고져 : 니르(어간)-+-고져(어미)　　⑥ 홇 : ᄒ(어간)-+-옳(어미)

　　　　⑦ 이셔도 : 이시(어간)-+-어도(어미)　　⑧ 펴디 : 펴(어간)-+-디(어미)

⑨ 몯홇 : 몯ᄒ(어간)+ -ㅭ(어미)　　⑩ 하니라 : 하(어간)+ -니라(어미)

⑪ 爲ᄒ야 : 爲ᄒ(어간)+ -야(어미)　　⑫ 너겨 : 너기(어간)+ -어(어미)

⑬ 밍ᄀ노니 : 밍글(어간)+ -노니(어미)　　⑭ 니겨 : 니기(어간)+ -어(어미)

⑮ 뿜 : 쓰(어간)+ -움(어미)　　⑯ 便安킈 : 便安ᄒ(어간)+ -긔(어미)

⑰ ᄒ고져 : ᄒ(어간)+ -고져(어미)　　⑱ 홇 : ᄒ(어간)+ -ㅭ(어미)

⑲ (ᄯ 름)이니라 : -이(어간)+ -니라(어미)

(나) ① 달아 : -아(어말)　　② 스ᄆ디 : -디(어말)

③ 아니ᄒ씨 : -ㄹ씨(어말)　　④ 어린 : -ㄴ(어말)

⑤ 니르고져 : -고져(어말)　　⑥ 홇 : -오(선어말)+ -ㅭ(어말)

⑦ 이셔도 : -어도(어말)　　⑧ 펴디 : -디(어말)

⑨ 몯홇 : -ㄹ(어말)　　⑩ 하니라 : -니(선어말)+ -라(어말)

⑪ 爲ᄒ야 : -야(어말)　　⑫ 너겨 : -어(어말)

⑬ 밍ᄀ노니 : -ᄂ(선어말)+ -오(선어말)+ -니(어말)

⑭ 너겨 : -어(어말)　　⑮ 뿜 : -움(어말)

⑯ 便安킈 : -긔(어말)　　⑰ ᄒ고져 : -고져(어말)

⑱ 홇 : -ㅭ(어말)　　⑲ 이니라 : -니(선어말)+ -라(어말)

2. ㉠ (-ᄂ-)　　㉡ (-다)　　㉢ (-라)　　㉮ (지정사 / 잡음씨)

3. ⓐ (-어-)　　ⓑ (-러-)　　ⓒ (-오-)　　ⓓ (-로ᄃ)　　ⓔ (-라ᄉ)　　ⓕ (-롬)

4. ㉠ (다ᄋ거다)　　㉡ (일허다)

② 용언의 하위 유형

1. (가) ⓐ (흗어져야)　ⓑ (흗어)

(나) ㉠ (자동사)　　㉡ (타동사)　　㉢ (능격 동사 / 양용동사 / 중립 동사)

2. (가) ⓐ (비취다) — (비치다)　　ⓑ (닫다) — (닫다)

ⓒ (졌다) — (꺾다)　　ⓓ (졌다) — (꺾이다 / 꺾어지다)

ⓔ (비취다) — (비추다)　　ⓕ (닫다) — (닫히다 / 닫아지다)

(나) ① 자동사 : (ⓐ, ⓓ, ⓕ)　　② 타동사 : (ⓑ, ⓒ, ⓔ)

3. ㉠ (이중 주어)　　㉡ (서술절)

4. (가) ㉠ (븕다)　　㉡ (모딜다)　　㉢ (다ᄅ다)　　㉣ (알ᄑ다)

(나) ㉮ (이러ᄒ다)　　㉯ (그러ᄒ다)　　㉰ (더러ᄒ다)　　㉱ (엇더ᄒ다)　　㉲ (아ᄆ라ᄒ다)

5. (A) ㉠ (이시다)　　㉡ (잇다)

(B) ㉢ (니를다)　　㉣ (니르다)

6. (가) 아니홀씨, 홇, 몯홇, ᄒ고져, 홇

(나) ① 보조 동사 :　　아니홀씨, 홇, 몯홇, ᄒ고져, 홇)

②보조 형용사 : 해당하는 단어가 없음

7. ⓐ : [病ᄒᆞ(어간)- + -야(어미) # 잇(어간)- + -거늘(어미)]

ⓑ : [두르(어간)- + -어(어미) # 잇(어간)- + -ᄂᆞ니라(어미)]

8. ㉠(숨다)　　　㉡(이시다)　　　㉮(/이/)

9. ㉠(두다)　　　㉡(잇다)　　　㉮(-어)

10. ㉠(두어 잇논)　　　㉡(뒷논)

11. ㉠(어)　　　㉡(이시)　　　㉢(-어)

12. ⓐ(믈랫다)　　　ⓑ(머것다)　　　ⓒ(뷔옛다)　　　ⓓ(ᄒᆞ얏다)

③ 활용과 어미

1. ⓐ [분석] : 밍ᄀᆞᆯ(어간)- + -ᄂᆞ다(어미)
   [설명] : /ㄹ/로 끝나는 용언의 어간에 /ㄴ/으로 시작하는 어미가 붙어서 활용하면, 어간의 끝소리인 /ㄹ/이 탈락한다.

   ⓑ [분석] : 다ᄅᆞ(어간)- + -아(어미)
   [설명] : /·/로 끝나는 용언의 어간에 /ㅏ/로 시작하는 어미가 붙어서 활용하면, 어간의 끝소리인 /·/가 탈락하고 홀로 남은 /ㄹ/은 앞 음절의 종성의 자리로 옮긴다. 그리고 어미의 끝에 후두유성마찰음 /ɦ/가 첨가된다.

   ⓒ [분석] : 없(어간)- + -던(어미)
   [설명] : /ㅄ/으로 끝나는 용언의 어간에 자음으로 시작하는 어미가 붙어서 활용하면, 겹받침 중에서 /ㅅ/이 탈락하여 /ㅂ/으로 실현된다.

   ⓓ [분석] : 비ᅀᅳ(어간)- + -어(어미)
   [설명] : /ᅀᅳ/로 끝나는 용언의 어간에 /ㅓ/로 시작하는 어미가 붙어서 활용하면, 어간의 끝소리인 /ㅡ/가 탈락하고 홀로 남은 /ᅀ/은 앞 음절의 종성의 자리로 옮긴다.

   ⓔ [분석] : 녙(어간)- + -디(어미)
   [설명] : /ㅌ/으로 끝나는 용언의 어간에 자음으로 시작하는 어미가 붙어서 활용하면, 어간의 끝소리인 /ㅌ/이 /ㄷ/으로 바뀐다.

   ⓕ [분석] : 모ᄅᆞ(어간)- + -아(어미)
   [설명] : /·/로 끝나는 용언의 어간에 /ㅏ/로 시작하는 어미가 붙어서 활용하면, 어간의 끝소리인 /·/는 탈락하고 홀로 남은 /ㄹ/이 앞 음절의 종성의 자리로 옮기는 동시에 뒤 음절에 /ㄹ/이 새롭게 첨가된다.

   ⓖ [분석] : �ᆞ(어간)- + -아(어미)
   [설명] : /·/로 끝나는 용언의 어간에 /ㅏ/로 시작하는 어미가 붙어서 활용하면, 어간의 끝소리인 /·/가 탈락한다.

ⓗ [분석] : 더으(어간)- + -어(어미)

[설명] : /ㅡ/로 끝나는 용언의 어간에 /ㅓ/로 시작하는 어미가 붙어서 활용하면, 어간의 끝소리 /ㅡ/가 탈락한다.

2. ⓐ [분석] : 긷(어간)- + -어(어미)

[설명] : /ㄷ/으로 끝나는 일부 용언의 어간에 모음으로 시작하는 어미가 붙어서 활용하면, 어간의 끝소리인 /ㄷ/이 /ㄹ/로 불규칙하게 바뀜.

ⓑ [분석] : 낫(어간)- + -아(연어)

[설명] : /ㅅ/으로 끝나는 일부 용언의 어간에 모음으로 시작하는 어미가 붙어서 활용하면, 어간의 끝소리인 /ㅅ/이 /ㅿ/으로 불규칙하게 바뀜.

ⓒ [분석] : 이시(어간)- + -고(어미)

[설명] : '이시다'의 어간인 '이시-'에 자음으로 시작하는 어미가 붙어서 활용하면, 어간이 '잇-'으로 불규칙하게 바뀜.

ⓓ [분석] : 시므(어간)- + -어(어미)

[설명] : '시므다'의 어간인 '시므-'에 모음으로 시작하는 어미가 붙어서 활용하면, 어간의 끝소리인 /ㅡ/가 탈락하고 동시에 /ㄱ/이 첨가됨.

ⓔ [분석] : 녀(어간)- + -거라(어미)

[설명] : '녀다'의 어간인 '녀-'에 어미인 '-거-'와 '-거'가 붙어서 활용하면, 어간 '녀-'가 '니-'로 불규칙하게 바뀜.

ⓕ [분석] : 곱(어간)- + -♀샤(어미)

[설명] : /ㅂ/으로 끝나는 일부 용언의 어간에 모음으로 시작하는 어미가 붙어서 활용하면, 어간의 끝소리인 /ㅂ/이 /ㅸ/으로 불규칙하게 바뀜.

ⓖ [분석] : ᄌᆞᄆᆞ(어간)- + -아(어미)

[설명] : 'ᄌᆞᄆᆞ다'의 어간인 'ᄌᆞᄆᆞ-'에 모음으로 시작하는 어미가 붙어서 활용하면, 어간의 끝소리인 /ㆍ/가 탈락하고 동시에 /ㄱ/이 첨가됨.

3. (가) ㉠(도)　　㉡(고)　　㉢(오)　　㉣(아/거)　　㉤(오)　　㉥(아)

(나) ㉠(감동 표현의 선어말 어미)　　　　㉡(연결 어미)

㉢(대상 표현의 선어말 어미)　　　　㉣(확인 표현의 선어말 어미)

㉤(화자 표현의 선어말 어미)　　　　㉥(연결 어미)

4. (가) ㉠(ᄂ)　　㉡(니)　　㉢(라)

(나) ㉮(음절 끝소리 규칙 / 평파열음화)　　　㉯(비음화)

5. (ㄱ) ⓐ [일(어간)- + -어]　　　　　　ⓑ [두외(어간)- + -리- + -러- + -라]

(ㄴ) ⓐ [닝(어간)- + -을]　　　　　　　ⓑ [긏(어간)- + -게]

ⓒ [ᄒᆞ(어간)- + -시- + -ᄂᆞ- + -ㄴ]　　ⓓ [엇더ᄒᆞ(어간)- + -잇- + -니 … 고]

(ㄷ) ⓐ [여희(어간)- + -ㄴ + -오- + -라]

(ㄹ) ⓐ [엇뎨ᄒᆞ(어간)- + -야]　　　ⓑ [잇(어간)- + -ᄂᆞ- + -ㄴ]

　　 ⓒ [가(어간)- + -리- + -잇- + -고]

(ㅁ) ⓐ [信ᄒᆞ(어간)- + -ᄂᆞ- + -ㄴ다]

(ㅂ) ⓐ [살(어간)- + -면]　　　ⓑ [이시(어간)- + -ㄹ씨]

　　 ⓒ [늙(어간)- + -ᄂᆞ- + -니- + -라]

(ㅅ) ⓐ [숨(어간)- + -오- + -리- + -니]　　　ⓑ [보(어산)- + -ㄴ- + -오- + -ㄴ가]

　　 ⓒ [너기(어간)- + -ᄉᆞ- + -ᄋᆞ쇼셔]

(ㅇ) ⓐ [셟(어간)- + -Ø- + -을쎠]　　　ⓑ [正ᄒᆞ(어간)- + -Ø- + -ㄴ]

　　 ⓒ [잃(어간)- + -Ø- + -어- + -다]

(ㅈ) ⓐ [짗(어간)- + -Ø- + -우- + -ㄴ]　　　ⓑ [들- + -으시- + -며]

(ㅊ) ⓐ [알(어간)- + -리- + -롯- + -오니여]

(ㅋ) ⓐ [일우(어간)- + -샤- + -ㅁ]　　　ⓑ [뵈(어간)- + -샤- + -Ø]

(ㅌ) ⓐ [-이(어간)- + -Ø- + -라]　　　ⓑ [ᄒᆞ(어간)- + -Ø- + -오- + -ㄴ]

　　 ⓒ [나ᅀᆞ(어간)- + -라]　　　ⓓ [오(어간)- + -Ø- + -ㅅ- + -오- + -이- + -다]

④ 어말 어미

〈 종결 어미 〉

1. ① '-다'로 실현되는 예 : (ⓒ, ⓔ, ⓖ, ⓗ, ⓘ, ⓚ)

　　 ② '-라'로 실현되는 예 : (ⓐ, ⓑ, ⓓ, ⓕ, ⓙ, ⓛ, ⓜ)

2. 확인 표현의 선어말 어미인 '-과-'는 '-과-'에는 화자 표현의 선어말 어미인 '-오-'의 기능이 반영되어 있다. 곧 ⓓ에서 평서형 종결 어미 '-라'는 화자 표현의 선어말 어미인 '-오-' 뒤에서 '-다'가 변동한 것이다.(『고등학교 문법』(2010:293) 참조.)

3. (가) 형태 : (-오-)

　　 (나) 기능 : (주어로 표현되는 대상(주체)이 화자임을 나타냄.)

4. (가) ㉠(Ø)　　 ㉡(ㄴ다)　　 ㉢(ᄂᆞ)　　 ㉣(ㄴ고)　　 ㉤(ㄹ)　　 ㉥(가)

　　 (나) ㉣의 조건 : 물음말(의문사)이 실현된 '의문문(설명 의문문)'에서는, 의문형 어미로서 '-고'가 선택된다.

　　　　 ㉥의 조건 : 물음말(의문사)이 실현되지 않은 '의문문(판정 의문문)'에서는, 의문형 어미로서 '-가'가 선택된다.

5. ㉠(-잇-)　　 ㉡(-니…고)　　 ㉢(-ㅅ-)　　 ㉣(-니…가)

6. (가) ㉠(더)　　 ㉡(ㄴ다)　　 ㉢(ᄂᆞ)　　 ㉣(ㄴ다)　　 ㉤(ᇙ)

　　　　 ㉥(다)　　 ㉦(Ø)　　 ㉧(ㄴ다)

　　 (나) ⓐ(하더냐 / 하던가)　　 ⓑ(하느냐 / 하는가)　　 ⓒ(하겠느냐 / 하겠는가 / 할까)

　　　　 ⓓ(하였느냐 / 하였는가)

7.   ㉠((ㅁ), (ㅂ))   ㉡(간접 의문문)

8. ㉠ (/ㅏ/)   ㉡ (/ㅓ/)   ㉢ (/ㅗ/)

9. ㉠(-다)   ㉡(-ㅅ-)

10. (가) ㉠(의문)   ㉡(평서)   ㉢(반말)
    (나) ⓐ(오리)   ⓑ(굳히셨으니)

11. ⓐ(-ᄋᆞ쇼셔)—(아주 높임)   ⓑ(-라   )—(낮춤)
    ⓒ(-어쎠)   —(예사 높임)   ⓓ(-오라)—(반말)

12. ㉠(청유문)   ㉡(아주 높임)   ㉢(명령문)   ㉣(아주 높임)

13. (가) ㉠(ᄒᆞ라)   ㉡(ᄒᆞ아쎠)   ㉢(ᄒᆞ쇼셔)   ㉣(ᄒᆞ고라)
    (나) ㉤(ᄒᆞ져/ ᄒᆞ져라)㉥(ᄒᆞ사이다)

〈 연결 어미 〉

14. (가) ⓐ (-아)   ⓑ (-곡)   ⓒ (-(으)나)   ⓓ (-둘)   ⓔ (-게)
    ⓕ (-거든)   ⓖ (-(으)니)   ⓗ (-으란)   ⓘ (-은둘/-ㄴ둘)   ⓙ (-으라)
    (나) ① 대등적 연결 어미 : (ⓑ, ⓒ, ⓖ)
        ② 종속적 연결 어미 : (ⓕ, ⓘ, ⓙ)
        ③ 보조적 연결 어미 : (ⓐ, ⓓ, ⓔ, ⓗ)

15. ㉠(-디)   ㉡(-둘)   ㉢(-드란)

〈 전성 어미 〉

16. ⓐ(ᄃᆞ외요미)   ⓑ(일우샤ᄆᆞᆯ)   ⓒ(ᄒᆞᆫ가지로ᄆᆞᆯ)   ⓓ(아니로미)

17. (-디)

18. (가) ⓐ : ㉠ (오)   ㉡ (ㄴ)   ㉢ (올)
        ⓑ : ㉠ (오)   ㉡ (ㄴ)
    (나) ㉮(관형사형 전성 어미)의 ㉯(명사적) 용법

⑤ 선어말 어미
〈 높임 표현의 선어말 어미 〉

1. ㉠(-이-)   ㉡(-잇-)   ㉢(-ᄋᆞ-)   ㉣(-ㅅ-)

2. ①(가샴)   ②(오샤ᄃᆡ)   ③(미드샷다)   ④(定ᄒᆞ샨)

3. (가) ㉠(-슬-)   ㉡(-습-)   ㉢(-슬-)   ㉣(-습-)   ㉤(-슬-)

    ㉥(-즙-)   ㉦(-습-)

(나) ㉮(ᄀ초ᄉ바)   ㉯(놋ᄉ고/노쏩고)   ㉰(돕ᄉ봇니)   ㉱(막습거늘)

    ㉲(삼ᄉ보리라)   ㉳(좃즙고져)   ㉴(빗습더니/비쏩더니)

〈시간 표현의 선어말 어미〉

4. ⓐ(-ᄂᆞ-)   ⓑ(-∅)   ⓒ(-∅)   ⓓ(-ᄂᆞ-)   ⓔ(-∅)

5. ⓐ(-∅)   ⓑ(-∅)   ⓒ(-더-)

6. ㉠(만ᄒᆞ-/많-)   ㉡(-다-)   ㉢(-더-)

7. ⓐ(-라-)   ⓑ(-러-)   ⓒ(-다-)   ⓓ(-더-)

〈태도 표현의 선어말 어미〉

8. ⓐ(다듣거다)   ⓑ(일허다)   ⓒ(이긔여다)   ⓓ(오나다)   ⓔ(니를어다)

9. (가) ⓐ(어)   ⓑ(야)   ⓒ(거)   ⓓ(나)   ⓔ(가)

(나) ⓐ('-어-'는 타동사에 실현된다.)

    ⓑ('-야-'는 '~ᄒᆞ다'에 실현된다.)

    ⓒ('-거-'는 형용사, 자동사, 서술격 조사에 실현된다.)

    ⓓ('-나-'는 '오다'에 실현된다.)

    ⓔ('-가-'는 주어가 화자인 문장에 실현된다.)

10. ⓐ-(잇)-+-(니…고)   ⓑ-(시)-+-(거…늘)

    ⓒ-(ㅅ)-+-(니…가)   ⓓ-(시)-+-(거…든)

11. ⓐ(듣-), (-돗-)   ⓑ(-이-), (-도-)   ⓒ(없-), (-옷-)

    ⓓ(앗기-), (-옷-)   ⓔ(오-), (-ㅅ-)   ⓕ(외-), (-옷-)

〈화자 표현의 선어말 어미〉

12. ⓐ: (더) — (회상의 선어말 어미)   ⓑ: (옷) — (감동 표현의 선어말 어미)

    ⓒ: (오) — (화자 표현의 선어말 어미)   ⓓ: (니) — ((종속적) 연결 어미)

13. ㉠(-어-)   ㉡(-더-)

14. (가) ㉠(오)   ㉡(다)

(나) 문장에서 주어로 표현되는 대상(=주체)이 화자일 때에 실현된다.

(다) 선어말 어미인 '-오-'가 서술격 조사의 어간인 '-이-' 뒤에서 '-로-'로 변동했다.

15. (가) ‘-아-’

(나) 문장의 주어로 표현되는 대상이 1인칭 화자(= 나)일 때에, 확인 표현의 선어말 어미의 기본 형태인 ‘-아-’가 비기본 형태인 ‘-가-’로 변동하였다.

〈 대상 표현의 선어말 어미 〉

16. ⓐ (지순 / 지순) ⓑ (出家홀)

17. (가) ㉠ (오)

(나) 관형절이 중심어와 동격 관계에 있으므로 서술어로 쓰인 ‘長安이다’에 대상 표현의 선어말 어미인 ‘-오-’가 실현되었다.

(다) 대상 표현의 선어말 어미 ‘-오-’는 서술격 조사인 ‘-이다’의 어간 뒤에서 ‘-로-’로 불규칙하게 변동하였다.

18. (가) (‘주체 높임’의 기능과 ‘대상 표현’의 기능)

(나) ㉮ (으시) ㉯ (오)

(다) 주체 높임의 선어말 어미인 ‘-으시-’ 뒤에 모음으로 시작하는 어미 ‘-오-’가 결합하면, ‘-으시-’가 ‘-으샤-’로 변동하고 선어말 어미 ‘-오-’는 탈락한다.

19. (가) ‘(과거) 회상 표현’의 기능과 ‘대상 표현’의 기능

(나) ㉠ (더) ㉡ (오)

20. ㉠ (일) ㉡ (바) ㉢ (자리) ㉣ (믈) ㉤ (무슴) ㉥ (뜯)

⑥ 용언 활용의 종합

1. (가) ⓐ : (즐기-+-리-+-이-+-가) ⓑ : (죽-+-움)

ⓒ : (기드리-+-ㄴ-+ -오-+-니) ⓓ : (므겁-+-어)

ⓔ : (죽-+-ㄴ-+-오-+-이-+-다)

(나) ① : ⓐ의 (-가), ⓔ의 (-다)

② : ⓒ의 (-니), ⓓ의 (-어)

③ : ⓑ의 (-움)

(다) [1] ⓐ의 (-리-), ⓒ의 (-ㄴ-), ⓔ의 (-ㄴ-)

[2] ⓒ의 (-오-), ⓔ의 (-오-)

[3] ⓐ의 (-이-), ⓔ의 (-이-)

(라) (므거버)

2. (가) ⓐ 便安케 ─(便安ᄒᆞ-+-게) ⓑ ᄒᆞ시ᄂᆞᆫ ─(ᄒᆞ-+-시-+-ᄂᆞ-+-ㄴ)

ⓒ 거시어늘 ─((것)+-이-+-거늘) ⓓ 여희에 ─(여희-+-게)

ⓔ ᄒᆞ시ᄂᆞ니 ─(ᄒᆞ-+-시-+-ᄂᆞ-+-니) ⓕ 셜ᄫᆞᆫ ─(셟-+-∅-+-은)

ⓖ ᄀᆞᄐᆞ니 ─(ᄀᆞᇀ-+-∅-+-은) ⓗ 업스니 ─(없-+-으니)

ⓘ 혜여 ― (혜-+-어)   ⓙ 보건덴 ― (보-+-건덴)

ⓚ 겨시거뇨―(겨시-+-거-+-뇨)

(나) [1] (-뇨)   [2] (-게, -거늘, -게, -니, -으니, -어, -건덴)

[3] (-ㄴ, -은, -온)

(다) [1] (-ᄂᆞ-, -ᄂᆞ-, -Ø, -Ø)   [2] (-시-, -시-)

(라) [1] ⓒ 거시어늘: 서술격 조사의 어간인 '-이-'에 연결 어미인 '-거늘'이 실현되는 과정에서
        어미의 첫소리 /ㄱ/이 후두유성마찰음인 /ɦ/로 교체되었다. 어미의 불규칙 활용.

[2] ⓓ 여희에: 어간인 '여희-'에 연결 어미인 '-게'가 실현되는 과정에서 어미의 첫소리 /
        ㄱ/이 후두유성마찰음인 /ɦ/로 교체되었다. 어미의 불규칙 활용.

[3] ⓕ 셜본: 어간인 '셟다'에 모음으로 시작하는 어미인 '-은'이 실현되는 과정에서 어간
        의 /ㅂ/이 /ㅸ/으로 교체되었다. 어간의 불규칙 활용.

[4] ⓚ 겨시거뇨: 자동사인 '겨시다'의 어간에 확인 표현의 선어말 어미인 '-아-'가 결합될
        때에 어미 '-아-'가 '-거-'로 바뀌었다. 어미의 불규칙 활용.

2.2.5. 수식언과 독립언

1. (가) [1] 성상 관형사: (ⓒ, ⓔ, ⓖ)

[2] 지시 관형사: (ⓐ, ⓑ, ⓓ, ⓘ, ⓙ)

[3] 수 관형사: (ⓕ, ⓗ, ⓚ, ⓛ)

(나) [1] 정 칭: (ⓑ, ⓘ)

[2] 미지칭: (ⓐ, ⓙ)

[3] 부정칭: (ⓓ)

2. (가) [1] 성상 부사: (ⓒ, ⓔ, ⓗ, ⓜ)

[2] 지시 부사: (ⓓ, ⓕ, ⓘ, ⓚ)

[3] 부정 부사: (ⓐ, ⓝ)

[4] 양태 부사: (ⓖ, ⓢ, ⓙ)

[5] 접속 부사: (ⓑ, ⓛ, ⓞ)

(나) [1] 정 칭: (ⓓ, ⓕ)

[2] 미지칭: (ⓘ)

[3] 부정칭: (ⓚ)

3. (ㄱ) ① '亨히': 양태 부사, '文殊를 맛나 날로 解脫케 ᄒᆞ니'를 수식.

② '날로': 성상 부사, '解脫케 ᄒᆞ니'를 수식.

(ㄴ) ① '뭇': 성상 부사, '몬져'를 수식.

② '몬져': 성상 부사, '救ᄒᆞ시니'를 수식.

(ㄷ) '주로': 성상 부사, '니르샤도'를 수식.

(ㄹ) '眞實로': 성상 부사, '어위크도다'를 수식.

(ㅁ) ① '호다가' : 양태 부사, '제 ᄠᅳ데 몯 마자도'를 수식.

　　　② '몯' : 부정 부사, '마자도'를 수식.

(ㅂ) '다' : 성상 부사, '來라'를 수식.

(ㅅ) 'ᄀᆞ장' : 성상 부사, '미ᄫᅥᆫ'을 수식.

(ㅇ) '오직' : 성상 부사, '世人'을 수식.

(ㅈ) ① '믓' : 성상 부사, '처ᅀᅥᆷ'을 수식.

　　　② '몬져' : 성상 부사, '드뇨'를 수식.

(ㅊ) '어느' : 지시 부사, '듣ᄌᆞᄫᆞ리잇고'를 수식.

4. ㉠ (아으)　　　㉡ (아소)　　　㉢ (엥)　　　㉣ (이)　　　㉥ (감정)　　　㉦ (의지)

2.2.6. 품사의 통용

1. (가) ⓐ (부사)　　ⓑ (명사)　　ⓒ (감탄사)

(나) ⓐ : 단독으로 동사인 '오리라'를 수식하므로, 부사(= '아니')로 처리된다.

　　　ⓑ : 그 뒤에 격조사인 '-를'이 실현되었으므로, 명사(= '아닌 것')로 처리된다.

　　　ⓒ : 뒤의 문장의 성분과 통사론적인 관계를 맺지 않으며, 단독으로 '놀람'의 뜻을 나타내므로, 감탄사로 처리된다.

2. ⓐ (부사)

　　　('어느(=어찌)'는 동사구인 '다 ᄉᆞᆯᄫᆞ리'를 직접적으로 수식.)

ⓑ (명사)

　　　('새(= 새것)'은 무형의 부사격 조사인 '-Ø'와 결합하여 형용사인 'ᄀᆞᆮᄒᆞ리니'를 수식.)

ⓒ (관형사)

　　　('어느(=어느)'는 단독으로 체언인 '나라ㅎ'을 직접적으로 수식.)

ⓓ (대명사)

　　　('므슴(=무엇)'은 그 뒤에 조사가 붙을 수 있는 것이 특징인데, 목적격 조사 '-을'이 생략되고 목적어로 쓰임.)

ⓔ (관형사)

　　　('새(= 새)'는 단독으로 체언인 '竹筒'을 직접적으로 수식.)

ⓕ (부사)

　　　('므슴(=어찌)'이 동사구인 '어즈러이 偈를 지스리오'를 수식.)

ⓖ (대명사),

　　　('어느(=어느 것)'에 목적격 조사 '-을'이 실현됨.)

ⓗ (관형사 / 부사)

　　　('므슴'이 체언인 '慈悲'를 직접적으로 수식하는 것으로 보면 관형사(= 무슨)로 처리된다. 반면에 '므슴'이 '겨시거뇨'를 수식하는 것으로 보면 부사(= 어찌)로 처리된다.)

ⓘ (부사)

　　　('새(= 새로)'는 용언인 '出家ᄒᆞᆫ'을 직접적으로 수식.)

3. (가) ㉠(ⓐ, ⓓ, ⓕ)　　　㉡(ⓑ, ⓒ, ⓔ)

(나) ①(의존 명사)　　　②(대명사)

4. (가) ⓐ: ㉠(Ø)　　㉡(으니)　　㉢(다)

　　　ⓑ: ㉠(ᄂ)　　㉡(니)　　㉢(다)

(나) ⓐ: ㉠품사: (형용사)　　㉡현대어의 뜻: (좋으니라)

　　　ⓑ: ㉠품사: (동사)　　㉡현대어의 뜻: (좋아지느니라)

(다) ⓐ: 동사에는 현재 시제의 선어말 어미로 '-ᄂ-'가 실현될 수 있다.

　　　ⓑ: 형용사에는 현재 시제의 선어말 어미로 '-ᄂ-'가 실현될 수 없고, 대신에 무형의 선어말 어미인 '-Ø-'로 실현된다.

5. ⓐ(명사)　　　ⓑ(관형사)　　　ⓒ(관형사)　　　ⓓ(부사)　　　ⓔ(수사)

　ⓕ(형용사)　　ⓖ(부사)　　　ⓗ(부사)　　　ⓘ(관형사)　　　ⓙ(동사)

6. (가) ⓐ(명사)　　　ⓑ(부사)　　　ⓒ(부사)　　　ⓓ(명사)

(나) ⓐ 흥오ᅀᅡᆺ: '흥오ᅀᅡ'가 관형격 조사인 '-ㅅ'과 결합하였으므로, 이때의 '흥오ᅀᅡ'는 명사이다.

　　ⓑ 흥오ᅀᅡ: '흥오ᅀᅡ'가 단독으로 '가더시니'를 수식하였으므로, 이때의 '흥오ᅀᅡ'는 부사이다.

　　ⓒ 흥오ᅀᅡ: '흥오ᅀᅡ'가 단독으로 '나'를 수식하였는데, 이때의 '흥오ᅀᅡ'는 부사인데 체언을 수식하는 특수한 용법으로 쓰였다.

　　ⓓ 흥오ᅀᅡ매면: '흥오ᅀᅡ'는 서술격 조사인 '-이-'와 결합하였으므로 명사이다. '흥오ᅀᅡ매면'은 '흥오ᅀᅡ(명사)+-ㅣ(←-이-: 서조)-+-면(연어, 조건)'으로 분석된다.

2.3. 단어의 형성

2.3.1. 단어의 짜임새

1. (가) ⓐ(불무+-질)　　　ⓑ(니-+뿔)　　　ⓒ(검-+-듸영)　　ⓓ(열-+-음)

(나) ㉠(불무, 뿔, 검-, 열-)　㉡(-질, 니-, -듸영, -음)　㉢(니-)　　㉣(-질, 듸영, -음)

2. (가) 합성어: (ⓒ, ⓓ, ⓕ, ⓘ, ⓚ, ⓜ, ⓞ, ⓝ, ⓟ, ⓤ)

(나) 파생어: (ⓐ, ⓑ, ⓔ, ⓖ, ⓗ, ⓙ, ⓛ, ⓠ, ⓡ, ⓢ, ⓣ)

2.3.2. 합성어

① 통사적 합성어와 비통사적 합성어

1. (가) ⓐ 둘기알:　[둙+-의+알]　　　　ⓑ 뻐디다:　[쁘-+-어+디-]-

　　　ⓒ 뛰놀다:　[뛰-+놀-]-　　　　　ⓓ 쇠고기:　[쇼+-ㅣ+고기]

　　　ⓔ 술지다:　[숧+지-]-　　　　　ⓕ 즈믈쇠:　[즈므-+-ㄹ+쇠]

　　　ⓖ 흔두:　　[흔+두]　　　　　　ⓗ 것곶다:　[겿-+곶-]-

　　　ⓘ 나ᅀᅡ가다: [낫-+-아+가-]-　　ⓙ 됴쿶다:　[둏-+궂-]-

ⓚ두서 :   [두+세]   ⓛ묏기슭 : [뫼+-ㅅ+기슭]

ⓜ믌결 :   [믈+-ㅅ+결]   ⓝ사나올 : [사올-+나올]

ⓞ애궂다 :   [애+궂-]-   ⓟ어위크다 : [어위-+크-]-

ⓠ업시너기다 : [없-+-이+너기-]-   ⓡ여라믄 : [열ㅎ+남-+-은]

ⓢ열아홉 :   [여듧+아홉]   ⓣ져므니 : [졈-+-은+이]

ⓤ하나비 :   [하-+-ㄴ+아비]

(나) [1] 통사적 합성어 : (ⓐ, ⓑ, ⓓ, ⓔ, ⓕ, ⓖ, ⓘ, ⓚ, ⓛ, ⓜ, ⓝ, ⓞ, ⓠ, ⓡ, ⓢ, ⓣ, ⓤ)

       [2] 비통사적 합성어 : (ⓒ, ⓗ, ⓙ, ⓟ)

② 체언의 합성어

2. ㉠(ⓐ, ⓖ)   ㉡(ⓑ, ⓒ, ⓓ)   ㉢(ⓔ, ⓗ)   ㉣(ⓕ, ⓘ)

3. (가) ⓐ밧돌해 :   ㉠ (밫 : 동사)   ㉡ (돌ㅎ : 명사)   ㉢ (-애 : 조사)

         ⓑ두디쥐 :   ㉠ (두디- : 동사)   ㉡ (쥐 : 명사)

   (나) ⓒ의 '밧돐'과 ⓓ의 '두디쥐'는 각각 용언의 어간인 '밫-'과 '두디-'에 체언인 '돌ㅎ'과 '쥐'가 직접적으로 결합되어서 형성된 비통사적 합성어이다. 따라서 이들 합성어는 15세기 국어에서 아주 드물게 쓰인 비통사적 합성 명사이다.

③ 용언의 합성어

4. ㉠(ⓓ, ⓖ, ⓗ, ⓚ) ㉡(ⓐ, ⓛ)   ㉢(ⓒ, ⓕ, ⓘ, ⓙ, ⓜ)   ㉣(ⓑ, ⓔ)

5. (가) ㉠(살)   ㉡(이)   ㉢(잡)   ㉣(디)

   (나) ㉠(어근)   ㉡(파생 접사)   ㉢(어근)   ㉣(굴절 접사)

④ 수식언의 합성어

6. (가) ㉠(부사)   ㉡(형용사)   ㉢(관형사)   ㉣(명사)

       ㉤(대명사)   ㉥(동사)   ㉦(관형사)

7. ㉠(부사)   ㉡(부사)   ㉢(명사)   ㉣(명사)   ㉤(관형사)

   ㉥(부사)

   ㉦(부사)

2.3.3. 파생어

① 한정적 접사와 지배적 접사

1. (가) ⓐ(어비묻내)   ⓑ(너희둘ㅎ)

   (나) ⓐ ㉠(어비 : 어근)   ㉡(묻 : 어근)   ㉢(-내 : 파생 접사)

        ⓑ ㉠(너 : 어근)   ㉡(-희 : 파생 접사)   ㉢(-둘ㅎ : 파생 접사)

2. (가) ⓐ : ㉠(열-) ㉮(-티-)

        ⓑ : ㉡(궂-) ㉯(-이-)

        ⓒ : ㉢(횟-) ㉰(돌-)

        ⓓ : ㉣(곯-) ㉱(-브-)

   (나) ㉠ 한정적 접사 : (-티-, 횟-)   ㉡ 지배적 접사 : (-이-, -브-)

3. ㉠(명사)   ㉡(부사)   ㉢(명사)   ㉮(지배적 / 통사적)

② 체언의 파생어

4. (가) ⓐ(춤)   ⓑ(우숨)   ⓒ(우룸)

   (나) ⓐ : ㉠(츠-)   ㉮(-움)

        ⓑ : ㉡(웃-)   ㉯(-움)

        ⓒ : ㉢(울-)   ㉰(-움)

   (다) 15세기 국어에 쓰였던 일반적인 명사 파생 접미사는 '- 음/-ㅁ'인데, 여기서는 명사형 전성 어미와 같은 '-움'의 형태로 실현되었다.

5. (가) ⓐ (아자바님내)   ⓑ (아즈마님)

   (나) ⓐ : ㉠(아자바)   ㉡(-님)   ㉢(-내)

        ⓑ : ㉮(아즈마)   ㉯(-님)

   (다) ㉡(높임)   ㉢(복수)

   (라) ⓐ(아자비)   ⓑ(아즈미)

6. ㉠(맞-)   ㉡(-줍-)   ㉢(-이)

   ㉮(객체 높임)   ㉯(명사)

③ 용언의 파생어

7. (가) ㉠(-으-)   ㉡(-혀-)   ㉢(동사)

   (나) ㉠(-으-)   ㉡(-혀-)   ㉢(-어)   ㉣(부사)

8. ⓐ(얼이-)   ⓑ(홀리-)   ⓒ(블리-)   ⓓ(올이-)

9. (가) ⓐ(일우-)   ⓑ(이르-)

(나) ⓒ(살이-)   ⓓ(사ᄅ-)
(다) ⓔ(길우-)   ⓕ(기ᄅ-)

10. (가) ⓐ(채우다)   ⓑ(알리다)
    (나) ⓐ치오다 :   ㉠(츠)   ㉡(이)   ㉢(오)
        ⓑ알외다 :   ㉠(알)   ㉡(오)   ㉢(이)

11. (가) ⓐ(일어)   ⓑ(일으켜)
    (나) ㉠(닐-)   ㉡(-으-)   ㉢(-왇-)   ㉣(니ᄅ왇-)

12. (가) ㉠(되다)   ㉡(동사)
    (나) ⓑ의 '되다'는 명사인 '되'에 무형의 동사 파생 접미사인 '-Ø'가 붙어서 동사로 파생되었다.

13. ⓐ(고치다)   ⓑ(굴이다)   ⓒ(다티다)   ⓓ(담기다)   ⓔ(뭇기다)
    ⓕ(숨기다)   ⓖ(알히다)   ⓗ(연치다)

14. (가) ⓐ(믜예-)+(-온)   ⓑ(히-)+(-여)   ⓒ(쥐예-)+(-어)
    (나) ⓐ(믜-)+(-예-)   ⓑ(히-)+(-ㅣ-)   ⓒ(쥐-)+(-예-)
    (다) ① 기본 형태 : (-이-)
        ② 기능 : (타동사 어근에 붙어서 피동사를 형성하는 기능)
    (라) ⓐ 피동 접미사 '-이-'가 반모음 /j/로 끝나는 어근 뒤에서 '-예-'로 변동했다.
        ⓑ 피동 접미사 '-이-'가 어근 '히-' 뒤에서 반모음 /j/로 변동했다.
        ⓒ 피동 접미사 '-이-'가 반모음 /j/로 끝나는 어근 뒤에서 '-예-'로 변동했다.

15. (가) ⓐ(골프다)   ⓑ(믭다)   ⓒ(앗갑다)   ⓓ(깃브다)
    (나) ⓐ(곯-)+(-브-)   ⓑ(믜-)+(-ㅂ-)   ⓒ(앗기-)+(-압-)   ⓓ(깃-)+(-브-)

16. (가) ㉠(스랑)   ㉡(흥)   ㉢(ㅂ)   ㉣(디)
    (나) ① : ㉮(명사)   ㉯(동사)
        ② : ㉰(동사)   ㉱(형용사)

17. ㉠(/ㄹ/)   ㉡(자음)   ㉢(/ㄹ/)   ㉣(모음)

④ 수식언의 파생어

18. (가) ⓐ(관형사)   ⓑ(관형사)
    (나) ⓐ : ㉠(몯-)   ㉡(-은)
        ⓑ : ㉠(오ᄋᆞᆯ-)   ㉡(-ㄴ)
    (다) ⓐ(동사)   ⓑ(형용사)
    (라) ㉠(관형사형 전성 어미)

19. (가) ① : ㉠(횟즐)   ㉡(-ᄒ-)   ㉢(-이)
        ② : ㉠(ᄀᆞ득)   ㉡(-ᄒ-)   ㉢(-이)

(나) (불완전 어근 / 특수 어근 / 불규칙 어근)

(다) ①: (/ㆍ/의 탈락) ②: (/ㅎ/의 탈락)

20. (가) ⓐ: ㉠(본디) ㉡(로)

ⓑ: ㉠(못) ㉡(음) ㉢(내)

ⓒ: ㉠(다ᄅᆞ) ㉡(이)

(나) ⓐ: ㉠(명사) — ㉮(지배적) ⓑ: ㉡(동사) — ㉯(지배적)

ⓒ: ㉢(형용사) — ㉰(지배적)

21. (가) ⓐ: ㉠(새) ㉡(-롭-) ㉢(-이)

ⓑ: ㉠(맞-) ㉡(-호-) ㉢(-아)

(나) [1](명사)

[2](동사)

(다) [1](명사를 형용사로 파생하는 기능)

[2](형용사를 부사로 파생하는 기능)

[3](주동사(자동사)를 사동사(타동사)로 파생하는 기능)

[4](동사를 부사로 파생하는 기능)

22. (가) ㉠(같이) ㉡(부사)

(나) ㉠(같-) ㉡(형용사)

(다) (형용사 어근인 '같-'에 무형의 파생 접사인 '-∅'가 붙어서 부사로 파생됨.)

23. ㉠(니를-) ㉡(-이) ㉢(좇-) ㉣(-오) ㉮(부사절)

24. (가) ⓐ(부사) ⓑ(동사) ⓒ(부사) ⓓ(동사)

(나) ⓐ(그르-) — (형용사) ⓑ(ᄀᆞ물) — (명사)

ⓒ(거의-) — (동사) ⓓ(씌) — (명사)

(다) ⓐ(형용사 어근을 부사로 파생함.)

ⓑ(명사 어근을 동사로 파생함.)

ⓒ(동사 어근을 부사로 파생함.)

ⓓ(명사 어근을 동사로 파생함.)

25. (가) ㉠(더으-) ㉮(-어) ㉡(다ᄋᆞ-) ㉯(-아)

(나) (모음의 탈락)

⑤ 관계언의 파생어

26. ㉠(조사) ㉡(조사) ㉢(명사) ㉣(연결형)

27. (가) ⓐ(보조사) ⓑ(부사격 조사) ⓒ(부사격 조사) ⓓ(접속 조사)

(나) ⓐ: ㉠(븥-) ㉡(-어) ⓑ: ㉢(드리-) ㉣(-어)

ⓒ: ㉤(두-) ㉥(-고) ⓓ: ㉦(흥-) ㉧(-고)

28. ㉠(서술격 조사)   ㉡(보조사)

⑥ 파생어의 종합 문제

29.
ⓐ 곳답다 : [곳(어근: 명사)+-답(파생 접사)-]-+-다
ⓑ 그듸내 : [그(어근: 대명사)+-듸(파생 접사)-+-내(파생 접사)]
ⓒ 깃브다 : [짔(어근: 동사)-+-브(파생 접사)-]-+-다
ⓓ 깃비 : [짔(어근: 동사)-+-브(파생 접사)-+-이(파생 접사)]
ⓔ 늣가이 : [늦(어근: 형용사)-+-갑(파생 접사)-+-이(파생 접사)]
ⓕ 녀토다 : [녙(어근: 형용사)-+-오(파생 접사)-]-+-다
ⓖ 녇갑다 : [녙(어근: 형용사)-+-갑(파생 접사)-]-+-다
ⓗ 니르받다 : [닐(어근: 동사)-+-으(파생 접사)-+-받(파생 접사)-]-+-다
ⓘ 달이 : [다른(어근: 형용사)-+-이(파생 접사)]
ⓙ 더위잡다 : [더위(파생 접사)+잡(어근)-]-+-다
ⓚ 마므르다 : [마(파생 접사)+므르(어근)-]-+-다
ⓛ 머추다 : [멎(어근: 동사)-+-후(파생 접사)-]-+-다
ⓜ 비르수 : [비릇(어근: 동사)-+-우(파생 접사)]
ⓝ 버히다 : [벛(어근: 동사)-+-이(파생 접사)-]-+-다
ⓞ 受苦ㄹ빙 : [受苦(어근: 명사)+-ㄹ빅(파생 접사)-+-이(파생 접사)]
ⓟ 슬피 : [슳(어근: 동사)-+-브(파생 접사)-+-이(파생 접사)]
ⓠ 샐리 : [샌른(어근: 형용사)-+-이(파생 접사)]
ⓡ 에굳다 : [에(파생 접사)+굳(어근: 형사)-]-+-다
ⓢ 이바디 : [이받(어근: 동사)-+-이(파생 접사)]
ⓣ 프성귀 : [플(어근: 명사)+-성귀(파생 접사)]

30.
ⓐ 고비 : [곱(어근: 동사)-+-이(통사적 접사)]
ⓑ 과글이 : [과ㄱ른(어근: 동사)-+-이(통사적 접사)]
ⓒ 기동 : [긷(어근: 명사)+-옹(어휘적 접사)]
ⓓ 긺다 : [긻(어근: 명사)-+-∅(통사적 접사)]-+-다
ⓔ 곳곳ᄒ다 : [곳곳(어근: 불완전 어근)-+-ᄒ(통사적 접사)-]-+-다
ⓕ 굿브다 : [짔(어근: 동사)-+-브(통사적 접사)-]-+-다
ⓖ 남즈기 : [남죽(어근: 불완전 어근)-+-이(통사적 접사)]
ⓗ 두려디 : [두렫(어근: 형용사)-+-이(통사적 접사)]
ⓘ 므겁다 : [믁(어근: 형용사)-+-업(어휘적 접사)-]-+-다
ⓙ 무춤 : [몿(어근: 동사)-+-음(통사적 접사)]
ⓚ 브즈런ᄒ다 : [브즈런(어근: 명사)+-ᄒ(통사적 접사)-]-+-다
ⓛ 세우 : [세(어근: 형용사)-+-우(통사적 접사)]
ⓜ 수비 : [쉽(어근: 형용사)-+-이(통사적 접사)]

ⓝ아오로 : [아올(어근 : 동사)- + -오(통사적 접사)]

ⓞ연치다 : [엱(어근 : 동사)- + -히(통사적 접사)-]- + -다

ⓟ저프다 : [젛(어근 : 동사)- + -브(통사적 접사)-]- + -다

ⓠᄌᆞ올아비 : [ᄌᆞ올(어근 : 불완전 어근)- + -갑(통사적 접사)- + -이(통사적 접사)]

ⓡ치뷔 : [칩(어근 : 형용사)- + -의(통사적 접사)]

2.3.4. 합성어와 파생어의 겹침

1. (가) ⓐ [모(어근 : 명사) + 시므(어근 : 동사)- + -이(파생 접사)]

　　　 ⓑ [고ㅎ(어근 : 명사) + 길(어근 : 동사)- + -이(파생 접사)]

　(나) ⓐ (/ㅡ/의 탈락), (/ㄱ/의 첨가)

　　　 ⓑ (자음 축약/거센소리되기/유기음화)

2. ① (ⓔ)　　② (ⓖ)　　③ (ⓓ)　　④ (ⓐ)　　⑤ (ⓒ)　　⑥ (ⓕ)
⑦ (ⓑ)　　⑧ (ⓗ)

3. ⓐ ᄀᆞᆺ블기 : { [ᄀᆞᆺ(어근 : 부사) + 븕(어근 : 형용사)-]- + -이(명사 파생 접사) }

ⓑ 갈쓰기 : { [갈ㅎ(어근 : 명사) + 쓰(어근 : 동사)-]- + -기(명사 파생 접사) }

ⓒ 겨스사리 : { [겨슬(어근 : 명사) + 살(어근 : 동사)-]- + -이(명사 파생 접사) }

ⓓ 귿업시 : { [귿(어근 : 명사) + 없(어근 : 형용사)-]- + -이(부사 파생 접사) }

ⓔ 낫나치 : { [낯(어근 : 명사) + 낯(어근 : 명사)-]- + -이(부사 파생 접사) }

ⓕ 녀름지ᅀᅵ : { [녀름(어근 : 명사) + 짓(어근 : 동사)-]- + -이(명사 파생 접사) }

ⓖ놉ᄂᆞᆺ가비 : { [높(어근 : 형용사) + ᄂᆞᆽ(어근 : 형용사)- + -갑(파생 접사)-]- + -이(명사 파생 접사) }

ⓗ 댱가드리 : { [댱가(어근 : 명사) + 들(어근 : 동사)- + -이(명사 파생 접사)]

ⓘ 머리갓기 : { [머리(어근 : 명사) + 갔(어근 : 동사)-]- + -이(명사 파생 접사) }

ⓙ 뫼ᄉᆞ리 : { [뫼(어근 : 명사) + 살(어근 : 동사)-]- + -이(명사 파생 접사) }

ⓚ 므즈미 : { [믈(어근 : 명사) + 줌(어근 : 동사)-]- + -이(명사 파생 접사) }

ⓛ쓰ᅀᅥ리 : { [쓸(어근 : 동사) + 설(어근 : 동사)-]- + -이(명사 파생 접사) }

ⓜ 일져므리 : { 일(어근 : 부사) + 져믈(어근 : 동사)-]- + -이(부사 파생 접사) }

ⓝ거름거리 : { [걷(어근 : 동사)- + -음(파생 접사) + 걷(어근 : 동사)-]- + -이(명사 파생 접사)] }

ⓞ 희도디 : { [희(어근 : 명사) + 돋(어근 : 동사)-]- + -이(명사 파생 접사) }

4. ㉠ (ⓒ, ⓗ)　　㉡ (ⓐ, ⓓ, ⓔ)　　㉢ (ⓑ, ⓕ, ⓖ)

5. ⓐ : ㉠ (웃)　㉡ (음)　㉢ (웃)　㉣ (이)
ⓑ : ㉠ (걷)　㉡ (옴)　㉢ (걷)　㉣ (이)

2.3.5. 복합어의 음운 변동 현상

① 합성어의 음운 변동 현상

1. ⓐ 가막가치   (분석) [가마괴 + 가치]   (변동) [탈락] : /외/의 탈락

　　ⓑ 가ᅀᆞ며살다   (분석) [가ᅀᆞ멸- + 살다]   (변동) [탈락] : /ㄹ/의 탈락

　　ⓒ ᄀᆞᄅᆞ비   (분석) [ᄀᆞᄅᆞ + 비]   (변동) [교체] : /ㅂ/→/ᄫ/

　　ⓓ 나ᅀᅡ가다   (분석) [낫- + (-아) + 가-]   (변동) [교체] : /ㅅ/→/ᅀ/

　　ⓔ 녀나믄   (분석) [녀느 + 남-]   (변동) [탈락] : /ㄴ/과 /ㅡ/의 탈락

　　ⓕ 대밭   (분석) [대(竹) + 밭]   (변동) [교체] : /ㅂ/→/ᄫ/, /ㅌ/→/ㄷ/

　　ⓖ 대범   (분석) [대(大) + 범]   (변동) [교체] : /ㅂ/→/ᄫ/

　　ⓗ 됴쿳다   (분석) [둏- + 궂다]   (변동) [축약] : /ㅎ/ + /ㄱ/→/ㅋ/

　　ⓘ 드나들다   (분석) [들- + 나- + 들-]   (변동) [탈락, 교체] : /ㄹ/의 탈락, /ㅡ/ → /·/

　　ⓙ 드라들다   (분석) [듣- + (-아) + 들-]   (변동) [교체] : /ㄷ/ → /ㄹ/

　　ⓚ 메밧다   (분석) [메- + 밧다]   (변동) [교체] : /ㅂ/ → /ᄫ/

　　ⓛ 므너흘다   (분석) [믈- + 너흘-]   (변동) [탈락] : /ㄹ/의 탈락

　　ⓜ 믓결   (분석) [믈 + (-ㅅ) + 결]   (변동) [탈락] : /ㄹ/의 탈락

　　ⓝ 바룻믈   (분석) [바롤 + (-ㅅ) + 믈]   (변동) [탈락] : /ㄹ/의 탈락

　　ⓞ 빗나다   (분석) [빛 + 나-]   (변동) [교체] : /ㅊ/ → /ㅅ/

　　ⓟ 비슬ㅎ   (분석) [빋 + 슬ㅎ]   (변동) [교체] : /ㅅ/ → /ᅀ/

　　ⓠ 사나올   (분석) [사올 + 나올]   (변동) [탈락] : /올/의 탈락

　　ⓡ 아라우ㅎ   (분석) [아래 + 우ㅎ]   (변동) [탈락] : /j/의 탈락

　　ⓢ 암둘마기   (분석) [암ㅎ + 둘마기]   (변동) [탈락] : /ㅎ/의 탈락

　　ⓣ 여닐굽   (분석) [여슷 + 닐굽]   (변동) [탈락] : /슷/의 탈락

　　ⓤ 여나믄   (분석) [열 + 남-]   (변동) [탈락] : /ㄹ/의 탈락

　　ⓥ 한숨   (분석) [한 + 숨]   (변동) [교체] : /ㅅ/ → /ᅀ/

　　ⓦ 어버ᅀᅵ   (분석) [아비 + 어ᅀᅵ]   (변동) [탈락, 교체] : /ㅣ/의 탈락, /ㅏ/ → /ㅓ/

② 파생어의 음운 변동 현상

2. ⓐ (분석) : [ᄀᆞ독(어근) + -ᄒᆞ(파생 접사)- + -이(파생 접사)]
　　(변동) : 파생 접사인 '-ᄒᆞ-'가 탈락함.

　　ⓑ (분석) : [구믈(어근) + -거리(파생 접사)-]- + -다
　　(변동) : 파생 접사인 '-거리-'에서 /ㄱ/이 탈락함.(유성 후두 마찰음으로 교체.)

　　ⓒ (분석) : [구짇(어근) + -암(파생 접사)]
　　(변동) : 어근의 끝소리인 /ㄷ/이 /ㄹ/로 바뀜.

　　ⓓ (분석) : [늘(어근) + -애(파생 접사)]

(변동) : 파생 접사의 첫소리인 /ㄱ/이 탈락됨.(유성 후두 마찰음으로 교체.)

ⓔ (분석) : [덥(어근)+-의(파생 접사)]
(변동) : 어근의 끝소리인 /ㅂ/이 /ㅸ/로 바뀌고 파생 접사인 '-의'가 '-위'로 바뀜.)

ⓕ (분석) : [붓(어근)+-이(파생 접사)-]-+-다
(변동) : 어근의 끝소리인 /ㅅ/이 /ㅿ/로 바뀌고, 유성 후두 마찰음이 첨가됨.)

ⓖ (분석) : [어렵(어근)+-이(파생 접사)]
(변동) : 어근의 끝소리인 /ㅂ/이 /ㅸ/로 바뀜.

ⓗ (분석) : [첫(어근)+-엄(파생 접사)]
(변동) : 어근의 끝소리인 /ㅅ/이 /ㅿ/로 바뀜.

ⓘ (분석) : [몰(어근)+-아지(파생 접사)]
(변동) : 어근의 끝소리인 /ㄹ/이 탈락하고, 파생 접사의 '-아지'의 /아/가 /야/로 바뀜.

ⓙ (분석) : [오ᄅ(어근)+-이(파생 접사)-]-+-다
(변동) : 어근의 끝소리인 /ㆍ/가 탈락하고 '오르-'이 '올ㅇ-'으로 바뀜.

ⓚ (분석) : [웃(어근)+-브(파생 접사)-]-+-다
(변동) : 어근의 끝소리인 /ㅅ/가 /ㅿ/으로 바뀌고, 파생 접사인 '-브-'의 /ㅂ/이 /ㅸ/로 바뀜.

ⓛ (분석) : [츨(파생 접사)-+뽈(어근)]
(변동) : 파생 접사인 '츨-'의 끝소리 /ㄹ/이 탈락함.

제3장 문장

3.1. 문장 성분

1. (가) ⓐ(보어)　　ⓑ(부사어)　ⓒ(보어)　　ⓓ(부사어)

　　　ⓔ(관형어)　ⓕ(주어)　　ⓖ(주어)　　ⓗ(목적어)

　　　ⓘ(관형어)　ⓙ(독립어)　ⓚ(독립어)　ⓛ(부사어)

　　　ⓜ(서술어)　ⓝ(주어)

　(나) ㉠주 성 분 : (ⓐ, ⓒ, ⓕ, ⓖ, ⓗ, ⓜ, ⓝ)

　　　㉡부속 성분 : (ⓑ, ⓓ, ⓔ, ⓘ, ⓛ)

　　　㉢독립 성분 : (ⓙ, ⓚ)

2. (가) [1]　㉠(님금 지스샨 글)　㉡(서술어)

　　　[2]　㉠(山이 草木)　　　㉡(주어)

　(나) [1]　㉠(님금 지스샨)

　　　[2]　㉡(관형어)

3. (가) (ㄱ) (ㄱ장 다올 씨)　　(ㄴ) (내히)　　(ㄷ) (밧귓 그르메)

　(나) (ㄱ) (ㅣ)　　　　　(ㄴ) (이)　　　(ㄷ) (Ø)

4. ㉠(부사격 조사)　㉡(무정 명사/무정 체언)

5. ㉠(-시-)　　㉡(ㅈ갸)　㉢(-오-)

6. ㉠(아니)　　㉡(가)　　㉢(ᄂᆞ란 분별 아니코 제 몸 쑨 됴히 츔)　　㉣(이라)

7. (가) ⓐ(두)　ⓑ(세)　　ⓒ(두)　　　ⓓ(두)

　(나) ⓐ: [흔 菩薩이(주어), 王(보어)]

　　　ⓑ: [흔 菩薩이(주어), 나라ᄒᆞᆯ(목적어), 아ᅀᆞ(부사어)]

　　　ⓒ: [흔 菩薩이(주어), 瞿曇 婆羅門을(목적어)]

　　　ⓓ: [흔 菩薩이(주어), ㅈ걋 오ᄉᆞ란(목적어)]

8. ㉠(부사어)　㉡(주어)　㉢(주어)　㉣(부사어)

9. (가)(네 이 世界며 다ᄅᆞᆫ 世界옛 諸佛 … 鬼神을 數를 알리로소니여 모ᄅᆞ리로소니여)

　(나)(-이 / -의)

　(다) ㉠(보조사적)

10. ㉠(沙門)　㉡(-의)　㉢(헌)　　　㉣(너비 光明이 비취다)　㉤(-ㅅ)

　㉥(사름 가도ᄂᆞᆫ)

11. (가) [나(대명사)+-ㅣ(조사)+-의(조사)]

(나) ㉠(관형절)　　　㉡(관형격)　　　㉢(주격)

12. ㉠(아비/아븨)　　　㉡(아비익/아비의)

13. ㉠(尊ᄒᆞ시닷)　　　㉡(틱고젓)

14. (가) (ㄱ)(젼ᄎᆞ 업시)　　　(ㄴ)(子息이 아비 본 ᄃᆞ시)

(ㄷ)((혼) 夫人곰)　　　(ㄹ)(키)

(나) ①[ㄹ]　　　②[(ㄷ)]　　　③[(ㄴ)]　　　④[(ㄱ)]

15. ㉠(서술어)　　　㉡(부사어)

16. (가) (ㄱ)[엥]　　　(ㄴ)[익, 迷人아] (ㄷ)[아소, 님하] (ㄹ)[目連아]

(나) (ㄱ) [엥(감탄사)]

(ㄴ) [익(감탄사), 迷人(명사)+-아(호격 조사)]

(ㄷ) [아소(감탄사), 님(명사)+-하(호격 조사)]

(ㄹ) [目連(명사)+-아(호격 조사)]

17. ⓐ(부사어)　　ⓑ(부사어)　　ⓒ(주어)　　ⓓ(목적어)　　ⓔ(보어)　　　ⓕ(부사어)

ⓖ(관형어)

18. (가) ① 내: 　　(주어)　　　　②이를: 　　(목적어)

③ 爲ᄒᆞ야: (서술어)　　　　④어엿비: 　(부사어)

⑤ 너겨: 　(서술어)　　　　⑥새로: 　　(부사어)

⑦ 스믈여듧: (관형어)　　　　⑧字를: 　　(목적어)

⑨ 밍ᄀᆞ노니: (서술어)

(나) ①식미: 　　(주어)　　　　②기픈: 　　(서술어)

③ 므른: 　(주어)　　　　④ᄀᆞᄆᆞ래: 　(부사어)

⑤아니: 　(부사어)　　　　⑥그츨씨: 　(서술어)

⑦내히: 　(주어)　　　　⑧이러: 　　(서술어)

⑨바ᄅᆞ래: 　(부사어)　　　　⑩가ᄂᆞ니: 　(서술어)

⑪식미 기픈: (관형어)　　　　⑫식미 기픈 므른 (주어)

19. ⓐ (부사어), (명사+부사격 조사)

ⓑ (관형어), (문장+관형격 조사)

ⓒ (관형어), (명사+관형격 조사)

ⓓ (부사어), (부사절)

ⓔ (부사어), (명사+관형격 조사+의존 명사)

ⓕ (부사어), (부사)

ⓖ (관형어), (관형절)

ⓗ (독립어), (명사+호격 조사)

ⓘ (관형어) (명사＋부사격 조사＋관형격 조사)

ⓙ (관형어), (관형절)

ⓚ (독립어), (명사＋호격 조사)

ⓛ (주 어), (명사구＋주격 조사)

ⓜ (독립어), (명사구＋호격 조사)

3.2. 문장의 짜임새

① 문장의 성립 조건

1. (가) [1] 주어인 '부톄'와 서술어인 '니르시는고'를 갖추고 있음.

[2] 주어인 '諸佛이사'와 서술어인 '아르시리라'를 갖추고 있음.

(나) [1] 서술어로 쓰인 용언에 종결 어미인 '-ㄴ고'가 실현되어 있음.

[2] 서술어로 쓰인 용언에 종결 어미인 '-라'가 실현되어 있음.

② 이어진 문장

2. ㉠ 대등적 연결 어미: (ⓐ, ⓒ, ⓓ, ⓗ, ⓘ, ⓛ)

㉡ 종속적 연결 어미: (ⓑ, ⓔ, ⓕ, ⓖ, ⓙ, ⓚ, ⓜ)

3. ㉮(-니)　　㉯(-거-)　　㉰(엇던)　　㉱(ㅎ믈며)　　㉲(-디비)

③ 안은 문장

4. ㉮(명사절)　㉯(관형절)　㉰(인용절)　㉱(서술절)　㉲(부사절)

5. (가) [1]　㉠ (기픈)　　　　　　　— (관형절)

[2]　㉡ (그 中에 샹녜 住타)　— (인용절)

[3]　㉢ (남기 됴홀씨)　　— (서술절)

[4]　㉣ (이 므슴 업시)　　— (부사절)

[5]　㉤ (길헤 사름 *濟渡*ㅎ샴)　— (명사절)

(나) ㉮(-ㄴ)　— (관형사형 전성 어미)

㉯(-이)　— (부사 파생 접미사)

㉰(-ㅁ)　— (명사형 전성 어미)

(다) 15세기 국어에서는 인용절을 나타내는 표지가 없이 인용절이 형성되었다. 반면에 현대 국어에서는 대체로 인용절의 표지(부사격 조사)인 '-고'나 '-라고'를 실현하여서 인용절이 형성된다.

6. ㉮(-디)　　㉯(-옴)　　㉰(-기)　㉱(-둘)

7. (ㄱ): 차반 밍글   (ㄴ): 내 이제 得혼   (ㄷ): 부텻 이베셔 난

   (ㄹ): 띠 무든   (ㅁ): (鹿母夫人이) 나혼   (ㅂ): 비운

8. ㉮관계 관형절: (ㄱ, ㄹ, ㅁ, ㅂ)   ㉯동격 관형절: (ㄴ, ㄷ, ㅁ, ㅅ)

9. ㉮ [(ㄹ), (ㅂ)]   ㉯ [(ㄴ), (ㅁ)]   ㉰ [(ㄱ), (ㄷ)]

10. (가) [1] [(ㄱ), (ㄷ), (ㅂ), (ㅅ), (ㅇ)]   [2] [(ㄴ), (ㄹ), (ㅁ), (ㅈ)]

    (나) [1] [(ㅅ), (ㅇ)]   [2] [(ㄱ), (ㄷ)]   [3] [(ㅂ)]

11. (가) [1] (無色界天에 니르리)   [2] (크게)

       [3] (져재 가듯)   [4] (바미 깁도록)

    (나) [1] (-이)   [2] (-게)

       [3] (-듯)   [4] (-도록)

12. [1] (일훔난)   — (관형절)

    [2] (됴흔)   — (관형절)

    [3] (비디 千萬이 쓰며)   — (서술절)

    [4] (千萬이 쓰며)   — (서술절)

13. (가) ㄱ (제 올호라, 나물 외다)   — (간접 인용절)

       ㄴ (내 노포라)   — (직접 인용절)

       ㄷ (經이 이쇼딕 일후미 法華ㅣ니 흔딕 가 듣져) — (직접 인용절)

       ㄹ (우리를 아두이라)   — (간접 인용절)

       ㅁ (네 어느 고대 난다)   — (직접 인용절)

       ㅂ (ᄇᆞ름 ᄀᆞ티 션 바회를 石壁이라)   — (직접 인용절)

    (나)

예문 부호	성분절의 형태
(ㄱ)	내 올호라
(ㄹ)	너희 내 아두리라
(ㅁ)	ᄇᆞ름 ᄀᆞ티 션 바회 石壁이라

3.3. 문법 요소

3.3.1. 종결 표현

① 문장의 종결 방식

1. ① [(ㅁ), (ㅂ), (ㅋ)]   ② [(ㄱ), (ㄷ), (ㅊ)]   ③ [(ㅅ), (ㅌ)]   ④ [(ㄴ), (ㅇ)]
   ⑤ [(ㄹ), (ㅈ)]

② **평서문**

2. (가) ⓐ : ㉠(ㅎ)　　㉡(오)　　㉢(마)

　　　ⓑ : ㉣(듣)　　㉤(오)　　㉥(마)

　(나) 종결 어미인 '-마'는 말하는 이(=화자)가 주어로 쓰이는 문장에서만 실현된다. 따라서 '-마'
　　　가 실현되는 문장에는 화자 표현의 선어말 어미인 '-오-'가 반드시 실현된다.

3. (가) (미래 시제 (표현)의 선어말 어미)

　(나) 미래 시제의 선어말 어미 '-리-' 뒤에 실현될 수 있는 선어말 어미와 종결 어미를 생략하고 표현
　　　함으로써, '리'로 끝나는 특수한 형태의 의문문이 성립되었다.

4. (가) ㉠(우)　　　㉡(드)　　㉢(이)

　(나) (쓸 것이니라)

③ **의문문**

5. ⓐ(오)　　　ⓑ(가)　　　ⓒ(아)　　　ⓓ(고)　　　ⓔ(가)

6. ㉠ (1 / 일)　　㉡(3 / 삼)　　㉢ (2 / 이)

7. ㉠(리아)　　㉡(리야)　　㉢(리여)　　㉣(려)

8. (B)　㉠(관형사형 (전성) 어미)　　㉡(조사 / (의문) 보조사)

　(C)　㉮(흐라)　　　　　　　　　㉯(의문사 / 물음말)

9. ⓐ(사람인가)　　　　　ⓑ(도라오겠느냐)　　　　　ⓒ(들었는가)

10. (가) ㉠[(ㄷ), (ㅇ), (ㅊ)]　　　　　　　㉡[(ㄴ), (ㅌ)]
　　　㉢[(ㄹ), (ㅁ), (ㅅ), (ㅈ), (ㅋ)]　　㉣[(ㄱ), (ㅂ)]

　(나) ㉠[(ㄱ), (ㄷ), (ㄹ), (ㅅ), (ㅇ), (ㅊ), (ㅋ), (ㅌ)]
　　　㉡[(ㄴ), (ㅁ), (ㅂ), (ㅈ), (ㅊ)]
　　　㉢[(ㅌ)]

11. ㉠(간접 의문문)　　㉡((ㄱ), (ㄹ))

④ **명령문**

12. ㉠(-라)　　㉡(-아쎠)　　㉢(-쇼셔)　　㉣(-고라)

13. ㉠(-어-)　　㉡(-ㅅ-)　　㉢(-쥬오-)　　㉣(-야-)

⑤ 청유문

14. ㉠(ᄒᆞ져)　　　㉡(ᄒᆞ져라)　　㉢(一定ᄒᆞ사이다)

⑥ 감탄문

15. ㉠(-ㄴ뎌)　　　㉡(-ㄹ셔)

16. (가) ⓐ(-돗-)　　ⓑ(-에-)　　　ⓒ(-옷-)　　　ⓓ(-게-)
　　(나) 문장의 종결 표현은 원칙적으로 종결 어미로써 실현된다. 따라서 '감동 표현의 선어말 어미'로
　　　써 감탄문이 형성된다는 주장은 문장 종결법의 일반적인 원칙에 어긋난다.

⑦ 문장 표현의 종합

17. (ㄱ) (평서문) ─ (-리)　　　　　(ㄴ) (명령문) ─ (-아쎠)
　　(ㄷ) (평서문) ─ (-다)　　　　　(ㄹ) (평서문/감탄문) ─ (-다/-애-)
　　(ㅁ) (의문문) ─ (-고)　　　　　(ㅂ) (명령문) ─ (-라)
　　(ㅅ) (감탄문) ─ (-은뎌)　　　　(ㅇ) (의문문) ─ (-가)
　　(ㅈ) (명령문) ─ (-ᄋᆞ쇼셔)　　(ㅊ) (의문문) ─ (-료)
　　(ㅋ) (평서문) ─ (-다)　　　　　(ㅌ) (청유문) ─ (-져)
　　(ㅍ) (의문문) ─ (-은다)　　　　(ㅎ) (평서문/감탄문) ─ (-다)

3.3.2. 높임 표현
① 상대 높임 표현

1. ㉠(③, ⑤, ⑪, ⑭)　　　㉡(⑧, ⑨, ⑩)　　　㉢(④, ⑥, ⑦, ⑫)　　㉣(①, ②, ⑬)

2. ㉠(-이-, -ᄋᆞ쇼셔, -잇-)　　㉡(-ᄋᆞ-, -어쎠, -ㅅ-)

3. ㉠(닐어쎠 / 닐아쎠)

4. ㉠(ᄒᆞᄂᆞ니잇가)　　　㉡(ᄒᆞᄂᆞ니잇고)　　　㉢(ᄒᆞᄂᆞ닝다)　　　㉣(ᄒᆞᄂᆞ닛가)
　　㉤(ᄒᆞ야쎠)

5. (가) ⓐ: ㉠(ᄂᆞ)　　　㉡(오)　　　㉢(ㅅ)
　　　　 ⓑ: ㉮(ᄂᆞ)　　　㉯(오)　　　㉰(ᄋᆞ)
　　(나) ㉠(현재 시제를 표현함)
　　　　 ㉡(문장에서 주어로 표현된 대상이 화자임을 표현함.)
　　　　 ㉢(의문문에서 듣는 이(청자, 상대)를 예사로 높여서 표현함.)
　　　　 ㉮(현재 시제를 표현함)

　　　　　ⓝ(문장에서 주어로 표현된 대상이 화자임을 표현함.)

　　　　　ⓣ(평서문에서 회자가 청자를 예시로 높여서 표현함.)

6.　①낮　　춤:(ᄒᆞᄂᆞ니라)　　　②예사 높임:(ᄒᆞᄂᆞ닝다)

　　　③아주 높임:(ᄒᆞᄂᆞ니이다)　　　④반　　말:(ᄒᆞᄂᆞ니)

7.　㉠(-다-)　　　㉡(-ㅇ-)

8.　ⓐ(소사나니잇고)

9.　ⓐ(마ᄅᆞ쇼셔)

10.　ⓐ(드외오라)

11.　ⓐ(나사이다)

② 주체 높임 표현

12.　ⓐ(太子)　　　ⓑ((우리) 祖上)　ⓒ(王)　　　ⓓ(太子)

13.　㉠(世尊)　　　㉡(百千 化佛)　㉢(百千 化佛)

14.　ⓐ(妙法 智力)　ⓑ(如來)　　　ⓒ(스승)

15.　(가) ㉠(ᄋᆞ시) ―(주체 높임의 선어말 어미)

　　　　 ㉡(이)　―(의존 명사)

　　　(나) ㉮(이)

16.　ⓐ(술ᄫᆞ샤ᄃᆡ)　ⓑ(니ᄅᆞ샴)　　ⓒ(定ᄒᆞ샨)　　ⓓ(奇特ᄒᆞ샷다)

③ 객체 높임 표현

17.　(가) ㉠(목적어) ㉡(부사어)

　　　(나) ㉮(天子)　㉯(陛下)　　　㉰(塔)　　　㉱(佛子)

18.　ⓐ(안ᅀᆞᄫᅡ)　ⓑ(듭ᅀᆞᆸ고)　　ⓒ(보ᅀᆞᆸ고)　　ⓓ(듣ᄌᆞᆸ고)　　ⓔ(돕ᅀᆞᄫᅡ)

　　　ⓕ(얻ᄌᆞᄫᅡ)

19.　㉠(목적어)　　㉡(梵音)

20.　㉠(부텨)　　　㉡(목적어)

21.　㉠(부텨)　　　㉡(金像)　　　㉢(金像)

④ 간접 높임 표현

22. ㉠(世尊)　　　㉡(精舍)　　　㉢(世尊)

23. ⓐ: (뜯)　—　(般若)　　　ⓑ: (말)　—　(부텨)

    ⓒ: (命)　—　(太子)　　　ⓓ: (精舍)　—　(如來)

⑤ 어휘적 높임 표현

24. ㉠(진지)　　　㉡(-님)　　　㉢(-내)　　　㉣(-씌)

25. ⓐ(밥)　　　ⓑ(이)　　　ⓒ(너)　　　ⓓ(밥)　　　ⓔ(저)

26. ㉠(맞-)　　　㉡(-즙-)　　　㉢(-이)

27. (가) ㉠ (ⓓ, ⓗ)
    　　㉡ (ⓐ, ⓑ, ⓒ, ⓔ, ⓕ, ⓖ, ⓘ)

    (나) ⓐ(無上尊)　　ⓑ(太子)　　ⓒ(波事匿王)　　ⓓ(武王)　　ⓔ(王)
    　　ⓕ(님금)　　ⓖ(太子)　　ⓗ(丈六像)　　ⓘ(比丘)

⑥ 높임 표현의 겹침

28. (가) ㉠(七萬七千佛)㉡(世尊)　　　㉢(世尊)　　　㉣(舍利弗)　　　㉤(딍)
    　　㉥(大王)

    (나) (如來)

29. ㉠(-숩-)　　　㉡(-ᄋ시-)　　　㉢(-잇-)
    ㉮(如來)　　　㉯(摩耶夫人)　　　㉰(世尊)

30. ㉠(-숩-)　　　㉡(-ᄋ시-)　　　㉢(-이-)
    ㉮(부텨)　　　㉯(大愛道)　　　㉰(부텨)

3.3.3. 시간 표현

1. ㉮[(ㄹ), (ㅂ), (ㅅ)]　　　㉯[(ㄱ), (ㄴ)]　　　㉰[(ㄷ), (ㅁ)]

2. (가) ⓐ(더)　　ⓑ(Ø)　　ⓒ(다)　　ⓓ(Ø)　　ⓔ(Ø)　　ⓕ(라)
    (나) ㉠(다)　　㉡(라)
    　　㉮(화자 표현 / 1인칭 표현 / 1인칭 화자 표현)

3. (가) (잠기었습니다)
    (나) 서술어가 동사일 때에 <u>과거 시제는 무형 형태소인 '-Ø'로 표현된다.</u>

4. 현대 국어에서는 1인칭 주어가 쓰인 평서문과, 2인칭 주어가 쓰인 의문문에서는 회상의 선어말 어미인 '-더-'가 대체로 실현되지 않는다. 이에 반해서 15세기의· 국어에서는 (ㄱ)처럼 1인칭 주어가 쓰인 평서문에는 '-다-'가 실현되고, (ㄴ)처럼 2인칭 주어가 쓰인 의문문에서는 '-더-'가 실현되었다.

5. (가) ⓐ(-다-)   ⓑ(-더-)
   (나) ⓐ('-다-'는 문장의 주어가 화자인 경우에 실현된다.)
       ⓑ('-더-'는 문장의 주어가 화자가 아니 경우에 실현된다.)

6. ⓐ(-ᄂᆞ-)   ⓑ(-Ø-)   ⓒ(-Ø-)   ⓓ(-ᄂᆞ-)   ⓔ(-Ø-)

7. (ㄱ) (ᄋᆞ리)   (ㄴ) (리)   (ㄷ) (ㄹ)   (ㄹ) (을)   (ㅁ) (읋 / ㅭ)
   (ㅂ) (ᄋᆞ리 / 으리 / 리)

8. ㉠(리)   ㉡(어)   ㉮(아)   ㉯(리)

9. ㉠(ⓐ, ⓓ, ⓕ, ⓖ)
   ㉡(ⓑ, ⓒ, ⓔ)

10. (가) ⓐ(Ø)   ⓑ(Ø)   ⓒ(Ø)   ⓓ(Ø)   ⓔ(리)   ⓕ(Ø)
        ⓖ(ᄂ)   ⓗ(더)   ⓘ(ㅭ)   ⓙ(Ø)   ⓚ(다/더)
    (나) [1](ⓑ, ⓒ, ⓓ, ⓕ)
        [2](ⓐ, ⓖ, ⓙ)
        [3](ⓔ, ⓘ)
        [4](ⓗ, ⓚ)

11. ⓐ(-Ø-) — (과거 시제)   ⓑ(-리-) — (미래 시제)
    ⓒ(-더-) — (과거 시제)   ⓓ(-Ø-) — (현재 시제)
    ⓔ(-ᄂᆞ-) — (현재 시제)   ⓕ(-ᄂᆞ-) — (현재 시제)
    ⓖ(-Ø-) — (현재 시제)   ⓗ(-ᄂᆞ-) — (현재 시제)
    ⓘ(-ᄂᆞ-) — (현재 시제)   ⓙ(-Ø-) — (현재 시제)
    ⓚ(-더-) — (과거 시제)   ⓛ(-Ø-) — (과거 시제)

12. (가) 『고등학교 문법』(2010:300)에서는 문장의 끝에 실현되어서 문장을 끝맺는 '리'와 '니'를 높임 과 낮춤의 중간 등분인 '반말'의 평서형 종결 어미로 처리하였다.
    (나) ⓐ의 '일우시리'는 ⓑ의 '일우시리로소이다'를 운문 문장으로 표현하는 과정에서, '-리-'의 뒤에 실현된 어미를 생략하고 표현한 것이다. 따라서 (ㄱ)의 '리'는 미래 시제 표현의 선어 말 어미로 처리해야 한다.

13. ⓐ (-ᄂᆞ-)—(현재)   ⓑ (-Ø-)—(현재)
    ⓒ (-Ø-)—(현재)   ⓓ (-Ø-)—(과거)
    ⓔ (-ᄂᆞ-)—(현재)   ⓕ (-더-)—(회상)
    ⓖ (-ᄂᆞ-)—(현재)   ⓗ (-Ø-)—(현재)
    ⓘ (-리-)—(미래)   ⓙ (-더-)—(회상)

      ⓚ (-느-) ― (현재)

14. ㉠ 완료상 (ⓐ, ⓒ, ⓓ, ⓔ)   ㉡ 진행상 (ⓑ, ⓕ)

15. (B) ㉠ (ⓑ, ⓔ, ⓕ, ⓗ)   ㉡ (ⓐ, ⓒ, ⓓ, ⓖ, ⓘ, ⓙ)

       (C) ㉮ (ⓑ, ⓒ, ⓗ, ⓙ)   ㉯ (ⓐ, ⓓ, ⓔ, ⓕ, ⓖ, ⓘ)

3.3.4. 태도 표현

① 확인 표현

1. (가) ⓐ (-거-)   ⓑ (-아-)   ⓒ (-나-)   ⓓ (-야-)   ⓔ (-과-)

2. ㉠ (-아-/-어-)   ㉡ (-거-)

3. ㉠ (-아-)   ㉡ (-오-)

4. ㉠ (-시-)   ㉡ (-나…늘 / -나늘)   ㉢ (-줄-)   ㉣ (-안마른)

5. (B) ⓐ : ㉠ (으시)   ㉡ (리)   ㉢ (어)

          ⓑ : ㉮ (어)   ㉯ (리)   ㉰ (도)

② 원칙 표현

6. ㉠ (ⓐ, ⓑ, ⓔ, ⓖ)   ㉡ (ⓒ, ⓓ, ⓕ)

③ 감동 표현

7. ㉠ (-옷-)   ㉡ (-돗-)   ㉢ (-도-)   ㉣ (-ㅅ-)

8. (가) ㉠ (시)   ㉡ (옷)

    (나) 주체 높임의 선어말 어미인 '-시-'와 감동 표현의 선어말 어미인 '-옷-'이 결합하는 과정에
       서, '-시-'가 '-샤-'로 변동하고 '-옷-'의 모음 /ㅗ/가 탈락하였다.

    (다) ㉮ (주체 높임)   ㉯ (느낌/감동)

9. (가) ㉠ (ㅅ)   ㉡ (오)

    (나) ㉮ (감동 표현)   ㉯ (화자 표현 / 화자 표시)

10. ㉠ (옷)   ㉡ (오)

    ㉮ (느)   ㉯ (옷)

11. (B) ㉠ (아)   ㉡ (오)

       ㉮ (거)   ㉯ (오)

      (C) ㉠ (확인)   ㉡ (화자)

           ㉮ (확인)   ㉯ (화자)

④ 태도 표현의 종합 문제

12. ⓐ (-옷-)—(감동) ⓑ (-거-)—(확인)

ⓒ (-거-, -니-)—(확인, 원칙) ⓓ (-아-)—(확인)

ⓔ (-니-)—(원칙) ⓕ (-니-)—(원칙)

ⓖ (-ㅅ-)—(감동) ⓗ (-옷-)—(감동)

ⓘ (-어-)—(확인) ⓙ (-옷-)—(감동)

ⓚ (-옷-, -도-)—(감동)

13. (가) ㉠(더) ㉡(옷)

(나) ㉮(회상) ㉯(감동)

14. ㉠(-도-) ㉡(-돗-) ㉢(-옷-) ㉣(-ㅅ-)

3.3.5. 화자 표현과 대상 표현

① 화자 표현

1. (가) ⓐ : ㉠(이) ㉡(오)

ⓑ : ㉢(마다) ㉣(이)

(나) (ㄱ)의 문장에 주어로 쓰인 명사는 화자이며, (ㄴ)의 문장에 주어로 쓰인 명사는 화자가 아니다. 따라서 ㉡의 빈칸에 들어갈 선어말 어미 '-오-'는 문장의 주어가 화자임을 나타내는 '화자 표현'의 선어말 어미이다.

2. (C) (화자 / 일인칭)

3. (가) ⓐ : ㉠(Ø) ㉡(오)

ⓑ : ㉢(ㄴ) ㉣(오)

(나) (ㄱ)과 (ㄴ)의 문장에서 각각 주어로 쓰인 '妾'과 '一切] 衆生'은 문장을 발화한 화자이다. 따라서 서술어로 쓰인 '許ㅎ다'와 '願ㅎ다'에 주어가 화자임을 표현하는 선어말 어미 '-오-'가 실현되었다.

4. ⓐ : (ㄴ) + (오) ⓑ : (더) + (오) ⓒ : (ㅅ) + (오)

ⓓ : (오) + (다) ⓔ : (옷) + (오) ⓕ : (ㄴ) + (오)

ⓖ : (아/어) + (오) ⓗ : (어) + (오) ⓘ : (더) + (오)

5. (B) ㉠(-라-) ㉡(-가-)

(C) ㉮(회상) ㉯(1인칭 주어 / 주어가 화자임)

㉰(확인) ㉱(1인칭 주어 / 주어가 화자임)

6. (가) ㉠(ㄴ)　　　　㉡(웃)　　　　㉢(오)

　　 (나) ㉠(현재 시제)　　㉡(감동/느낌)　　㉢(1인칭/ 화자)

7. (가) '수달'이 발화한 의문문의 주어는 '주인(主人)'인데, 이는 1인칭(화자)의 명사가 아니다. 그럼에도 불구하고 ⓐ에서 화자 표현(화자 표시)의 선어말 어미 '-오-'를 분석하는 것은 문제가 있다.

　　 (나) ㉠(ㄴ)　　　　㉡(오)

② 대상 표현

8. (B) ㉠(목적어)　　㉡(부사어)　　㉢(주어)

　　 (C) ㉮(부사어)　　㉯(주어)　　㉰(목적어)

9. (가) ㉠(ㄴ)　　　　㉡(오)

　　 (나) ㉮(말)　　　　㉯(부사어)

10. (가) ㉠(시므)　　　㉡(오)

　　 (나) ㉮(동격)

11. (가) ㉠(ⓐ, ⓒ, ⓓ, ⓖ, ⓗ, ⓘ, ⓙ)

　　　　 ㉡(ⓑ, ⓔ, ⓕ, ⓚ)

　　 (나) ㉮(ⓐ, ⓒ, ⓖ, ⓗ, ⓙ)

　　　　 ㉯(ⓓ, ⓘ)

12. (가) ㉠(오)

　　 (나) ㉮(時節이 다ᄃᆞᆯ디 몯ᄒᆞᆫ)　　㉯(ᄃᆞ)　　　　㉰(동격)

13. ㉠(회상/시제)　　㉡(대상)

　　 ㉮(더)　　　　㉯(오)

14. (가) ⓐ: ㉠(오)　　㉡(ㄴ)

　　　　 ⓑ: ㉠(시)　　㉡(오)　　㉢(ㄴ)

　　　　 ⓒ: ㉠(ㄴ)　　㉡(오)　　㉢(ㄴ)

　　　　 ⓓ: ㉠(시)　　㉡(오)　　㉢(ㄴ)

　　 (나) ⓐ(지은 것이다)　　ⓑ(보내신 이가)　　ⓒ(아는 이(이)되)

　　　　 ⓓ(수기하신 사람이니라)

3.3.6. 피동 표현

1. ㉠ (-이-)　　　　㉡ (-히-)　　　　㉢ (-기-)

　　 ㉮ (-아/-어)　　　㉯ (디다)

2. ㉠(나랏 法에 자피여) ㉡(브르매 것거 디고)

3. (가) ①(두피다)   ②(믈이다)   ③(숨기다)   ④(자피다)
       ⑤(다티다)   ⑥(줌기다)   ⑦(듬기다)   ⑧(질이다)
       ⑨(바키다)   ⑩(담기다)

    (나) ①(-이-)   ②(-이-)   ③(-기-)   ④(-히-)
       ⑤(-히-)   ⑥(-이-)   ⑦(-기-)   ⑧(-이-)
       ⑨(-히-)   ⑩(-기-)

    (다) ①(두퍼 디고)   ②(므러 디어/뎌)   ③(술마 디더니)   ④(자바 디어/뎌)
       ⑤(다다 디고)   ⑥(줌가 디어/뎌)   ⑦(드마 디놋다)   ⑧(싯라 디느니)
       ⑨(바가 디시며)   ⑩(다마 디용/뚫)

4. ⓐ누르다(壓) ―(눌이다)   ⓑ담다(貯) ―(담기다)
    ⓒ듣다(聞) ―(들이다)   ⓓ들다(擧) ―(들이다)
    ⓔ막다(防) ―(마키다)   ⓕ묶다(束) ―(뭇기다)
    ⓖ브르다(召) ―(블이다)   ⓗ숨다(烹) ―(숨기다)
    ⓘ엱다(置) ―(연치다)   ⓙ열다(開) ―(열이다)
    ⓚ잡다(執) ―(자피다)   ⓛ좇다(從) ―(조치다)
    ⓙ웃다(執)   ―(웃이다)   ⓚ미다(繩) ―(미이다 / 미에다)

5. (가) ㉠ 네 아드리 나라훌 아스리니   ㉡ 七寶ㅣ 짜 우훌 둡고
       ㉢ 믈바리 崐崙과 虞泉과룰 불붕니라   ㉣ 가시 畢凌을 삘어
       ㉤ 無明人 대가리 衆生이 覺體룰 쓸씨   ㉥ 사르미 比丘룰 조차
       ㉦ 느믜 소니 王을 쥐여(←쥐-+-어)   ㉧ 나랏 法이 有情을 자바

    (나) ⓐ(아사 디리니)   ⓑ(두퍼 디고)
       ⓒ(불밝 디니라)   ⓓ(삘어 디어/뎌)
       ⓔ(쌰 딜씨)   ⓕ(조차 디어/뎌)
       ⓖ(쥐여 디어/뎌)   ⓗ(자바 디어/뎌)

3.3.7. 사동 표현

1. ㉠(-기-)   ㉡(-고-)   ㉢(-으-/-으-)
    ㉮(-게/-긔)   ㉯(호다)

2. ㉠(글키고)   ㉡(여희에 호시느니)

3. (가) ①(셰다)   ②(옮기다)
       ③(안치다)   ④(느리오다), (저지다)
       ⑤(얼우다), (노기다) ⑥(갓기다)
       ⑦(다스리다)   ⑧(밧기다), (사르다)

⑨(다히다)　　⑩(올이다), (뛰우다)

⑪(마초다)　　⑫(솟고다)

⑬(오올오다)　　⑭(머추다)

⑮(븥기다)

(나) ①(-이-)　　②(-기-)

③(-히-)　　④(-오-), (-이-)

⑤(-우-), (-이-)　　⑥(-이-)

⑦(-이-)　　⑧(-기-), (-ᄋ-)

⑨(-이-)　　⑩(-이-), (-우-)

⑪(-호-)　　⑫(-고-)

⑬(-오-)　　⑭(-후-)

⑮(-이-)

4. (가) ⓐ(이르다)　　ⓑ(살이다)　　ⓒ(일우다)　　ⓓ(사르다)

(나) ⓐ[(일)+(ᄋ)]　　ⓑ[(살)+(이)]　　ⓒ[(일)+(우)]

ⓓ[(살)+(ᄋ)]

(다) ⓐ(세우다, 建立)　　ⓒ(이루다, 成)　　ⓑ(살게 하다, 使住)

ⓓ(살리다, 使活)

5. (ㄱ) 한비 아니 긏다　　(ㄴ) 塔이 일다　　(ㄷ) 수리 삐다

(ㄹ) 빈 돌다　　(ㅁ) 나랏 小民이 살다　　(ㅂ) 쥬이 살다

(ㅅ) 바리 널다　　(ㅇ) 沙彌 法을 듣다　　(ㅈ) 神足이 닫다

(ㅊ) 어시 그 穀食을 먹다　　(ㅋ) 이 네 天下ㅣ 다슬다　　(ㅌ) 술위 그울다

(ㅍ) 므스미 오올다　　(ㅎ) 道理 일다

6. (ㄱ) (太祖ㅣ) 石壁에 ᄆᆞᄅᆞᆯ 오르게(긔) ᄒᆞ샤

(ㄴ) 去羅ᄂᆞᆫ 닐오매 너븐 엇게니 바룷므를 솟게(긔) ᄒᆞᄂᆞ니라

(ㄷ) 이 부텨… 多寶ᄅᆞᆯ 인ᄒᆞ샤 한 사ᄅᆞᄆᆞᆯ 힘쁘게(긔) ᄒᆞ시니라

(ㄹ) 딥동 세 무슬 어더 쪠로 어울워 미야 ᄆᆞ레 쓰게(긔) ᄒᆞ고

(ㅁ) 바ᄅᆞ래 비 업거늘 (바ᄅᆞᆯ) 녇게(긔) ᄒᆞ시고 ᄯᅩ 깁게(긔) ᄒᆞ시니

(ㅂ) 사ᄅᆞ미 譽이며 디새며 흙ᄀᆞ로 塔을 일에(의) ᄒᆞᆸ거나

(ㅅ) ᄂᆞᆷ 問(李穡을) 죽게(긔) ᄒᆞ려 커늘

(ㅇ) 阿彌陀佛의 變化로 法音을 넙게(긔) ᄒᆞ실ᄊᆡ

(ㅈ) 하늘히 ᄆᆞ스믈 뮈게(긔) ᄒᆞ시니

(ㅊ) 우디 마ᄅᆞ쇼셔 ᄆᆞᄉᆞ믈 눅게(긔) ᄒᆞ쇼셔

7. ㉠(ⓐ, ⓔ, ⓕ, ⓖ)

㉡(ⓑ, ⓒ, ⓓ)

3.3.8. 부정 표현

1. (B) : ㉠(단순 / 의지)   ㉡(능력)

    (C) : ㉢(짧은/단형)   ㉣(긴/장형)

    (D) : ㉤(-디 말라)   ㉥(금지)

2. ㉠(②, ⑤, ⑥, ⑨)   ㉡(①, ④, ⑦)   ㉢(③, ⑧)

    ㉮(③, ④ ⑤, ⑦, ⑧, ⑨)   ㉯(①, ②, ⑥)

3. ⓐ : ㉠(머믈우)   ㉡(들)

    ⓑ : ㉢(얼)   ㉣(으란)

4. (가) ㉠(디)   ㉡(도)

    (나) ㉠(보조적 연결 어미)   ㉡(보조사)

    (다) '여위도'는 본디 형태가 '여위디도'였는데 보조적 연결 어미인 '-디'가 생략되어 '여위도'의

         형태로 실현되었다.(cf. 현대 국어의 '오도 가도 못한다.')

5. ㉠(-디)   ㉡(-어 / -게)   ㉢(-게 / -어)

6. ㉠(당위 / 필연적 조건)   ㉡(의도 / 희망 / 바람)

제4장 어휘와 의미

1. ㉠(귓것)   ㉡(즁싱)

2. ㉠(구분, 區分)   ㉡(염려/근심/걱정)

3. ㉠ (쓰다/스다, 어리다, 이바디)
   ㉡ (艱難(가난), 分別(분별), 힘, 얼굴)
   ㉢ (겨레)

4. ㉠ (값/가격)   ㉡ (빚/부채)   ㉢(축소)

5. ㉠ (이받-)   ㉡ (-이)   ㉢(잔치, 연회)   ㉣(기여)

6. ㉮ (동가/同價)   ㉯ (고가/高價)   ㉰ (동가/同價)   ㉱ (저가/低價)

7. ㉠ (근육/筋肉)   ㉡ (축소)

8. ㉠ (모습 / 모양)   ㉡ (행동 / 동작)   ㉮ (짓)

9. ㉠ (생명체)   ㉡ (짐승)   ㉢ (즘싱)

10. ㉠ (뇌물 /賂物)   ㉡ (석방/釋放)   ㉢ (변명/辨明)

11. ㉠ (종친/宗親)   ㉡ (민족/民族)   ㉮ (축소)

제2부 작품별 응용 문제

1. 용비어천가

1. (가) ㉠(남ᄀᆞᆫ)   ㉡(브ᄅᆞ매)   ㉢(ᄆᆞᄅᆞᆫ)   ㉣(ᄀᆞᄆᆞ래)   ㉤(바ᄅᆞ래)   ㉥(그츨씨)

(나) ㉠(나모)   ㉡(-은)

(다) ㉠(뮈디 아니홀씨)

(라) ㉠(-우-)   ㉡(일우다)   ㉢(-ᄋᆞ-/-으-)   ㉣(이르다/이르다)

2. (가) ㉠(-시-)   ㉡(-아)   ㉢(-샤-)   ㉮(탈락)

(나) ㉠(괴로우시더니 / 아득하시더니)

　　　㉡ 15세기의 중세 국어에서는 '-더-'가 '-시-'의 앞에서 실현되었지만, 근대 국어와 현대 국
　　　어에서는 '-더-'가 '-시-'의 뒤에 실현되었다.

(다) ㉠(하-)   ㉡(아비)   ㉢(-ㄴ)   ㉮(통사적)

(라) ㉮ 형태: (오)

　　　㉯ 명칭: (화자 표현(표시)의 선어말 어미 / 인칭(1인칭) 표현의 선어말 어미)

3. (가) ⓐ[뒤ㅎ/뒿(명사) + -에(부사격 조사) + -는(보조사)]

　　　ⓑ[앒(명사) + -ᄋᆡ(부사격 조사) + -ᄂᆞᆫ(보조사)]

(나) ⓒ(밝히셨으니)   　　　ⓓ(굳히셨으니)

(다) (평서형으로 문장을 종결하되, 반말의 상대 높임으로 표현함.)

4. (가) 城이 높고 다리가 없건마는 하늘이 도우시므로 말을 탄 채로 내리셨습니다.

(나) (없- + -건마른)

(다) ㉠(-오-)   ㉡(동격)

5. (가) ㉠(노픠)   ㉡(-인들)

　　　㉮(명사)   ㉯(조사 / 보조사)

(나) ㉯(높-)   ㉯(-ᄋᆡ)

(다) ㉠(녀느)   ㉡(-이)

　　　㉮(/ㅡ/)   ㉯(/ㄱ/)

(라) ㉠(오ᄅᆞ)   ㉡(이)   ㉢(시)   ㉣(아)

6. (가) ⓐ(살다)   ⓑ(사ᄅᆞ다)

(나) ⓑ [살(어간)- + -ᄋᆞ(사접)-]-

(다) ⓐ(사시겠습니까)   　　　ⓑ(살리시겠습니까)

7. (가) ⓐ(옮으셨느냐)

(나) ⓑ(-ㄷ)

(다) ⓒ(닛디 마ᄅᆞ쇼셔)

2. 훈민정음 언해본

1. (가) ① 주어 : (말쏘미, 百姓이, 배, 노미, 내, 사롬마다)

　　　　② 주격 조사 : (-이, -이, -ㅣ, 이, -ㅣ)

(나) (바, 놈, 字, ᄯᄅᆞᆷ)

(다) ㉠(서르)　　　㉡(ᄆᆞᆾᄎᆞ내)　　　㉢(시러)　　　㉣ (어엿비)

(라) ㉠(서르)　　　㉡(새로)　　　㉢(날로)　　　㉣(시러)

　　 ㉤(어엿비)　　㉥(수비)　　　㉦(ᄆᆞᆾᄎᆞ내)

(마) ㉠(ᄒᆞ)　　　㉡(오)　　　㉢(읋/ᄚ)

　　 ㉮(밍글)　　　㉯(ᄂᆞ)　　　㉰(오)　　　㉱(니)

(바) ㉠(저)　　　㉡(-ㅣ/-이)　　　㉮(자걋)

(사) [1]　㉠(ᄒᆞ)　　㉡(이)　　　㉢(어)

　　 [2]　㉡(사동사 파생 접미사 / 사동 접미사)　　　㉢(연결 어미 / 종속적 연결 어미)

2. (가) (ㄱ)(종성법)　　(ㄴ)(연서법)　　(ㄷ)(병서법)　　(ㄹ)(부서법)

(나) ⓐ(ㄱ)

(다) (입시울쏘리)

(라) ⓒ : ㉠(두)　　　㉡(이)

　　 ⓓ : ㉢(올ᄒᆞ)　　㉣(ㄴ)　　　㉤(녁)

3. (가) ㉠(믓)

(나) ㉡(둘히면)

(다) ㉢(ᄒᆞᆫ가지로ᄃᆡ)

4. (가) ㉠(관형격)

　　 ㉮(치두와 정치의 구분함이)

　　 ㉯(치두와 정치를 구분함이 / 치두와 정치를 구분하는 것이)

(나) ㉮(닫-)　　　㉯(단-)

　　 ㉠(평파열음화)　　㉡(비음화)

3. 석보상절

1. (가) [1]　㉠(엇던)　　㉡(이)　　　㉢(의)

　　 [2]　(어떤 이의 / 어떤 사람의)

(나) ㉠(부사어)　　㉡(-로)　　　㉢(보조사)

2. (가) ㉮(소식)　　　㉯(걱정하시고 / 염려하시고)

(나) ① : ㉠(들)　　㉡(이)　　　㉢(우)　　　㉣(ᄚ)

　　 ② : ㉠(혼)　　㉡(녁)　　　㉢(ᄋᆞ로)　　㉣(ᄂᆞᆫ)

(다) ③(-좁-)

(라) ㉠(므슴)　　　　㉡(-으라)　　　㉮(부사)

3. (가) ㉠(손소)　　　　㉡(갓가ᄉ로)　　　㉢(어딋던)

(나) ㉠(ᄀᆞ투니 / 이)　　㉡(이)

(다) ⓐ그에 : (명사 / 의존 명사)　　　ⓑ주굼 : (동사)

4. (가) ㉠(대명사)　　　㉡(관형사)　　　㉢(부사)

　　　㉮(관형사)　　　㉯(부사)

(나) [1]　㉠(ᄂ)　　　㉡(-ᄉ-)

　　　[2] 문장의 주어로 표현된 '主人'이 화자가 아니므로 화자 표현의 선어말 어미인 '-오-'가 실
　　　　　현되지 않는 것이 원칙이다.

(다) (이반ᄌ보려)

(라) ㉯(ᄒᆞ녕다)

5. (가) [1] : (니ᄅ왇다)

　　　[2] : ㉠(닐)　　　㉡(ᄋᆞ)　　　㉢(왇)

　　　[3] 사동사를 파생하는 접미사

(나) ①: (교체)

　　　②: (반모음 /j/로 끝나는 어간 뒤에서 어미의 첫소리 /ㄱ/이 /ɦ/으로 교체되었다.)

(다) ①(-오-)

　　　②(문장에 실현된 주어가 화자임을 나타낸다.)

(라) 확인 표현의 선어말 어미인 '-아-'가 '나오다'의 어간인 '나오-' 뒤에 실현되면, '-아-'가 '나'
　　　로 불규칙하게 변동한다.

(마) ㉮(지극하니 / 골똘하니)　　　㉯(훤하거늘)

　　　㉰(짐승)　　　　　　　　　　㉱(무슨 까닭으로 / 무엇 때문에 / 왜)

6. (가) ㉠(산ᄒᆡᆼ)　　　　　　　　　㉡(사냥)

(나) ㉮(느런히 / 쭉 벌려서)　　　㉯(칭찬하시어)　　　㉰(움직일)

(다) ㉠(나)　　　㉡(아)　　　㉢(이시 / 잇)　　　㉣(거늘)

(라) ㉠(-시-)　　　㉡(-옷-)

(마) ㉠(주어)

　　　㉮(-ㅣ / -이)　　　㉯(-익)

(바) ㉠(길-)　　　㉡(-ᄋ- / -으-)　　　㉢ (기ᄅ- / 기르-)

7. (가) ⓑ(두쇼딕)

(나) ㉠(삐)　　　㉡(-의)　　　㉢(-브터)　　　㉣(/ㅡ/)

(다) ㉮(서투르고 / 서툴고)　　　㉯(따지십니까)　　　㉰(괜찮으니)

4. 월인천강지곡

1. (가) [1] (일이시나, 눈에, 말이시나)

    [2] 체언이 주로 /ㄴ/, /ㄹ/, /ㅁ/, /ㅇ/, /ㅿ/과 같은 유성 자음(공명음, 共鳴音)의 종성으로 끝날 때에는 체언과 조사의 경계를 구분하여 적었다.

    (나) ⓐ: ㉠(숡)   ㉡(오)   ㉢(리)   ㉣(니)

    ⓑ: ㉮(보)   ㉯(ㄴ)   ㉰(오)   ㉱(ㄴ가)

    (다) ㉠(화자 / 말하는 이 / 서술자)   ㉡(청자 / 듣는 이 / 독자)

2. (가) ㉮(쫓아)   ㉯(마치셨으니) ㉰(몸에의 / 몸에 있는)

    (나) (B) ㉠(타동사)   ㉡(자동사)   ㉢(능격 동사 / 양용 동사)

    (C) ㉣(자동사)   ㉤(꿰이어 / 꿰여)

    (다) ㉠(나)   ㉡(ㅣ) ㉢(숤) ㉣(Ø) ㉤(으니)

3. (가) ⓐ(세다) — (세우다)   ⓑ(할다) — (헐뜯다 / 참소하다 / 모함하다)

    (나) [1] ㉠(이)   ㉡(로)

    [2] ('ㄹ' 첨가)

4. (가) (妹女가 (태자를) 비단에 안아서 어머님께 오더니, 大神들이 (태자를) 뫼시었으니.)

    (나) ⓐ(太子)   ⓑ(어마님)   ⓑ(아바님)

    (다) ㉠(뫼시-)   ㉡(목적어 / 객체) ㉢(태자)

    (라) ㉠(아자바님)   ㉡(아자마님)

5. (가) (a) ㉠(비스-)   ㉡(-이-)   ㉢(/ㅡ/)

    (b) ㉮(-시-)   ㉯(-오딕)

    (c) (아름답게 꾸미게 하시되)

    (나) [1] (업스신고)

    [2] ㉠(의문사 / 물음말)   ㉡(-고)   ㉢(-가)

    (다) ㉠(이 : 대명사)   ㉡(를 : 격조사)   ㉢(샤 : 보조사)

    (라) ①(과거 회상을 표현하는 기능)

    ②(주어가 화자임을 나타내는 기능)

6. (가) ㉠(좇-)   ㉡(-줍-)   ㉢(-더-)

    ㉮(쫓더니)

    (나) ㉠(젛-)   ㉡(-브-)   ㉢(통사 / 지배)

    (다) (더러)

    (라) [1] 품사 : (부사)

    [2] 직역 : (어찌)

7. (가) (큰 소를 내니 몸이 크고 다리가 크고 두 뿔이 칼 같이 날카롭고)

(나) [1](부사), (같이)

    [2] ㉠(곧-)   ㉡(형용사)

    [3] 형용사의 어간인 '곧-'에 무형의 부사 파생 접미사인 '-∅'가 붙어서, 부사인 '곧'으로 파생되었다.

(다) [1]㉠(늘ㅎ/ 늛) ㉡(갑)

    [2] (명사)

    [3] (자음 축약)

(라) ㉠(소리ㅎ-)   ㉡(-고)   ㉢(/ ㆍ/)   ㉣(자음 축약)

5. 월인석보

1. (가) (앛이 나라홀 맛고)

    (나) ①((흔) 菩薩)   ②(제)

2. (가) ㉠(이틋날)

    (나) (나라에서)

    (다) ㉠(두어 잇더니)㉡(둣더니)

    (라) ㉠(몸)   ㉡(菩薩/보살)   ㉢(菩薩/보살)

    (마) ㉠(이)   ㉡(거)

3. (가) ①(자벼)   ②(자비리 업시)

    (나) ㉠(외)   ㉡(ㄴ)   ㉢(손)   ㉣(으로)

    (다) ㉮(잡을 이가)   ㉯(걸음씩)   ㉰(받치더라)   ㉱(몹시 / 대단히)

4. (가) (부인이 또 이르시되, 밴 아기의 값이 또 이천 근의 금입니다.)

    (나) ㉠(-오-)   ㉡(목적어)

    (다) ㉠(아기)   ㉡(-이)   ㉢(/ㅣ/)   ㉣(유정 / 유정성)

    (라) ㉮(빈)   ㉯(값/가격)

5. (가) ㉮(갓디)

    (나) ㉯(걷디 아니ᄒᆞ다니)

    (다) ⓐ: ㉠(앓)   ㉡(브)   ㉢(ㄹ씨/ 올씨)

        ⓑ: ㉠(녀)   ㉡(리)   ㉢(돗)   ㉣(오)   ㉤(이)

        ⓒ: ㉠(어드메) ㉡(이)   ㉢(∅)   ㉣(이)   ㉤(고)

6. (가) (아돌와 ~ 히어다), (늙고 ~ 업스리로다), (ᄒᆞ다가 ~ 업스리로다)

    (나) ⓒ: ㉠(쉰)   ㉡(남)   ㉢(은)

        ⓕ: ㉮(뉘읏)   ㉯(브)

    (다) ㉠(서술격 조사 / '-이다')   ㉡(-거-)   ㉢(/ㄱ/)

    (라) ⓒ: ㉠(생각하다)   ㉡(사랑하다)

ⓕ: ㉠(구분 / 가름)　　㉡(걱정 / 근심)

(마) ⓐ: ㉠(넘-)　　㉡(-씨-)　　㉢(맗-)　　㉣(-이-)

　　 ⓑ: ①(어휘적 / 한정적)　②(통사적 / 지배적)

7. (가) ㉮(본국(本國)에 돌아와)

　　　㉯(성(城) 서쪽 버드나무 밑에 쉬더니)

　　　㉰(만일 모진 업(業) 지으시던 것이면)

　(나) ⓐ: ㉠(어미)　　㉡(의)

　　　 ⓑ: ㉠(두)　　㉡(이)

　(다) ①(두, 녁)　　　②(손딕)　　　③(貫, 年)

8. (가) ㉮(몸을 땅에 부딪쳐 쓰러지니)

　　　㉯(사람을 헐어 버릴(망그러뜨릴) 이는 많구나)

　　　㉰(아니 하던 것이면)

　(나) ㉠(부사어)　　㉡(굼긔셔)

　(다) ㉠(죽-)　　㉡(것므르-)

　　　㉮(기절하다 / 까무러치다)

　(라) (디나디 몯ᄒᆞ야셔)

6. 두시언해

1. (가) ⓐ(고본)

　(나) ⓑ(ᄒᆞ믈며)

　(다) ㉠(ᄂᆞ)　　　㉡(ㄴ)　　　㉢(이)　　　㉣(ㄴ)

　(라) ㉠(지즐-)　　㉡(부사)　　㉮(영 파생)

　(마) ㉠(브르-)　　㉡(-오-)　　㉢(-니)

　(바) ⓖ(-고)

2. (가) ㉠(여름)　　　㉡(농사)　　　㉢(다의)

　(나) ⓐ: ㉠(저)　　㉡(-로)

　　　 ⓑ: ㉮(부사격 조사 / 격조사 / 조사)　㉯(부사)

　　　 ⓒ: ㉢(/ㄹ/)

　(다) [1] (교체)

　　　[2] ① 변동의 조건: 서술격 조사 '-이다'의 어간 뒤에서 어미 '-고'가 실현됨.

　　　　　② 변동의 결과: 어머의 초성 /ㄱ/이 후두 유성 마찰음(/ɦ/)으로 교체됨.

　(라) [1] ㉠(갓갑)　　㉡(ᄂᆞ)　　㉢(ㄴ)　　　㉣(이)　　　㉤(ㄴ)

　　　[2] ① 의미: (가까워지다)

　　　　　② 품사: (동사)

③근거: (현재 시제 표현의 선어말 어미인 '-ᄂ-'가 실현되었음.)

(마) ⓑ: ㉠(낤-)   ㉡(-올)   ㉢(낫)   ㉣(-올)

　　 ⓒ: ㉮(낤)

3. (가) ㉠(나좋 / 나조ㅎ) ㉡(이)

(나) (ᄆᆞᆯ, 이웃짓)

(다) ㉠(불가 잇도다) ㉡(불갓도다)

4. (가) ㉠(플왜)   ㉡(늘오)   ㉢(몰애)

　　 ㉮(후두 유성 마찰음 / 유성 후두 마찰음)   ㉯(ɦ)

(나) ⓐ(-도-)   ⓑ(-옷-)

(다) (이)

(라) (오)

5. (가) ⓐ(디낫도다)

(나) [1] ㉠(둘)   ㉡(니)   ㉢(오)

　　 [2] (문장의 주어가 화자(1인칭 명사)임을 나타냄.)

　　 [3] (비음화)

(다) ⓐ: ㉠(뫼ㅎ / 묗) ㉡(골)   ㉢(ㅎ)

　　 ⓑ: ㉮(사잇소리 표기 / 사이시옷) ㉯(관형격 조사)

(라) ①(손발이 얼어 트고 가죽과 살이 죽었구나.)

　　 ②: ㉠(평서문) ㉡(감탄문)   ㉮(감동/영탄/감탄/느낌)

6. (가) ㉠: (듣가뇨 / 듣과뇨)   ㉡: (들었느냐)

(나) ㉠(화자가 주관적인 믿음을 바탕으로 문장의 내용을 확인하는 기능)

　　 ㉡(주어가 화자임 / 1인칭 주어)

7. (가) ⓐ(ᄀᆞ쉬)   ⓑ(므슬힌)   ⓒ(쓰디)

(나) ㉮(재촉하고)

(다) ㉠(부사)   ㉡(다시)

(라) ①(쁘-) — (뜨다)

　　 ②(심기-) — (전하다)

　　 ③(짖-) — (기뻐하다)

8. (가)(놀래ᄂ다)

(나) [1] ⓐ(기퍼 잇도다)   ⓑ(여희여 이슈믈)

　　 [2] ㉠(-엇-)   ㉡(-여시-)

(다) ⓒ(므ᅀᅳ믈)   ⓓ(니세시니)

(라) ⓔ ᄉᆞ도다: ((그 만큼의) 값이 있구나)

　　 ⓕ 뎌르니: (짧으니/짧아지니)

참고 문헌

강성일(1972), 「중세국어 조어론 연구」, 『동아논총』 9, 동아대학교.

강신항(1990), 『훈민정음연구』(증보판), 성균관대학교 출판부.

강인선(1977), 「15세기 국어의 인용구조 연구」, 석사학위 논문, 서울대학교.

고성환(1993), 「중세국어 의문사의 의미와 용법」, 『국어학논집』 1, 태학사.

고영근(1981), 『중세국어의 시상과 서법』, 탑출판사.

고영근(1995), 「중세어의 동사형태부에 나타나는 모음동화」, 『국어사와 차자표기 - 소곡 남풍현 선
        생 화갑 기념 논총』, 태학사.

고영근(2006), 『개정판 표준 중세국어 문법론』, 집문당.

고영근(2010), 『제3판 표준 중세국어 문법론』, 집문당.

고창수(1992), 「국어의 통사적 어형성」, 『국어학』 22, 국어학회.

곽용주(1986), 「'동사 어간 -다' 부정법의 역사적 고찰」, 『국어연구』 138, 국어연구회.

교육인적자원부(2010), 『고등학교 교사용 지도서 문법』, (주)두산동아.

교육인적자원부(2010), 『고등학교 문법』, (주)두산동아.

구본관(1996), 「15세기 국어 파생법에 대한 연구」, 박사학위 논문, 서울대학교.

국립국어원, 『표준 국어 대사전』, 인터넷판.

권용경(1990), 「15세기 국어 서법의 선어말어미에 대한 연구」, 『국어연구』 101, 국어연구회.

김문기(1999), 『중세국어 매인풀이씨 연구』, 석사학위 논문, 부산대학교.

김동소(1998), 『한국어 변천사』, 형설출판사.

김소희(1996), 「16세기 국어의 '거/어'의 교체에 대한 연구」, 『국어연구』 142, 국어연구회.

김송원(1988), 「15세기 중기 국어의 접속월 연구」, 박사학위 논문, 건국대학교.

김영욱(1990), 「중세국어 관형격조사 '이/의, ㅅ'의 기술과 관련된 문제 해결을 위하여」, 『주시경학
        보』 8, 탑출판사.

김영욱(1995), 『문법형태의 역사적 연구』, 박이정.

김정아(1985), 「15세기 국어의 '-ㄴ가' 의문문에 대하여」, 『국어국문학』 94, 국어국문학회.

김정아(1993), 「15세기 국어의 비교구문 연구」, 박사학위 논문, 서울대학교.

김진형(1995), 「중세국어 보조사에 대한 연구」, 『국어연구』 136, 국어연구회.

김차균(1986), 「월인천강지곡에 나타나는 표기체계와 음운」, 『한글』 182호, 한글학회.

김철환(1986), 『漢韓大字典』, 민중서림.

김충회(1972), 「15세기 국어의 서법체계 시론」, 『국어학논총』 5·6, 단국대학교.

김형규(1981), 『국어사 개요』, 일조각.

나벼리(2020), 「중세 국어의 '리'와 '니' 종결문의 생략 현상」, 우리말연구 61집. 우리말 학회.

나벼리(2021), 「중세 한국어 '이사'의 문법적 성격과 실현 양상」, 우리말연구 67집. 우리말 학회.

나진석(1971), 『우리말 때매김 연구』, 과학사.

나찬연(2004), 『우리말 잉여표현 연구』, 도서출판 월인.

나찬연(2011), 『수정판 옛글 읽기』, 도서출판 월인.

나찬연(2012), 제3판 『중세 국어 문법의 이해-문제편』, 경진출판.

나찬연(2013ㄱ), 제2판 『언어·국어·문화』, 경진출판.

나찬연(2013ㄴ), 제2판 『훈민정음의 이해』, 도서출판 월인.

나찬연(2016), 「15세기 국어에 쓰인 '아 지다'의 문법적 성격」, 우리말연구 47권, 우리말학회.

나찬연(2017), 제5판 『현대 국어 문법의 이해』, 도서출판 월인.

나찬연(2019), 『국어 어문 규정의 이해』, 도서출판 월인.

나찬연(2020ㄱ), 『중세 국어의 이해』, 경진출판.

나찬연(2020ㄴ), 『국어 교사를 위한 학교 문법』, 경진출판.

나찬연(2020ㄷ), 『중세 국어 강독』, 경진출판.

나찬연(2020ㄹ), 『근대 국어 강독』, 경진출판.

남광우(2009), 『교학 고어사전』, (주)교학사.

남윤진(1989), 「15세기 국어의 접속어미에 대한 연구」, 『국어연구』 93, 국어연구회.

노동헌(1993), 「선어말어미 '-오-'의 분포와 기능 연구」, 『국어연구』 114, 국어연구회.

류광식(1990), 「15세기 국어 부정법의 연구」, 박사학위 논문, 건국대학교.

리의도(1989), 「15세기 우리말의 이음씨끝」, 『한글』 206, 한글학회.

민현식(1988), 「중세국어 어간형 부사에 대하여」, 『선청어문』 16·17집, 서울대학교 국어교육과.

민현식(1999), 『국어 정서법 연구』, 태학사.

박태영(1993), 「15세기 국어의 사동법 연구」, 석사학위 논문, 단국대학교.

박희식(1984), 「중세국어의 부사에 대한 연구」, 『국어연구』 63, 국어연구회.

배석범(1994), 「용비어천가의 문제에 대한 일고찰」, 『국어학』 24, 국어학회.

성기철(1979), 「15세기 국어의 화계 문제」, 『논문집』 13, 서울산업대학교.

손세모돌(1992), 「중세국어의 'ᄇᆞ리다'와 '디다'에 대한 연구」, 『주시경학보』 9, 탑출판사.

안병희·이광호(1993), 『중세국어문법론』, 학연사.

양정호(1991), 「중세국어의 파생접미사 연구」, 『국어연구』 105, 국어연구회.

유동석(1987), 「15세기 국어 계사의 형태 교체에 대하여」, 『우해 이병선 박사 회갑 기념 논총』.

이관규(2002), 『개정판 학교문법론』, 월인.

이광정(1983), 「15세기 국어의 부사형어미」, 『국어교육』 44·45, 국어교육학회.

이광호(1972), 「중세국어 '사이시옷' 문제와 그 해석 방안」, 『국어사 연구와 국어학 연구-안병희 선생 회갑 기념 논총』, 문학과지성사.

이광호(1972), 「중세국어의 대격 연구」, 『국어연구』 29, 국어연구회.

이광호(1995), 「후음 'ㅇ'과 중세국어 분철표기의 신해석」, 『국어사와 차자표기-남풍현 선생 회갑기념』, 태학사.

이기문(1963), 『국어표기법의 역사적 연구』(신정판), 한국연구원.

이기문(1998), 『국어사개설』(신정판), 태학사.

이숭녕(1981), 『중세국어문법』(개정 증보판), 을유문화사.

이승희(1996), 「중세국어 감동법 연구」, 『국어연구』 139, 국어연구회.

이정택(1994), 「15세기 국어의 입음법과 하임법」, 『한글』 223, 한글학회.

이주행(1993), 「후기 중세국어의 사동법」, 『국어학』 23, 국어학회.

이태욱(1995), 「중세국어의 부정법 연구」, 박사학위 논문, 성균관대학교.

이현규(1984), 「명사형어미 '-기'의 변화」, 『목천 유창돈 박사 회갑 기념 논문집』, 계명대학교 출판부.

이현희(1995), 「'-샤'와 '-沙'」, 한일어학논총 간행위원회 편, 『한일어학논총』, 국학자료원.

이홍식(1993), 「'-오-'의 기능 구명을 위한 서설」, 『국어학논집』 1, 태학사.

임동훈(1996), 「어미 '시'의 문법」, 박사학위 논문, 서울대학교.

전정례(1995), 「새로운 '-오-' 연구」, 한국문화사.

정 철(1954), 「원본 훈민정음의 보존 경위에 대하여」, 『국어국문학』 9, 국어국문학회.

정재영(1996), 『중세국어 의존명사 '드'에 대한 연구』(국어학총서 23), 태학사.

최동주(1995), 「국어 시상체계의 통시적 변화에 관한 연구」, 박사학위 논문, 서울대학교.

최현배(1961), 『고친 한글갈』, 정음사.

최현배(1980=1937), 『우리말본』, 정음사.

한글학회(1985), 『訓民正音』(영인본).

한재영(1984), 「중세국어 피동구문의 특성에 대한 연구」, 『국어연구』 61, 국어연구회.

한재영(1986), 「중세국어 시제체계에 관한 관견」, 『언어』 11(2), 한국언어학회.

한재영(1990), 「선어말어미 '-오/우-'」, 『국어 연구 어디까지 왔나』, 동아출판사.

한재영(1992), 「중세국어의 대우체계 연구」, 『울산어문논집』 8, 울산대학교 국어국문학과.

허웅(1975=1981), 『우리 옛말본』, 샘문화사.

허웅(1981), 『언어학』, 샘문화사.

허웅(1986), 『국어 음운학』, 샘문화사.

허웅(1989), 『16세기 우리 옛말본』, 샘문화사.

허웅(1992), 『15·16세기 우리 옛말본의 역사』, 탑출판사.

허웅(1999), 『20세기 우리말의 통어론』, 샘문화사.

허웅(2000), 『20세기 우리말의 형태론(고침판)』, 샘문화사.

허웅·이강로(1999), 『주해 월인천강지곡』, 신구문화사.

홍윤표(1969), 「15세기 국어의 격연구」, 『국어연구』 21, 국어연구회.

홍윤표(1994), 「중세국어의 수사에 대하여」, 『국문학논집』, 단국대학교 국어국문학과.

홍종선(1983), 「명사화어미의 변천」, 『국어국문학』 89, 국어국문학회.

황선엽(1995), 「15세기 국어의 '-(으)니'의 용법과 기원」, 『국어연구』 135, 국어연구회.

河野六郎(1945), 朝鮮方言學試攷—「鋏」語考, 京城帝國大學校文學會論聚 第十一輯, 京城 ： 東都書籍株式
　　會社 京城支店.

Bloomfield. L(1962), "Language", Ruskin House, George Allen & Unwin LTD.

Greenberg. H.(ed),(1963), "Universals of Language", MIT Press.

kuno, S.(1980), "Discourse Deletion", Harvard Studies in Syntax and Semantics. vol. Ⅲ.

Sampson, Goeffrey(1985), "Writing System", Stanford Univ Press.

지은이 **나찬연**은 1960년 부산에서 태어났다. 부산대학교 국어국문학과를 나오고(1986), 같은 학교 대학원에서 문학 석사(1993)와 문학 박사(1997) 학위를 받았다. 지금은 경성대학교 국어국문 학과에서 교수로 재직하고 있으면서 국어학과 국어교육 분야의 강의를 하고 있다.

주요 논저

우리말 이음에서의 삭제와 생략 연구(1993), 우리말 의미중복 표현의 통어·의미 연구(1997), 우리말 잉여 표현 연구(2004), 옛글 읽기(2011), 벼리 한국어 회화 초급 1, 2(2011), 벼리 한국어 읽기 초급 1, 2(2011), 제2판 언어·국어·문화(2013), 제2판 훈민정음의 이해(2013), 근대 국어 문법의 이해−강독 편(2013), 표준 발음법의 이해(2013), 제5판 현대 국어 문법의 이해(2017), 쉽게 읽는 월인석보 서, 1, 2, 4, 7, 8, 9(2017~2020), 쉽게 읽는 석보상절 3, 6, 9, 11, 13, 19(2017~2019), 제2판 학교 문법의 이해 1, 2(2018), 한국 시사 읽기(2019), 한국 문화 읽기(2019), 국어 어문 규정의 이해(2019), 현대 국어 의미론의 이해(2019), 국어 교사를 위한 고등학교 문법(2020), 중세 국어의 이해(2020), 중세 국어 강독(2020), 근대 국어 강독(2020), 길라잡이 현대 국어 문법(2021), 길라잡이 국어 어문 규정 (2021), 중세 국어 서답형 문제집(2022)

*전자메일: ncy@ks.ac.kr
*전화번호: 051-663-4212, 010-4635-4212

* '학교문법교실(http://scammar.com)'에서는 이 책의 내용과 관련하여 다양한 학습용 콘텐츠를 제공 합니다. 첫째, '강의실'에서는 나찬연 교수가 중세 국어의 이론을 해설하는 동영상 강좌를 '유튜브 (youtube)'를 통해서 제공합니다. 둘째, '자료실'에서는 『중세 국어 서답형 문제집』에 수록된 예문에 대한 주해와 '모범 정답 및 풀이'를 PDF 문서 형태로 온라인으로 제공합니다. 셋째, '문답방'에서는 독자들이 중세 국어에 대하여 제기하는 질문에 대하여 나찬연 교수가 직접 피드백합니다.